写给市民大众的——"安居万事通"丛书

编委会主任　董藩

置业安居法律知识问答

董藩　徐轲　编著

中国建筑工业出版社

图书在版编目(CIP)数据

置业安居法律知识问答/董藩，徐轲编著.—北京：
中国建筑工业出版社，2006
("安居万事通"丛书)
ISBN 7-112-08470-9

Ⅰ．置… Ⅱ．①董…②徐… Ⅲ．房地产业—法规—中国—问答 Ⅳ．D922.181.5

中国版本图书馆CIP数据核字(2006)第102006号

"安居万事通"丛书
置业安居法律知识问答
董 藩 徐 轲 编著
*
中国建筑工业出版社出版、发行(北京西郊百万庄)
新 华 书 店 经 销
北京天成排版公司制版
北京市彩桥印刷有限责任公司印刷
*

开本：850×1168毫米 1/32 印张：11¾ 字数：326千字
2006年8月第一版 2006年8月第一次印刷
印数：1—4 000册 定价：20.00元
<u>ISBN 7-112-08470-9</u>
(15134)

版权所有 翻印必究
如有印装质量问题，可寄本社退换
(邮政编码 100037)
本社网址：http://www.cabp.com.cn
网上书店：http://www.china-building.com.cn

"安居万事通"丛书包括《房屋买卖知识问答》、《房屋租赁知识问答》、《房屋中介知识问答》、《家居装修知识问答》、《物业管理知识问答》、《置业安居法律知识问答》6册，基本囊括了城市居民安居置业可能遇到的所有常规问题。

　　本书为《置业安居法律知识问答》，以问答的形式，从购房者的视角对商品住宅购买、交接入住、装饰装修、权属登记、物业管理、房屋租赁等全程提供置业安居的法律指导，对房地产交易及居住中有关问题给出最新的法律依据和法律解释。

　　本书可为购房者防范房地产交易风险、正确处理相关法律纠纷提供咨询和参考，也可为房地产及法律从业人士提供方便实用的实务操作指南。

* * * * * *

责任编辑：吴宇江　封　毅
责任设计：赵明霞
责任校对：张树梅　张　虹

"安居万事通"丛书
编委会

（按汉语拼音为序）

顾问	胡代光	胡健颖	胡乃武	饶会林
	王健林	邬翊光	杨 慎	郑超愚
主任	董 藩			
编委	刘 毅	王宏新	姚蓉蓉	周小萍
作者	丁 宏	丁 娜	董 藩	范 萍
	李 静	李亚勋	刘人莎	刘 毅
	秦凤伟	王 昊	王宏新	武 敏
	徐 轲	姚蓉蓉	张健铭	周小萍

顾问简介（按汉语拼音为序）

胡代光 著名经济学家、教育家，北京大学经济学院、西南财经大学经济学院教授、博导，曾任北京市经济总会副会长、民革中央第六届、第七届常委、第七届全国人大常委，享受国务院特殊津贴。

胡健颖 著名经济学家、统计学家、营销管理专家、房地产管理专家，北京大学光华管理学院教授、博导，北京大学房地产经营与管理研究所所长。建设部特聘专家，北京布雷德管理顾问有限公司首席顾问。

胡乃武 著名经济学家、教育家，中国人民大学经济学院教授、博导，中国人民大学学术委员会副主任，北京市经济总会副会长，国家重点学科国民经济学学术带头人，享受国务院特殊津贴。

饶会林 著名经济学家，东北财经大学公共管理学院教授、博导，中国城市经济学会副会长兼学科建设委员会主任，中国城市经济学的开拓者之一，享受国务院特殊津贴。

王健林 著名企业家，中国房地产业协会副会长，大连万达集团股份有限公司董事长兼总裁，中国西部地区开发顾问，多个省、市政府顾问，入选"20年20位影响中国的本土企业家"，为中国房地产业旗帜性人物。

邬翊光 著名地理学家、土地资源管理专家、房地产管理专家，北京师范大学地理学与遥感科学学院教授，中国房地产估价师学会顾问，中国土地估价师学会顾问。

杨　慎 著名房地产管理专家，原建设部副部长、中国房地产业协会会长，中国住房制度改革、房地产业发展和中国房地产法制建设的主要设计者、推动者之一。

郑超愚 著名经济学家，中国人民大学经济研究所所长、教授、博导，霍英东青年教师研究基金奖和中经报联优秀教师奖获得者，美国福布赖特基金高级访问学者。

序　言

2005年年底，曾接到中国建筑工业出版社吴宇江、封毅两位编辑的邀请，他们希望北京师范大学房地产研究中心与其一起对普及房地产基础知识、推动房地产财经教育做些事情。虽然至今未能同两位编辑面对面畅谈，但多次的电话和 E-mail 联系使我深深感到：已经很少有这样执着、认真、坦诚的编辑了，如果没有合作的机会，是很遗憾的。

对于写些什么样的书，我思考了很长时间。按理说教材销量稳定，在业内的影响大，也算正经的科研成果，是值得考虑的。但我和我的合作者讨论后最终决定给普通市民写一套关于安居知识的简易读物。做出这种决定不是源于收益或者科研成果方面的考虑，而是希望帮助普通市民做些事情。

由于我和我的同事是从事房地产教学和科研工作的，所以朋友、同学、邻居们经常就安居置业问题向我们问这问那。有些问题并不难，只是大家不知道一些专业上的规定；有些则需要具备比较系统的专业修养才能回答；有些我们也需要仔细查阅规定或者整理各方意见才能准确回答。有时我们到楼盘或小区调查，看到看房者拿着材料茫然地看着，或者看到楼盘销售人员不停地忽悠看房者，或者看到一家人在认真地讨论着并不重要或者不是那么回事的事情，或者看到要求退房的人与售楼人员争吵，或者看到业主们从楼上垂下维权条幅，并与物业管理人员争吵着，我就想，如果广大市民对安居置业的专业知识掌握得多一些，或者有一些针对这些问题的简明专业手册可以事先查阅，许多问题的解决思路就很清楚，许多矛盾就可以避免，大家在许多事情上就会更有主见。虽然我们有时可以给身边的咨询者提供零星帮助，但一个人的时间、精力都有限，而且有时找我们不方便，不认识的人甚至无法直接从我们这里获得帮助。如果我们把相关规定、解释以及一些经验性知识整理成书，一切问题就会迎刃而解。这就是我们编写这套"安居万事通"丛书的基本目的。

这套丛书包括《房屋买卖知识问答》、《房屋租赁知识问答》、《房屋中介知识问答》、《家居装修知识问答》、《物业管理知识问答》、《置业安居法律知识问答》6册，基本囊括了城市居民安居置业可能遇到的所有常规问题。编写工作由北京师范大学房地产研究中心的各位同事、我在北京师范大学和东北财经大学两校的高素质学生以及房地产实业界声誉颇高的从业者共同完成。由于时间、精力原因，这套丛书可能还存在这样那样的问题，我们欢迎大家批评指正，以便进一步修订、完善。

董 藩

2006年8月

前　言

随着我国房地产业的迅速发展和住房改革的不断深入，商品房买卖已成为城镇居民置业安居的主流方式。住房非同一般商品，其价值量巨大的特点决定了其交易活动的繁琐性和复杂性。如今，中国房地产市场尚不够健全，市场交易中仍存在一些不法行为，侵害消费者的利益，使得购房者一次本该通向快乐和幸福的置业活动成为前途莫测的痛苦经历。与此同时，与商品房交易、居住生活有关的法律纠纷也随之日益增多。在商品房主流交易市场之外，国家还通过经济适用房的形式给予城镇中低收入者提供住房保障，并开始着力发展二手房市场以满足部分城镇居民的住房需求，这其中同样也涉及繁琐的权利义务关系和复杂的法律问题。面对这些错综复杂的房地产法律问题和法律纠纷，不少购房者、业主往往不知所措，也不乏有购房者、业主做出不理智、不合法的行为，维权不成却给自己带来不利的法律后果，同时也影响社会的和谐，于己于人皆无益处。

基于促进规范房地产市场行为、宣传房地产法律政策、为普通市民排疑解难的想法，我们以简便通俗的知识问答形式编辑本书，紧跟房地产领域的最新法律、政策，纳入经济适用房及二手房买卖的相关问题，详细解析房地产交易过程中以及业主居住生活中所涉及的热点法律问题，从法律的角度，并结合建筑工程知识，解答普通市民置业安居活动中所普遍关心、关注的问题，提出法律建议，以引导帮助市民愉快顺利地置业、安居，正确有效地维护自身权益。本书从购房者的视角，全程提供置业安居的法律指导，对房地产交易及居住中有关问题给出最新的法律依据和法律解释，为购房者防范房地产交易风险、正确处理相关法律纠纷提供咨询和参考，也为房地产及法律从业人士提供方便实用的实务操作指南。

本书由北京师范大学管理学院董藩教授和北京师范大学法学院徐轲先生合作编写，同时也得到建筑工程、法律、经济等各界专家学者的帮助，在此表示诚挚的感谢；同时也向为本书出版付出心血的中国建筑工业出版社吴宇江、封毅等编辑致以深深的谢意。本书在写作过程中参阅了大量的文献资料以及互联网上刊出的一些资料，在此谨向这些作者和编写单位表示衷心的感谢！

由于时间和水平所限，错误和不妥之处在所难免，诚请广大读者批评指正。

愿广大读者安居乐业，幸福平安！

董藩 徐轲

2006 年 8 月

目　　录

第1章　基础法律知识 …………………………………… 1
1.1　当前中国法的形式有哪些？ …………………………… 1
1.2　法律实务中，法的适用原则是怎样的？ ……………… 3
1.3　房地产交易纠纷解决方式有哪些？ …………………… 5
1.4　民事诉讼有哪些与当事人密切相关的重要原则？ …… 6
1.5　房地产交易纠纷应适用怎样的诉讼时效？ …………… 8
1.6　房地产纠纷当事人可以请求精神赔偿吗？ …………… 8
1.7　什么是律师见证？ ……………………………………… 9

第2章　商品住宅购房准备 ……………………………… 11
2.1　购房者在选房之前需要做哪些准备工作？ …………… 11
2.2　购房者选择商品房时应考虑哪些要素？ ……………… 12
2.3　什么样的住宅才是健康住宅？ ………………………… 13
2.4　规范房地产广告的现行法律主要有哪些？ …………… 14
2.5　法律对房地产广告有什么限制和要求？ ……………… 14
2.6　对房地产广告中的各种排名、奖励等内容，
　　　法律有哪些规定？ …………………………………… 16
2.7　购房者翻阅房地产预售（销售）广告应关注
　　　哪些内容？ …………………………………………… 17
2.8　购房者在查看楼书时应注意哪些问题？ ……………… 20
2.9　商品房预售广告对开发商有约束力吗？ ……………… 24
2.10　房地产广告中关于项目周边环境配套的具体
　　　　介绍构成要约吗？ ………………………………… 26
2.11　开发商对虚假广告应承担哪些责任？ ……………… 29
2.12　私人售房广告适用《房地产广告发布暂行

	规定》吗？………………………………………………	30
2.13	样板房在商品房交易中具有怎样的效力？…………	31
2.14	开发商"零首付"的促销承诺可信吗？……………	32
2.15	开发商"返本销售"的承诺可信吗？……………	33
2.16	开发商对商品房"售后包租"的承诺可信吗？…	34
2.17	购房者应当如何对待销售代理公司的 信口承诺？………………………………………	35
2.18	开发商在销售过程中对特定房号的客户赠送 底层室外花园或屋顶"空中花园"的许诺合 法有效吗？………………………………………	38
第3章	**商品住宅新房认购** ……………………………	42
3.1	什么是商品房认购书？…………………………	43
3.2	商品房认购书具有怎样的法律性质？…………	44
3.3	商品房认购书在何种情况下将被认定为商品 房买卖合同？……………………………………	45
3.4	购房者在签署认购书时应注意哪些问题？……	47
3.5	"定金"与"订金"是一回事吗？……………	49
3.6	在商品房认购活动中，定金规则是如何 适用的？…………………………………………	51
3.7	购房按揭贷款不成，原认购定金价款是否应 退还购房者？……………………………………	53
3.8	商品房认购法律关系中，一方在因对方不履行 认购书约定义务而取得定金利益后仍不足以弥 补损失的情形下，还可以要求违约方承担损害 赔偿责任吗？……………………………………	55
3.9	"内部认购"行为具有法律效力吗？…………	57
第4章	**商品住宅购房合同** ……………………………	59
4.1	什么是商品房买卖合同？………………………	60
4.2	开发商作为商品房买卖合同的一方当事人必须 具备哪些条件？…………………………………	61

目 录

- 4.3 购房者作为商品房买卖合同一方当事人应当具备哪些条件? ………… 64
- 4.4 父母可以为未成年子女购置房产吗? ………… 66
- 4.5 商品房买卖合同必须明确哪些内容? ………… 68
- 4.6 《商品房买卖合同示范文本》在商品房交易中有何作用? ………… 69
- 4.7 开发商作为商品房销售合同的出售方主要有哪些义务? ………… 70
- 4.8 开发商在商品房买卖合同签订后才取得预售许可证明,已签署的预售合同有效吗? ………… 71
- 4.9 商品房买卖合同中一般有哪几种计价方式? ………… 72
- 4.10 商品房买卖合同中,一般有哪几种付款方式? ………… 73
- 4.11 什么是商品房面积误差? ………… 74
- 4.12 购房者在约定面积误差处理方式的条款时应注意哪些问题? ………… 76
- 4.13 对于按套计价销售的商品房,购房者应如何约定面积误差处理条款? ………… 79
- 4.14 商品房买卖合同中交付条款主要需包含哪些内容? ………… 81
- 4.15 商品房买卖合同中,购房者对规划设计变更条款的约定需注意哪些问题? ………… 81
- 4.16 购房者在合同中约定装饰、设备条款时需注意哪些问题? ………… 84
- 4.17 购房者购买全装修房屋,合同中需注意明确哪些问题? ………… 86
- 4.18 商品房买卖合同的补充协议有何作用? ………… 87
- 4.19 购房者签署购房补充协议时需注意哪些问题? ………… 89
- 4.20 底层室外花园及屋顶花园可以合同出售吗? ………… 90
- 4.21 开发商可以将小区车库(停车位)合同出售吗? ………… 91
- 4.22 购买已设定抵押权的房产有哪些风险? ………… 93

4.23 商品房出售后,开发商可就已售商品房再行
抵押吗? ……………………………………… 95
4.24 开发商"一房二卖",前后两个买卖合同的
效力当如何认定? …………………………… 96
4.25 善意购房者购买已售商品房,其效力如何
认定? ………………………………………… 98
4.26 依据买卖合同及相关法律,购房者在哪些情况
下可以退房? ………………………………… 100
4.27 商品房买卖活动中,哪些情况下购房者可以请
求"双倍赔偿"? ……………………………… 101
4.28 商品房买卖合同依法解除后,违约方仍需承担
违约责任吗? ………………………………… 102
4.29 商品房交易中,当事人违反合同附随义务构成
合同违约吗? ………………………………… 103
4.30 开发商合同违约,购房者应如何维权? ……… 104
4.31 当事人合同违约,违约金数额或者损害赔偿数
额应当如何确定? …………………………… 105
4.32 商品房买卖合同中约定的违约金计算基数包括
银行贷款部分吗? …………………………… 107
4.33 商品房买卖合同因开发商原因被认定无效、撤
销或解除后,购房者可以请求的赔偿范围包括
哪些? ………………………………………… 108
4.34 商品房买卖合同中,常见的免责或限责条款主
要体现在哪些方面? ………………………… 112
4.35 预售商品房买卖合同可以转让吗? …………… 113
4.36 商品房预售合同登记备案具有怎样的法律
效力? ………………………………………… 114
4.37 商品房买卖合同公证对商品房交易活动有何
意义? ………………………………………… 117

第5章 商品住宅购房按揭 …………………………… 119

5.1 什么是按揭贷款？ ………………………………… 120
5.2 购房者申请银行按揭贷款需具备哪些条件？ …… 122
5.3 购房者应如何办理银行按揭？ …………………… 123
5.4 未成年子女可以作为住房按揭贷款的
    申请人吗？ ………………………………………… 125
5.5 购房者申请银行按揭贷款有哪些风险？ ………… 125
5.6 按揭贷款的借款人不按期还款可能出现怎样的
    后果？ ……………………………………………… 127
5.7 按揭银行在哪些情况下可以处分抵押房产？ …… 129
5.8 商品房买卖合同被确认无效或者被撤销、解除，
    银行按揭贷款合同可以解除吗？ ………………… 131
5.9 什么是住房公积金？ ……………………………… 132
5.10 法律对住房公积金的缴存有哪些具体规定？ … 133
5.11 缴纳住房公积金的个人在哪些情况下可以提取
     公积金账户内的存储余额？ ……………………… 134
5.12 购房者应如何办理个人住房公积金贷款？ …… 135
5.13 什么是"直贷式"个人住房贷款？ …………… 138
5.14 个人住房贷款有哪些担保方式？ ……………… 140
5.15 什么是房地产抵押？ …………………………… 141
5.16 业主进行房地产抵押需注意哪些问题？ ……… 143
5.17 抵押房产依法被列入拆迁范围时，抵押人应
     怎么办？ ………………………………………… 144
5.18 抵押人可以为已出租的房屋设定抵押吗？ …… 144
5.19 个人住房贷款保险一般有哪些种类？ ………… 145
5.20 购房者申请个人住房贷款所需购买的保险是
     强制保险吗？ …………………………………… 147
5.21 商品房买卖合同解除后，购房者可以解除
     保险合同吗？ …………………………………… 147

第 6 章 商品住宅交接入住 ………………………… 149
6.1 商品房交付时应具备哪些条件？ ………………… 149

6.2 房屋交接时，当事人双方应办理哪些手续？ …… 156
6.3 什么是《住宅质量保证书》和《住宅使用说明书》？ …… 157
6.4 购房者接受交房后发现房屋并未符合交付条件时应如何处理？ …… 159
6.5 开发商在哪些情况下可以延期交付商品房？ …… 161
6.6 开发商无免责事由逾期交房应承担哪些责任？ …… 162
6.7 临近交付日期，但工程离竣工差距甚远，购房者可即时解除合同吗？ …… 165
6.8 商品房交付时配套设施尚未完善，购房者可以拒绝收房并请求开发商承担违约责任吗？ …… 165
6.9 购房者接收房屋时，发现规划设计已变更怎么办？ …… 167
6.10 开发商所交付的商品房应与样板房一样吗？ …… 168
6.11 商品房交付后，房屋意外毁损的风险由谁承担？ …… 169
6.12 商品房质量问题主要表现在哪些方面？ …… 170
6.13 开发商对房屋质量问题需承担哪些责任？ …… 172
6.14 开发商承担保修责任的保修期是如何计算的？ …… 174
6.15 购房者可如何进行房屋质量投诉或诉讼？ …… 176

第7章 商品住宅装饰装修 …… 178
7.1 商品房装修有哪些种类？ …… 178
7.2 法律对全装修房屋的装修质量和标准有何要求？ …… 180
7.3 商品住宅装饰装修合同一般应包括哪些内容？ …… 183
7.4 购房者在选择装饰装修单位时需注意哪些问题？ …… 184
7.5 为保证装修工程质量，购房者在装修过程中需注意哪些问题？ …… 185

目 录

- 7.6 商品住宅装饰装修只是购房者个人的"私事"吗? 187
- 7.7 法律对住宅室内装饰装修活动有哪些禁止性规定? 189
- 7.8 业主(装修委托人)需要为装修作业人员在装修过程中的侵权行为承担赔偿责任吗? 190
- 7.9 全装修房屋因装修质量问题给邻居造成损失,购房者(业主)需对受害邻居承担赔偿责任吗? 192
- 7.10 因装修材料不合格造成人身财产损失,购房者(业主)应如何维权? 193

第8章 商品住宅权属登记 195

- 8.1 房屋所有权与土地使用权具有怎样的关系? 195
- 8.2 集体土地上修建的房屋可以取得房屋产权证明吗? 197
- 8.3 户籍登记在某房屋地址的自然人一定就是房屋的所有权人吗? 198
- 8.4 什么是商品房权属登记? 198
- 8.5 购房者办理房屋权属登记有哪些基本程序? 201
- 8.6 房屋权属登记具有怎样的效力? 203
- 8.7 不动产物权变动的时点是以登记完成的时间为准,还是以登记机关受理登记申请的时间为准? 205
- 8.8 房屋权属证书一般有哪些种类? 205
- 8.9 依照法律规定,购房者在房屋交付后多少日内应取得房屋产权证书? 206
- 8.10 开发商在哪些情况下可以延迟履行办理权属登记的义务? 210
- 8.11 法律对房地产抵押登记有哪些具体要求? 211
- 8.12 房屋抵押登记后,《房屋所有权证》与《房屋他项权证》应由谁收执? 212
- 8.13 房屋权属登记活动中涉及哪些费用? 213

第9章　居住与物业管理 ··· 215

- 9.1　什么是物业管理？ ··· 215
- 9.2　业主在物业管理关系中具有怎样的法律地位？ ··· 218
- 9.3　物业使用人在物业管理法律关系中居于怎样的地位？ ··· 219
- 9.4　物业管理企业在物业管理关系中具有怎样的法律地位？ ··· 219
- 9.5　开发商在前期物业管理活动中有哪些责任？ ······ 222
- 9.6　什么是业主大会和业主委员会？ ······················· 223
- 9.7　业主大会是如何成立和运作的？ ······················· 225
- 9.8　业主委员会具有独立的民事诉讼主体资格吗？ ··· 227
- 9.9　物业服务合同具有哪些特点？ ··························· 230
- 9.10　物业服务合同的内容需包括哪些方面？ ··········· 231
- 9.11　前期物业服务合同的效力何时终止？ ··············· 232
- 9.12　物业管理服务收费标准是如何确定的？ ··········· 233
- 9.13　业主可以"管理不善"为由拒绝缴纳物业管理服务费吗？ ··· 236
- 9.14　物业管理企业可以停水、停电等方式催缴物业管理费吗？ ··· 238
- 9.15　什么是业主临时公约？ ····································· 239
- 9.16　什么是业主公约？ ··· 240
- 9.17　什么是住宅共用部位共用设施设备维修基金？ ··· 241
- 9.18　物业管理企业可以随意动用物业维修基金吗？ ··· 243
- 9.19　物业管理企业在哪些情况下应对业主的人身、财产损失承担责任？ ··· 245
- 9.20　阳台上的花盆被家猫碰落砸伤楼下行人，业主或物业使用人需承担赔偿责任吗？ ··············· 247
- 9.21　什么是相邻关系？ ··· 248

第10章 房屋租赁法律问题 ·········· 250
- 10.1 什么是房屋租赁？ ·········· 250
- 10.2 房屋租赁合同需包含哪些内容？ ·········· 251
- 10.3 租赁房屋的修缮义务依法应由何方承担？ ·········· 253
- 10.4 租赁合同当事人在哪些情况下可以终止合同？ ·········· 254
- 10.5 房屋租赁合同需向房地产管理部门登记备案吗？ ·········· 254
- 10.6 房屋所有权人可以将已设定抵押的房屋出租吗？ ·········· 255
- 10.7 承租人可以对承租房屋进行装修或增设他物吗？ ·········· 256
- 10.8 房屋承租人对承租房屋享有哪些对抗第三人的权利？ ·········· 256
- 10.9 承租人可以将承租房屋转租吗？ ·········· 258
- 10.10 房屋转租的情形下，次承租人享有优先购买权吗？ ·········· 259
- 10.11 房屋租赁中介具有怎样的地位和作用？ ·········· 260

第11章 房屋拆迁法律问题 ·········· 262
- 11.1 什么是城市房屋拆迁？ ·········· 262
- 11.2 什么是房屋拆迁补偿安置协议？ ·········· 265
- 11.3 房屋拆迁补偿安置协议具有怎样的优先权？ ·········· 266
- 11.4 拆迁人与被拆迁人无法达成拆迁补偿安置协议应如何处理？ ·········· 266
- 11.5 房屋拆迁补偿的对象和范围包括哪些？ ·········· 270
- 11.6 法定的房屋拆迁补偿方式有哪些？ ·········· 270
- 11.7 房屋拆迁补偿标准是如何确定的？ ·········· 271
- 11.8 什么是房屋拆迁安置？ ·········· 272
- 11.9 法律对强制拆迁有哪些具体规定？ ·········· 273

第12章 经济适用房法律问题 ·········· 275

12.1 经济适用房在法律上是如何界定的？ 275
12.2 什么是集资建房和合作建房？ 276
12.3 购房者购买经济适用房须具备怎样的条件？ 277
12.4 经济适用房的销售价格是如何确定的？ 279
12.5 经济适用房可以上市出售吗？ 281

第 13 章　二手房交易法律问题 284
13.1 哪些房屋依法不得进行二手交易？ 284
13.2 设有按揭的房屋可以转让吗？ 285
13.3 土地使用权期限对二手房交易有何影响？ 287
13.4 二手房交易须遵循怎样的程序？ 289
13.5 房地产转让合同应包含哪些内容？ 289
13.6 二手房交易当事人须缴纳哪些税费？ 290
13.7 二手房买卖交易中，房屋风险责任何时发生转移？ 296
13.8 购房中介合同需包含哪些内容？ 298
13.9 房款提存公证在二手房交易中有何作用？ 299

附录 301
附录一　商品房买卖合同示范文本 301
附录二　北京市商品房预售合同示范文本 309
附录三　北京市商品房现房买卖合同示范文本 323
附录四　二手房买卖合同参考文本 336
附录五　上海市家庭居室装饰装修施工合同示范文本 339
附录六　上海市居住房屋租赁合同示范文本 347

参考文献 354

第1章

基础法律知识

在法治的社会，知法、懂法、守法、用法是公民应当具备的素质。公民置业安居，其整个过程实质上即是公民守法、用法的过程，是公民依据法律实现权利、维护利益的过程。本章立足置业安居所涉及的最基础的法律知识，阐释当代中国法的形式、法的效力层级、法的适用原则以及民事诉讼中诉讼原则、诉讼时效等有关问题，普及基础法律知识，帮助读者更好地理解本书内容，为读者置业安居打下法律的基础。

1.1 当前中国法的形式有哪些？

法的形式，是指法的具体的外部表现形态。它所指称的，主要是法由何种国家机关制定或认可，具有何种表现形式或效力等级。❶ 当前中国，法的形式主要有以下几种：

宪法。宪法是国家最高权力机关经由特殊程序制定和修改的，综合性地规定国家、社会和公民生活的根本问题的，具有最高法的效力的一种法。它在法的形式体系中居于最高

---

❶ 参见：张文显主编. 法理学. 北京：高等教育出版社，2003年第2版，71页。

的、核心的地位，是一级大法或根本大法，是其他法的立法依据和基础，其他法的内容和精神不得违背宪法的规定，否则无效。

法律。"法律"一词有广义和狭义之分。广义的法律是泛指各种法的总称。此处所谓"法律"，是狭义的法律，即仅指由全国人大及其常委会依据法定职权和程序制定和修改的，规定和调整国家、社会和公民生活中某一方面带根本性的社会关系或基本问题的一种法，是中国法的形式体系的主导。法律的地位和效力低于宪法而高于其他法，是法的形式体系中的二级大法。法律是行政法规和地方性法规的立法依据和基础，后两者不得违反法律，否则无效。

行政法规。行政法规是由最高国家行政机关国务院依法制定和修改的，有关行政管理和管理行政事项的规范性法律文件的总称。行政法规在法的形式体系中处于低于宪法、法律而高于地方性法规和规章的地位。行政法规应根据宪法、法律制定，不得与宪法、法律相抵触；地方性法规及规章则不得与行政法规相抵触，否则无效。

地方性法规。地方性法规是由特定地方国家机关依法制定和修改，效力不超出本行政区域范围，作为地方司法依据之一，在法的形式体系中具有基础作用的规范性法律文件的总称。地方性法规的效力层级低于宪法、法律和行政法规。

行政规章。行政规章是有关行政机关依法制定的关于行政管理的规范性法律文件的总称，分为部门规章和政府规章两种。部门规章是国务院所属部委根据法律和国务院行政法规、决定、命令，在本部门的权限内，所发布的各种行政性的规范性法律文件。国务院所属的具有行政职能的直属机构发布的具有行政职能的规范性法律文件，也属于部门规章的范围。部门规章的地位低于宪法、法律、行政法规，不得与他们相抵触。政府规章是有权制定地方性法规的地方的人民政府根据法律、行政法规制定的规范性法律文件。政府规章除不得与宪法、法律、行政法规相抵触外,还不得与上级和同级地方性法规相抵触。

自治法规。自治法规是民族自治地方的权力机关所制定的特殊的地方规范性法律文件即自治条例和单行条例的总称。自治条例和单行条例与地方性法规立法依据、程序、层次、构成方面,与宪法和其他规范性法律文件以及与全国人大及其常委会和国务院关系方面,均有区别。自治条例和单行条例可作民族自治地方的司法依据。

国际条约。国际条约是指两个或两个以上国家或国际组织之间缔结的,确定其相互关系中权利和义务的各种协议。它也是当代中国一种法的形式和重要的司法依据。

其他法的形式。如军事规章、特别行政区的规范性法律文件、授权制定的规范性法律文件等。

在这些成文法形式中,宪法、法律、行政法规在中国法的形式体系中分别居于核心地位和尤为重要的地位。同时,不成文法也是现时期中国法的形式的补充,主要包括了政策、习惯、判例等等。[1]

1.2 法律实务中,法的适用原则是怎样的?

在法的形式体系中,不同法的形式具有不同的效力层级。那么,实践中,对同一个法律事件,应当如何适用法律,便是法律实务中一个重要的问题。

一般地,在法律(广义"法律",即各种法的总称)的具体适用上,应遵循以下原则:

(1) 下位法服从上位法的基本规定之原则。依据我国《宪法》和《立法法》的有关规定,我国法律规范的效力层级依次为:①宪法;②法律;③行政法规;④地方性法规、自治条例和

---

[1] 参见:张文显主编. 法理学. 北京:高等教育出版社,2003年第2版,74~77。

单行条例、规章。❶

(2) 特别法优于一般法之原则。我国《立法法》第八十三条规定，同一机关制定的法律、行政法规、地方性法规、自治条例和单行条例、规章，特别规定与一般规定不一致的，适用特别规定。

(3) 新法优于旧法之原则。我国《立法法》第八十三条规定，同一机关制定的法律、行政法规、地方性法规、自治条例和单行条例、规章，新的规定与旧的规定不一致的，适用新的规定。

同时，根据我国《立法法》规定，法律之间对同一事项的新的一般规定与旧的特别规定不一致，不能确定如何适用时，由全国人民代表大会常务委员会裁决。行政法规之间对同一事项的新的一般规定与旧的特别规定不一致，不能确定如何适用时，由国务院裁决。地方性法规、规章之间不一致时，由有关机关依照下列规定的权限作出裁决：(1)同一机关制定的新的一般规定与旧的特别规定不一致时，由制定机关裁决；(2)地方性法规与部门规章之间对同一事项的规定不一致，不能确定如何适用时，由国务院提出意见，国务院认为应当适用地方性法规的，应当决定在该地方适用地方性法规的规定；认为应当适用部门规章的，应当提请全国人民代表大会常务委员会裁决；(3)部门规章之间、部门规章与地方政府规章之间对同一事项的规定不一致时，由国务院裁决。根据授权制定的法规与法律规定不一致，不能确定如何

---

❶ 《中华人民共和国立法法》第七十八条："宪法具有最高的法律效力，一切法律、行政法规、地方性法规、自治条例和单行条例、规章都不得同宪法相抵触。"
《中华人民共和国立法法》第七十九条："法律的效力高于行政法规、地方性法规、规章。行政法规的效力高于地方性法规、规章。"
《中华人民共和国立法法》第八十条："地方性法规的效力高于本级和下级地方政府规章。省、自治区的人民政府制定的规章的效力高于本行政区域内的较大的市的人民政府制定的规章。"
《中华人民共和国立法法》第八十二条："部门规章之间、部门规章与地方政府规章之间具有同等效力，在各自的权限范围内施行。"

适用时，由全国人民代表大会常务委员会裁决。

1.3 房地产交易纠纷解决方式有哪些？

在房地产交易活动中，由于交易双方在观念及利益方面往往存在不一致，因此难免出现行为的冲突，从而导致纠纷的产生。房地产交易纠纷通常表现为民事纠纷，适用民事纠纷的处理机制，即：和解、调解、仲裁、诉讼四种。

和解。和解是当事人自力救济的方式之一。在目前房地产交易中，协商和解是解决房地产纠纷的一种主要方式，是指发生房地产纠纷的当事人以口头或书面的形式直接交涉，双方相互妥协和让步，以解决争议的一种方式。它具有直接、快捷、成本低廉的特点。但协商的结果不具有强制执行力，在一方反悔时，另一方当事人不得直接依据协商结果要求法院强制执行，而只能再行协商、调解、申请仲裁或向人民法院提起诉讼。

调解。调解是指第三者依据一定的道德和法律规范，对发生纠纷的当事人摆事实、讲道理，促使双方在相互谅解和让步的基础上最终解决纠纷的一种活动。它是社会救济的一种方式。我国《民事诉讼法》第十六条对"人民调解"作出了规定："人民调解委员会是在基层人民政府和基层人民法院指导下，调解民间纠纷的群众性组织。人民调解委员会依照法律规定，根据自愿原则进行调解。当事人对调解达成的协议应当履行；不愿调解、调解不成或者反悔的，可以向人民法院起诉。人民调解委员会调解民间纠纷，如有违背法律的，人民法院应当予以纠正。"

仲裁。仲裁通常是指纠纷主体根据有关规定或者双方约定，将争议提交仲裁机构，由仲裁机构居中裁决的一种纠纷解决方式。根据我国《仲裁法》的规定，当事人采用仲裁方式解决纠纷，应当双方自愿，达成仲裁协议。没有仲裁协议，一方申请仲裁的，仲裁委员会不予受理。当事人达成仲裁协议，一方向人民法院起诉的，人民法院不予受理。另外，仲裁实行一裁终局的制度。裁决作出后，当事人就同一纠纷再申请仲裁或者向人民法院起诉的,仲裁委员会或者人民法院不予受理。

诉讼。诉讼是指由有管辖权的人民法院在纠纷主体的参加下处理纠纷的一种公力救济方式。它是最终的、具有国家强制性和权威性的纠纷处理机制。根据我国《民事诉讼法》的规定,诉讼实行两审终审及再审制度,审判结果即判决具有强制执行力,当事人一方不履行时,另一方当事人可以向人民法院申请强制执行,从而保障了纠纷的彻底解决。同时,贯穿于法院民事审判程序的全过程,法院根据案件的具体情况,能够调解的随时都可进行调解。法院调解是法院行使审判权的方式之一。凡经法院调解达成协议的,一般由法院审查认可制作调解书,调解书送达后,产生与生效判决相同的法律效力。

1.4 民事诉讼有哪些与当事人密切相关的重要原则?

民事诉讼有诸多原则和制度,如当事人诉讼权利平等原则、辩论原则、处分原则、检查监督原则等等。就诉讼当事人而言,具体来说,需要注意如下一些诉讼原则和制度:

不告不理原则。"不告不理",是中国诉讼法的基本原则之一,是我国《民事诉讼法》第十三条所规定的民事诉讼处分原则的一种表现。根据这一原则,民事诉讼必须有原告请求或被告反诉,法院才可受理;法院在审理中受原告提出的诉讼请求范围的约束,不得超越当事人提出的诉讼请求范围进行判决,也不得主动变更、替换诉讼标的而做出裁判。没有"告"就没有"理",这是民事司法的基本要求。这一原则,严格地约束着法院审理案件的范围和程序,也是当事人意思自治的必然要求。

一事不再理原则。"一事不再理",也是中国诉讼法的基本原则之一,是指对已经发生法律效力的判决、裁定的案件,除法律另有规定的以外,当事人不得就该有效裁决所评判的同一行为请求法院再行审理,法院也不得再行受理。我国《民事诉讼法》第一百一十一条规定,对判决、裁定已经发生法律效力的案件,当事人又起诉的,告知原告按照申诉处理,但人民法院准许撤诉的裁定除外;依照法律规定,在一定期限内不得起诉的案件,在不得起诉的期限内起诉的,不予受理。

谁主张谁举证原则。举证责任是一种特殊的法律责任,是在事实处于真伪不明状态时,当事人负担的败诉的风险。❶ 举证责任分配的核心问题是按照怎样的标准将这种风险在双方当事人之间进行分配,使原告、被告公平合理地各自负担一些事实真伪不明的风险的问题。在古罗马的诉讼中,实行"谁主张谁举证"的举证责任分配原则,包含两条具体化的规则:一是当事人对主张的事实负有提出证据予以证明的义务,否认的一方不负举证责任;二是如果双方当事人都提不出足够的证据,则负举证责任的一方败诉。❷ 我国《民事诉讼法》第六十四条第一款规定:"当事人对自己提出的主张,有责任提供证据。"简单地说,一般认为,在民事诉讼中,对于待证事实,应由主张积极事实的当事人承担举证责任。当然,出于公平合理的要求,在一些特殊情况下,也会出现举证责任倒置的问题。❸

上述这些诉讼规则,与纠纷当事人诉讼权利的行使密切相关。诉讼当事人在行使自己的诉讼权利时,应遵循这些重要原则,依法进行民事诉讼,以避免不必要的诉讼成本和诉讼风险。

---

❶ 参见:江伟主编. 民事诉讼法. 北京:高等教育出版社,北京大学出版社,2000,161.

❷ 参见:陈光中,徐静村主编. 刑事诉讼法学. 北京:中国政法大学出版社,2002 年修订二版,138.

❸ 《最高人民法院关于适用〈中华人民共和国民事诉讼法〉若干问题的意见》第 74 条:"在诉讼中,当事人对自己提出的主张,有责任提供证据。但在下列侵权诉讼中,对原告提出的侵权事实,被告否认的,由被告负责举证:(1)因产品制造方法发明专利引起的专利侵权诉讼;(2)高度危险作业致人损害的侵权诉讼;(3)因环境污染引起的损害赔偿诉讼;(4)建筑物或者其他设施以及建筑物上的搁置物、悬挂物发生倒塌、脱落、坠落致人损害的侵权诉讼;(5)饲养动物致人损害的侵权诉讼;(6)有关法律规定由被告承担举证责任的。"

1.5 房地产交易纠纷应适用怎样的诉讼时效？

诉讼时效，是指权利人在法定期间内不行使权利即丧失请求人民法院依法保护其民事权利的法律制度。这里所说的法定期间内提起诉讼，即诉讼时效期间，权利人在该期间内有权请求人民法院保护其权利。一旦诉讼时效期间届满，权利人则不再享有请求人民法院保护的权利，也即胜诉权消灭。❶

我国《民法通则》第一百三十五条规定，向人民法院请求保护民事权利的诉讼时效期间为二年，法律另有规定的除外。第一百三十七条规定，诉讼时效期间从知道或者应当知道权利被侵害时起计算。❷ 一般地，对于房地产交易纠纷而言，应适用两年的普通诉讼时效，也就是说，纠纷当事人应当在自身权利被侵害时起两年内及时向人民法院提起民事诉讼，主张自身权利，而不宜怠于行使诉讼权利，以免带来不利的诉讼后果。

1.6 房地产纠纷当事人可以请求精神赔偿吗？

近年来，随着公民维权意识的增强，在房地产纠纷中也出现请求精神损害赔偿的情况。实践中也有原告向被告提出高额精神赔偿请求，致使原告方预先支付的诉讼费也自然不菲。然而，在我国有关精神损害赔偿立法尚不完备的今天，房地产纠纷当事人的精神损害赔偿请求能够得到法院的支持吗？

2001年，最高人民法院出台《最高人民法院关于确定民事侵权精神损害赔偿责任若干问题的解释》，对精神损害赔偿进行了严格的限制。根据该司法解释的有关规定，自然人因下列人格

---

❶ 参见：魏振瀛主编. 民法. 北京：北京大学出版社，高等教育出版社，2000，192~194。

❷ 同时，我国《民法通则》第一百四十条规定："诉讼时效因提起诉讼、当事人一方提出要求或者同意履行义务而中断。从中断时起，诉讼时效期间重新计算。"由此，权利人采用信件、传真等方式催告债务人履行债务后，诉讼时效中断，重新开始计算两年诉讼时效。

权利遭受非法侵害,向人民法院起诉请求赔偿精神损害的,人民法院应当依法予以受理:(1)生命权、健康权、身体权;(2)姓名权、肖像权、名誉权、荣誉权;(3)人格尊严权、人身自由权。违反社会公共利益、社会公德侵害他人隐私或者其他人格利益,受害人以侵权为由向人民法院起诉请求赔偿精神损害的,人民法院应当依法予以受理。同时,该司法解释第八条规定:"因侵权致人精神损害,但未造成严重后果,受害人请求赔偿精神损害的,一般不予支持,人民法院可以根据情形判令侵权人停止侵害、恢复名誉、消除影响、赔礼道歉。"

实践中,房地产纠纷当事人最好谨慎提出高额精神损害赔偿请求,以免承担过高的诉讼费用,避免造成最终获得的精神赔偿数额不足以支付诉讼费用的尴尬结果。

1.7 什么是律师见证?

房地产交易涉及的法律规范错综复杂,普通公民往往难以完全掌握。在房地产交易活动中,当事人可以寻求律师的帮助。律师见证便是律师可以提供的服务项目之一。

所谓律师见证,是指律师根据当事人的委托,以律师事务所及经办律师的名义,就当事人的某一法律行为的真实性和合法性予以确认的一种律师业务类型,是律师的基本业务之一。律师见证能够促使当事人认真、严肃、仔细地对待其所实施的法律行为,增强其责任感,从而保证双方建立的法律关系的合法性、稳定性,且有利于执行。

与公证机关的公证相比较而言,律师见证的法律属性应归为"人证"或"私证",且律师见证的范围受到一定的局限。公证机关的公证是代表国家经过法定程序所进行的证明活动,其证明效力强于律师见证。但律师见证的程序较为简便、灵活、快捷,见证过程中还可提出法律意见,对尚未成熟的事件提供法律帮助。

目前,在房地产交易中引入律师见证是国际上通行的做法。

律师见证可以使当事人在房地产交易中更加安全。即使出现问题造成当事人利益损害的，律师也将承担赔偿责任。因此，在房地产交易中，当事人对买卖合同、贷款合同等进行律师见证，是为保障交易安全的有益做法。

第 2 章

商品住宅购房准备

"安得广厦千万间,大庇天下寒士俱欢颜",这是古代诗人的房屋情结,也是中华民族的一种普遍心理情结。尽人皆知,安居才能乐业,能够拥有自己的房屋,对每个人来说绝对是一种幸福,而一次通向快乐和幸福的购房活动就从这里开始。购房,选房是第一步,而选房过程中翻阅大量的房地产广告又是房地产交易的首要环节。理性对待房地产广告,对整个房地产交易至关重要。作为普通购房者,我们应当选择什么样的房屋?我们选房时所面对的房地产广告具有怎样的法律效力?我们在翻阅精美的房地产广告时应当注意哪些内容?我们又应该如何对待售楼小姐的诱人承诺?我们购房前所参观的样板房是否与将来的新居一样?——这些都是我们在选房过程中需要关注的问题。本章从购房的准备活动出发,对购房前选房、房地产广告、样板房等相关问题做出法律的诠释和解答。

2.1 购房者在选房之前需要做哪些准备工作?

选房是购房活动的开始,也是通向幸福快乐的新居生活所迈出的第一步。而成功的购房活动是一个具有相当难度和复杂程度的消费活动，它要求普通的购房者在选择商品房之前做一些必要的准备工作，以让购房活动有一个好的开始，也为整个购房活动中辛苦而漫长的后续工作打下一个良好的基础。

首先，购房者需要拟定自己的购房计划，根据自身的经济条件、家庭人员结构组成、家庭成员工作生活状况等因素，定位自己的购房类型、购房户型、房屋面积、地域位置等。对自己的购房目标有了一个大致的定位后，接下来便是搜集、查阅房地产广告和楼书了。面对各式各样制作精美的广告和楼书，购房者一定要保持冷静的心态，认真分析广告及楼书中的内容，谨慎地权衡、选择。❶

与此同时，广大购房者在正式介入与房地产开发商或销售代理商的购房谈判前，需要了解一些基本的法律知识、重要的法律条文及常用的建筑类国家标准。如：《中华人民共和国城市房地产管理法》、《商品房销售管理办法》、《城市商品房预售管理办法》、《个人住房贷款管理办法》、《物业管理条例》、最高人民法院《关于审理商品房买卖合同纠纷案件适用法律若干问题的解释》及中华人民共和国国家标准《房产测量规范》、《民用建筑设计通则》、《住宅设计规范》、《建筑装饰装修工程质量验收规范》等等。当然，涉及购房活动的法律、标准远远不止这些，读者可参见本书第一章的基础法律知识介绍，并通过互联网等查阅相关法律法规及国家标准，以求对有关规定有个大致的印象。

2.2 购房者选择商品房时应考虑哪些要素？

安居置业是关系家庭幸福快乐的大事，也是安居乐业、更进发展的前提，容不得半点马虎。居民难得有一次购房消费，当然

---

❶ 关于翻阅房地产广告和楼书时应当注意哪些问题请分别参看本章第2.7问、第2.8问的详细解答。

要选择最适合自己、最舒适、最经济的房屋。而影响房屋使用效果的要素包括了城市规划、市政建设、周边地区开发、物业配套设施建设、物业管理等等方面，以及房屋本身的节能、日照、采暖、照明、通风、防火、防水、隔声、给排水等设计标准。因此，购房者在选择房屋时，应全面考虑这些与房屋使用效果密切相关的各种要素，可参考《城市居住区规划设计规范》、《住宅设计规范》、《建筑设计防火规范》、《高层民用建筑设计防火规范》、《民用建筑设计通则》、《民用建筑隔声设计规范》、《民用建筑照明设计标准》、《民用建筑节能设计标准(采暖居住建筑部分)》、《建筑给排水设计规范》、《采暖通风设计规范》、《民用建筑热工设计规范》、《汽车库建设设计规范》等国家标准和规范的有关规定，对预购房屋的种类、房屋建设标准、配套设施、周边环境等要素综合分析权衡，结合自己的实际情况，作出最适宜自己的购房选择。

这里需要提醒购房者注意，选房切记理性分析、审慎置业，要正确对待售楼现场热卖气氛的诱惑和楼盘宣传炒作的猛烈攻势，切勿受趋众心理的影响，盲目"跟风"、"从众"，感性地作出不适合自己的购房决策。

2.3　什么样的住宅才是健康住宅？

随着现代科技的发展和人们生活水平的提高，人们越来越迫切地追求拥有健康的人居环境。2003年，突如其来的"非典"，更让人们把目光集中在了健康住宅。

住宅建设有四个基本要素，即适用性、安全性、舒适性和健康性。健康是发展生产力的第一要素。保障全体国民应有的健康水平是国家发展的基础。"健康"的概念包括了生理、心理、道德和社会适应四个方面。对"健康"的广义理解，给居住环境提出了更高的要求。为适应健康住宅的规划设计、开发建设、生产施工、物业管理及监理检测，国家住宅与居住环境工程中心组织编写了《健康住宅建设技术要点》，并逐渐完善。它立足大众住宅，包含人居健康工程科学化建设的主要内涵，对健康住宅居住环境、社会环境的各项内容、指标作出了具体要求，是建设健康住宅的主要技术依据，可作为购房者衡量和选择健康住宅的重要参考文本。❶

2.4 规范房地产广告的现行法律主要有哪些？

翻阅房地产广告和销售宣传资料可以说是房地产交易的第一个环节，与房地产交易的成败有着极为密切的关系。鉴于此，国家相关部门也相继出台了一些法律法规以规范开发商及广告商发布房地产广告的行为。具体地说，我国现行的直接规范房地产广告的法律法规主要有：1995年2月1日起施行的《中华人民共和国广告法》、1997年2月1日起施行的《房地产广告发布暂行规定》、国家工商行政管理总局与建设部2002年3月25日下发并实施的《关于进一步加强房地产广告管理的通知》等。这些法律法规是房地产广告发布运作的法律依据，对规范房地产广告、保障广大购房者的切身利益有着重要的作用。

2.5 法律对房地产广告有什么限制和要求？

1996年底，国家工商行政管理局颁布了《房地产广告发布暂行规定》（以下简称《规定》），并于1997年施行。该规定对房地产广告的发布等相关问题作出了具体规定，对规范房地产开发商的广告行为有着重要的意义。

《规定》第二条第一款将其所规范的房地产广告界定为：房地产开发企业、房地产权利人、房地产中介服务机构发布的房地产项目预售、预租、出售、出租、项目转让以及其他房地产项目介绍的广告。《规定》第三条指出，房地产广告必须真实、合法、

---

❶ 《健康住宅建设技术要点》（2004年版），可参见中国建设科技网：http://www.build.com.cn/health/

科学、准确，符合社会主义精神文明建设要求，不得欺骗和误导公众。

《规定》中，对房地产广告作出的具体要求对广大购房者鉴别房地产广告、选择合适的商品房以及日后维权都有着十分重要的指导意义，其中：

第六条 房地产预售、销售广告，必须载明以下事项：(一)开发企业名称；(二)中介服务机构代理销售的，载明该机构名称；(三)预售或者销售许可证书号。广告中仅介绍房地产项目名称的，可以不必载明上述事项。

第七条 房地产广告不得含有风水、占卜等封建迷信内容，对项目情况进行的说明、渲染，不得有悖社会良好风尚。

第九条 房地产广告中对价格有表示的，应当清楚表示为实际的销售价格，明示价格的有效期限。

第十条 房地产中表现项目位置，应以从该项目到达某一具体参照物的现有交通干道的实际距离表示，不得以所需时间来表示距离。房地产广告中的项目位置示意图，应当准确、清楚，比例恰当。

第十一条 房地产广告中涉及的交通、商业、文化教育设施及其他市政条件等，如在规划或者建设中，应当在广告中注明。

第十二条 房地产广告中涉及面积的，应当表明是建筑面积或者使用面积。

第十三条 房地产广告涉及内部结构、装修装饰的，应当真实、准确。预售、预租商品房广告，不得涉及装修装饰内容。

第十五条 房地产广告中使用建筑设计效果图或者模型照片的，应当在广告中注明。

第十七条 房地产广告中涉及贷款服务的，应当载明提供贷款的银行名称及贷款额度、年期。

第十八条 房地产广告中不得含有广告主能够为入住者办理

户口、就业、升学等事业的承诺。❶

第十九条 房地产广告中涉及物业管理内容的，应当符合国家有关规定；涉及尚未实现的物业管理内容，应当在广告中注明。

总之，房地产广告的内容必须真实，形式必须合法，语言必须规范，所示价款和位置等要素必须准确。购房者在选购商品房、审视房地产广告时，可以《规定》中所明确的要求来衡量房地产广告的合法性，甄别让人眼花缭乱的房地产广告，以维护自己的合法权益。

2.6 对房地产广告中的各种排名、奖励等内容，法律有哪些规定？

房地产开发商或销售代理商为吸引购房者，常常在房地产广告中标明与项目相关的获奖情况及其他荣誉。鉴于此，一些地方规定，❷ 预售商品房广告中出现各种评奖、排名、国家或省示范工程等称号的，必须符合国家有关法律、法规的规定，并明示评奖机关、奖励种类和有效年份，对列入实施计划但未经验收获得奖励称号的，开发商或销售代理商不能使用该称号。当然，这些地方性规定在全国范围内并没有普遍的适用性，但根据《中华人

---

❶ 1997年5月5日，《国家工商行政管理局关于房地产广告中承诺为入住者办理户口问题的答复》进一步规定："《房地产广告发布暂行规定》第十八条中关于在房地产广告中不得含有广告主能够为入住者办理户口的承诺的规定，可从以下方面理解：一、办理户口只能由政府有关部门依照规定进行。因此，房地产广告中不得以任何形式出现房地产开发企业、房地产权利人、房地产中介服务机构能够为入住者办理户口承诺的内容。二、依照法律法规和有关规定可以办理户口的房地产项目，广告中有关办理户口的内容应当表述清楚、明白，标明有关规定的出处或者相关条件，不得使人产生误解。"

❷ 比如：中共广东省委宣传部 广东省建设厅 广东省工商行政管理局关于加强房地产广告管理的通知（粤建房字［2001］172号 2001年12月13日）第十一条："预售商品房广告中出现各种评奖、排名、国家或省示范工程等称号的，必须符合国家有关法律、法规的规定，并明示评奖机关、奖励种类、有效年份。对列入实施计划但未经验收获得奖励称号的，不得使用该称号。"江苏常州也有相关规定。

民共和国广告法》第五条所规定的诚实信用原则以及《房地产广告发布暂行规定》对房地产广告"真实、合法、科学、准确"的要求,开发商与销售代理商也理应严格律己,向广大购房者传递真实、准确的楼盘信息。

2.7 购房者翻阅房地产预售(销售)广告应关注哪些内容?

房地产这种特殊商品销售最显著的特点之一,即是其供给信息通常须通过以报纸为主的大众媒介向外界传播、展示。购房者一般先接触房地产的广告,只有广告打动了购房者的心,房屋才有可能为其所购。因此,房地产广告对整个房地产项目的销售起着至关重要的作用。鉴于此,开发商或者销售代理商往往在房地产广告上大下工夫,提高广告的制作水准,尽一切力量打动购房者。而对于购房者而言,面对各种精美的房地产广告,不能为其所惑,当关注广告中一些有价值的重要信息,避免广告陷阱,理性地作出选择。

一般来讲,房地产预售(销售)广告主要含有以下几部分内容:

(1)项目的名称、位置、售价。根据《房地产广告发布暂行规定》的相关规定,广告中房屋售价应标注实际的销售价格,房屋位置的示意图必须比例恰当。而在实际的操作中,由于种种原因,房地产广告中所标注的价格,一般情况都是起价或者均价,即项目销售的最低价或平均价,而客户实际购房价格则要根据楼层、朝向、户型结构以及工期进度而定。对于销售不畅的项目,销售广告中的价格也有可能是虚定的原价,实际成交价也可能低于标注价格。对于房屋位置的标注,也往往只是纯粹的示意,并不是准确的距离位置,更多的情况下,开发商或销售代理商往往是刻意将销售楼盘与市中心其他显赫建筑的距离拉近。因此,购房者在看房地产预售(销售)广告时,不宜轻信广告中标注的价格,也不能仅从广告中的位置图中去"找感觉",而需关注房屋的实际销售价格和在标准地图中的实际位置。

（2）房屋的外观或户型图。大多数房地产广告中都附有项目的整体外观图。根据《房地产广告发布暂行规定》的有关规定，房地产预售广告中使用效果图的应当在广告中注明。而实际的情况是，期房预售广告中所使用的电脑绘制的效果图往往并无"效果图"字样的标注，而只有在现房销售广告中，开发商或销售代理商才不忘在图片的一角注明是"实景照片"。购房者在翻阅期房预售广告时，一定要意识到现在的电脑制图技术已到了空前的水平，切记不要将广告中的电脑效果图当作是未来真实景观的如实写照。

在如今的房地产广告中，户型图往往也成为展示房屋户型特点和项目优势的必不可少的一部分，这对于购房者了解开发商理念和设计水准、审查房屋是否适于自己的确有所帮助，但同时购房者也需注意，户型图中家具等屋内设施的比例可能与实际有误差，广告的"感觉"和到房屋里面实际的观测有时会有较大的差距。

（3）项目配套设施情况及周边的环境描述。房地产预售广告中，往往以文字描述项目配套设施和周边环境的情况，以展示楼盘的档次及区位优势。根据《房地产广告发布暂行规定》第十一条的规定，规划建设中的配套设施须在广告中予以注明。而实际操作中，广告中对尚未建成的配套设施很少作出"规划建设中"的标注。对于周边环境的描述，也不乏言过其实的情况，如"距……多少公里"、小区周边汇聚了什么学校、公园、豪华购物商场等等之类，但事实可能并不是那么回事。因此，建议购房者在作购房决策之前，查看一下政府主管部门批准的规划文件，以确认项目的规划设计。同时，购房者还最好在购房合同的相关条款中注明房屋配套的有关细节，对周边环境也最好实地考察一番。

（4）开发商、代理商、设施施工单位或物业管理公司的名称。根据《房地产广告发布暂行规定》第六条规定，房地产预售、销售广告,必须载明以下事项:①开发企业名称;②中介服务机构代理销售的,载明该机构名称;③预售或者销售许可证书号。但广告中仅介绍房地产项目名称的,可以不必载明上述事项。据此,开发企业的名称、销售代理机构的名称必须在房地产广告中标明。有的开发商为了证明自己实力雄厚,吸引购房者,往往还会在广告中列出项目的知名设计单位、施工单位以及前期物业管理企业的名称等。

(5) 项目销售的资格证号。开发商或者销售代理商要刊登房地产广告,必须提供完整的项目立项、销售手续等文件。《房地产广告发布暂行规定》第五条规定,发布房地产广告,应当具有或者提供下列相应真实、合法、有效的证明文件:①房地产开发企业、房地产权利人、房地产中介服务机构的营业执照或者其他主体资格证明;②建设主管部门颁发的房地产开发企业资质证书;③土地主管部门颁发的项目土地使用权证明;④工程竣工验收合格证明;⑤发布房地产项目预售、出售广告,应当具有地方政府建设主管部门颁发的预售、销售许可证明;出租、项目转让广告,应当具有相应的产权证明;⑥中介机构发布所代理的房地产项目广告,应当提供业主委托证明;⑦工商行政管理机关规定的其他证明。

1997年《房地产广告发布暂行规定》第六条、1998年《城市房地产开发经营管理条例》第二十六条又规定,房地产预售(销售)广告中还必须注明预售(销售)许可证书号。比如,北京市的商品房预售或销售必须要在广告中注明"京房售证字×号"。在广告中载明出售房屋的预售或销售许可证号,则说明该房屋已具备上市条件,一般地,在日后办理产权手续等方面便不会有较大的偏差。

需要注意的是,难免有个别开发商采取伪造等手段,冒用其他项目证号,甚至将编造的证号在广告中明示,欺骗购房者。鉴于此,建议购房者在了解项目期间,对项目的所有手续到工商、建设、房管等有关部门进行查证核实。

另外，对于尚未取得预售许可证的预售项目，《房地产广告发布暂行规定》第四条第四项明令禁止其发布房地产广告，但现实中也有房地产广告没有注明预售许可证号，却标明自己的项目可以"保证产权"。这里尤需提醒广大购房者注意，开发商的这种广告行为并不合法，且确认产权是一种政府行为，开发商所能做的只是操作自己的项目，只要手续正规、健全，开发过程规范，房管部门自然会在一定的期限内，经过规定的程序确认其产权，而如果开发程序不规范，立项手续也不完备，这种保证对广大购房者来说只能是一张"空头支票"。

（6）销售电话等咨询垂询方式。房地产广告中，售房电话是最不能少的。建议购房者在看到房地产广告之后，最好是将广告的整个内容都吃透、分析透了，再拿起电话进行询问，以免轻易地被售楼小姐、先生滔滔不绝地精彩介绍迷昏头脑。

（7）银行按揭贷款的承诺。如今，绝大多数的商品房项目可进行按揭购买。根据《房地产广告发布暂行规定》第十七条的规定，商品房预售（销售）涉及银行按揭贷款的，在广告中必须注明贷款银行的名称及贷款额度、年期等。另外，购房者需要掌握一定的抵押贷款知识，并根据广告中列出的贷款条件，初步核算贷款细账。

（8）物业管理方面的承诺。《房地产广告发布暂行规定》第十九条规定："房地产广告中涉及物业管理内容的，应当符合国家有关规定；涉及尚未实现的物业管理内容，应当在广告中注明。"为防止物业管理方面承诺的不实，建议购房者将广告中物业管理方面承诺的内容，同装修、配套等问题一样，尽量落实到购房合同中去，以便日后维权处于有利地位。

2.8 购房者在查看楼书时应注意哪些问题？

楼书是房地产开发商或销售代理商宣传楼盘、吸引购房者的重要资料，是房地产广告的一种重要形式，它较大众媒体上的房地产广告和销售宣传资料更为翔实和丰富。随着电脑制图技术和彩印技术的飞速发展，如今的楼书已制作得相当精美，尤其是对于预售商品房来说，电脑制图技术可以说是发挥到了极致。然而，楼书美了，同时距离楼盘的实际状况也远了。面对精美的楼书，购房者一定要冷静分析其中所包含的大量的楼盘信息，客观评价，审慎抉择。

一般来说，楼书主要包含了以下一些重要信息：

(1) 楼盘概况，包括占地面积、建筑面积、公共建筑面积、商业建筑面积、建筑覆盖率、容积率、绿地率、建筑座数、层数、层高、车位数量、房屋结构、发展商、投资商、建筑商、物业管理企业简况等等。

(2) 位置及交通，包括楼盘所处具体位置示意图、交通路线示意图及位置、交通情况的文字介绍等。

(3) 周边环境，包括对自然环境介绍、人文环境介绍、景观介绍等。

(4) 生活配套设施，包括对周边学校、幼儿园、医院、菜市场、商场、超市、餐饮服务场所、娱乐场所、邮政电信等配套建设的介绍等。

(5) 规划设计，包括对项目规划理念、规划特点、楼盘建筑设计者、设计理念、建筑特色、环艺绿化风格特色的介绍等等。随着近年人们生活品位的日渐提高，购房者日益重视建筑内、外部空间的处理、建筑风格、建筑外立面的特点，因此，规划设计也往往成为售楼书介绍的重点部分。

(6) 户型介绍。户型布局与生活是否方便舒适有着极大的关系，是影响购房者购买决定的重大因素，因此，楼书中对户型的介绍往往不惜余力，以灵活多样的方式将户型特色、户型优点尽情展示。

(7) 会所介绍。作为全新生活方式下的产物，会所在近年的房地产开发中受到越来越高的重视，也是提升项目整体品位的重要组成部分。有关会所的功能介绍、设计理念介绍、会所服务细则说明等也成为楼书中不可或缺的内容。

(8) 物业管理介绍。物业管理可视为项目的售后服务。随着市场的发展，人们对物业管理服务日益重视，对物业管理服务的要求也越来越高。物业管理人背景、物业管理内容、物业管理特色也往往作为吸引购房者的重要内容在楼书中详细介绍。

此外还有建筑装饰材料、保安管理系统、新材料新科技成果运用等内容的介绍，并根据每个楼盘自身优势卖点而侧重于不同的方面。

面对楼书中如此众多的信息，购房者在阅读过程中，应注意理解其中的一些关键概念，把握各种图示的重要信息，力求得到一个客观的认识和评价。这里，顺带对几个关键概念作一点阐释和说明：

（1）建筑覆盖率，即建筑密度，是指建设用地范围内所有建筑物基底面积之和与建设用地面积的比率。

（2）容积率，是指建设用地范围内总建筑面积与总用地面积的比率。

（3）绿地率，是指建设用地范围内的绿地面积与建设用地面积的比率。❶

另外，购房者在查看楼书中各种示意图时，应深刻理解实际操作中的"示意"之意。❷ 购房者面对楼盘位置、环境的示意图，最好比照标准地图和政府主管部门批准的规划图来看；对精美的房屋图片，也最好看清楚是"实景照片"还是"效果图"；而对于户型图、房屋的单位（单栋）平面图、立面图、剖面图等等，则应关注房屋朝向（一般以南北朝向为佳）、楼宇的总层数、

---

❶ 需要注意，绿地率与"绿化覆盖率"是两个不同的概念。前者不包括阳台、屋顶及垂直绿化。实践中，这两个概念容易混淆，购房者对此应予注意。

❷ 这里所说的"实际操作中"是相对于法律的规定而言的。根据《房地产广告发布暂行规定》第十条第二款的规定，房地产广告中的项目位置示意图必须准确、清楚、比例恰当。但在房地产销售实务中，却很少严格执行此项规定。

总高度、❶ 房屋开间宽度、进深长度、楼层高度(层高)、❷ 户内功能分区、房间布置、各房间私密性、门窗开启位置、方向等。

对于有些楼书中关于房屋结构形式的介绍，购房者需有大致的了解。一般来说，我国现有的建筑结构形式主要有砖混结构、钢筋混凝土框架结构、钢筋混凝土框架-剪力墙结构(框剪结构)、钢混结构、钢结构等。目前，多层房屋一般采用砖混结构或钢筋混凝土框架结构，高层房屋一般采用钢筋混凝土框架结构或钢筋混凝土框架-剪力墙结构。钢筋混凝土框架结构、钢筋混凝土框架-剪力墙结构(框剪结构)房屋具有抗震性能好、整体性强、抗腐蚀能力强、经久耐用等优点，并且房间的开间、进深相对较大，空间分割较自由。但这种结构工艺比较复杂，建筑造价也比较高。

对于楼书中的其他内容，购房者可参照本章第7问中的相关解答，予以审视。

另外，笔者建议，购房者在选房过程中，除了对楼书应仔细阅读外，最好对政府的城市总体规划也有所了解，从政府的规划

---

❶ 根据《住宅设计规范》(GB 50096—1999)4.1.6规定："七层及以上住宅或住户入口层楼面距室外设计地面的高度超过16m以上的住宅必须设置电梯。"4.1.7规定："十二层及以上的高层住宅，每栋楼设置电梯不应少于两台，其中宜配置一台可容纳担架的电梯。"

❷ 在住宅设计中，住宅的宽度是指一间房屋内一面墙的定位轴线到另一面墙的定位轴线之间的实际距离。因为是就一自然间的宽度而言，故又称开间。根据《住宅建筑模数协调标准》(GBJ 100—87)规定：住宅建筑的开间常采用下列参数：2.1m、2.4m、2.7m、3.0m、3.3m、3.6m、3.9m、4.2m。住宅的长度和进深，在建筑学中是指一间独立的房屋或一幢居住建筑内从前墙的定位轴线到后墙的定位轴线之间的实际长度。根据《住宅建筑模数协调标准》(GBI 100—87)规定，住宅的进深采用下列常用参数：3.0m、3.3m、3.6m、3.9m、4.2m、4.5m、4.8m、5.1m、5.4m、5.7m、6.0m。但在现在新建的建筑中，多采用现浇楼屋面，故对于开间、进深模数就不很严格。层高是指下层地板面或楼板上表面(或下表面)到相邻上层楼板上表面(或下表面)之间的竖向尺寸。《住宅建筑模数协调标准》(GBI 100—87)中规定，住宅的层高采用下列参数：2.6m、2.7m、2.8m。住宅的开间、进深、层高三者的比例关系，直接关系到室内采光、通风等状况。

中了解楼盘周围是否还会新建高楼而影响观景视线，这一点，对于购买所谓"海景房"、"生态公园观景房"之类的购房者来说显得尤为重要。

2.9 商品房预售广告对开发商有约束力吗？

目前，我国房地产市场竞争日渐激烈。为了使自己开发的商品房热销快销，开发商们不惜利用各种手段在广告上美化粉饰自己的产品。由于预售广告发布时，商品房尚未建好，购房者只能通过广告来想象未来的新居。正是因为如此，购房者往往被设计精美、充满想象力的广告所迷惑，等到接房时则感到巨大的失落，对未来生活的美好憧憬顿时烟消云散。

《中华人民共和国广告法》规定，本法所称广告，是指商品经营者或者服务提供者承担费用，通过一定媒介和形式直接或者间接地介绍自己所推销的商品或者所提供的服务的商业广告。《商品房销售管理办法》第十四条规定："房地产开发企业、房地产中介服务机构发布商品房销售宣传广告，应当执行《中华人民共和国广告法》、《房地产广告发布暂行规定》等有关规定，广告内容必须真实、合法、科学、准确。"《房地产广告发布暂行规定》第三条："房地产广告必须真实、合法、科学、准确，符合社会主义精神文明建设要求，不得欺骗和误导公众。"

商业广告一般为要约邀请，而非要约。根据《合同法》第十四条，要约是希望和他人订立合同的意思表示，该意思表示应当符合下列规定：

（1）内容具体确定；

（2）表明经受要约人承诺，要约人即受该意思表示约束。

第十五条："要约邀请是希望他人向自己发出要约的意思表示。寄送的价目表、拍卖公告、招标公告、招股说明书、商业广告等为要约邀请。商业广告的内容符合要约规定的，视为要约。"

而根据最高人民法院《关于审理商品房买卖合同纠纷案件适用法律若干问题的解释》（以下简称《解释》）第三条规定，商品房的销售广告和宣传资料为要约邀请,但是出卖人就商品房开发规划范围内的房屋及相关设施所作的说明和允诺具体确定,并对商品房买卖合同的订立以及房屋价格的确定有重大影响的视为要约,这些说明和允诺即使未载入商品房买卖合同,也视为合同内容,当事人违反的,须承担违约责任。《解释》中所指的"商品房销售广告"和"宣传资料"应当理解为房地产开发企业或房地产中介服务机构为宣传商品房、吸引购房人而利用各种媒体发布广告或自行设计印制的宣传资料、样板间、模型等一切对商品房特定事项的说明或者陈述。根据《解释》,也就是说,在一般情形下,商品房的销售广告和宣传资料是要约邀请,但是在特定条件下,应视为要约,自动构成合同的一部分。

依据《解释》第三条,商品房销售广告和宣传资料视为要约应当具备三个条件:(1)广告的内容是出卖人对商品房开发范围内的房屋及相关设施所作的说明和允诺,包括房屋本身的位置、朝向、户型、结构、空间尺寸、设备品牌、小区规划、配套设施等;❶(2)该说明和允诺具体明确;(3)其对商品房买卖合同的订立和价格的确定具有重大影响,即广告内容不仅对购房人具有巨大的心理诱惑,对买卖合同的订立产生重要影响,而且属于房屋价格的构成因素。商品房的销售广告和宣传资料只要同时具备了上述三个条件,就应当视为合同内容,如果当事人违反,则须承担相应的违约责任。

近年来,因广告和宣传资料中的承诺不能兑现而引起的纠纷成为房地产纠纷中的一个新热点。从近年司法机关对此类案件的审理结果来看,呈现出对开发商进行广告和宣传的要求日益严格的趋势。对开发商在广告和宣传资料中明示的事项,法院或仲裁

---

❶ 该条件中有两处需要特别注意:其一,发布广告的主体应为出卖人,购房者须对此承担举证责任。即需由购房者来向法庭证明该广告系开发商用于推广产品的宣传资料。其二,仅限于对商品房开发规划范围内房屋及相关设施所作的宣传说明,即仅限于开发商所开发项目规划红线以内的房屋及相关设施的宣传说明,而不包括项目规划红线以外的政府规划范围的道路、商业及相关设施的说明。

机构通常要求开发商按照承诺兑现，不能兑现的，一般会责令开发商进行补救，实在无法兑现的，则往往判令开发商赔偿购房者的损失。

但是，消费者需要注意，如果开发商在广告中注明"本广告仅作宣传用途，不作为要约"之类，表明开发商已明确此广告不作为要约，不受广告意思表示的约束。这种情况下，即使是该广告对所售房屋及相关设施作出了具体确定的说明，恐怕购房者要求开发商承担"货不对版"的违约责任的请求很难得到法院的支持。

另外，还需要提示广大购房者注意的是，《商品房销售管理办法》第十五条规定："房地产开发企业、房地产中介服务机构发布的商品房销售广告和宣传资料所明示的事项，当事人应当在商品房买卖合同中约定。"《关于进一步加强房地产广告管理的通知》第四条："房地产开发企业、房地产中介服务机构发布的各种形式的房地产广告，其中明示及承诺的内容和事项，应当与购房者在《商品房买卖合同》中予以明确。"据此，法律赋予了购房者要求开发商将其在广告中宣传的主要内容及所明示的事项写入合同的权利，而开发商也有义务在合同中承诺广告中的主要事项。这些规定也意味着广告中的主要条件就是未来销售合同中开发商的义务，如果开发商在销售合同中未列明其在房地产广告中所广而告之的条件，开发商就应该承担一定的责任。在此，笔者建议广大购房者尽量将关心的问题及开发商的相关承诺在合同（包括补充协议）中明确约定，以免日后产生此类纠纷。

2.10 房地产广告中关于项目周边环境配套的具体介绍构成要约吗？

所谓"要约"，根据《中华人民共和国合同法》第十四条规定，是指希望和他人订立合同的意思表示，该意思表示应当符合下列规定：（1）内容具体确定；（2）表明经受要约人承诺，要约人即受该意思表示约束。也就是说，合同一方当事人的意思表示一旦构成要约，则该意思表示即成为合同内容，作出该意思表示的当事人必须受所作意思表示的约束，否则将承担违约责任。

最高人民法院《关于审理商品房买卖合同纠纷案件适用法律若干问题的解释》（以下简称《解释》）第三条规定："商品房的销售广告和宣传资料为要约邀请，但是出卖人就商品房开发规划范围内的房屋及相关设施所作的说明和允诺具体确定，并对商品房买卖合同的订立以及房屋价格的确定有重大影响的，应当视为要约。该说明和允诺即使未载入商品房买卖合同，亦应当视为合同内容，当事人违反的，应当承担违约责任。"具体来讲，商品房销售广告和宣传资料视为要约应当具备三个条件：（1）广告的内容是出卖人对商品房开发范围内的房屋及相关设施所作的说明和允诺，包括房屋本身的位置、朝向、户型、结构、空间尺寸、设备品牌、小区规划、配套设施等；（2）该说明和允诺具体明确；（3）其对商品房买卖合同的订立和价格的确定具有重大影响，即广告内容不仅对购房人具有巨大的心理诱惑，对买卖合同的订立产生重要影响，而且属于房屋价格的构成因素。商品房的销售广告和宣传资料只有同时具备了上述三个条件，才应当视为合同内容，如果当事人违反，才须承担相应的违约责任。

在现实的商品房交易活动中，开发商项目宣传资料的内容往往并不局限于项目本身，常常还将项目周边的交通、商业、休闲、健身娱乐等市政配套设施吹嘘介绍一番，以彰显项目优越的区位和便利的环境配套。而且，对这些环境配套的介绍说明也往往不只是三言两语，而是具体明确的说明，并且充满诱惑力。如我们常常可以在开发商项目宣传资料上看到的"项目毗邻24米宽海滨休闲购物街"、"100米宽海滨景观大道"等等之类。这种说明，往往对购房者的购房选择起到非常大的作用，对商品房买卖合同的订立也产生重大影响。然而，开发商的这些具体明确的说明构成要约而对其产生约束力吗？倘若项目建成后全然没有了介绍那样的"24 米宽海滨休闲购物街"、"100 米宽海滨景观大道"等等，或是只变成了几米宽的普通小区道路，而没有了休闲购物街、景观大道等等之类，对此开发商需要对购房者承担违约赔偿责任吗？

  出现这种"货不对版"的情况，对于购房者来说可能是很大的损失。购房者好容易置业于此，入住的房屋却和购买时的憧憬大相径庭。而更为冤屈的是，开发商此时往往还不一定承担违约赔偿责任。根据最高院《解释》第三条的规定，开发商宣传资料内容构成要约的必要条件之一为"广告的内容是出卖人对商品房开发范围内的房屋及相关设施所作的说明和允诺"，也就是说，构成要约的广告内容范围为"商品房开发范围内"，即开发项目规划红线以内的房屋及相关设施的具体说明。而对于项目规划红线以外的范围，属于政府规划的范围，政府规划变更导致开发商项目周边环境配套改变，开发商对此并没有过错，这种变更属于不可归责于双方当事人的政府行为，可能被法院视为一种正常的"投资风险"，而这种风险给购房者带来的损失，也只能由购房者自己来承担。当然，开发商在此情况下免责的前提是其发布的广告内容严格依据发布时的市政规划，不违背广告的真实性原则。如果开发商发布的广告内容与当时政府规划不相符合，则可以认定开发商存有欺诈行为，购房者可以据此请求撤销合同，并诉求开发商承担缔约过失责任，赔偿损失。

  对于购房者而言，为尽量避免此类购房风险所带来的损失，一方面在翻阅开发商的项目广告和宣传资料时，购房者需注意广告中通常使用小字标明的开发商提示及免责申明，如："本图依据政府规划部门的规划方案绘制，本图对项目周围规划环境的介绍，旨在提供相关信息，不意味着本公司对此作出了承诺。本图所示项目周围规划环境可能会因政府规划方案的变更而发生改变。"等等之类。另一方面，建议购房者在与开发商签订合同时尽量将政府规划变更导致合同目的难以实现时的处理方式也在合同中予以约定,❶ 明确设立开发商知悉政府规划变更时的即时通知义务和购房者的合同解除权,以便最大限度地降低购房者的购房风险。

2.11 开发商对虚假广告应承担哪些责任?

所谓虚假广告,实际上是指广告主❷不准备真正兑现广告中的内容和承诺,而是仅以此作为一种商业手段而达到其赢利目的所做的不真实的、甚至是欺骗性的、误导性的宣传。2002 年国家工商行政管理局、建设部《关于进一步加强房地产广告管理的通知》第一条指出,虚假、夸大宣传内容的房地产广告主要包括:向购房者承诺与实际情况不符或根本无法兑现的各种价格优惠、服务标准、环境及配套设施、物业管理的广告以及未能按规定的要求明示价格、面积等内容的广告。具体可能表现为在语言表述和图标上缩短物业项目与市中心的实际距离、以低"起价"(实际上没有)做诱饵、绿化及配套设施宣传严重失实等等。虚假广告的内容和承诺往往根本就不存在,它仅仅是开发商为了纯粹的商业目的而做的一种欺骗游戏。开发商发布虚假广告以误导购房者购买其商品房的行为,实质上是一种不诚实的交易行为,违反了我国《民法通则》第四条所规定的诚实信用的原则。

《中华人民共和国广告法》第四条规定:"广告不得含有虚假的内容,不得欺骗和误导消费者。"第三十八条规定,发布虚假广告,欺骗和误导消费者,使购买商品或者接受服务的消费者的合法权益受到损害,由广告主依法承担民事责任;广告经营者、广告发布者明知或者应知广告虚假仍设计、制作、发布的,应当依法承担连带责任。

---

❶ 现行的建设部、国家工商行政管理局《商品房买卖合同(示范文本)》及各地方使用的《商品房买卖合同(示范文本)》中对此几乎都没有约定,建议购房者在与开发商所签署的购房合同补充协议中予以补充约定。

❷ 广告主是指为推销商品或者提供服务,自行或者委托他人设计、制作、代理服务的法人、其他经济组织或者个人。(《中华人民共和国广告法》第二条)

在购房交易中,若开发商借助虚假广告致使购房人与其签订购房合同而侵害购房人权益的,购房者可以虚假广告为据,以自己受误导为事实,以自己由于受误导而付出资金购买了广告中所宣传的商品房而丧失了在当时购买同等房屋的机会而今又无法以当时的价款购买同等房屋为损失内容,依据《合同法》的有关规定,❶ 通过诉讼手段请求开发商退房、赔偿损失等。

另外,《商品房销售管理办法》第十五条规定:"房地产开发企业、房地产中介服务机构发布的商品房销售广告和宣传资料所明示的事项,当事人应当在商品房买卖合同中约定。"《关于进一步加强房地产广告管理的通知》第四条规定:"房地产开发企业、房地产中介服务机构发布的各种形式的房地产广告,其中明示及承诺的内容和事项,应当与购房者在《商品房买卖合同》中予以明确。"这两项规定为购房者对付"广告不实"这一商品房销售中的常见病开出了一剂良药,据此,购房者有权要求开发商在《商品房买卖合同》中约定商品房销售(预售)广告中所明示的内容,这样,如果商品房广告和宣传资料与实际房屋情况不符,购房者就可直接追究开发商的违约责任,以更好地维护自己的合法权益。

2.12 私人售房广告适用《房地产广告发布暂行规定》吗?

1997年《房地产广告发布暂行规定》第二条第二款明确规定:"居民私人及非经营性售房、租房、换房广告,不适用本规定。"据此,居民私人售房广告不受《房地产广告发布暂行规定》的调整。但是,居民私人售房广告作为广告的一种,仍须受1995年《中华人民共和国广告法》的规范和调整。

---

❶ 可参照:《中华人民共和国合同法》第四十二条:当事人在订立合同过程中有下列情形之一,给对方造成损失的,应当承当赔偿责任:(一)假借订立合同,恶意进行磋商;(二)故意隐瞒与订立合同有关的重要事实或者提供虚假情况;(三)有其他违背诚实信用原则的行为。第五十四条第二款:一方以欺诈、胁迫的手段或者乘人之危,使对方在违背真实意思的情况下订立的合同,受损害方有权请求人民法院或者仲裁机构变更或者撤消。

2.13 样板房在商品房交易中具有怎样的效力？

样板房是房地产开发商、销售代理商等宣传商品房、吸引购房人的重要方式，是商品房销售广告和宣传资料的一种形式。因为样板房较户型图、效果图等其他预售广告及宣传资料更实在、更立体、更直观，再加上销售者对其精心的装修打扮，配上恰当的灯光效果，使样板房往往成为吸引购房者的重磅炸弹。购房者也常常是因为样板房而心动，才下定决心购买。鉴于此，法律也对商品房销售广告及样板房的相关问题作出了明确规定，以保护广大消费者。

《商品房销售管理办法》第三十一条规定："房地产开发企业销售商品房时设置样板房的，应当说明实际交付的商品房质量、设备及装修与样板房是否一致，未作说明的，实际交付的商品房应当与样板房一致。"最高人民法院《关于审理商品房买卖合同纠纷案件适用法律若干问题的解释》第三条："商品房的销售广告和宣传资料为要约邀请，但是出卖人就商品房开发规划范围内的房屋及相关设施所作的说明和允诺具体确定，并对商品房买卖合同的订立以及房屋价格的确定有重大影响的，应当视为要约。该说明和允诺即使未载入商品房买卖合同，亦应当视为合同内容，当事人违反的，应当承担违约责任。"也就是说，在开发商未明确说明样板房与将要交付的商品房不一致的情况下，❶ 法律将样板房的质量、设备及装修规格等自动视为合同内容，与视为要约的销售广告及宣传资料一样，具有约束双方行为的法律效力，如果当事人违反，当承担违约责任。

这里，建议广大购房者在签订购房合同时最好对样板房与所要交付商品房的质量、设备及装修等标准作出明确约定，以避免日后产生复杂的纠纷。

---

❶ 这里需要注意的是，法律条文中所谓"说明"应当是明确表明，如"该样板房仅作装修参考"、"样板房仅供参考，商品房交付时的实际状况以合同约定为准"之类等，默示或暗示均不构成法律意义上的说明。

2.14 开发商"零首付"的促销承诺可信吗?

目前,我国房地产市场总体呈现供不应求的状态,尤其是在一些一线城市,仍是"卖方市场"。2005 年,由发改委和国家统计局每月共同发布的全国 70 个城市房价走势报告显示,二三线甚至四线城市的房价同样以"阔步前进"的态势上扬,需求旺盛。但与此同时,全国仍有一些地方,由于居民消费水平以及楼盘开发质量等各种原因,商品房销售不畅,有些开发商则为了吸引购房者,采取"零首付"、"首付 5%"、"首付 10%"等广告承诺促销商品房,以购房者先期不交纳首付款或仅交纳 5%、10%首付款而由开发商虚开该部分发票向银行申请个人住房贷款的条件吸引购房者。摸摸自己不鼓的腰包,对这些"雪中送炭"似的承诺,购房心切的购房者们该如何面对? 这些承诺可信吗?

2001 年,为整顿住房金融市场秩序,防范住房贷款风险,中国人民银行下发了《关于规范住房金融业务的通知》(以下简称《通知》),明确指出"强化个人住房贷款管理,严禁发放'零首付'个人住房贷款。"《通知》第二项规定:"贷款额与抵押物实际价值的比例(抵借比)最高不得超过 80%,严禁对借款人发放'零首付'个人住房贷款。"也就是说,购房人申请银行贷款,应首付房款的 20%以上。1998 年,《中国人民银行个人住房贷款管理办法》第五条规定,借款人贷款必须具备的条件之一为"无住房补贴的以不低于所购住房全部价款的 30%作为购房的首期付款;有住房补贴的以个人承担部分的 30%作为购房的首期付款"。1999 年,中国建设银行出台的具体规定要求贷款额度最高为拟购买住房费用总额的 70%。❶ 2003 年,被称为"房贷新政"

---

❶ 《中国建设银行个人住房贷款办法》第六条第六项:"提出借款申请时,在建设银行有不低于购买住房所需资金的 30%的存款,申请政策性个人住房贷款的,应按规定在建设银行交存住房公积金。"第十一条:"贷款额度最高为拟购买住房费用总额的 70%,用住房公积金发放的贷款,贷款额度按当地有关部门的规定和有关文件精神合理予以确定。"

的央行121号文件《关于进一步加强房地产信贷业务管理的通知》发布,该文件规定,商业银行对借款人申请个人住房贷款购买第一套自住住房的,首付款比例仍执行20%的规定。2006年5月24日,国务院办公厅转发的建设部、发展改革委、监察部、财政部、国土资源部、人民银行、税务总局、统计局、银监会《关于调整住房供应结构稳定住房价格的意见》规定:"从2006年6月1日起,个人住房按揭贷款首付款比例不得低于30%。考虑到中低收入群众的住房需求,对购买自住住房且套型建筑面积90平方米以下的仍执行首付款比例20%的规定。"这些规范性文件的效力层级和时效是不同的,根据法的适用原则,依据这些规定,个人住房贷款的首付款比例至少应为20%,而"零首付"、"首付5%"、"首付10%"等操作方式都是违法的,由此而产生的购房活动也无法得到法律的保护。若开发商践行"零首付"并虚开发票向银行申请贷款,购房者与开发商的交易行为则有可能被法院认定为"恶意串通"损害第三人利益,购房者将为此面临巨大的风险。

因此,开发商"零首付"的促销承诺是万万不可信的,购房者应严格依照法律法规的规定进行购房活动,这样才能够得到国家法律的保护。

2.15 开发商"返本销售"的承诺可信吗?

返本销售,是指房地产开发企业以定期向买受人返还购房款的方式销售商品房的行为,多为开发商在前期销售中提高单价,但承诺若干年后分期返还一定房款,以便开发商尽快筹措开发资金,是一种变相的集资行为。返本销售对于购房者来说无异于"天上掉馅饼":既可以获得一套房屋,又可以在若干年后收回自己的购房款。然而,这一切往往都只是购房者的一厢情愿。以返本销售急于回笼资金的这些开发商,一旦销售不畅,资金链断裂,则很可能使购房者面临房屋、房款两手空的危难境地,购房者将承担巨大的风险。为此,2001年建设部《商品房销售管理办法》第十一条第一款明文规定:"房地产开发企业不得采取返本销售或者变相返本销售的方式销售商品房。"❶ 据此,开发商返本销售是一种违法行为,购房者切不可轻信这种看似对自己百利无害的承诺。

2.16 开发商对商品房"售后包租"的承诺可信吗?

在购房者搜房的过程中,有时可能会遇到一些开发商所谓"售后包租"的促销活动。这些开发商在销售期房时,常常给购房者描述这样一个美好的前景:房屋交付后,开发商代为出租,每月租金可达几千元,足以抵消每月应偿还的银行贷款,出租若干年后即可收回成本,余下的租金即为购房者的收益。一些购房者往往被这种宣传所鼓舞,购买这种"售后包租"的商品房。

所谓"售后包租",就是指房地产开发经营企业或房屋产权人在其投资建造的商品房或存量房出售时与买受人约定,在出售后的一定期限内由出售人以代理出租的方式进行包租,以包租期间的租金冲抵部分购房价款或偿付一定租金回报的行为。❷ 从法律上讲,这是一种契约行为,属于无名合同。这种合同,在包租阶段,出售人与买受人(购房者)之间是委托合同关系,即出售人(亦即受托人)有义务为买受人(亦即委托人)寻找承租人并代理(或代办)签定租赁合同,以收取租金。而出售人与买受人之间的具体权利义务则需当事人自行约定。

需要指出,从民法的"意思自治"原则上讲,开发商与购房者达成"售后包租"的协议无可厚非。但在实践中,往往出于各种不确定因素,尤其是在期房销售中,尚存在交付时间、房屋质

---

❶ 这里的"销售"既包括商品房现售,也包括商品房预售。(《商品房销售管理办法》第三条)

❷ 参见:高富平,黄武双. 房地产法学. 北京:高等教育出版社,2003,240.

量、配套设施等尚难明了以及房屋交付后房屋出租市场的状况难以预料等诸多因素的影响,已购房屋是否能够按照开发商销售时的承诺出租出去以及是否能够达到开发商当初所承诺的租金水平,都成为日后购房者与开发商争议的焦点。而在目前的法制环境下,尚没有相关的法律和强有力的监管手段来促使开发商兑现购房者的租金收益,最终受到伤害的,往往都是购房者们。为此,2001年,建设部《商品房销售管理办法》第十一条第二款规定:"房地产开发企业不得采取售后包租或者变相售后包租的方式销售未竣工商品房。"明令禁止了期房的"售后包租"行为。

值得注意的是,法律在以强制性规定禁止期房"售后包租"行为以保护购房者的同时,又基于民法"意思自治"原则,鉴于现房房屋状况已基本落实、租赁市场已基本明了的情况,并未禁止以"售后包租"的形式销售现房。但需要提醒广大购房者的是,房屋租赁成败及租金收益水平是由市场决定的,要受到市场需求量、供给量、房屋地段等诸多因素的影响,不是开发商及购房者主观愿望所能左右的,因此,购房者在购买以"售后包租"形式出售的现房时,也不宜轻信开发商关于"包租"及租金水平等的承诺。购房者要充分认识到"以租养贷"的风险,审慎选择"售后包租"的现房。

2.17 购房者应当如何对待销售代理公司的信口承诺?

随着房地产业的发展和市场分工的细化,近年来,专业的房地产销售公司应运而生。在北京、上海、成都等房地产业发展良好的城市,目前大部分的房地产项目都是由专门的销售代理公司代理销售的。销售代理公司受开发商委托,其职责是将开发商开发的商品房经一定的策划、包装、宣传推向大众,并与潜在的购房者积极协商、谈判,最后与购房者签订商品房买卖合同。可以说,销售代理公司是房地产开发企业与购房者之间的一座桥梁,在房地产交易活动中起着重要的作用。

销售代理公司因销售而生,其销售策略可谓华丽多彩。面对专业销售团队广告宣传的"狂轰乱炸",购房者往往砰然心动。然而,我们必须意识到,销售代理公司只是代理商,最后与购房者签署销售合同往往是开发商,销售代理公司的广告承诺有时并不代表开发商的承诺,倘若贸然听信销售代理公司的信口承诺,而不与开发商在销售合同中逐一约定,则购房者最后得到的有可能就只是销售代理公司的一张"空头支票"。

就一般的房地产销售代理而言,销售代理公司与房地产开发商是一种委托代理关系。《民法通则》第六十三条第二款规定:"代理人在代理权限内,以被代理人的名义实施民事法律行为。被代理人对代理人的代理行为,承担民事责任。"《中华人民共和国合同法》第三百九十六条规定:"委托合同是委托人和受托人约定,由受托人处理委托人事务的合同。"在开发商与销售代理公司的委托代理合同中,一般具有以下内容:(1)销售代理公司以开发商的名义销售房产;(2)销售代理公司负责该房产与销售有关的包括形象策划、对外宣传等一系列工作;(3)销售代理公司制定销售方案与策略,并应在约定的期限内完成一定的销售任务;(4)开发商按照销售代理公司完成的销售额的一定比例向销售代理公司支付代理费。基于这种委托代理合同,销售代理公司一般以开发商的名义在授权范围内与媒体、广告公司、购房者等交往,由此带来的法律后果由开发商承担。但同时需要注意,《民法通则》第六十六条又规定:"没有代理权、超越代理权或者代理权终止后的行为,只有经过被代理人追认,被代理人才承担民事责任。"《中华人民共和国合同法》第四十八条:"行为人没有代理权、超越代理权或者代理权终止后以被代理人名义订立的合同,未经被代理人追认,对被代理人不发生效力,由行为人承担责任。"也就是说,倘若销售代理公司超越代理权限,进行难以企及的不实的承诺,其行为后果可能难以由开发商承担,那些对购房者的美好承诺也就难以兑现。当然,为了维护相对人利益,民法中同时也设立了"表见代理"制度,《中华人民共和国合同法》第四十九条对这项制度予以了确认,规定:"行为人没有代理权、超越代理权或者代理权终止后以被代理人名义订立的合同,相对人有理由相信行为人有代理权的,该代理行为有效。"但是,"表见代理"是否成立,有严格的法律限制,需要根据具体情况具体分析。因此,购房者面对某些销售代理公司只顾业绩不顾后果的信口承诺,尤其是一些看似难以企及的许诺条件,一定要搞清楚这些承诺是否是在开发商委托代理权限内的承诺,最好也在与开发商签署的销售合同中对这些承诺予以逐一确认。否则,购房者可能面临购房承诺没人兑现的风险。

另外,在实践中还有一种房地产代理销售形式,即商品房包销。它是由开发商与销售代理公司订立包销合同,约定由销售代理公司(即包销人)以开发商的名义销售商品房,包销期满后,未销售的房屋,由销售代理公司按照包销合同约定的价格购买。在包销活动中,销售代理公司与开发商同样存在一层委托代理的关系,而且根据民事诉讼法及最高人民法院的相关司法解释,包销关系中的销售代理公司在民事诉讼中往往处于无独立请求权第三人的地位。可见,包销人(销售代理公司)与购房者之间并无直接的法律关系,在包销期限内,包销人仅为开发商的代理人,包销期满后若房屋未售完,包销人也仅与开发商构成买卖关系。因此,购房者在与作为包销人的销售代理公司的协商中,面对其有关承诺,同样应该对其代理权限予以确认,最好也将一些重要承诺在与开发商的销售合同中明确约定。

总而言之,购房者需要认识到,销售人员及其所在的销售代理公司并不就是开发商,而只是开发商的销售代理,有关房地产交易的法律后果往往是由开发商来承担。基于开发商与销售代理公司的委托代理关系,对于销售代理公司而言,应当依照2001

年建设部《商品房销售管理办法》的相关规定,❶ 严格履行如实介绍所代理销售的商品房有关情况的法定义务；而对于广大购房者而言，面对销售代理公司的宣传与承诺，应保持清醒的头脑，弄清楚哪些是开发商确实提供的，哪些是开发商不能提供而销售代理公司出于促销目的而作出的不实承诺，以免日后产生纠纷，一诉难求。购房者对于销售代理公司在开发商授权范围内的承诺，应尽量将之约定在与开发商签署的销售合同中，这样，自身的权益才能得到有效的保护。

2.18 开发商在销售过程中对特定房号的客户赠送底层室外花园或屋顶"空中花园"的许诺合法有效吗？

在商品房销售过程中，开发商为了提高楼房底层、顶层及某些特定楼层房屋的单价，以获取更大利益，不乏将小区绿地当作底层室外花园，将屋顶当作屋顶"空中花园"等用于赠送特定房号的客户，而购房者们对此类赠送也颇感兴趣，往往不惜多掏腰包，打造自己的家庭花园。

根据2001年建设部修正的《城市异产毗连房屋管理规定》（以下简称《规定》），异产毗连房屋是指结构相连或具有共有、共用设备和附属建筑，而为不同所有人所有的房屋。此即涉及民法理论中的建筑物区分所有制度。所谓建筑物区分所有，是对于建筑物的有独立用途的部分的所有和对于共用部分的共同所有以及基于这种共有关系而产生的社团管理关系的总称，它是建筑物区分所有人对专用部分的所有权、共用部分的共有权及对建筑物的管理、收益、修缮等事务所形成的成员权这三要素共同构成的特别所有权。其中，对于建筑物共有部分的共有权，一般认为属于《民法通则》中所规定的共同共有，主要是指建筑物区分所有

---

❶ 2001年建设部《商品房销售管理办法》第二十七条规定："受托房地产中介服务机构销售商品房时，应当如实向买受人介绍所代理销售商品房的有关情况。受托房地产中介服务机构不得代理销售不符合销售条件的商品房。"

权人依照法律或管理规定,对区分所有建筑物之共同部分享有共同的占有、使用、收益的权利,并共同承担维护、修缮的义务。其具体的权利包括使用权、收益权、修缮改良权、共有部分受侵害时的请求权等,具体义务则主要包括按照共有部分的本身用途合理合法使用、承担相关责任和费用、不得私自约定分割和处分等。依据《民法通则》、《城市异产毗连房屋管理规定》等规范性文件的规定,异产毗连房屋所有人单独使用共有部分应遵循以下原则:(1)公平使用原则。即各所有人应当公平使用异产毗连房屋的共有、共用部分,通常以其平均分摊使用面积为限,除另有约定外,任何一方不得多占、独占。❶ (2)合理使用原则。即要求异产毗连房屋所有人使用共有、共用部位必须符合城市规划部门、环保部门、建筑工程质量监督部门等有关部门的要求,合理加以使用。❷ (3)权利与义务对等原则。即各所有人在公平合理使用共有、共用部位的过程中,应对该共有、共用部位进行维护与修缮,并就造成的损失承担赔偿责任。❶

具体到底层室外花园和屋顶"空中花园"的问题,我们先来看看他们的权属是如何认定的。对于底层室外花园来讲,其多为小区绿地。根据我国立法所确定的"地随房走、房随地走"的原则,小区建筑物区分所有权人共同拥有小区宗地号的全部土地使用权,而小区绿地上的植物也应归属于全体业主共有。因此,依据建筑物区分所有权理论,开发商将小区绿地赠送给特定房号业主的行为,侵害到全体区分所有权人的利益,且是一种无权处分行为,对开发商这种擅自的赠与约定应认定为无效约定。除非开

---

❶ 《城市异产毗连房屋管理规定》第六条:"所有人和使用人对共有、共用的门厅、阳台、屋面、楼道、厨房、厕所以及院路、上下水设施等,应共同合理使用并承担相应的义务;除另有约定外,任何一方不得多占、独占。所有人和使用人在房屋共有、共用部位,不得有损害他方利益的行为。"

❷ 《城市异产毗连房屋管理规定》第五条:"所有人和使用人对房屋的使用和修缮,必须符合城市规划、房地产管理、消防和环境保护等部门的要求,并应按照有利使用、共同协商、公平合理的原则,正确处理毗连关系。"

发商可以证实其在与所有区分所有权人签订的买卖合同中均已明确约定该部分绿地归底层特定房号业主独占使用，或者在视为要约的广告及宣传资料中明确具有该部分内容。❶ 由此，一般情况下，开发商对底层特定房号的客户所作出的"赠送底层室外花园"的许诺缺乏法律依据，其与购房者在买卖合同中赠与底层室外花园的约定存在瑕疵，广大购房者对此应谨慎对待。

同样，对于屋顶"空中花园"而言，依然存在所有权、使用权归属的问题。根据目前的实际情况，屋顶"空中花园"大致有顶层的屋面（即整栋楼的屋顶）和某一楼层的露天屋面（往往是高层建筑裙楼的屋顶）以及在这些屋面上由开发商依照合法手续建造的花园景观三种类型。对于前两种屋顶花园而言，从建筑功能上分析，按照相关设计规范的要求，一般都具有公共消防疏散功能。根据《中华人民共和国消防法》的相关规定，任何个人和单位都不得占用、堵塞消防疏散通道。从权利归属来看，依据区分所有权理论，其属于整栋建筑物的公共部分，是共有权的客体，应按照全体区分所有权人权利所占比例公平使用。若某一区分所有权人要多占其他区分所有权人的共有面积，须经全体区分所有权人一致同意，否则其占有作为"空中花园"的行为具有合法性瑕疵。换个角度，也就是说，一方面，开发商向特定房号客户赠送屋顶作"空中花园"的行为缺乏合法的权利基础，侵害到其他区分所有权人的利益，是一种无权处分行为；另一方面，业主擅自占用屋顶作"空中花园"的行为也涉嫌违反我国《消防法》的

---

❶ 《城市异产毗连房屋管理规定》第十一条："因使用不当造成异产毗连房屋损坏的，由责任人负责修缮。"这种广告或宣传资料必须严格符合构成要约的条件，成为买卖合同的内容，且内容中明确具有"某部分绿地归特定业主独占使用"的意思表示。这种广告实质上与"开发商在与所有区分所有权人签订的买卖合同中均明确约定该部分绿地归底层特定房号业主独占使用"是相同的。

另外，此种情况下的所谓"赠与"，实质上已不是开发商在赠与，而是其他区分所有权人在赠与。因为开发商出售商品房时已经一并将小区宗地的使用权及绿地的所有权卖给了各业主，开发商此时已不再具备处分小区绿地的权利主体资格，只不过是一种代理所有区分所有权人行使赠与权罢了。

有关规定，同样具有合法性瑕疵。而对于屋面上由开发商依照合法手续建造的花园景观，由于其已经过城市规划部门、建设部门、消防部门、环保部门、建筑工程质量监督部门等相关政府主管部门的审核报批，系开发商合法建造，且具有或将具有合法产权证明，因此，其赠与行为便无可非议了。

  总之，从理论上讲，底层室外花园或屋顶"空中花园"存在由开发商向特定房号客户赠与的可能性，但赠与行为的合法成立有严格的条件限制。在实践中，即使条件成立，根据建设部《城市异产毗连房屋管理规定》的相应规定，建造底层室外花园或"空中花园"的行为也需要向城市规划部门、环保部门、建筑工程质量监督部门等有关部门审核报批，并得到相应的许可手续。因此，对购房者来说，面对开发商赠与使用底层室外花园或屋顶"空中花园"的许诺，应谨慎分析、抉择。❶

---

  ❶ 关于底层室外花园及屋顶花园能否由开发商合同出售的问题，请参见第4章问题4.20："底层室外花园及屋顶花园可以合同出售吗？"的解答。

第3章

商品住宅新房认购

经过了艰辛而愉快的比较、斟酌、挑选的过程，购房者终于进入到了与开发商协商签约的阶段。在商品房交易实践中，开发商在与客户签订正式的商品房买卖合同之前，往往首先要与购房者签署一份认购协议，❶ 作为买卖合同签署前双方行使权利义务的书面凭证。购房者与开发商签署商品房认购书，并交纳一定价款，约定一定的违约责任，这样，在认购书签署之后，正式买卖合同签订之前，给购房者留出了一定的重新斟酌考虑的时间。如果购房者认为交易确实值得继续进行，或是顾及认购书中所约定的违约责任而选择继续交易，便可以与开发商进入正式合同的谈判签署阶段；倘若购房者再三斟酌之后认为继续交易弊大于利，确实应该放弃交易，则可以在承担一定的违约责任后终止交易。另一方面，认购书中的定金条款及违约责任对开发商也是一种约束，促使其诚信履行洽谈义务。由此，认购协议的签订在一定程度上确保了交易的稳定性和买卖合同日后的切实履行，对维护整个交易顺利、公平地进行有着积极的意义。

---

❶ 当然，签署认购协议并不是签订商品房买卖合同的必经程序，经过当事人双方协商一致，也可以直接签订商品房买卖合同。

那么，购房者在签署认购协议时应当注意哪些问题？所签署的认购书在法律上具有何种性质？开发商不遵守认购协议时当如何处理？认购协议中的定金规则又该如何适用？——这些都是在商品房认购活动中与购房者利益息息相关的问题。本章从认购协议的法律性质说起，分别探讨认购书在购房活动中的作用，"内部认购"行为的法律效力，定金法则的适用规则，认购协议违约的维权策略等等热点问题，以求为购房者提供全面的参考与帮助。

3.1 什么是商品房认购书？

商品房认购书，是指商品房买卖双方在签订商品房预售合同或商品房现房买卖合同之前所签署的书面协议。它是对双方欲交易房屋有关事宜的初步确认。双方约定在签署认购书之后，开发商应在一定期限内为购房者保留标的房屋，不得再行售予他人；而购房者则须按照约定的时间与开发商进一步洽谈协商交易的具体事项。在商品房交易实践中，其称谓很多，如"商品房认购书"、"认购意向书"、"商品房订购书"、"优先购买权协议"等等。

认购书是一种简单的合同，通常只涉及了有关商品房的房屋位置、面积、价格等条款，并不面面俱到，但其中的约定一般将作为日后签订正式商品房买卖合同的内容。认购书大致包含以下四方面内容：(1)出卖人、认购人的基本信息；(2)客户所认购房屋的房号、面积等基本情况及约定价款(单价、总价)；(3)买卖双方应该签署正式买卖合同的期限；(4)认购人交纳一定数额的定金或预定款，并约定该款项的性质及如果认购人未能在约定期限内与开发商协商签署正式商品房买卖合同或者开发商对该房屋再行销售时该款项的处理方式。❶

---

❶ 认购书的示范文本请参见本书附录五《北京市商品房认购书》。

3.2 商品房认购书具有怎样的法律性质？

商品房认购书具有怎样的法律性质，是合同还是所谓的"意向书"，直接关系到其是否对当事人双方具有法律上的约束力，这与购房者权利的维护密切相关。

所谓"意向书"，它是特殊时期的产物，产生于整个社会缺乏法律意识、合同观念之时。意向书一般都会明确注明为"意向书"而非正式"合同"，签署意向书的双方往往也只是向对方传达一个最初步、最基本的合同意向。一旦这一意向有所改变，也无需向对方承担任何责任。如果需要进一步确定该意向，则双方需再签署正式的合同。对于意向书这种形式，我国现行的法律中并没有相关规定，而仅仅只是规定了合同。

根据我国《民法通则》、《合同法》的有关规定，合同的有效成立一般需要满足四个要件：(1)主体适格；(2)意思表示真实且达成合意；(3)内容合法；(4)形式合法。来看看商品房认购书。它是合法出卖人与具有完全民事行为能力的认购人之间经协商一致所签署的约定双方诚信洽谈的权利义务的书面协议，其符合合同的成立要件，应被纳入合同的范畴，具有合同的法律效力，一旦签署，即对双方当事人产生约束力。

认购书在法律上是一种独立的合同，并且它与日后将签署的正式的买卖合同具有很密切的联系，与将来的正式合同构成预约和本约的关系。传统民法理论认为，契约可分为预约和本约。所谓"预约"，是指为将来订立一定合同而签订的合同，而将来应订立的合同则称为"本约"。预约以发生将来订立一定合同的债务为目的，属于债权合同，适用关于债权合同的一般原则。❶

更进一步讲，预约按照其性质又可分为带未决条款的预约和将行谈判的预约。商品房认购书一般应细归为将行谈判的预约，

---

❶ 参见：史尚宽. 债法总论. 北京：中国政法大学出版社，2000，12～13

即是指当事人只承担继续谈判直到达成本约的义务,当事人要对违反谈判义务导致不能达成"本约"的行为承担责任,但是如果当事人双方已经诚信地谈判仍无法达成本约,那么任何一方都不应承担责任。也就是说,商品房认购书作为将行谈判的预约合同,其标的是当事人为将来订立本约合同即正式的商品房买卖合同应当进行诚信谈判。认购人只要在约定的时间限度内与开发商诚信协商,即使未达成最终合意而签订正式买卖合同,也不应构成违约。此时若认购书中约定有定金条款的话,一般情况下也不应适用定金罚则。

3.3 商品房认购书在何种情况下将被认定为商品房买卖合同?

2003年最高人民法院《关于审理商品房买卖合同纠纷案件适用法律若干问题的解释》(以下简称《解释》)第五条规定:"商品房的认购、订购、预订等协议具备《商品房销售管理办法》第十六条规定的商品房买卖合同的主要内容,并且出卖人已经按照约定收受购房款的,该协议应当认定为商品房买卖合同。"依据2001年建设部《商品房销售管理办法》第十六条规定,商品房买卖合同应当明确以下主要内容:(1)当事人名称或者姓名和住所;(2)商品房基本情况;(3)商品房销售方式;(4)商品房价款的确定方式及总价款、付款方式、付款时间;(5)交付使用条件及日期;(6)装饰、设备标准承诺;(7)供水、供电、供热、燃气、通信、道路、绿化等配套基础设施和公共设施的交付承诺和有关权益、责任;(8)公共配套建筑的产权归属;(9)面积差异的处理方式;(10)办理产权登记的有关事宜;(11)解决争议的方法;(12)违约责任;(13)双方约定的其他事项。据此,《解释》第五条对符合法定条件的名为商品房认购书的协议强制地赋予了商品房买卖合同的效力,而这种从认购书到正式买卖合同的转化,必须同时具备法律规定的两个条件:(1)具备商品房销售合同的主要内容;(2)出卖人已经按照约定收取了购房款,即商品房认购、订购、预订协议已经实际履行,出卖人并已依此收受房款。而这里的购房款,既包括全部购房款,也包括部分购房款。

实践中,关于这种认购协议向正式买卖合同强制转化的条件往往存在争议,集中的表现就是对《解释》第五条前半部分的理解不一致,即认购书中缺少了《商品房销售管理办法》第十六条规定的几项,认购书是否还能直接认定为商品房买卖合同的问题。有观点认为,房屋作为消费者最主要的生活资料,买受人最直接的目的在于对房屋所有权完全地有效地行使。而房屋要满足人们基本生活的需要,买受人要对房屋行使完全所有权必须具备许多附加的条件,如供水、供电、装饰、产权登记等等。《商品房销售管理办法》第十六条前十项内容都是产权人行使所有权的必备条件,也是房屋作为基本生活资料应符合现代社会要求的基本内容,否则,买受人将无法圆满地对商品房实现占有、使用、收益和处分的权能。因此,原则上,对于认购书应包含的商品房买卖合同的主要内容,除了《商品房销售管理办法》第十六条后三项外,其他各项不能缺失。❶ 笔者以为,这种观点,可以理解为是将《解释》第五条前半部分"具备《商品房销售管理办法》第十六条规定的商品房买卖合同的主要内容"理解为"具备《商品房销售管理办法》第十六条所列内容的那样的商品房买卖合同的主要内容",❷ 即具备那13项内容中的主要内容。也就是说,商品房认购、订购、预订协议只要具备了《商品房销售管理办法》第十六条所列的13项内容中的主要内容,且出卖人已经按照约定收受了部分或全部购房款,则该认购协议就可以认定为商品房买卖合同。笔者认为,在当前房地产"卖方市场"的市场形势下,这样的理解更有利于保护购房者的利益,以彰显法律向弱者倾斜的精神。

---

❶ 参见:黄松有主编. 房地产司法解释实例释解. 北京:人民法院出版社, 2006,68

❷ 即将整个句子从"主要内容"前面断句,而不是从"商品房买卖合同"前面断句。

3.4 购房者在签署认购书时应注意哪些问题?

签署认购书虽然不是签订正式商品房买卖合同的必经程序,但在目前的商品房销售中,认购书往往成为开发商套住购房者的一种手段。认购书中有着非常核心的内容——对于定金的约定,开发商也就常常通过认购书中的定金条款来约束购房者限期前来签订正式的商品房买卖合同,完成交易。

在开发商拟定的认购书中,往往有类似这样的约定:"乙方(购房者)须于签署本认购书后×日内与甲方(开发商)签署《商品房买卖合同》。如乙方在上述期限内不签订《商品房买卖合同》,甲方有权扣除乙方已交定金,并另行处置该房屋。"基于类似这样的认购协议,购房者往往陷入十分被动的地位。购房者在交纳定金以后,若不与开发商签订正式的买卖合同,则可能面临开发商拒绝退还已付定金的危险。

《中华人民共和国担保法》第八十九条规定:"当事人可以约定一方向对方给付定金作为债权的担保。债务人履行债务后,定金应当抵作价款或者收回。给付定金的一方不履行约定的债务的,无权要求返还定金;收受定金的一方不履行约定的债务的,应当双倍返还定金。"笔者认为,认购书作为将行谈判的预约合同,其中约定的定金应视为对互负诚信谈判义务的担保,担保的标的应为当事人为将来订立本约合同(即正式的商品房买卖合同)应当进行诚信谈判,是一种违约定金。基于这种认识,购房者对于开发商所拟定的"如乙方在上述期限内不签订《商品房买卖合同》,甲方有权扣除乙方已交定金"之类定金条款应当慎签,因为此类条款将认购书中的定金视为立约定金,根据最高人民法院《关于适用〈中华人民共和国担保法〉若干问题的解释》第一百一十五条规定:"当事人约定以交付定金作为订立主合同担保的,给付定金的一方拒绝订立主合同的,无权要求返还定金;收受定金的一方拒绝订立合同的,应当双倍返还定金。"由此,一旦出现分歧,购房者不愿继续交易时,依据此类定金条款,购房者索回定金之路可能相当艰辛。

认购书中的定金作为一种违约定金，担保的是当事人双方继续诚信协商的义务。也就是说，只要认购人在约定的时间期限内与出卖人进行了诚信协商，即使未达成合意，也不应承担定金罚则。当然，同时需要注意的是，鉴于认购书作为预约和正式买卖合同作为本约的这种预约与本约的关系，认购书的当事人负有将来按预约规定的条件订立本约的义务，对于认购书中已经约定明确的事项，在正式买卖合同的继续协商中，双方当事人都应不得随意更改，这同样也是整个商品房交易过程中诚信协商、诚信交易的要求。否则，当事人则违背了认购书中定金所担保的诚信洽谈义务，将承担定金罚则。

总的来说，签署认购书，尤其是签署含有定金条款的认购书时，购房者一定要理清认购书及定金条款的法律性质，切忌未经仔细考虑、仔细分析定金的法律性质便对认购书定金条款签字认可。在此，鉴于判断定金的法律性质对普通购房者来说具有相当的难度，为避免自己陷入定金纠纷的不利境地，笔者建议购房者尽量避免在认购书中与开发商约定定金条款，而代之以"预订金"之类，并明确约定，如因双方对于买卖合同条款的分歧而无法签署正式的《商品房买卖合同》的，订金应全额返还。这样，根据《商品房销售管理办法》第二十二条第二款的规定，❶ 购房者在终止交易时，便可取回已交纳的预订款，避免定金条款约定不慎带来不必要的损失。

综观商品房买卖全过程，认购书的签署对维护交易的稳定是有积极意义的。认购书作为签署买卖合同的前置步骤，其内容直接关系到双方能否顺利签约，以及有关定金如何处理。因此，购

---

❶ 《商品房销售管理办法》第二十二条第二款："符合商品房销售条件的，房地产开发企业在订立商品房买卖合同之前向买受人收取预订款性质费用的，订立商品房买卖合同时，所收费用应当抵作房价款；当事人未能订立商品房买卖合同的，房地产开发企业应当向买受人返还所收费用；当事人之间另有约定的，从其约定。"

房者在签署认购书时,一定要首先认真阅读认购书以及日后所要签订的正式买卖合同的具体内容,仔细分析定金的担保性质,并结合正式的买卖合同,通盘考虑最终签约的可能性,谨慎约定认购书的一些基本条款。必要时,求助于专业的法律人士,以便理清整个法律关系,完善法律文件,避免认购书中的"定金陷阱"。

3.5 "定金"与"订金"是一回事吗?

定金,是许多商品房认购书中非常核心的内容,对于合同的履行起着重要的担保作用。而在一些商品房认购书中,我们时常也能看到"订金"的字样。从法律上讲,"定金"和"订金"是一回事吗?他们各自的法律性质又是怎么样的呢?

民法理论一般将定金划分为证约定金、成约定金、违约定金、解约定金和立约定金五种类型,❶ 我国《民法通则》、《合同法》、《担保法》以及《最高人民法院关于适用〈中华人民共和国担保法〉若干问题的解释》对其中的违约定金、立约定金、成约定金及解约定金予以了确认。❷ 就认购书中所约定的定金来讲,笔者认为,其应当属于违约定金,即担保双方当事人履行诚信协商义务的定金,一方当事人在接下来的交易活动中若不履行诚信协商义务,如缺乏甚至拒绝尽最大诚信义务与对方就订立正式商品房买卖合同事宜进行磋商、洽谈,❸ 则按照定金罚则处理,或

---

❶ 参见:史尚宽. 债法总论. 北京:中国政法大学出版社,2000,513~514

❷ 分别见于《中华人民共和国民法通则》第八十九条,《中华人民共和国合同法》第一百一十五条,《中华人民共和国担保法》第八十九条,《最高人民法院关于适用〈中华人民共和国担保法〉若干问题的解释》第一百一十五条、第一百一十六条、第一百一十七条。

❸ 这种未尽最大诚信义务协商的行为包括:(1)一方强加任何不合理或违反认购书约定的条件于对方当事人;(2)信息披露不充分;(3)一方无正当理由拒绝持续谈判;等等。

没收定金，或双倍返还。❶ 当然，认购书中定金条款的有效成立，也必须符合《中华人民共和国担保法》第六章的规定。另外，根据《最高人民法院关于适用〈中华人民共和国担保法〉若干问题的解释》第一百一十八条："当事人交付留置金、担保金、保证金、订约金、押金或者订金等，但没有约定定金性质的，当事人主张定金权利的，人民法院不予支持。"即是说在文字上没有明确出现"定金"字样或者当事人没有明确约定定金性质的其他所谓"担保金"、"保证金"、"押金"等等都不得适用定金罚则。当然，当事人之间有特别约定的除外。

  关于订金，实质上属于预付性质的款项，是在交易尚未完全达成的情况下，买方为表达诚意，使卖方对交易具备一定信心而先期履行部分义务而支付的款项。在交易最终未能完成时，该订金应该退还购房者。《商品房销售管理办法》第二十二条第二款规定："符合商品房销售条件的，房地产开发企业在订立商品房买卖合同之前向买受人收取预订款性质费用的，订立商品房买卖合同时，所收费用应当抵作房价款；当事人未能订立商品房买卖合同的，房地产开发企业应当向买受人返还所收费用；当事人之间另有约定的，从其约定。"此即对商品房交易中"订金"这种预付款形式的法律效力所作的明确规定。

  总之，"定金"和"订金"虽然只有一字之差，但其法律性质、法律效力是完全不同的。前者属担保方式的一种，后者为预

---

❶ 有观点认为，认购书中的定金为立约定金，担保签订正式买卖合同之义务。笔者认为，将认购书中的定金视为违约定金更为合理。因为在实践中，商品房认购书签订之时，正式的商品房买卖合同的主要内容并不确定。因此，认购书中的定金并不是担保正式商品房买卖合同的订立，而是担保双方履行诚信洽谈义务，只要双方尽最大诚信义务地磋商、谈判，即使没有签订正式商品房买卖合同，也不能适用定金罚则。最高人民法院《关于审理商品房买卖合同纠纷案件适用法律若干问题的解释》第四条后半部分"因不可归责于当事人双方的事由，导致商品房买卖合同未能订立的，出卖人应当将定金返还买受人"更是证明了这一点。

付性质款项；前者的设立是基于当事人的合同——设立定金的合同，其从属于主合同，而后者的给付，是主合同的内容之一，并不构成一个从合同；前者适用定金罚则，在一方违约时，可发生没收或是双倍返还定金的效果，而后者则不能主张适用定金罚则；前者具有惩罚性，而后者则无；前者一般为一次性交付，而后者则可分期交付。

3.6　在商品房认购活动中，定金规则是如何适用的？

在商品房认购活动中，认购书中所约定的定金往往是对双方当事人履行诚信洽谈义务的担保，是一种违约定金。在这种定金条款的约束下，若一方当事人出现缺乏甚至拒绝尽最大诚信义务与对方就订立正式商品房买卖合同事宜进行磋商、洽谈的违约行为，定金规则应当如何适用呢？

北京市商品房认购书中这样拟订：

第四条　认购定金

认购人应当自签订本认购书之日起_____日内，向出卖人支付认购定金_____元人民币（大写）；出卖人在收取定金后，应当向认购人开具收款凭证，并注明收款时间。认购人逾期未支付认购定金的，出卖人有权解除本认购书，并有权将该商品房另行出卖给第三方。

认购人同意在支付定金之日起_____日内，与出卖人协商商品房买卖合同的相关条款（本款约定的期限为协商签约的起始时限，而非终止时限）。

第五条　认购人未在第四条第二款约定的期限内与出卖人协商商品房买卖合同相关条款的，出卖人有权解除本认购书。出卖人解除本认购书的，认购人已支付的定金不予退还，出卖人有权将该商品房另行出卖给第三方。

第六条　认购人在第四条第二款约定的期限内与出卖人协商商品房买卖合同的相关条款，但双方未达成一致意见，自第四条第二款约定的期限届满之次日起超过_____日的，本认购书自动解除；双方也可以协商解除本认购书。出卖人应当在本认购书解除之日起_____日内将已收取的定金退还认购人。

第七条 出卖人在认购人支付认购定金之日起至本认购书解除之日止，将该商品房另行出卖给第三方的，出卖人应当向认购人双倍返还定金。

具体地说，分为以下三种情况，三种不同的处理方式：

第一，如果认购书中对拟购商品房的基本条件已作出明确约定，并将构成正式买卖合同的内容，而认购人不同意依照所签署的认购书中约定的条件并在约定的时间期限内与开发商就正式合同中需要约定而认购书中尚没有约定的未尽事宜诚信进行更进一步的洽谈协商，认购人则应承担违约责任，开发商有权拒绝向认购人返还定金，并对拟购房屋不再予以保留。

第二，如果认购人依照认购书中约定的条件在与开发商的继续谈判中尽了最大诚信义务，即不存在违约。这种情况下，依据合同自愿与公平的原则，双方若未能就认购书约定以外的合同内容达成一致意见以签署正式的商品房买卖合同，不可归责于当事人任何一方，因此，也不能适用定金罚则，定金应全额返还认购人。

第三，如果开发商在签署认购书后、签订正式商品房买卖合同以前，违背诚实信用原则，另将商品房出卖给第三人，或者在接下来的谈判中违背诚信义务，隐瞒必要信息，或提出与认购书约定不同的条件及其他明显不合理的条件，导致正式的商品房买卖合同无法签订的，开发商应承担认购协议的违约责任，向认购人双倍返还定金。

另外，在正式的商品房买卖合同签订以后，定金若不退还，依据《中华人民共和国担保法》第六章等相关法律规定，则只能转化为购房款，而不得当然地理解为转变成正式商品房买卖合同中的定金。更引申一点说，即正式的商品房买卖合同一旦签订生效，认购书自行终止，定金条款当然失效。❶ 定金或是返还认购人，或是转化为购房款，而不成为正式商品房买卖合同的担保定金。也就是说，若日后正式商品房买卖合同被撤销或解除，原转化为购房款的定金也应当作为购房款予以返还，某些开发商此时扣留原定金的行为是完全没有法律依据的。

3.7　购房按揭贷款不成，原认购定金价款是否应退还购房者？

在如今的商品房交易中，普通购房者往往都会选择银行按揭的方式购买商品房。开发商在销售宣传中，也往往会承诺成功按揭没有问题。但由于按揭贷款是银行和购房人发生的法律关系，购房人的按揭申请是否被批准，权利在银行，而不在开发商。因此，常常出现银行按揭贷款不成，导致商品房买卖合同难以继续履行，合同解除后已付款项的返还问题。有开发商认为，依据2003年最高人民法院《关于审理商品房买卖合同纠纷案件适用法律若干问题的解释》（以下简称《解释》）第二十三条规定："商品房买卖合同约定，买受人以担保贷款方式付款、因当事人一方原因未能订立商品房担保贷款合同并导致商品房买卖合同不能继续履行的，对方当事人可以请求解除合同和赔偿损失。因不可归责于当事人双方的事由未能订立商品房担保贷款合同并导致商品房买卖合同不能继续履行的，当事人可以请求解除合同，出卖人应当将收受的购房款本金及其利息或者定金返还买受人。"第四条规定："出卖人通过认购、订购、预订等方式向买受人收受定金作为订立商品房买卖合同担保的，如果因当事人一方原因未能订立商品房买卖合同，应当按照法律关于定金的规定处理；因不可归责于当事人双方的事由，导致商品房买卖合同未能订立的，出卖人应当将定金返还买受人。"据此，开发商认为，因为按揭

---

❶ 如《北京市商品房认购书》第十条拟订："本认购书经双方签字盖章后生效，双方签订的商品房买卖合同生效后本认购书自行终止。本认购书终止后，认购定金应当【返还认购人】【抵作商品房价款】。"

不成是由于购房人单方的原因，应归责于购房人，所以其在解除合同后只需返还购房人的首付款，而购房人认购时所交纳的定金不应返还。面对这种情况，购房人往往有苦难言。

笔者认为，开发商的这种辩解不能成立。首先，开发商与购房者签订认购书和签订正式商品房买卖合同完全是两个不同的法律行为，是两个法律性质完全不同的交易阶段，法律效果也完全不同。认购书中的定金，担保的是双方诚信履行继续协商以签订正式商品房买卖合同的义务，正式买卖合同一旦签订，认购书自然终止，其中的定金也完成了它的担保使命，定金条款当然失效。此时，购房者已交纳的定金应当返还，或者占有改定，❶ 不直接返还购房者，而抵作购房者的房价款。在新签订的正式买卖合同中，若没有特地对定金另作书面约定，则不存在任何定金担保。上述观点将认购合同的定金当然视为另一合同（正式的商品房买卖合同）的担保定金，没有法律依据。在正式的商品房买卖合同中，原认购书中的定金已不再具有定金性质，仅作为商品房购房价款的一部分。因此，合同解除后，应作为已付购房款一并返还。其次，《解释》第二十三条中所言"定金"与第四条所言"定金"非同一定金。前者所指定金，是指在签订正式商品房买卖合同时，当事人双方另行书面约定的担保正式商品房买卖合同履行的定金，非后者所言认购书中担保认购关系双方继续履行诚信洽谈义务的定金，两者不能混为一谈。

总之，正式商品房买卖合同签订后，除当事人双方再行书面约定，已不存在任何定金，原认购书中定金仅存有价款的性质抵作购房款。在正式商品房买卖合同因按揭不能解除时，返还购房者的价款应包括由原认购书定金转化而来的这部分价款，而不得依归责于购房者的事由解除买卖合同为理由而扣留这部分价款作为定金惩罚。

---

❶ 此"占有改定"仅取其字面含义，非民法理论上动产交付方法之"占有改定"。

3.8 商品房认购法律关系中，一方在因对方不履行认购书约定义务而取得定金利益后仍不足以弥补损失的情形下，还可以要求违约方承担损害赔偿责任吗？

诚实信用与公平交易原则是商品房认购书的理论基础。《中华人民共和国民法通则》第四条规定："民事活动应当遵循自愿、公平、等价有偿、诚实信用的原则。"在商品房认购法律关系中，如果当事人一方不履行认购书的义务，在有定金条款的情况下，除了适用定金罚则外，是否还可以请求违约方承担其他损害赔偿责任呢？

认购书与正式商品房买卖合同的关系是预约与本约的关系。认购书是为了将来订立本约（即正式的商品房买卖合同）而订立的预约合同，它的给付内容为诚信磋商的缔约行为。因此，一方当事人对于违背认购书约定的行为，不仅应该对预约合同（即认购书）承担违约责任，而且对本约（即正式的商品房买卖合同）的订立还应当承担一定的缔约过失责任。我国《合同法》第四十二条对缔约过失责任予以了确认。❶ 从理论上分析，缔约过失责任是指在合同订立过程中，一方因违背其依据诚实信用原则和法律规定的义务致另一方的信赖利益的损失时所应承担的损害赔偿责任。❷ 缔约过失责任是由于缔约过失行为直接破坏了缔约关系而引起的他人因信赖合同的成立和有效所蒙受的信赖利益的损失，而信赖利益的赔偿结果是使当事人达到合同未曾发生时的状态，其损失赔偿既包括因他方的缔约过失行为而致信赖人的直接财产的减少，如支付各种费用等，也包括信赖人的财产应增加而未增

---

❶ 《中华人民共和国合同法》第四十二条："当事人在订立合同过程中有下列情形之一，给对方造成损失的，应当承担损害赔偿责任：（一）假借订立合同，恶意进行磋商；（二）故意隐瞒与订立合同有关的重要事实或者提供虚假情况；（三）有其他违背诚实信用原则的行为。"

❷ 参见：王利明，房绍坤，王轶. 合同法. 北京：中国人民大学出版社，2002，69。

加的利益，如信赖合同有效而失去某种应该得到的机会。基于此，笔者认为，在商品房认购法律关系中，因一方的违约行为致使另一方对签订正式商品房买卖合同的信赖利益遭受损失，违约方应就对方当事人因信赖能够签订合同而蒙受的机会成本的损失予以赔偿。此时，如果适用定金罚则后仍不足以弥补信赖人就本约（即正式的商品房买卖合同）未能签订而带来的损失的，从保护信赖人利益并避免违约方从其违约行为中获得利益的角度出发，应当追究违约方的损害赔偿责任。举一个简单的例子：购房人甲与开发商签订一份商品房认购书，约定商品房价款为每平方米5000元人民币❶，100平方米房屋总价为50万元，并交付定金5万元。在认购期间，房价迅猛上涨至6500元/平方米。也就是说，开发商故意违约，将该认购房屋以6500元的单价出售给第三人，在双倍返还原认购人定金的情形下，仍可获得5万元的利益。在这种情况下，购房人甲因信赖能够与开发商签署买卖合同，而失去了当时以50万元的总价购得同等地段同等房屋的机会，这种机会成本的损失就达到了15万元。在获得定金利益后，仍要自己承担5万元的损失。而这样实际上是助长了开发商的违约行为，有违公平交易原则，也不利于市场的稳定。鉴于此，开发商不仅应当双倍返还定金，还应依照我国《合同法》的有关规定，对购房者因信赖而产生的机会成本的损失予以赔偿。

认购书作为一个独立的预约合同，签署的目的是为将来协商订立正式的商品房买卖合同。具体到上面的例子，其履行的利益就体现为每平方米的价格差，同样也是认购人信赖开发商会依认购书所约定的条件与自己订立买卖合同但因开发商原因没有订立而产生的认购人应该增加而未增加的利益损失。这种损失，无论是从法律规定的角度，还是从维护市场公平交易秩序的角度，都应当由违约方来承担。

总而言之，在商品房认购法律关系中，一方当事人恶意违反

---

❶ 若无特别说明，本书所涉及价款的币种均为人民币。

约定义务，在适用定金罚则后仍不足以弥补另一方因本约（正式的商品房买卖合同）未能订立而产生的机会成本损失的情形下，❶违约方除了就认购书违约承担定金惩罚外，还应当就其本约的缔约过失行为承担损害赔偿责任。

3.9 "内部认购"行为具有法律效力吗？

近年来，不少房地产发展商为筹措开发资金，在尚没有获得《商品房预售许可证》等有关证件之前，在小范围内推出一种所谓"内部认购"的方式销售商品房。内部认购往往具有一定幅度的价格优惠，且这种优惠一般是比照"开盘价"而言的。按照目前房地产发展商通行的"低开高走"的营销原则，内部认购价应该可以算是该商品房销售过程中的"最低时段价"，因此，对购房者有着不小的吸引力。然而，便宜与风险并存，内部认购缺乏相应的法律基础，参与内部认购的购房者往往无法得到法律的有效保护。

1998年，国务院《城市房地产开发经营管理条例》第二十三条规定，房地产开发企业预售商品房，应当符合下列条件：(1)已交付全部土地使用权出让金，取得土地使用权证书；(2)持有建设工程规划许可证和施工许可证；(3)按提供的预售商品房计算，投入开发建设的资金达到工程建设总投资的25%以上，并已确定施工进度和竣工交付日期；(4)已办理预售登记，取得商品房预售许可证明。2004年建设部修正的《城市商品房预售管理办法》第六条规定："商品房预售实行许可制度。开发企业进行商品房预售，应当向房地产管理部门申请预售许可，取得《商品房预售许可证》。未取得《商品房预售许可证》的，不得进行商品房预售。"建设部《商品房销售管理办法》第二十二条第一款规定："不符合商品房销售条件的，房地产开发企业不得销

---

❶ 如果缺少了这个前提，守约方请求损害赔偿的行为又具有了法律规定的公平交易原则的瑕疵。且缔约过失责任的构成要件之一为信赖利益损失的存在。

售商品房,不得向买受人收取任何预订款性质费用。"另外,国家工商行政管理总局和建设部2002年联合发布的《关于进一步加强房地产广告管理的通知》也明确指出:"未取得商品房预售许可证的房地产开发企业,不得以'内部认购'、'内部认订'、'内部登记'等名目发布广告。"也就是说,内部认购之类的行为是违反国家法律法规强制性规定的,并不受法律的保护,一旦发生纠纷,购房者也很难得到法律的救济。

还需要指出的是,内部认购的商品房由于没有经过相关行政管理部门的把关,其具有很大的工程预期风险,其投资、规划、施工及相关合法手续等诸多问题可能尚未落实,购房者的权利也因此而难以得到保障。鉴于此,建议购房者谨慎对待内部认购,购房者的购房活动也应当在法律保护的范围内进行,这样,才能最大限度地减少购房风险。

第4章

商品住宅购房合同

购房者在与开发商签署商品房认购书以后,接下来则面临着与开发商协商签订正式的商品房买卖合同。在整个商品房购房活动中,签订商品房买卖合同可以说是最核心、最重要的环节,最直接地关系着购房者权益的维护。从买房、退房到打官司,从房屋质量、配套设施、户型面积到装饰装修、小区绿化、物业管理,房产交易中的每一个环节无不与购房合同有着千丝万缕的联系。现实中所有的购房纠纷也都与购房合同有关。面对复杂的商品房交易以及各色的开发商,购房者的购房风险系数完全取决于购房者签下怎样的合同,而购房者对风险的防范能力也绝对地体现在购房合同条条款款的约定当中。购房合同是交易双方当事人之间的"法",是对交易双方具体权利义务的约定,对双方当事人具有着法律意义上的约束力。面对房地产交易的各个环节,以及条款繁琐的购房合同,购房者应当留意哪些细节?在与开发商的博弈中应该坚持哪些原则?在约定合同具体条款时应当注意哪些问题?在开发商违约时又当如何维权?——搞清楚这些问题,对降低购房者的购房风险有着积极的意义。本章从商品房买卖合同的各个要素出发,分析签署商品房买卖合同的主体资格、合同各个条款的签订细节、合同内容中的热点问题、补充协议的陷阱规避、违约情形下的权利维护以及合同登记备案的效力、合同公证、合同撤销、合同解除、合同无效的情形及效力等等问题，以法律人的眼光来审视这些问题，并试图提出应对建议，以求降低购房风险，为购房者成功置业提供有益参考。

4.1 什么是商品房买卖合同？

在合同法理论上，合同也称契约，是平等主体的自然人、法人及其他组织之间设立、变更、终止民事权利义务关系的协议，❶是反映交易关系的法律形式。商品房买卖合同是合同的一种，更确切地说，是买卖合同的一种。我国《合同法》第一百三十条规定："买卖合同是出卖人转移标的物的所有权于买受人，买受人支付价款的合同。"根据2003年最高人民法院《关于审理商品房买卖合同纠纷案件适用法律若干问题的解释》（以下简称《解释》）第一条的规定，商品房买卖合同是指房地产开发企业将尚未建成或者已经竣工的房屋向社会销售并转移房屋所有权于买受人，买受人支付价款的合同。据此，商品房买卖合同依据合同标的的不同在理论上可分为商品房预售合同和商品房现售合同，前者调整预售商品房的买卖关系，而后者调整现房的买卖关系。

《商品房销售管理办法》（以下简称《办法》）第十六条规定："商品房销售时，房地产开发企业和买受人应当订立书面商品房买卖合同。"❷根据合同法的相关理论及有关法律规定，合法的商品房买卖合同应具备以下条件：(1)主体适格，商品房买卖合同的主体应符合法定的资格和资质。具体而言，对购房者来说，

---

❶ 参见《中华人民共和国合同法》第二条："本法所称合同是平等主体的自然人、法人、其他组织之间设立、变更、终止民事权利义务关系的协议。"

❷ 该法律条文所称"销售"，根据该《办法》第三条规定，既包括商品房现售，也包括商品房预售。

一般应具有完全民事行为能力；❶ 对开发商而言，应符合《中华人民共和国公司法》、《房地产开发企业资质管理规定》等法律法规的要求，是依法成立并具有相应资质等级的企业法人，并已取得销售合同标的房屋的行政许可，具备合法的销售资格。❷
(2)合同标的合法。商品房买卖合同标的"尚未建成或者已经竣工的房屋"必须有合法的建造、销售手续和合法的产权证明。
(3)合同内容真实合法。商品房买卖合同必须是当事人双方真实的意思表示，合同内容不违背国家法律、行政法规的强制性规定，不得违背社会公共利益，不得损害国家、集体和他人的合法权益。

建设部2004年修正的《城市商品房预售管理办法》第十条规定："商品房预售，开发企业应当与承购人签订商品房预售合同。"预售合同是房地产开发商销售尚未竣工的商品房的合同，是房地产开发商与购房者就转移在约定时间内建成的商品房所有权及商品房占用范围内的土地使用权、支付商品房价金等事宜所达成的书面协议，其签订的前提是开发商已合法取得销售该"尚未建成房屋"的资格和许可，如取得《商品房预售许可证》等。2003年，最高人民法院《解释》第二条规定："出卖人未取得商品房预售许可证明，与买受人订立的商品房预售合同，应当认定无效，但是在起诉前取得商品房预售许可证明的，可以认定有效。"另外，商品房预售合同在签订之后，应及时到房地产管理部门登记备案，以便更有效地维护购房者的合同权利。

4.2 开发商作为商品房买卖合同的一方当事人必须具备哪些条件？

合同有效成立的要件之一则为当事人适格。在商品房买卖合

---

❶ 依据我国《民法通则》及相关司法解释的规定，自然人为民事行为，应当具有相应的民事行为能力。商品房买卖作为一种主要的不动产交易，无民事行为能力人或者限制民事行为能力人没有其法定代理人的代理，不得为此民事行为。

❷ 如取得《商品房销售(预售)许可证》等。

同中，开发商作为一方当事人，是否具有签订商品房买卖合同的主体资格，关系到买卖合同是否合法有效。那么，在商品房交易中，开发商应当具备怎样的资质与条件，购房者又应当怎样去审查开发商是否合格呢？

商品房买卖作为一种主要的不动产交易，有着成交额大、风险高等特点。鉴于此，国家法律法规也对此作出了严格的规范。商品房买卖法律关系的主体不仅应该符合我国《民法通则》、《合同法》及相关司法解释等规定的具有完全民事行为能力、民事权利能力及民事责任能力等一般要件，还必须符合有关房地产法律法规的特殊规定。

1995年施行的《中华人民共和国城市房地产管理法》第二十九条第一款规定："房地产开发企业是以赢利为目的，从事房地产开发和经营的企业。"同时规定，设立房地产开发企业，应具备以下条件：(1)有自己的名称和组织机构；(2)有固定的经营场所；(3)有符合国务院规定的注册资本；(4)有足够的专业技术人员；(5)法律、行政法规规定的其他条件。第三款还规定："设立有限责任公司、股份有限公司，从事房地产开发经营的，还应当执行公司法的有关规定。"国务院《城市房地产开发经营管理条例》对房地产企业设立的资格进行了细化，❶ 同时，建设部《房地产开发企业资质管理规定》又对房地产开发企业作了进一步界定，并规定房地产开发企业必须依法申请核定企业资质等级，在取得房地产开发资质等级证书之后才能从事房地产开发经

---

❶ 《城市房地产开发经营管理条例》第五条："设立房地产开发企业，除应当符合有关法律、行政法规规定的企业设立条件外，还应当具备下列条件：(一)有100万元以上的注册资本；(二)有4名以上持有资格证书的房地产专业、建筑工程专业的专职技术人员，2名以上持有资格证书的专职会计人员。省、自治区、直辖市人民政府可以根据本地方的实际情况，对设立房地产开发企业的注册资本和专业技术人员的条件作出高于前款的规定。"

营业务。❶

依法成立的房地产开发公司进行项目的开发与经营,同样需要严格依照法律规定的程序进行。根据相关法律的规定,房地产项目的开发必须严格执行城市规划,依法获得国有土地使用权并及时开发建设,项目的勘察、设计、施工及验收交付必须符合国家有关标准和规范,项目的经营与销售也必须具备完备的行政许可手续。❷ 总之,房地产开发企业从其设立,到开发建设房地产项目,再到经营与销售,每一个环节都必须依照法律的规定严格操作,这样,在与购房者的房地产交易中,才具有合格的主体资格地位。

那么,对于普通购房者来说,在与开发商协商签订商品房买卖合同之前,我们怎样去确认房地产开发企业在成立及开发经营过程中都合法运作而具有合法的交易主体资格呢?最简便易行的方法则是索验开发商取得的相关行政许可文件,也就是我们常说的"五证",即:《国有土地使用证》、《建设用地规划许可证》、《建设工程规划许可证》、《建设工程施工许可证》以及《商品房销售(预售)许可证》。当然,购房者亲自查验一下开发商的《企业法人营业执照》及《房地产开发资质等级证书》也是必要的。另外,建议购房者在审查开发商的相关行政许可证明时,应坚持索看原件,❸ 并尽量亲赴当地的房地产主管部门调查确认房地产

---

❶ 《房地产开发企业资质管理规定》第二条:"本规定所称房地产开发企业是指依法设立、具有企业法人资格的经济实体。"第三条:"房地产开发企业应当按照本规定申请核定企业资质等级。未取得房地产开发资质等级证书(以下简称资质证书)的企业,不得从事房地产开发经营业务。"第五条:"房地产开发企业按照企业条件分为一、二、三、四4个资质等级。"第五条同时还具体规定了各资质等级企业的具体条件。

❷ 参见《中华人民共和国城市房地产管理法》第二十四条、第二十五条、第二十六条、第四十四条,《城市房地产开发经营管理条例》第十六条、第十七条、第十八条、第二十三条,《商品房销售管理办法》第六条、第七条,《城市商品房预售管理办法》第五条、第六条等。

❸ 现实中,很多开发商往往以各种理由不让购房者看证件原件,其中的原因很可能就是土地被抵押了。

开发商相关证件的真实有效性，确认拟购房屋产权的完整性（确认不存在任何他项权利）及销售的合法性。购房者在上述事项得以确认之后，便可认定开发商具有合格的交易主体资格，与开发商的商品房买卖行为才合法有效，购房合同中设立的权利义务也才能够得到相对可靠的保障。

4.3 购房者作为商品房买卖合同一方当事人应当具备哪些条件？

商品房买卖是商品买卖的一种形式，是一种民事法律行为，双方当事人必须具备法定的条件，其交易行为才具有法律效力，所签订的合同也才具有法律约束力。在商品房交易活动中，购房者作为商品房买卖合同的一方当事人，应当满足怎样的条件呢？

《中华人民共和国民法通则》（以下简称《民法通则》）将自然人的民事行为能力[1]划分为完全民事行为能力、限制民事行为能力、无民事行为能力三种，具有不同民事行为能力的个人所能从事民事活动的范围各不相同。完全民事行为能力是指自然人通过自己独立的行为行使民事权利、履行民事义务的能力。《民法通则》第十一条规定："18周岁以上的公民是成年人，具有完全民事行为能力，可以独立进行民事活动，是完全民事行为能力人。16周岁以上不满18周岁的公民，以自己的劳动收入为主要生活来源的，视为完全民事行为能力人。"据此，精神健全的18周岁以上的成年人和16周岁以上不满18周岁、能够以自己的劳动收入为主要生活来源的公民，都具有完全的民事行为能力，能够从事各种类型的民事活动，自然也可以从事房地产买卖活动，与合格的开发商进行商品房交易，成为商品房买卖合同的当事人。

---

[1] 自然人的民事行为能力是指自然人能以自己的行为取得民事权利、承担民事义务的资格。（参见：魏振瀛主编. 民法. 北京：北京大学出版社，高等教育出版社，2000，54.）

限制民事行为能力又称不完全民事行为能力，是指自然人在一定范围内具有民事行为能力，超出一定范围便不具有相应的民事行为能力。《民法通则》第十二条第一款规定："10周岁以上的未成年人是限制民事行为能力人，可以进行与他的年龄、智力相适应的民事活动；其他民事活动由他的法定代理人代理，或者征得他的法定代理人的同意。"第十三条第二款规定："不能完全辨认自己行为的精神病人是限制民事行为能力人，可以进行与他的精神健康状况相适应的民事活动；其他民事活动由他的法定代理人代理，或者征得他的法定代理人的同意。"据此，10周岁以上而又不满18周岁的未成年人及不能完全辨认自己行为的精神病人均为限制民事行为能力人，他们只能进行与其年龄、智力、精神健康状况相适应的民事法律活动，其他比较复杂或重大的民事法律行为应由其法定代理人代理或征求其法定代理人的同意后进行。显然，商品房交易是一项涉及金额较高、对行为人的智力水平及民事活动能力要求较高的活动，民事行为能力受到限制的个人并不能充分意识到房地产交易行为对其个人的影响，或不具备完成交易的能力。因此，限制民事行为能力人不能够单独从事商品房买卖活动，必须由其法定代理人代理或者征得其法定代理人的同意，而对被代理人的行为表示同意的法定代理人在被代理人无法有效完成民事活动时，仍须承担相应的民事后果。在我国目前的商品房交易实践中，如果涉及限制民事行为能力人的，通常是要求由其法定代理人代理其进行交易。

无民事行为能力人是指自然人不具有以自己的行为取得民事权利和承担民事义务的能力。《民法通则》第十二条第二款规定："不满十周岁的未成年人是无民事行为能力人，由他的法定代理人代理民事活动。"第十三条第一款规定："不能辨认自己行为的精神病人是无民事行为能力人，由他的法定代理人代理民事活动。"据此，10周岁以下的未成年人及不能辨认自己行为的精神病人，因其不具有足够的识别能力和判断能力，其为无行为能力人，不能进行民事活动，其民事行为必须由其法定代理人代理。

对于复杂的商品房交易活动，无民事行为能力人也当然不具有与开发商进行商品房交易的合格的主体资格，在没有其法定代理人代理的情况下，不能成为商品房买卖合同的适格当事人。

当然了，作为商品房买卖合同的一方当事人，购房者除了应当具有相应的民事行为能力以外，还需要具有相应的购买能力。这种购买能力不仅是指具有支付合同价款的经济能力，同时，也指其购买房产的行为应当为法律所不禁止，不违反国家有关法律、行政法规的禁止性规定。

4.4 父母可以为未成年子女购置房产吗？

目前，有不少购房者考虑到子女日后对房产的继承等问题，往往要求以子女的名义购买商品房，将子女设为所购商品房的产权人。而2005年房产"新政"，国务院转发建设部、国家发改委、财政部、国土资源部、人民银行、税务总局、中国银监会等七部委《关于做好稳定住房价格工作的意见》（以下简称《意见》），《意见》第七项明确要求："房屋所有权申请人与登记备案的预售合同载明的预购人不一致的，房屋权属登记机关不得为其办理房屋权属登记手续。"也就是说，如果欲将未成年子女登记为合法产权人，则商品房买卖合同的乙方当事人（买受人）就应当为未成年子女。根据《中华人民共和国民法通则》（以下简称《民法通则》）的有关规定，未成年子女为限制民事行为能力人或者是无民事行为能力人，其不具有独立从事商品房买卖交易的民事行为能力，应当由其法定代理人代理进行交易。法定代理人作为限制民事行为能力人或无民事行为能力人的代理人，并不是可以根据自己的意愿为被代理人做任何事情。根据法律❶及有关民

---

❶ 如我国《民法通则》第十四条："无民事行为能力人、限制民事行为能力人的监护人是他的法定代理人。"第十六条第一款："未成年人的父母是未成年人的监护人。"第十八条第一款："监护人应当履行监护职责，保护被监护人的人身、财产及其他合法权益，除为被监护人的利益外，不得处理被监护人的财产。"

法理论❶，法定代理人的代理行为应当符合被代理人的利益，即代理行为应当是对被代理人有利的，法定代理人不能通过自己的主观意志为被代理人设置义务或产生负担。

具体到未成年子女购置房产而言，未成年子女作为限制民事行为能力人或者无民事行为能力人，其购房行为应当由其法定代理人代理，也就是通常由其父母代理进行交易。如果未成年子女的父母自己一次性全额出资为未成年子女购置房产，未成年子女作为房产的接受人无需再承担付款责任和其他义务，父母的这种代理行为对被代理人（即未成年子女）是完全有益的，不违背法律及代理的相关原则，应当为法律所允许，是合法有效的代理行为。

然而，在现实的商品房交易中，购房者通常都采用以拟购置房产为抵押物向银行申请按揭贷款的方式购房，这时，被代理人（即未成年子女）就不再是绝对地接受馈赠，而是有可能在现有的贷款申请人无法按约清偿银行贷款时面临需要自己归还银行贷款的境地，或无力清偿贷款时要面临银行行使抵押权而失去房产的后果。也就是说，这种情形下，未成年子女可能在获取权利的同时需要承担一定的义务，父母的这种代理行为对被代理人（即未成年子女）来说不是纯粹带来利益的，对作为自己无法作出判断或决定的未成年子女来说，代理人的这种代理行为对其是相对不公平的，在行为合法性上存在瑕疵。

总而言之，父母作为未成年子女的监护人、法定代理人，在以未成年子女的名义为子女购置房产时，应区分付款方式的不同而做不同的处理。如果父母以自有资金一次性全款支付，则只需持有关证件到当地公证机关办理父母子女关系公证，然后由父母

---

❶ 代理的特别生效要件有三：(1)须以代理行为为标的；(2)须依代理权；(3)须为本人计算。其中，须为本人计算，指代理行为须以本人(亦称被代理人)利益为取向。这也是代理权所存储的价值之所在。而代理权的权限，在法定代理中，应以法律规定为准，在解释时，须取向"为本人利益计算"原则为之。(参见：张俊浩主编. 民法学原理(修订第三版). 北京：中国政法大学出版社，2000，300~334)

作为代理人代理子女签署购房合同(父母签子女的名字,并注明由某人代签),合同的买受人为未成年子女,由子女享有房产的全部权利。如果需要以申请银行贷款的方式购置房屋,则需要在办理父母子女关系公证后,一方面由父母代理签署商品房买卖合同,另一方面由父母单方面向银行另行申请贷款,以父母单独作为贷款的申请人和偿还人,并提供其他符合银行要求的抵押物作为抵押担保;或者,只能由父母和未成年子女对所购房屋形成共有关系,共同申请银行按揭贷款,共同对银行债务承担连带责任,在银行行使抵押权时共同配合。这样,便既可以满足购置房产的目的,同时对被代理人以及贷款银行利益也是一种保障。

4.5 商品房买卖合同必须明确哪些内容?

依据《中华人民共和国合同法》第十二条之规定,合同的内容由当事人约定。依此,商品房买卖合同的内容也应当由当事人约定。但是,商品房是一种特殊的商品,商品房的交易具有较大的价值量和风险性。同时,考虑到合同双方当事人往往存在实力上的悬殊差异,完全通过买卖双方协商合同条款的方式来订立相对公平完善的合同有相当的难度。鉴于此,国家通过专门的法律及合同示范文本对商品房交易行为予以规范。

根据 2001 年建设部《商品房销售管理办法》第十六条规定,商品房买卖合同应当明确以下主要内容:(1)当事人名称或者姓名和住所;(2)商品房基本情况;(3)商品房销售方式;(4)商品房价款的确定方式及总价款、付款方式、付款时间;(5)交付使用条件及日期;(6)装饰、设备标准承诺;(7)供水、供电、供热、燃气、通信、道路、绿化等配套基础设施和公共设施的交付承诺和有关权益、责任;(8)公共配套建筑的产权归属;(9)面积差异的处理方式;(10)办理产权登记的有关事宜;(11)解决争议的方法;(12)违约责任;(13)双方约定的其他事项。2000 年,建设部和国家工商行政管理局下发了具有指导和借鉴意义的《商品房买卖合同示范文本》❶，各地政府主管部门根据地方实际情况，也据此相继印发了当地的《商品房买卖合同示范文本》❷。一般而言，我国各地政府管理部门拟订的商品房买卖合同范本主要包括以下一些内容：

（1）双方当事人的基本情况；

（2）房屋销售（预售）的合法依据及房屋基本情况；

（3）房屋计价方式、价款及支付方式；

（4）预售商品房面积及规划设计变更的相关约定和竣工交付的时间、条件；

（5）房屋产权办理的责任和期限；

（6）物业管理的相关约定；

（7）房屋质量、装饰装修标准及附属设施、市政配套的相关约定；

（8）公共部位的权利归属；

（9）违约责任及争议解决方式；

（10）其他约定。

除此之外，购房者在与开发商协商签订商品房买卖合同时，还可以要求将自己所关心的一些问题（如广告的约束力、会所的开放使用等具体问题）在合同及补充协议中补充约定。购房者的要求与开发商的承诺应尽可能详细地在合同中得以体现和明确，以具体确认买卖双方各方面的权利义务，降低合同风险。

4.6 《商品房买卖合同示范文本》在商品房交易中有何作用？

2000年，为加强房地产市场管理，指导、规范商品房销售行为，保护当事人的合法权益，建设部、国家工商行政管理局制定下发了《商品房买卖合同示范文本》，并建议推行，以尽量避免因合同缺款少项和当事人意思表示不真实、不确切，而出现显

---

❶ 可参见本书附录一《商品房买卖合同示范文本》。

❷ 可参见本书附录二《北京市商品房预售合同》。

失公平和违法条款,减少商品房买卖合同纠纷,促进合同纠纷的解决。同时,也以此调动消费者的购房热情,促进住房消费,拉动经济增长。

《商品房买卖合同示范文本》是一个示范性的合同文件,并非强制性的签约文本。然而,由于其制定部门为全国性商品房买卖主管部门及工商行政主管部门,具有绝对的权威性,且示范文本对于商品房交易过程中的各个环节涉及的情况规定得较为完备,对于买卖双方权利义务的约定也较为明确,并且侧重于保护购房者的合法权益。因此,各地商品房交易实践中,往往采用由当地房地产主管部门制定的、以此示范文本为基础的合同文本作为正式的签约文本,对规范商品房交易、保障购房者权益产生了积极作用。

当然,面对万变的房地产交易市场和复杂繁琐的商品房交易,示范文本仍有许多问题尚未涉及,这就需要购房者与开发商在平等、诚信的基础上具体协商,认真签好合同示范文本中的空白条款以及合同补充协议,万不可因为有了政府推行的合同示范文本就对签约行为掉以轻心。

4.7 开发商作为商品房销售合同的出售方主要有哪些义务?

作为商品房买卖合同的双方当事人,购房者与开发商有着对应的权利和义务,一方的权利则为另一方的义务。在商品房交易实践中,开发商作为强势的一方,拥有更完备的信息,在诚实信用交易原则的框架下,应当履行以下法定及约定义务:

(1)证明自己有合法的销售主体资格,取得销售许可,并提供相应的证明文件;

(2)明示所售商品房的具体情况;

(3)所售房屋权利瑕疵担保义务,保证对房屋具有完整的产权;

(4)所售房屋质量瑕疵担保义务;

(5)必要事项的告知义务,如规划设计更改后的及时告知义务等；

（6）合同约定的其他义务。

相应地，购房者具有要求开发商诚信履行这些义务的权利。倘若开发商违背这些义务而给购房者造成损失，应当承担相应的民事责任。

4.8 开发商在商品房买卖合同签订后才取得预售许可证明，已签署的预售合同有效吗？

最高人民法院《关于审理商品房买卖合同纠纷案件适用法律若干问题的解释》（以下简称《解释》）第二条规定："出卖人未取得商品房预售许可证明，与买受人订立的商品房预售合同，应当认定无效，但是在起诉前取得商品房预售许可证明的，可以认定有效。"司法实践中，为避免司法审判权与行政管理权之间的冲突，人民法院对出卖人预售资格的审查仅限于形式上的审查，即主要是看其是否取得了商品房预售许可证明，而对于其他预售条件的审查是行政管理部门的权限，由行政主管机关进行，人民法院不予参与。因此，《解释》第二条对开发商取得预售资格的时间作了重新的界定，即规定只要起诉时开发商已具备商品房预售许可证明的，视为开发商签署合同时具有合法资格，已签署的预售合同有效。

笔者以为，根据我国《合同法》第五十二条的规定，违反法律、行政法规强制性规定的合同无效。《民法通则》第五十八条也对违反法律的民事行为作了无效认定。对商品房预售，《中华人民共和国城市房地产管理法》第四十四条、国务院《城市房地产开发经营管理条例》第二十三条、建设部《商品房销售管理办法》第六条、建设部《城市商品房预售管理办法》第六条等都强制性地规定了商品房预售许可制度，即房地产开发商必须在取得商品房预售许可证明后才能销售商品房。也就是说，依照相关法律的规定，开发商在取得预售许可之前根本不具有合格的交易主体资格，开发商此时与购房者签署商品房买卖合同的行为违反了法律、行政法规的强制性规定,所签署的合同应当然属于无效合同。最高法院 2003 年的司法解释对"在起诉前取得商品房预售许可证明的,可以认定有效"的规定,从理论上讲,应该是违背法律规定的,其法律效力值得商榷。另一方面,《解释》的此条规定,一定情况下对未取得预售许可前提下签署合同的效力予以了追认,无异于纵容开发商违法签约的行为,不利于维护法律所确立的商品房预售许可制度,对购房者的合法权益往往也是一种伤害。

4.9 商品房买卖合同中一般有哪几种计价方式?

计价方式与价款是商品房买卖合同中最重要的条款之一。通常情况下,具体的计价方式和价款在购房者与开发商签署商品房认购书时就已经协商妥当,在签订正式合同时只需要再核对一下价款是否一致即可。

建设部《商品房买卖合同示范文本》给出了按建筑面积计价、按套内建筑面积计价和按套(单元)计价三种计价方式。❶ 当然,购房者与开发商还可以另行约定其他的计价方式,如按套内使用面积计价等。根据《房产测量规范》(GB/T 17986—2000)、《住宅设计规范》(GB 50096—1999)、建设部《商品房销售面积计算及公用建筑面积分摊规则(试行)》等规范性文件的规定,建筑面积是指房屋外墙(柱)勒脚以上各层的外围水平投影面积,包括阳台、挑廊、地下室、室外楼梯等,且具备有上盖,结构牢固,层高 2.20m 以上(含 2.20m)的永久性建筑。建筑面积包括套内建筑面积和分摊的公用建筑面积两部分。套内建筑面积,是购房者独自使用的建筑面积,包括套内使用面积、套内墙体面积和阳台建筑面积三部分。套内使用面积,是指房屋户内全部可供

---

❶ 笔者认为,如果商品房买卖合同中未明确究竟是采用按面积(包括按建筑面积或套内建筑面积)计价还是按套计价的方式,应当依据合同有关条款予以判断。若合同中标明每平方米单价的,除了有相反的明确约定外,应当认定为是采取按面积计价的方式结算房款;如果合同中未标明每平方米单价,只标明房价款总额的,应当认定为采取按套计价的方式结算房价款。

实际使用的空间面积，不包括墙、柱等结构构造和保温层的面积，而只按房屋的内墙面水平投影计算，可通俗地理解为地毯面积，也就是房屋可以铺地毯的面积。

目前，商品房交易的计价方式通常为按建筑面积计，也有一些开发商采用按套计价的方式，但多用于尾房销售。就这些计价方式比较而言，笔者建议，最好能与开发商约定按照套内使用面积计价。原因在于，套内使用面积计算方法简便直观，购房者只需要一把钢尺即可自行进行测量，这样，在房屋交付时，购房者很容易得到实际的面积数据，以便与开发商就面积差异问题进行协调。而建筑面积由于涉及分摊的公共面积，购房者无法予以测量，面积数据具有隐蔽性，不利于自身权利的维护。

4.10 商品房买卖合同中，一般有哪几种付款方式？

在商品房买卖过程中，开发商最主要的义务是按时保质地交付商品房，而购房者最主要的义务则是按照合同约定的方式支付价款。目前，商品房交易中，通常有一次性付款、分期付款和银行按揭付款三种付款方式。其中，一次性付款，即购房者按照合同约定的期限一次性全额支付房价款。选择这种付款方式通常会得到开发商的一些优惠，价格相对便宜。分期付款，是指按照合同的约定，购房者在一定期限内分几次支付商品房价款。建设部《商品房买卖合同示范文本》亦将分期付款列为可供选择的付款方式之一，但遗憾的是，并未出台分期付款的相关法律规范，使得分期付款的方式缺少相应的法律依据，并不便于操作。实践中，不少开发商在其商品房买卖合同文本中，往往也都将分期付款的条款事先划去，不予采用。银行按揭贷款，简单地说，就是指购房者先支付一部分价款（即首付款），其余的部分以申请银行个人住房抵押贷款的方式支付。❶ 这种付款方式最早由董藩教授

---

❶ 关于按揭贷款的性质、法律关系等具体问题，将在第 5 章"商品住宅购房按揭"中予以详细介绍。

等一批经济学者率先提出，引入海外按揭贷款经验，推进国内住房制度改革与房地产业发展。到目前，银行按揭贷款已成为绝大多数的购房者支付房价款的首选方式，它在很大程度上缓解了购房者的经济压力，提高了购房者的购买能力。但与此同时，能否申请到银行贷款，则成为了许多购房者购房行为的前提。

当然了，在商品房买卖合同中，无论是选择哪种付款方式，对于购房者而言最重要的都是严格依照合同约定及时地支付应付价款，否则，则要承担相应的违约责任。

4.11 什么是商品房面积误差？

商品房预售，是当前商品房销售的主要形式。预售的商品房在出售时，往往房屋主体结构尚未修建完成，购房者支付房屋对价的依据仅仅是设计图纸上计算出来的房屋面积，买卖合同上所约定的面积也只是预测出来的房屋面积。这个面积，与实际竣工交付的房屋面积必然存在或多或少的误差，这便产生了购房者购房时与接房时房屋面积的误差处理，面积纠纷也往往基于这种误差处理的不当而产生。

对于购房者而言，对房价款的承受能力、对房屋的使用规划等都是以房屋面积为基础的，面积的变动可能导致房屋的结算价款超出购房者的经济承受能力，或是使购房者原先的使用规划落空。在商品房交易实践中，大多数开发商都会尽量准确地预测房屋面积，在施工过程中也尽力控制误差大小，但也不乏有个别开发商出于某些利益，利用这种误差欺诈购房者，谋取利益。

购房者要理解面积误差，并通过签署具有风险防范能力的购房合同来预防不法开发商利用面积误差榨取购房者利益，就首先要了解商品房面积是如何计算的。根据《房产测量规范》（GB/T 17986—2000）、建设部《商品房销售管理办法》、建设部《商品房销售面积计算及公用建筑面积分摊规则（试行）》、2002年建设部《关于房屋建筑面积计算与房屋权属登记有关问题的通知》等规范性文件的有关规定，有如下计算公式：

商品房建筑面积＝套内建筑面积＋分摊的公用建筑面积
　　　　　　＝（套内使用面积＋套内墙体面积＋套内
　　　　　　　阳台建筑面积）＋分摊的公用建筑面积

其中，对于套内阳台建筑面积，有：全封闭阳台计算全部面积，未封闭的阳台按全部面积的一半计算面积，而与室内不相通的类似于阳台、挑廊、檐廊的建筑，不计算建筑面积。对于分摊的公用建筑面积，其计算范围包括电梯井、管道井、楼梯间、垃圾道、变电室、设备间、公共门厅、过道、地下室、值班警卫室等，以及为整幢服务的公共用房和管理用房的建筑面积，及套与公共建筑之间的分隔墙的建筑面积，外墙（包括山墙）水平投影面积一半的建筑面积，而独立使用的地下室、车棚、车库、为多幢服务的警卫室，管理用房，作为人防工程的地下室的建筑面积不计算在内。分摊的公用建筑面积的计算有如下公式：

$$\delta S_i = K \cdot S_i \qquad K = (\Sigma \delta S_i)/\Sigma S_i$$

式中　K——面积的分摊系数；

S_i——各套（单元）参加分摊的建筑面积（m^2）；

δS_i——各套（单元）参加分摊所得的分摊面积（m^2）；

$\Sigma \delta S_i$——需要分摊的分摊面积总和（m^2）；

ΣS_i——参加分摊的各套（单元）建筑面积总和（m^2）。

购房者大致了解了商品房面积的计算方法，以一个"内行人"的角色与开发商进行面积误差的协商处理，核查开发商提供的面积数据（如《商品房建筑面积计算表》、《商品房建筑面积测算表》等），防范开发商利用面积误差侵害购房者的合法利益。

对于购房者，避免面积误差最好的方法莫过于购买（准）现房，实地的考察胜过任何口头承诺和凭空想象。如果购房者购买期房，则一定要在买卖合同中尽量详细地约定面积误差的处理方式，以避免陷入开发商利用面积误差设下的"面积陷阱"。

4.12 购房者在约定面积误差处理方式的条款时应注意哪些问题?

商品房交易实践中,预售商品房的实际交付面积与预售合同的约定面积存在差异是非常正常的。但也有个别开发商恰恰利用这种面积差异,任意"缩水"、"涨水",多算公摊面积、减少实建面积、重复计算甚至编造虚假面积,以此来获取更大利益。

对于面积误差,其不应该是没有限制的。这种技术误差究竟应当控制在什么范围才合理呢?对此,我国没有相关的行业标准来予以界定。为了在司法实践中更好地保护购房者,2001年建设部《商品房销售管理办法》(以下简称《办法》)将这种技术误差的合法范围界定在绝对值比3%以内。依据《办法》第二十条的规定,按套内建筑面积或建筑面积计价的,当事人应当在合同中载明合同约定面积与产权登记面积发生差异的处理方式,未作约定的,按以下原则处理:

(1)面积误差比绝对值在3%以内(含3%)的,据实结算房价款;

(2)面积误差比绝对值超出3%时,买受人有权退房。

买受人退房的,房地产开发企业应当在买受人提出退房之日起30日内将买受人已付房价款退还给买受人,同时支付已付房价款利息。买受人不退房的,产权登记面积大于合同约定面积时,面积误差比在3%以内(含3%)部分的房价款由买受人补足;超出3%部分的房价款由房地产开发企业承担,产权归买受人。产权登记面积小于合同约定面积时,面积误差比绝对值在3%以内(含3%)部分的房价款由房地产开发企业返还买受人;绝对值超出3%部分的房价款由房地产开发企业双倍返还买受人。

其中:$面积误差比 = \dfrac{产权登记面积 - 合同约定面积}{合同约定面积} \times 100\%$

建设部和国家工商行政管理局制定的《商品房买卖合同示范文本》采纳了这种误差处理方式,各地政府主管部门据此制定的

《商品房买卖合同示范文本》中也大都采纳这一方式,有的还进行了更进一步的细化,对切实维护购房者利益产生了积极影响。

然而,实践中,面积误差还存在一个更为隐蔽的问题,就是在按照建筑面积计价及以建筑面积为依据进行面积误差处理时,实际测算的建筑面积与合同约定的建筑面积未发生变化,但套内建筑面积减少,而分摊的公用建筑面积(以下简称"公摊面积")增加。例如,一套总建筑面积100平方米的商品房,预售时合同约定的面积计算依据为:建筑面积共100平方米,其中,套内建筑面积85平方米,公共部位与公用房屋分摊建筑面积15平方米。房屋实际交付后,经房屋测绘机构测量,该套房屋的总建筑面积仍为100平方米,但套内建筑面积缩小为80平方米,而公摊面积增大到20平方米,套内建筑面积与公摊面积的误差比例均超出了3%的范围。如果购房者与开发商在合同中约定按照建筑面积为依据进行面积确认及误差处理,即使选择《办法》第二十条的误差处理方式,也无法诉求开发商承担责任。因为这种误差处理方式仅对总建筑面积发生绝对值3%以上的误差时的情况进行了约定,而对套内建筑面积的合法误差范围并未明言。

《办法》第二十一条规定:"按建筑面积计价的,当事人应当在合同中约定套内建筑面积和分摊的共有建筑面积,并约定建筑面积不变而套内建筑面积发生误差以及建筑面积与套内建筑面积均发生误差时的处理方式。"这就要求购房者与开发商在约定误差处理方式时应更细化处理,分别约定总建筑面积、套内建筑面积、公摊面积发生误差时的处理方式。对此,北京市建委和北京市工商行政管理局制定的《北京市商品房预售合同》范本值得借鉴,其中第十四条约定:

第十四条 面积差异处理

该商品房交付时,出卖人应当向买受人公示其委托的有资质的房产测绘机构出具的商品房面积实测技术报告书,并向买受人提供该商品房的面积实测数据(以下简称实测面积)。实测面积与

第三条载明的预测面积发生误差的,双方同意按照第_____种方式处理:

1. 根据第五条,按照套内建筑面积计价的约定,双方同意按照下列原则处理:

(1) 套内建筑面积误差比绝对值在3%以内(含3%)的,据实结算房价款;

(2) 套内建筑面积误差比绝对值超出3%时,买受人有权退房。

买受人退房的,出卖人应当自退房通知送达之日起30日内退还买受人已付房款,并按照_____利率付给利息。

买受人不退房的,实测套内建筑面积大于预测套内建筑面积时,套内建筑面积误差比在3%以内(含3%)部分的房价款由买受人补足;超出3%部分的房价款由出卖人承担,产权归买受人所有。实测套内建筑面积小于预测套内建筑面积时,套内建筑面积误差比绝对值在3%以内(含3%)部分的房价款由出卖人返还买受人;绝对值超出3%部分的房价款由出卖人双倍返还买受人。

$$套内建筑面积误差比 = \frac{实测套内建筑面积-预测套内建筑面积}{预测套内建筑面积} \times 100\%$$

2. 根据第五条,按照建筑面积计价的约定,双方同意按照下列原则处理:

(1) 建筑面积、套内建筑面积误差比绝对值均在3%以内(含3%)的,根据实测建筑面积结算房价款;

(2) 建筑面积、套内建筑面积误差比绝对值其中有一项超出3%时,买受人有权退房。

买受人退房的,出卖人应当自退房通知送达之日起30日内退还买受人已付房款,并按照_____利率付给利息。

买受人不退房的,实测建筑面积大于预测建筑面积时,建筑面积误差比在3%以内(含3%)部分的房价款由买受人补足;超出3%部分的房价款由出卖人承担,产权归买受人所有。实测建筑面积小于合同约定建筑面积时，建筑面积误差比绝对值在3%以内(含3%)部分的房价款由出卖人返还买受人；绝对值超出3%部分的房价款由出卖人双倍返还买受人。

$$建筑面积误差比 = \frac{实测建筑面积 - 预测建筑面积}{预测建筑面积} \times 100\%$$

3. 双方自行约定：

_____

_____

总之，在签署预售合同中面积差异处理方式的条款时，建议购房者选择依照套内建筑面积为依据进行面积确认及误差处理，或者在以建筑面积为面积确认及差异处理时明确约定套内建筑面积发生变化时的处理方式，如约定套内建筑面积误差与总建筑面积误差同比例增减，或是将公摊面积的比例予以固定等等，以保证自己所购房屋的使用率。❶ 同时，也提醒广大购房者，在签署与面积相关的合同条文时，慎用"约"字，以免不法开发商在"约"字上做文章，在面积差异处理问题上进行狡辩。

4.13 对于按套计价销售的商品房，购房者应如何约定面积误差处理条款？

在商品房买卖实践中，一般有按建筑面积计价、按套内建筑面积计价和按套(单元)计价三种计价方式。现实交易中，采用按建筑面积和套内建筑面积计价的较多，而按套计价，通常只用于尾房的销售。在这种按套计价的交易中，买卖标的往往已是竣工交付的现房，房屋面积状况一目了然，所以不存在面积误差处理的问题。2001年，建设部《商品房销售管理办法》第十九条第一款也规定："按套(单元)计价的现售房屋，当事人对现售房屋实地勘察后可以在合同中直接约定总价款。"

---

❶ 房屋的使用率是指房屋的使用面积与建筑面积的比例。一般认为，70%到80%的使用率都是比较合理的。

当然，按套计价预售期房并未被法律所禁止，只要买卖双方当事人约定一致，仍可以按套计价销售期房。根据《商品房销售管理办法》第十八条、第十九条的规定，按套计价销售商品房（包括预售和现售），商品房买卖合同中必须注明建筑面积和分摊的共有建筑面积。按套计价预售房屋的，必须在合同中附所售房屋的平面图。并且，平面图应当标明详细尺寸，并约定误差范围。房屋交付时，套型与设计图纸一致，相关尺寸也在约定的误差范围内的，维持总价款不变；套型与设计图纸不一致或者相关尺寸超出约定的误差范围，合同中未约定处理方式的，买受人可以退房或者与房地产开发企业重新约定总价款。买受人退房的，由房地产开发企业承担违约责任。可见，按套计价预售商品房，同样需要购房者在签署预售合同时与开发商明确约定尺寸、面积误差范围，并自行约定误差的处理方式。❶

《商品房销售管理办法》第二十条对未作相关约定的按面积计价商品房面积误差范围及处理方式作出了规定，界定3%为房屋面积的合法误差比例。笔者以为，《商品房销售管理办法》的这种规定，有利于维护购房者利益，这一误差范围的界定可借鉴适用于按套计价商品房面积误差的合同约定中。同时，超出这一

---

❶ 实践中，如果面对按套计价预售的商品房没有在预售合同中界定误差范围并约定误差处理方式的情况，应当怎样处理呢？《商品房销售管理办法》第二十条对合理误差范围所作的3%的法律界定，依据其条文，并不适用于按套计价的商品房，建设部、国家工商行政管理局《商品房买卖合同示范文本》也将按套计价商品房的误差处理方式排除在可供选择的依3%的合法误差范围界定处理方式之外。那么，当按套计价的商品房出现面积误差（从工程技术角度讲，出现面积误差是必然的），而预售合同又未事先约定误差范围及处理方式时，应当如何界定误差范围并进行误差处理呢？笔者认为，依据2003年最高人民法院《关于审理商品房买卖合同纠纷案件适用法律若干问题的解释》第十四条条文，其"出卖人交付使用的房屋套内建筑面积或者建筑面积与商品房买卖合同约定面积不符"的表述，并未区分房屋的计价方式，并未将按套计价的房屋排除在外，也就是说，其规定的以3%为合法误差范围及相应的误差处理方式应当既适用于按面积计价的房屋，也适用于按套计价的房屋。当出现按套计价的房屋预售合同没有约定误差范围及误差处理方式的情况时，可比照《商品房销售管理办法》第二十条第二款规定的方式处理。

误差范围时的处理方式的约定同样可借鉴《商品房销售管理办法》第二十条第二款第二项规定的处理方式，而其中涉及的面积计算单价可按总房价款除以合同约定的建筑面积计算。另外，购房者还可进一步补充约定"分摊的共有建筑面积发生增减时房价款不变"等等。

4.14 商品房买卖合同中交付条款主要需包含哪些内容？

按时保质交付房屋是商品房交易中开发商最核心的义务，商品房买卖合同中的交付条款则是对开发商这一义务的约定。

2000年，建设部、国家工商行政管理局制定的《商品房买卖合同示范文本》（以下简称"示范合同"）分别就交付的期限、交付条件、逾期交付的责任作了约定。其中，对交付条件，示范合同列出了"经验收合格"、"经综合验收合格"、"经分期综合验收合格"、"取得商品住宅交付使用批准文件"四个极易模糊的条件可供当事人选择。这些条款分别具有怎样的含义？相互之间又有什么区别？购房者应当如何选择约定？这些问题，我们将在第六章《商品住宅交接入住》中详细解答，此处不再赘述。

另外，这里需要提醒广大购房者的是，合同中对交付条件的约定越具体越好。《北京市商品房预售合同》范本中所列出的交付条件可供大家参考、借鉴。❶

4.15 商品房买卖合同中，购房者对规划设计变更条款的约定需注意哪些问题？

购房者在选择购置房产时，住宅小区的规划及房屋的设计往往起着决定性的作用。规划，确定的是房屋乃至整个开发小区整体的规模、环境和布局；设计，则确定的是购房者所选择的楼盘、房屋的结构、使用功能、居住的舒适程度等等。规划设计的变更往往直接关系到购房者购房目的的实现。2001年建设部

---

❶ 《北京市商品房预售合同》范本请参见本书附录二。

《商品房销售管理办法》第二十四条❶原则上禁止了开发商擅自变更规划设计,同时为开发商合法变更规划设计设置了及时通知的法定义务,并赋予了购房者因规划设计变更而解除合同的权利。

建设部、国家工商行政管理局《商品房买卖合同示范文本》(以下简称"示范合同")对规划设计变更的相关事宜也作了明确约定,即对于当事人双方约定的导致影响买受人所购商品房质量或使用功能的规划变更、设计变更事项,开发商应在有关部门批准同意之日起10日内书面通知买受人,买受人在通知到达15日内有权选择是否退房。❷ 在应当通知买受人的规划、设计变更事项中,示范合同只列出了"该商品房结构形式、户型、空间尺寸、朝向"一项,其余的则需由购房者与开发商自行协商。那么,接下来的问题就是,除了房屋结构形式、户型、空间尺寸、朝向的变更需要通知购房者外,其他哪些变更事项也应当在该合同条款中予以补充约定呢?

首先,就小区规划变更而言,根据《中华人民共和国城市规划法》的有关规定,❸ 开发商的开发建设必须严格按照规划部门

---

❶ 《商品房销售管理办法》第二十四条规定:"房地产开发企业应当按照批准的规划、设计建设商品房。商品房销售后,房地产开发企业不得擅自变更规划、设计。经规划部门批准的规划变更、设计单位同意的设计变更导致商品房的结构型式、户型、空间尺寸、朝向变化,以及出现合同当事人约定的其他影响商品房质量或者使用功能情形的,房地产开发企业应当在变更确立之日起10日内,书面通知买受人。买受人有权在通知到达之日起15日内做出是否退房的书面答复。买受人在通知到达之日起15日内未作书面答复的,视同接受规划、设计变更以及由此引起的房价款的变更。房地产开发企业未在规定时限内通知买受人的,买受人有权退房;买受人退房的,由房地产开发企业承担违约责任。"

❷ 《商品房买卖合同示范文本》请参见本书附录一。

❸ 《中华人民共和国城市规划法》第三十二条规定:"在城市规划区内新建、扩建和改建建筑物、构筑物、道路、管线和其他工程设施,必须持有关批准文件向城市规划行政主管部门提出申请,由城市规划行政主管部门根据城市规划提出的规划设计要求,核发建设工程规划许可证件。建设单位或者个人在取得建设工程规划许可证件和其他有关批准文件后,方可申请办理开工手续。"

核发的《建设工程规划许可证》规定的条件和要求进行。而在《建设工程规划许可证》中一项重要的内容即为"建设规模",这一建设指标直接关系到小区容积率及建筑密度的高低,进而影响到小区环境和居住的舒适度。❶ 因此,笔者认为,开发小区建设规模的规划变更应当然成为商品房买卖合同中规划设计变更条款中的内容之一,购房者应就此要求与开发商在合同中补充约定。同时,对于小区绿地的规划,配套设施建设(如会所、景观、体育娱乐设施等)的规划,同样对居住生活质量有着重要的影响,往往也是开发商的卖点,与房产价格有着直接的关系。这些规划的变更,同样应当成为开发商通知义务的内容,并产生购房者的合同解除权,应当在该条款中予以明确。另外,也建议购房者将楼书中所宣传的有关小区规划的内容尽量在合同中予以体现,为自己设置规划变更时的再次选择的权利。

其次,对于设计变更而言,房屋本身的结构形式、户型、空间尺寸、朝向的变更,理应依据示范合同,在正式商品房买卖合同中予以确认。同时,该商品房符合最新规范要求的设计修改也应当在该条款中予以体现。另外,如果是北方地区,房屋供热、采暖方式的设计变更,同样应当成为该条款中的内容之一。

另一方面,需要注意,这里所讲的规划变更,是指项目《建设用地规划许可证》允许条件范围内的规划的变更,也即开发商项目红线以内的规划变更,并不包括项目红线以外的政府规划的变更。而现实中也有这样的情况,即项目周边政府规划变更导致影响所购商品房的使用功能甚至购房者购房目的的实现。❷ 面对这种情况,依据示范合同的约定,开发商并没有通知的义务,购房者也没有合同解除权,这时,对购房者来说,往往有苦难言。

---

❶ 比如,楼间距的变化可能会影响房屋的日照、采光、视野等。
❷ 如项目周围原政府规划中的宽敞大道变更为社区小路,原规划设置地铁车站而变更取消等等。

鉴于此，建议购房者也尽量把开发商知悉政府有关规划变更后的通知义务在合同补充协议中予以约定，同时设立购房者因项目周边政府规划变更影响房屋使用价值而解除合同的权利，将政府规划变更的风险转移由开发商承担。

另外，作为购房者来说，一旦发现出现有规划、设计变更而产生合同解除权的约定情形，就应当立即重新考虑整个交易，并依据法律及合同的约定及时行使权利，避免权利怠于行使而给自己带来不利的法律后果。

4.16　购房者在合同中约定装饰、设备条款时需注意哪些问题？

装饰装修对新建成的商品房来说是一个锦上添花的工程，得体的装饰装修可以大大增强房屋的整体视觉效果和使用功能。设备的配套使用，对提高物业档次和使用效率也有着非同寻常的效用。建设部《商品房销售管理办法》第十六条规定，商品房买卖合同必须明确对装饰、设备标准的承诺。建设部、国家工商行政管理局《商品房买卖合同示范文本》及各地的《商品房买卖合同》范本也都将装饰、设备标准的约定纳入，并将违背约定的处理方式作为主要条款予以约定。购房者在签署这些合同条款时应注意哪些问题呢？

首先，在合同附件对装饰和设备标准的约定要尽量具体、明确。应当分采暖系统、保温材料、外墙、内墙、顶棚、室内地面、门窗、厨房、卫生间、阳台、电梯等第，对各项的约定也应尽量具体、细化，如明确约定采暖设备品牌、门窗尺寸、开启方式、门窗型材，厨房及卫生间的地面、墙面、顶棚的具体装饰材料及标准，电梯的品牌、速度、载重量等等。购房时有样板房的，最好对样板房的具体装饰材料、品牌、规格、型号等一一在合同中确认，而避免"装修标准不低于样板房标准"之类的模糊约定。同时，购房者应与开发商约定，在装饰装修过程中因故要换用材料、设备品牌、规格标准的，应即时履行通知义务，并与购房者进一步协商处理方式。

其次，在对装饰、设备不达标准时处理方式的约定中，应尽量避免"赔偿双倍装饰、设备差价"、"采用其他不低于附件装修标准的相关材料代替"之类的抽象性约定，因为此类约定由于缺乏相对稳定一致的"差价"多少及是否"不低于"的裁定标准而在实践中难于操作，如此约定往往形同虚设。

另外，随着人们环保意识及居住环境质量要求的提高，"绿色家装"已逐渐成为对住宅室内装饰装修工程的新要求。而目前使用的所有《商品房买卖合同》范本几乎都没有对环保装修的直接约定。根据 2002 年施行的中华人民共和国国家标准《民用建筑工程室内环境污染控制规范》（GB 50325—2001）规定，室内环境质量验收不合格的民用建筑工程，严禁投入使用。2002 年，建设部《关于加强建筑工程室内环境质量管理的若干意见》再次强调："建筑工程竣工时，建设单位要按照《规范》要求对室内环境质量检查验收，委托经考核认可的检测机构对建筑工程室内氡、甲醛、苯、氨、总挥发性有机化合物（TVOC）的含量指标进行检测。建筑工程室内有害物质含量指标不符合《规范》规定的，不得投入使用。"北京市建委《关于贯彻建设部〈关于加强建筑工程室内环境质量管理的若干意见〉的通知》进一步规定："2002 年 7 月 1 日以后开工的所有民用建筑工程完工后，建设单位必须组织对室内环境进行验收，并委托经市建委等有关部门考核认可的检测机构对建筑工程室内环境进行检测，依据《规范》检测不合格的，不得竣工验收，应及时查找原因并采取措施进行处理，并依据有关规定进行再次检测，直至符合要求后方可进行竣工验收和办理竣工验收备案手续。"依据这些规定，也即是说，开发商在交付商品房时，应提供相应的室内环境检测合格文件。就此，同时建议购房者在签署合同装饰装修条款时，增加对"绿色家装"相关问题的补充约定，并明确开发商因装修环境污染问题导致损害时的赔偿责任。

总之，在合同对装饰、设备标准的约定中，购房者一定要将标准细化、量化、具体化，并同时考虑拟约定的赔偿方式的可行性，尽量增加对装饰装修的环保要求的约定。由于装饰装修专业性很强，购房者最好能够寻求装修工程专业人士的帮助，以对装饰、设备标准作出具体的、可操作的约定。❶

4.17 购房者购买全装修房屋，合同中需注意明确哪些问题？

全装修房屋，是指房屋交付之前，套内所有功能空间的固定面和管线全部粉刷或铺装完成，厨房和卫生间的基本设施全部安装到位，购房者仅需购入若干家具即可入住的房屋。❷ 自国务院1999年发布《关于推进住宅产业现代化提高住宅质量的若干意见》要求积极推广房屋一次性装修或菜单式装修模式以来，全装修房屋正成为住宅消费领域中重点推广的形式。但伴随着全装修房屋的推广，一些关于全装修房屋装修标准、隐蔽工程施工质量等问题也逐渐呈现出来。购房者购买全装修房屋，应从以下几个方面完善合同中对装饰装修内容的约定，以有效防范因装修质量问题引发纠纷。

第一，明确全装修房屋第一责任人是开发商。一旦房屋发生质量纠纷，由购房者直接追究开发商的责任，开发商再向装修公司追究责任。

第二，明确具体地约定全装修房屋装修材料和设备的内容。装修材料和设备的质量往往决定了全装修房屋的装修质量。特别是对于隐蔽工程（如电气线路、燃气线路等）来说，由于其发生问题后难于维修，装修材料的质量显得尤为重要。购房者在签订全装修房屋购房合同时，应当对装修材料、设备准确标明，包括材料的品牌、产地、型号、规格、颜色、档次、材质、工艺等等。

---

❶ 关于装饰装修的其他一些相关法律问题，请参见本书第7章《商品住宅装饰装修》。

❷ 参见：建设部住宅产业化促进中心编制颁发的《商品住宅装修一次到位实施导则》1.1.2："商品住宅装修一次到位所指商品住宅为新建城镇商品住宅中的集合式住宅。装修一次到位是指房屋交钥匙前，所有功能空间的固定面全部铺装或粉刷完成，厨房和卫生间的基本设备全部安装完成，简称全装修住宅。"

同时，明确约定开发商变更材料后的责任。

第三，明确全装修房装修工程的验收主体，确认开发商负责装修工程质量验收，对房屋装修质量承担瑕疵担保责任。

第四，明确各装修项目的保修期限和责任主体。根据2000年建设部《房屋建筑工程质量保修办法》的相关规定，装修工程的最低保修期限为2年，但这只是承揽全装修房屋装修工程的装修公司对开发商的保修期限，从工程竣工验收合格之日起计算，而非开发商对购房者自房屋交付时起算的保修期限。另一方面，全装修房屋还涉及屋内设备保修的问题。根据我国产品质量法有关规定，设备的保修责任应当由生产商承担，保修期限从出售之日起算，而非从全装修房交房之日起算。也就是说，购房者在接收房屋时，屋内设备可能已经出售了很长时间，甚至已超过了自身的保修期。鉴于此，为避免保修期限的不同和责任主体的区别，购房者最好在购房合同中明确约定装修工程和设备的保修期限及其起算时间，如约定保修其均为两年，自房屋交付时起算等等，而保修责任主体均明确约定为开发商。

另外，购房者还可在合同中为开发商设定房屋交付时同时提供室内装修方面的设计图、施工图、装修工程验收标准等文件的义务，以便出现质量问题时，方便物业管理公司及时修复处理，减少损失。

总之，购房者在签署全装修房屋的购房合同时，应尽量明确装修的具体内容、验收标准、保修期限、责任主体等问题，以免今后发生争议。

4.18 商品房买卖合同的补充协议有何作用？

在商品房买卖交易中，开发商在与购房者签署《商品房买卖合同》的同时，往往还会与购房者签署一份购房补充协议。那么，这份补充协议具有怎样的作用和法律效力呢？

目前，商品房交易中，购房者与开发商所用的签约合同一般都是当地政府主管部门下发的《商品房买卖合同》范本。鉴于商品房交易的复杂性,政府提供的示范合同往往不能将买卖中的问题约定详尽。因此,开发商通常采用与购房者签署购房补充协议的方式,对主合同中的一些条款进行进一步的解释、约定,并对主合同中尚未涉及的问题补充完善。从法律意义上讲,补充协议同样是一个合同,同样是双方意思表示的一致合意,与《商品房买卖合同》具有同等的法律效力。

实践中,为方便签约,开发商往往预先起草补充协议。有观点认为,开发商提供的这种预先起草完毕的补充协议是一种格式合同,在对条款的解释、运用上适用合同法关于格式条款的规定。❶ 我国《合同法》第三十九条第二款将格式合同条款界定为"当事人为了重复使用而预先拟定,并在订立合同时未与对方协商的条款"。这里所谓的"未与对方协商",应当理解为订立合同时不能与对方协商。格式条款只能是不能协商的条款,如果当事人一方在能够协商的情况下而不与对方协商,或放弃协商的权利,则不能认为未协商的条款因此而成为格式条款。❷ 换句话说,开发商提供的补充协议并不能构成格式合同,出现合同纠纷时也不能适用《中华人民共和国合同法》有关格式合同条款无效认定及作不利于提供格式条款一方解释的规定。购房者面对开发商提供的补充协议,应当仔细阅读,并与开发商一一协商确认或更改,万不可轻易放弃协商的权利而贸然签字。

---

❶ 《中华人民共和国合同法》第三十九条:"采用格式条款订立合同的,提供格式条款的一方应当遵循公平原则确定当事人之间的权利和义务,并采取合理的方式提请对方注意免除或者限制其责任的条款,按照对方的要求,对该条款予以说明。格式条款是当事人为了重复使用而预先拟定,并在订立合同时未与对方协商的条款。"第四十条:"格式条款具有本法第五十二条和第五十三条规定情形的,或者提供格式条款一方免除其责任、加重对方责任、排除对方主要权利的,该条款无效。"第四十一条:"对格式条款的理解发生争议的,应当按照通常理解予以解释。对格式条款有两种以上解释的,应当作出不利于提供格式条款一方的解释。格式条款和非格式条款不一致的,应当采用非格式条款。"

❷ 参见:王利明,房绍坤,王轶. 合同法. 北京:中国人民大学出版社,2002,104

4.19 购房者签署购房补充协议时需注意哪些问题？

购房补充协议是商品房买卖合同的完善和补充，对规范商品房交易、明确买卖双方权利义务、维护购房者合法权益有着积极的意义。实践中，开发商往往事先提供其预先草拟的补充协议文本，要求购房者直接签字确认。购房者面对这些拟好的协议文本，应认识到该文本的拟定并非开发商的单方行为，购房补充协议也并非开发商提供的格式合同，而应当是买卖双方协商一致的产物。因此，购房者应就协议中草拟的条款积极与开发商协商，以删减、增加、更改协议中的一些内容，而不宜草率地对开发商提供的协议条款签字确认。

购房者在与开发商协商确认购房补充协议条款时，应从以下几个方面予以重视和注意：

首先，购房者应当细致地考虑整个商品房交易的各个环节及其可能涉及的问题和争议，就商品房买卖合同中尚未涉及或约定不清的环节进一步在补充协议中予以明确，对商品房买卖合同中的一些可能出现不同理解的模糊概念、范围予以明确的界定和说明。

其次，购房者应在补充协议中进一步明确商品房买卖合同中设立的每一义务的违约责任及责任承担方式、期限。

其三，也是最容易忽略但又相当重要的一点，即购房者应当在补充协议中尽量详尽地落实发生争议时的举证责任分担方式。在目前的商品房交易中，由于信息不对称，购房者往往处于弱势的地位，而我国《民事诉讼法》确立的举证原则为"谁主张，谁举证"，也就是说，在购房者与开发商发生纠纷时，购房者要请求开发商承担责任，必须就自己主张的事实和理由承担法律上的举证责任，否则将承担不利的诉讼（或仲裁）后果。于是，在商品房交易的很多环节，由于购房者无法获得、掌握相关的信息，往往造成购房者因举证不能而难于维护自己的合法权利。鉴于此，购房者最好在购房补充协议中就自己不易举证的问题进行举证责任倒置的约定,约定由开发商承担相应的举证责任,从而更有效地保护自己的合法权益。

总之,购房者在与开发商协商签署购房补充协议时,应当不厌其详,尽可能考虑周全,将自己的要求一一表达清楚,语言措辞避免模糊和歧义,并对相关问题的举证责任承担方式予以约定。另外,建议购房者可对约定明确的补充协议进行公证,使其具有强制执行力,以便在发生纠纷时,可作为诉讼(或仲裁)中的直接证据,必要时也便于直接向法院申请强制执行。

4.20 底层室外花园及屋顶花园可以合同出售吗?

在商品房销售活动中,一些开发商为追求更大利益,往往将小区绿地当作底层室外花园,将屋顶当作"空中花园"等用于向特定房号的客户销售。然而,这种销售在权利上往往存在瑕疵,常常由于权属不明而导致一系列纠纷,业主虽有一纸合同,但权利仍然难以得到有效保障。那么,从法律上讲,开发商可以将底层室外花园及屋顶花园以合同约定出售吗?买卖合同中出售底层室外花园或屋顶花园的条款有效吗?

就底层室外花园来讲,其多为小区绿地。而依照我国《民法通则》、《城市异产毗连房屋管理规定》等相关法律规定,小区绿地应归属小区全体业主共有。小区绿地的建设成本也按照一定比例已经包含在了所有业主的购房款当中。也就是说,开发商在出售商品房时,已经一并将小区宗地的使用权以及小区绿地的所有权售予了各业主,开发商若再度向底层特定房号客户销售其门前(后)的部分绿地,无异于"重复销售",既不合理也不合法。同时,根据《城市异产毗连房屋管理规定》及建筑物区分所有权理论,这种销售行为也侵害到小区所有区分所有权人的利益,是开发商的无权处分行为。因此,买卖合同中关于出售底层花园的条款应被认定为无效条款,自始不具有法律效力。

而对于屋顶"空中花园",根据现实中的情况,大致分为顶层的屋面(即整栋楼的屋顶)和某一楼层的露天屋面(往往是高层建筑裙楼的屋顶)以及在这些屋面上由开发商依照合法手续建造的花园景观三种类型。对于前两种屋顶花园而言,从建筑功能上分析,按照相关设计规范的要求,一般都具有公共消防疏散功能。根据《中华人民共和国消防法》的相关规定,任何个人和单位都不得占用、堵塞消防疏散通道。从权利归属来看,依据区分所有权理论,其属于整栋建筑物的公共部分,为全体业主共同拥有,开发商无权擅自予以处分。因此,无论是开发商出售还是业主占用屋顶作"空中花园",往往都具有合法性瑕疵,双方买卖合同中关于出售屋顶作"空中花园"的条款也因此宜被认定为无效条款。而对于屋面上由开发商依照合法手续建造的花园景观,由于其已经过城市规划部门、建设部门、消防部门、环保部门、建筑工程质量监督部门等相关政府主管部门的审核报批,取得合法完备的手续而进行建造,且在开发商销售时已具有或将具有合法产权证明,所以,开发商对其进行销售当合法有效,购房者基于此的购买行为也应得到法律的确认和保护。

总之,购房者在面临购买底层室外花园或屋顶"空中花园"时,应当认真确认开发商是否具有合法的销售主体资格,万不可盲目与开发商签订销售底层室外花园或屋顶"空中花园"的合同条款,以免日后既难以合法享有底层室外花园或屋顶"空中花园"的相应权利,又承受不小的经济损失。❶

4.21　开发商可以将小区车库(停车位)合同出售吗?

小区车库或者停车位是否能由开发商出售给个别业主,这直接取决于车库或停车位的所有权是否属于开发商。在目前的房地产开发市场中,车库常见的有三种类型:小区内路边露天停车位、建筑物内地下车库以及小区内专门另行修建的停车楼。他们

---

❶　关于底层室外花园及屋顶花园能否由开发商赠与特定房号客户的问题,请参见第 2 章问题 2.18"开发商在销售过程中对特定房号的客户赠送底层室外花园或屋顶'空中花园'的许诺合法有效吗?"的解答。

各自的权属认定是不同的。

首先,对于小区内路边露天停车位而言,其占用的是小区公共公用面积。根据建筑物区分所有权理论,小区全体业主共同拥有小区宗地号上全部土地使用权,也当然拥有停车位所占土地的使用权。也就是说,该种停车位的使用权属于全体建筑物区分所有权人,即全体业主,任何个人及单位(开发商或物业管理公司)对其都不享有独立产权,都无权出售或者出租,也无权独占使用。2004年,《北京市居住小区机动车停车管理办法》第七条对此明确作出了规定,规定凡利用业主共用场地施划的停车位,任何单位和个人不得出售。

其次,对于建筑物内地下车库,其往往是开发商依规划许可开发建设的一部分,该地下车库面积不计入业主公摊,而参与计算建筑容积率,和地上建筑物一样计入整个宗地上的建筑面积,有相应的土地宗号,开发商对其具有独立的产权,可以将该车库(停车位)随地上商品房一同销售(包括预售和现售),当然也可以保留产权,而日后赚取租金。

另一种情况,对于人防工程改造的地下车库权属问题,根据1997年《中华人民共和国人民防空法》的有关规定,地下人防工程可以军民两用,即在和平时期可以利用人防工程为经济建设和人民生活服务,战争状态下归国家统一使用。同时,该法规定了人防工程"谁投资、谁使用、谁收益"的原则。也就是说,人防工程所有权既不属于小区全体业主,也不属于开发商,而属于国家,但因开发商进行投资建设,故开发商对该人防车库享有占有、使用、收益的权利。由于开发商并不具有人防车库的所有权,其出售行为当属无效。

其三,对于小区内由开发商另行投资修建的专用停车楼,也是小区规划建设的一部分,计入小区建筑面积,所有权归开发商所有。在合法取得单独的预售(销售)许可证明后,开发商有权出售。购房者购买之后,也同样需要办理相关的产权证和国土使用证,对所购停车位享有专有所有权。

4.22 购买已设定抵押权的房产有哪些风险？

抵押，根据我国《担保法》第三十三条的规定，是指债务人或者第三人不转移对其财产的占有，将该财产作为债权的担保，债务人不履行债务时，债权人有权依照法律规定以该财产折价或者以拍卖、变卖该财产的价款优先受偿。《城市房地产抵押管理办法》第三条规定："本办法所称房地产抵押，是指抵押人以其合法的房地产以不转移占有的方式向抵押权人提供债务履行担保的行为。债务人不履行债务时，债权人有权依法以抵押的房地产拍卖所得的价款优先受偿。"抵押是担保的形式之一，是开发商融资担保的重要手段。而抵押权，是担保物权，是对于债务人或第三人不转移占有而供担保的不动产及其他财产优先清偿其债权的权利，是抵押权人直接对物享有的权利，可以对抗物的所有人及第三人，其目的在于担保债的履行，而不在于对物的使用和收益。

根据《中华人民共和国担保法》第四十九条❶、《城市房地产抵押管理办法》第三十七条❷的规定，抵押人设定抵押权后仍可以转让其抵押的房地产，但应当通知抵押权人，并告知受让人，转让抵押房地产所得价款，应当向抵押权人提前清偿所担保的债权。因此，开发商在销售已抵押的房产时，首先应向购房者讲明所售房产的抵押状况，并讲明什么时候解除抵押和解除抵押的条

---

❶ 《中华人民共和国担保法》第四十九条："抵押期间，抵押人转让已办理登记的抵押物的，应当通知抵押权人并告知受让人转让物已经抵押的情况；抵押人未通知抵押权人或者未告知受让人的，转让行为无效。转让抵押物的价款明显低于其价值的，抵押权人可以要求抵押人提供相应的担保；抵押人不提供的，不得转让抵押物。抵押人转让抵押物所得的价款，应当向抵押权人提前清偿所担保的债权或者向与抵押权人约定的第三人提存。超过债权数额的部分，归抵押人所有，不足部分由债务人清偿。"

❷ 《城市房地产抵押管理办法》第三十七条第二款："经抵押权人同意，抵押房地产可以转让或者出租。"第三款："抵押房地产转让或者出租所得价款，应当向抵押权人提前清偿所担保的债权。超过债权数额的部分，归抵押人所有，不足部分由债务人清偿。"

件。在商品房买卖合同中也应当载明所售房产的抵押状况及解除抵押的时间、条件。同时，开发商出售已抵押的房地产还必须征得抵押权人（通常是银行）的同意，否则，商品房的转让行为无效。

购房者在得知拟购房产已设定抵押权的状况后，应当如何抉择？购房者若购买已抵押的房产，可能面临怎样的风险呢？

房地产抵押的设定，其目的在于担保开发商的债务，为债权人设立开发商不履行债务时对抵押房地产优先受偿的权利。也就是说，开发商对拟售房地产设定了抵押权后，一旦日后开发商不履行与抵押权人之间的债务，抵押权人则可以拍卖房地产，并对其价款优先于房地产受让人（购房者）受偿，购房者因此可能陷于房（所购商品房）、财（所支付开发商的购房款）两空的境地。鉴于此，为保障购房者的利益，建议购房者审慎购买已设定抵押、且抵押权尚未解除的房地产，即使一定要购买，也建议购房者在与开发商签订购买已抵押房产合同时，应要求开发商出具保证函或约定保证条款，保证如果出现抵押权人实现抵押权时，开发商承担一切法律与经济责任，并同时在合同中明确抵押解除的具体时间和违约责任。

现实中，也不乏有开发商在给房地产设定抵押权后，为吸引购房者，占领更多市场，而不将已抵押的事实告诉购房者，也不征得抵押权人的同意，而是采用欺骗的手段悄悄地销售尚未解除抵押的商品房。这种行为，对抵押权人而言，侵犯了其合法权益，抵押权人可主张转让合同无效；❶ 对购房者而言，则构成了

---

❶ 2000年《最高人民法院关于适用〈中华人民共和国担保法〉若干问题的解释》第六十七条："抵押权存续期间，抵押人转让抵押物未通知抵押权人或者未告知受让人的，如果抵押物已经登记的，抵押权人仍可以行使抵押权；取得抵押物所有权的受让人，可以代替债务人清偿其全部债务，使抵押权消灭。受让人清偿债务后可以向抵押人追偿。如果抵押物未经登记的，抵押权不得对抗受让人，因此给抵押权人造成损失的，由抵押人承担赔偿责任。"该条款对《中华人民共和国担保法》第四十九条作了更为灵活的解释，即在抵押人转让抵押物未通知抵押权人或者未告知受让人的情况下，抵押权人既可以主张转让行为无效，也可以不主张转让行为无效。抵押权人不主张擅自转让行为无效的，转让合同不影响抵押权人实现其已登记的抵押权。

欺诈。根据《最高人民法院关于贯彻执行〈中华人民共和国民法通则〉若干问题的意见(试行)》第 68 条的规定,开发商故意隐瞒所售房地产已被抵押的真实情况,诱使购房者作出错误意思表示,与开发商签署购房合同,应当认定开发商构成欺诈行为。根据《中华人民共和国合同法》第五十四条,一方以欺诈的手段使对方在违背真实意思的情况下订立合同,受损害方有权请求人民法院或者仲裁机构变更或者撤销。2003 年,《最高人民法院关于审理商品房买卖合同纠纷案件适用法律若干问题的解释》第九条规定,出卖人订立商品房买卖合同时故意隐瞒所售房屋已经抵押的事实,导致合同无效或者被撤销、解除的,买受人可以请求返还已付购房款及利息、赔偿损失,并可以请求出卖人承担不超过已付购房款一倍的赔偿责任。据此,若开发商隐瞒房地产抵押状况与购房者签订买卖合同,购房者可要求开发商退房并承担惩罚性经济赔偿,以维护自己的合法权利。

4.23 商品房出售后,开发商可就已售商品房再行抵押吗?

开发商在项目建设期间,往往一直处于一种对资金的饥渴状态。在急需资金的情况下,不乏有开发商把那些已经出售、但是还未办理产权证的房产❶冒险秘密抵押给银行作融资担保。这种行为,实际上是开发商将贷款的风险转嫁到了购房者身上,一旦开发商操作有误,无法及时解除抵押,则可能导致购房者迟迟无法办理产权证,更严重的是,若开发商经营不善,无法还清银行贷款,则购房者可能因银行实现抵押权而无法获得所购房屋,合法利益受到严重损害。

对于开发商的这种恶意违约行为,《最高人民法院关于审理

---

❶ 这些房产虽已出售,但尚未办理产权证,名义上仍然处在开发商的名下。

商品房买卖合同纠纷案件适用法律若干问题的解释》第八条规定,商品房买卖合同订立后,出卖人未告知买受人又将该房屋抵押给第三人,导致商品房买卖合同目的不能实现的,无法取得房屋的买受人可以请求解除合同、返还已付购房款及利息、赔偿损失,并可以请求出卖人承担不超过已付购房款一倍的赔偿责任。这里,买卖合同目的不能实现,指的是由于开发商不履行对抵押权人的债务,抵押权人依法行使对抵押房屋的抵押权,致使购房者无法取得房屋的情况。对这种情况,购房者可以解除合同,并要求开发商承担惩罚性的经济赔偿。

开发商"先卖后抵"的恶意违约行为可能给购房者带来房财两空的巨大风险,严重侵害购房者利益。因此,为防范这种风险,建议购房者在购房合同中严令禁止开发商出售后再将房产抵押的行为,并明确因此而产生的违约赔偿责任。

4.24 开发商"一房二卖",前后两个买卖合同的效力当如何认定?

实践中,有极少数的房地产开发商为谋取非法利益,将同一商品房多次出售,先后与多位购房者就同一商品房签订买卖合同。这些买卖合同,究竟具有怎样的效力?数位购房者究竟谁能获得房屋所有权?各个买方的利益又应如何保护呢?

依据民法理论中债法原理,债权债务关系不具有对抗性,在同一标的物上可以同时建立两个以上的性质相同的债权债务关系。而合同行为的有效要件包括:主体适格、意思表示真实、行为内容适当(合法、确定和可能)以及行为形式合法。因此,只要所售商品房尚未过户登记,在其上所设定的两个以上的买卖合同关系均符合合同有效要件,从理论上讲,两个买卖合同均应认定为有效合同。但根据建设部《商品房销售管理办法》第十条规定,房地产开发企业不得在未解除商品房买卖合同前,将作为合同标的物的商品房再行销售给他人。❶ 该部门规章明令禁止了开发商"一房二卖"的行为。就此，开发商与第二买受人所签署的商品房买卖合同具有合法性瑕疵，可能会因为违反规定而被认定为无效。❷

另一方面，同样对于数个买受人均未办理产权过户手续的情形，根据物权法占有制度的相关理论，实际占有房屋的购房者应享有对抗其他购房者请求所有权变更登记的权利。❸ 实践中，这种占有通常表现为房屋交付手续的办理。在这种情况下，其他购房者再主张开发商向自己交付房屋并办理过户手续难以实现，但可以依据有效的商品房买卖合同向开发商主张违约责任，并请求赔偿。与此类似，实践中还有另外一种情况，即前后数个购房者中由已办理产权过户登记手续的购房者取得房屋的所有权。依据不动产物权变动理论，从商品房产权完成过户登记时起，购房者

---

❶ 笔者认为，这一规定有违传统债法理论。债，作为民法上的概念，是指特定当事人之间可以请求一定给付的民事法律关系。债权具有相容性和平等性，在同一标的上可以同时并存数个债权，数个债权人对于同一债务人先后发生数个普通债权时，其效力一律平等，不因其成立先后而有效力上的优劣之分。具体到房地产交易的债权债务关系上，在数位买受人均未办理产权过户手续，也未实际占有房屋时，各购房人均为债权人，他们所享有的债权顺位平等，无先后之分。各购房人均可以基于有效的买卖合同向开发商主张交付房屋并办理过户登记手续。《商品房销售管理办法》的这一规定，一定程度上否定了第二个债权债务关系的合法性。但针对房地产这一特定标的物的特殊属性而言，这一规定符合一般社会交易观念，有助于维护诚信的市场交易秩序。

❷ 我国《合同法》第五十二条第五项规定，违反法律、行政法规的强制性规定的合同无效。此处所说的法律是指由全国人大及其常委会制定的法律，行政法规是指由国务院制定的法规。而对于违反行政规章、地方性法规及地方性规章的合同是否无效的问题，我国《合同法》并未提及。但这并不是说违反这些规定的合同都是有效的，而只是意味着违反这些规定的合同并非当然无效，是否应当宣告这些合同无效应当考虑各种因素，例如，所违反的规定是否符合全国性的法律和法规、是否符合宪法和法律的基本精神等。（参见：王利明，房绍坤，王轶.《合同法》. 北京：中国人民大学出版社，2002，157.）笔者认为，违反建设部《商品房销售管理办法》禁止性规定的合同应当属于可被宣告无效的合同之列。

❸ 需要注意的是，我国法律并未承认占有作为一项独立的制度，而是将其作为所有权的一项权能来加以规定的。

取得所有权,该购房者的权利从债权转化为物权。而物权具有排他性,其他购房者便因此不能取得该房屋的所有权,只能依据有效的商品房买卖合同向开发商主张违约赔偿责任。对此,《最高人民法院关于审理商品房买卖合同纠纷案件适用法律若干问题的解释》(以下简称《解释》)第八条对该情况下开发商的违约责任予以了确认,规定商品房买卖合同订立后,出卖人又将该房屋出卖给第三人,导致商品房买卖合同目的不能实现的,无法取得房屋的买受人可以请求解除合同、返还已付购房款及利息、赔偿损失,并可以请求出卖人承担不超过已付购房款一倍的赔偿责任。

与此对应,为保护第一买受人的合法权利,惩罚恶意买受人及开发商恶意违约的行为,《解释》第十条规定:"买受人以出卖人与第三人恶意串通,另行订立商品房买卖合同并将房屋交付使用,导致其无法取得房屋为由,请求确认出卖人与第三人订立的商品房买卖合同无效的,应予支持。"据此,若第二买受人明知拟购商品房已合同出售,而恶意与出卖人协商串通,再行订立合同并交付使用,导致第一买受人无法取得所购商品房的所有权时,第一买受人可主张第二买受人与开发商的买卖合同无效,而由自己获得所购商品房的所有权。

4.25 善意购房者购买已售商品房,其效力如何认定?

所谓善意购房者,相对《最高人民法院关于审理商品房买卖合同纠纷案件适用法律若干问题的解释》(以下简称《解释》)第十条❶中所谓"恶意"而言,是指购房者与开发商并无恶意串通的情形,在与开发商签订商品房买卖合同时并不知道拟购商品房已出售给先于自己的其他购房者,而在开发商隐瞒实情的情况下

---

❶《最高人民法院关于审理商品房买卖合同纠纷案件适用法律若干问题的解释》第十条:"买受人以出卖人与第三人恶意串通,另行订立商品房买卖合同并将房屋交付使用,导致其无法取得房屋为由,请求确认出卖人与第三人订立的商品房买卖合同无效的,应予支持。"

购买已售商品房的购房者。这些购房者，同样是开发商不诚信经营行为的受害者，是法律保护和救济的对象。

《解释》第九条规定，出卖人订立商品房买卖合同时，故意隐瞒所售房屋已经出卖给第三人的事实，导致合同无效或者被撤销、解除的，买受人可以请求返还已付购房款及利息、赔偿损失，并可以请求出卖人承担不超过已付购房款一倍的赔偿责任。其中，"导致合同无效或者被撤销、解除"应包含以下几种情况：(1)法院依其他购房者的主张，依据买卖合同违背建设部《商品房销售管理办法》第十条❶的规定而认定合同无效；(2)善意购房者根据《中华人民共和国合同法》第五十四条，以开发商以欺诈的手段使自己在违背真实意思的情况下订立合同为由，请求人民法院或者仲裁机构者撤销商品房买卖合同；(3)当事人双方自行协商约定，因开发商故意隐瞒所售房屋已经出卖给第三人的事实的行为而解除商品房买卖合同。在这三种情况下，购房者无法获得或者放弃获得房屋，依据《解释》获得法律的救济，请求开发商承担惩罚性的赔偿责任。

当然，若其他购房者未起诉认定该买卖合同无效，在得知实情前已实际占有或取得房屋所有权的善意购房者也未选择起诉开发商撤销或解除合同，则善意购房者作为非第一买受人购买并取得已售商品房所有权的行为应认定为有效。而由此造成先于其购房的买受人无法取得房屋，受损害的购房者则可依据《解释》第八条❷请求法律救济和开发商的违约赔偿。

---

❶ 《商品房销售管理办法》第十条："房地产开发企业不得在未解除商品房买卖合同前，将作为合同标的物的商品房再行销售给他人。"

❷ 《最高人民法院关于审理商品房买卖合同纠纷案件适用法律若干问题的解释》第八条："具有下列情形之一，导致商品房买卖合同目的不能实现的，无法取得房屋的买受人可以请求解除合同、返还已付购房款及利息、赔偿损失，并可以请求出卖人承担不超过已付购房款一倍的赔偿责任：（一）商品房买卖合同订立后，出卖人未告知买受人又将该房屋抵押给第三人；（二）商品房买卖合同订立后，出卖人又将该房屋出卖给第三人。"

4.26 依据买卖合同及相关法律,购房者在哪些情况下可以退房?

现实中,一些购房者因为各种原因不满意自己已经购买的商品房。那么,在哪些情形下,购房者可以在不违有效合同之约定的前提下合法退房呢?

首先,主要是看当事人双方所签署的商品房买卖合同中对退房条件的约定。当前,在商品房交易中,交易双方往往采用各地方政府发布的《商品房买卖合同》示范文本,其中对退房条件都有所约定。如《北京市商品房预售合同》就大致约定了以下几种购房者可以选择退房的情形:(1)经规划部门同意变更了商品房的结构、户型、朝向、采暖方式等,开发商在10日内未书面通知购房者;(2)开发商无法定或约定免责事由逾期超过双方约定的期限尚无法交付商品房;(3)商品房建筑面积、套内建筑面积误差比绝对值其中有一项超出3%;(4)商品房地基基础和主体结构质量验收不合格;(5)商品房室内空气质量经检测不符合国家标准;(6)因开发商原因在约定期限内未办妥房屋权属证明;等等。当然,购房者在与开发商签订买卖合同时,还可以约定其他退房条件,一旦条件成就,都可以依据合同约定选择退房并确认责任,请求赔偿。

如果合同中对退房条件约定不明或没有约定,在出现相关问题时,购房者也可依据法律要求退房。根据2003年《最高人民法院关于审理商品房买卖合同纠纷案件适用法律若干问题的解释》的有关规定,当事人之间没有特别约定的情况下,出现以下情形,购房者可以选择退房:(1)因房屋主体结构质量不合格不能交付使用,或者房屋交付使用后,房屋主体结构质量经核验确属不合格;(2)因房屋质量问题严重影响正常居住使用;(3)面积误差比绝对值超出3%;(4)开发商迟延交付房屋,经催告后在三个月的合理期限内仍未履行;(5)商品房买卖合同约定或者

《城市房地产开发经营管理条例》第三十三条❶规定的办理房屋所有权登记的期限届满后超过一年,由于出卖人的原因,导致买受人无法办理房屋所有权登记;(6)商品房买卖合同约定,买受人以担保贷款方式付款,因开发商原因或者因不可归责于当事人双方的事由未能订立商品房担保贷款合同并导致商品房买卖合同不能继续履行;(7)商品房买卖合同依法被认定为无效或者被撤销,如没有预售许可证导致合同无效、开发商欺诈行为❷导致合同撤销等等。

需要提醒注意的是,根据民法理论及我国民事法律所确认的"意思自治"原则,当事人双方买卖合同中的约定是优先于法律规定的,只有在合同没有特别约定的情况下,才按照法律的规定处理。

另外,需要指出,随着建筑生产技术的飞速发展,购房者需要有这样的认识和远瞻:房地产业和建筑技术都一定是不断向前发展的,将来出现更好的房子是非常正常的现象。鉴于此,购房者置业时,一方面要具有眼光和远见,同时又要端正心态,不宜见异思迁、喜新厌旧,若购房者因喜好的转变而以合同约定及法律规定以外的不正当理由要求退房,则可能被视为合同违约,须承担相应的违约责任。

4.27 商品房买卖活动中,哪些情况下购房者可以请求"双倍赔偿"?

2003年,《最高人民法院关于审理商品房买卖合同纠纷案件

---

❶ 《城市房地产开发经营管理条例》第三十三条:"预售商品房的购买人应当自商品房交付使用之日起90日内,办理土地使用权变更和房屋所有权登记手续;现售商品房的购买人应当自销售合同签订之日起90日内,办理土地使用权变更和房屋所有权登记手续。房地产开发企业应当协助商品房买人办理土地使用权变更和房屋所有权登记手续,并提供必要的证明文件。"

❷ 比如:故意隐瞒没有取得商品房预售许可证明的事实或者提供虚假商品房预售许可证明;故意隐瞒所售房屋已经抵押的事实;故意隐瞒所售房屋已经出卖给第三人或者为拆迁补偿安置房屋的事实;等等。

适用法律若干问题的解释》出台，这是一部惩罚开发商违法行为、有力维护购房者合法权益的法律文件，其中，明确了购房者可请求开发商双倍赔偿已付购房款的五种法定情形：

（1）商品房买卖合同订立后，出卖人未告知买受人又将该房屋抵押给第三人，导致购房者签订商品房买卖合同目的不能实现；

（2）商品房买卖合同订立后，出卖人又将该房屋出卖给第三人，导致购房者签订商品房买卖合同目的不能实现；

（3）出卖人订立商品房买卖合同时，故意隐瞒没有取得商品房预售许可证明的事实或者提供虚假商品房预售许可证明，导致合同无效或者被撤销、解除；

（4）出卖人订立商品房买卖合同时，故意隐瞒所售房屋已经抵押的事实，导致合同无效或者被撤销、解除；

（5）出卖人订立商品房买卖合同时，故意隐瞒所售房屋已经出卖给第三人或者为拆迁补偿安置房屋的事实，导致合同无效或者被撤销、解除。

具备上述五种情形之一的，购房者可以请求解除合同、返还已付购房款及利息、赔偿损失，并可以请求开发商承担不超过已付购房款一倍的赔偿责任。

同时，需要注意的是，经济适用房、集资房、房改房等非商品房交易纠纷并未纳入该司法解释调整的范畴，并不适用上述"双倍赔偿"的规定。

另外，依据民法"意思自治"原则，在商品房买卖合同中，购房者与开发商也可以就其他情形自行约定惩罚性的双倍赔偿责任，并于条件成就时依照约定请求双倍赔偿。

4.28 商品房买卖合同依法解除后，违约方仍需承担违约责任吗？

合同解除，是指在合同依法成立后但未全部履行前，当事人基于法律的规定、双方的约定或协商一致而使合同关系归于消灭

的一种法律行为。其中包括法定解除和约定解除两种情形,我国《合同法》分别对其予以了规定。❶

至于合同解除的法律后果,我国《合同法》第九十七条规定:"合同解除后,尚未履行的,终止履行;已经履行的,根据履行情况和合同性质,当事人可以要求恢复原状、采取其他补救措施,并有权要求赔偿损失。"由于一方当事人的违约行为已经给对方造成了损失,这种损失客观存在,因对方违约行为解除合同后,如果违约方不承担相应的违约责任,对非违约方显然是不公平的。因此,因一方当事人违约致使合同解除的,违约方仍应承担违约责任,不能因为合同解除后权利义务关系归于消灭而免除其应负的责任。

4.29 商品房交易中,当事人违反合同附随义务构成合同违约吗?

所谓附随义务,是针对合同主给付义务而言的,指合同当事人依据诚实信用原则所产生的,根据合同的性质、目的和交易习惯所应当承担的通知、协助、保密等义务。我国《合同法》第六十条第二款:"当事人应当遵循诚实信用原则,根据合同的性质、目的和交易习惯履行通知、协助、保密等义务。"第九十二条:"合同的权利义务终止后,当事人应当遵循诚实信用原则,根据交易习惯履行通知、协助、保密等义务。"就此,分别对合同履行中及履行完毕后的附随义务予以了确定。附随义务不是由当事

---

❶ 《中华人民共和国合同法》第九十三条:"当事人协商一致,可以解除合同。当事人可以约定一方解除合同的条件。解除合同的条件成立时,解除权人可以解除合同。"

《中华人民共和国合同法》第九十四条:"有下列情形之一的,当事人可以解除合同:(一)因不可抗力致使不能实现合同目的;(二)在履行期限届满之前,当事人一方明确表示或者以自己的行为表明不履行主要债务;(三)当事人一方迟延履行主要债务,经催告后在合理期限内仍未履行;(四)当事人一方迟延履行债务或者有其他违约行为致使不能实现合同目的;(五)法律规定的其他情形。"

人在合同中明确约定的义务，而是依据诚实信用原则产生的、具有强行性的法定义务。附随义务通常不以给付为内容，而在于辅助、维持、保护主给付义务的发生、履行以及消灭的全部过程，它随着合同主给付义务而产生，与主给付义务相辅相成，不可分割，共同构成合同义务。当事人对附随义务的违反，同样构成对合同的违约，须承担违约责任。

具体到房地产交易中，商品房买卖合同的附随义务主要体现在对有关事项的通知与协助上，如对于在商品房买卖合同约定事项以外，但又可能影响合同目的实现的情况变更，开发商应履行及时通知购房者的义务；购房者办理相关手续、开具相关证明时，开发商应履行协助的义务等等。这些义务都是基于商品房买卖合同而产生，依据诚实信用原则而存在的附随义务，合同当事人应当履行和遵守。当事人违反这些义务，则构成合同违约，应当承担相应的违约责任。

4.30　开发商合同违约，购房者应如何维权？

现实中，常常看到"某某小区业主围攻售楼处"之类的报道，仔细一看，原来往往是开发商合同违约在先，又不积极与业主协商违约后的处理办法，激起业主不满情绪，而导致一些业主集体"闹楼"、"围攻售楼处"等行为，甚至与开发商发生暴力冲突、流血事件，业主与开发商矛盾严重激化，不利于社会的和谐安定。

面对开发商违约在先的情况，购房者应采取怎样的方式合法地维护自己的权益呢？首先，购房者应当依据与开发商签订的《商品房买卖合同》及补充协议的具体约定，确认开发商的违约责任，❶ 并就违约责任在法律允许的范围内与开发商进行协商、

---

❶ 根据《中华人民共和国合同法》第一百零七条的规定，我国对违约责任采用的是无过错归责原则，即无论当事人是否有过错，只要违反了合同约定（不履行合同义务或履行不符合约定），就应当承担相应的违约责任，但法定免责的除外。

交涉。在协商不成的情况下，购房者应根据购房合同及补充协议所约定的纠纷解决方法，采用诉讼或者仲裁的方式，依据我国《合同法》相关规定，❶通过诉求开发商承担继续履行、采取补救措施、赔偿实际损失、支付违约金或赔付定金等来解决纠纷，而不宜不顾法律，擅自组织采取暴力围攻等"硬碰硬"的方式解决合同违约纠纷。至于"闹楼"、"围攻售楼处"等行为，均是违反法律或违反社会治安的行为，无法得到法律的保护，这样做不仅无助于问题的解决，反而使购房者与开发商之间的矛盾更加尖锐，使问题变得更为复杂，购房者也难以依此维护自己的合法权益。因此，面对开发商的违约行为，购房者应采取积极的态度和合法的方式予以处理，通过法律的手段解决纠纷，万不可采取不正当的方式"打击报复"，激化矛盾，扩大冲突，给自己带来不利的刑事或民事后果。

4.31 当事人合同违约，违约金数额或者损害赔偿数额应当如何确定？

《中华人民共和国民法通则》第一百一十二条规定："当事人一方违反合同的赔偿责任，应当相当于另一方因此所受到的损失。当事人可以在合同中约定，一方违反合同时，向另一方支付一定数额的违约金；也可以在合同中约定对于违反合同而产生的损失赔偿额的计算方法。"《中华人民共和国合同法》第一百一十四条规定："当事人可以约定一方违约时应当根据违约情况向对方支付一定数额的违约金，也可以约定因违约产生的损失赔偿额的计算方法。约定的违约金低于造成的损失的，当事人可以请求人民法院或者仲裁机构予以增加；约定的违约金过分高于造成的损失的，当事人可以请求人民法院或者仲裁机构予以适当减少。当事人就迟延履行约定违约金的，违约方支付违约金后，还应当履行债务。"2003年，《最高人民法院关于审理商品房买卖合同

---

❶ 参见：《中华人民共和国合同法》第七章"违约责任"的有关规定。

纠纷案件适用法律若干问题的解释》（以下简称《解释》）第十六条："当事人以约定的违约金过高为由请求减少的，应当以违约金超过造成的损失30％为标准适当减少；当事人以约定的违约金低于造成的损失为由请求增加的，应当以违约造成的损失确定违约金数额。"第十七条："商品房买卖合同没有约定违约金数额或者损失赔偿额计算方法，违约金数额或者损失赔偿额可以参照以下标准确定：逾期付款的，按照未付购房款总额，参照中国人民银行规定的金融机构计收逾期贷款利息的标准计算。逾期交付使用房屋的，按照逾期交付使用房屋期间有关主管部门公布或者有资格的房地产评估机构评定的同地段同类房屋租金标准确定。"据此，当商品房买卖合同的一方当事人违约时，应当依据商品房买卖合同中关于违约金支付标准或计算方法的约定，向对方当事人支付违约金。同时，根据公平原则，依据我国《合同法》及2003年最高法院《解释》的相关规定，当双方当事人在合同中约定的违约金过分高于或低于损失额时，当事人可请求法院或者仲裁机构对违约金进行适当调整。具体到房地产交易中违约金调整的法定范围，依《解释》第十六条，若当事人以约定的违约金过高为由请求减少的，以违约金超过造成的损失30％为标准适当减少，当事人以约定的违约金低于造成的损失为由请求增加的，则以违约造成的损失确定违约金数额。

实践中，一般而言，购房者与开发商签订商品房买卖合同时都会在合同中明确约定违约金的数额或者计算方法，但也存在没有作相关约定的特殊情况。对此，《解释》第十七条明确了对违约金未作约定时损害赔偿数额的计算标准，即：逾期付款的，按照未付购房款总额，参照中国人民银行规定的金融机构计收逾期贷款利息的标准计算。逾期交付使用房屋的，按照逾期交付使用房屋期间有关主管部门公布或者有资格的房地产评估机构评定的同地段同类房屋租金标准确定。

对于违约金及损害赔偿数额，❶ 笔者建议，为使购房者在开发商违约时能得到充分的救济，购房者在签署买卖合同时，最好将合同违约后可以预见的损失额或其计算方法事先在合同中予以明确，如明确约定开发商违约造成购房者无法取得房屋时的损失赔偿范围包括机会成本的损失等，这样，一来约定明确，便于发生纠纷时赔偿数额的确定，二来也一定程度上免去了守约的购房者对损失范围及数额举证的麻烦，利于购房者权益的保护。

4.32 商品房买卖合同中约定的违约金计算基数包括银行贷款部分吗？

在建设部、国家工商行政管理局下发的《商品房买卖合同示范文本》及各地方政府主管部门发布的《商品房买卖合同》范本中，往往都有类似于"出卖人按日向买受人支付已交付房价款万

---

❶ 违约金与损害赔偿，实际上是两种不同的违约责任形式。违约金数额是事先约定的，而损害赔偿数额是在违约发生后具体计算出来的。一般来说，合同中约定的违约金应当视为约定的损害赔偿。但如果违约金的支付不足以弥补实际损失，受害人还可以要求赔偿损失，因此违约金责任与损害赔偿责任可以并存。违约金与损害赔偿两种违约责任形式相较而言，违约金的适用可以节省损害赔偿数额计算上的花费，避免了损害赔偿方式在适用中经常遇到的计算损失范围和举证的困难；同时，违约金的适用不以实际损失为前提，不管是否发生了损害，当事人都应依照约定支付违约金，而损害赔偿的适用则以实际发生的损失为前提，如果非违约方在违约发生后不能证明违约造成的实际损失，则不能适用损害赔偿。对于违约金的约定，我国《合同法》第一百一十四条规定："当事人可以约定一方违约时应当根据违约情况向对方支付一定数额的违约金，也可以约定因违约产生的损失赔偿额的计算方法。约定的违约金低于造成的损失的，当事人可以请求人民法院或者仲裁机构予以增加；约定的违约金过分高于造成的损失的，当事人可以请求人民法院或者仲裁机构予以适当减少。当事人就迟延履行约定违约金的，违约方支付违约金后，还应当履行债务。"而对于损害赔偿的数额计算，我国《合同法》第一百一十三条第一款规定："当事人一方不履行合同义务或者履行合同义务不符合约定，给对方造成损失的，损失赔偿额应当相当于因违约所造成的损失，包括合同履行后可以获得的利益，但不得超过违反合同一方订立合同时预见到或者应当预见到的因违反合同可能造成的损失。"

分之_____的违约金"的条款约定,其中,对于直接关系到违约金多寡的违约金计算基数——已交付房价款,其包含银行贷款的部分吗?

在购房者以银行按揭贷款支付房价款的商品房交易中,"已交付房价款"如何计算,应分三种情况予以讨论:

(1) 违约时购房首付款已经支付,但按揭贷款合同尚未签订的情况下,首付款即为购房者的"已交付房价款",应以首付款为基数进行违约金计算;

(2) 违约时购房首付款已经支付,按揭贷款合同已签订并生效,但按揭贷款尚未进入开发商账户的情况下,首付款亦即购房者的"已交付房价款",应以首付款为基数进行违约金计算;

(3) 违约时购房首付款已经支付,按揭贷款合同已签订并生效,且按揭贷款已经进入开发商账户的情况下,"已交付房价款"应为购房者已交首付款加上按揭贷款总额之和,违约金应以首付款与按揭贷款的总和为基数进行计算。

当然了,若当事人双方在所签署的购房补充协议中对"已交付房价款"的概念事先另有特殊界定,则不适用上述对"已交付房价款"范围的讨论。

4.33 商品房买卖合同因开发商原因被认定无效、撤销或解除后,购房者可以请求的赔偿范围包括哪些?

在商品房买卖合同纠纷中,赔偿责任一般涉及缔约过失责任或者违约责任。所谓缔约过失责任,是指在合同订立过程中,一方因违背其依据诚实信用原则和法律规定的义务致另一方的信赖利益的损失时所应承担的损害赔偿责任。❶ 根据《中华人民共和

---

❶ 参见:王利明,房绍坤,王轶. 合同法. 北京:中国人民大学出版社,2002,69

国合同法》第四十二条❶、第五十八条❷的规定,当事人在订立合同过程中,因不诚信行为给对方造成损失的,应承担损害赔偿责任;合同无效或者被撤销后,有过错的一方应当赔偿对方因此所受到的损失。这就从法律上确认了缔约过失责任及其损害赔偿这一责任形式。而对于违约责任,它是指合同当事人因违反合同义务所承担的责任。❸ 我国《合同法》第一百零七条规定:"当事人一方不履行合同义务或者履行合同义务不符合约定的,应当承担继续履行、采取补救措施或者赔偿损失等违约责任。"违约责任以合同的有效成立为前提,其主要责任形式有实际履行、违约损害赔偿、支付违约金、定金责任等。

在商品房交易中,由于开发商的原因导致商品房买卖合同被认定为无效或者被撤销后,开发商往往应承担缔约过失责任。在缔约过失责任中,赔偿的范围限于当事人的信赖利益。信赖利益的损失,是当事人因信赖合同的有效和履行,在订立和履行合同中支出各种费用和代价,在合同被确认无效或撤销后,当事人所蒙受的损失。这种损失,既包括因他方的缔约过失行为而致信赖人的直接财产的减少,如合同订立过程中购房者所支出的合理费用、准备履行或实际履行合同所支付的费用以及因支出上述费用所失去的利息等,也包括信赖人因信赖此合同有效和履行而丧失其他商机所造成的间接利益损失,如购房者因为合理信赖合同有效,信赖开发商将依约交付房屋,而没有考虑购买其他同等条件

---

❶《中华人民共和国合同法》第四十二条:"当事人在订立合同过程中有下列情形之一,给对方造成损失的,应当承担损害赔偿责任:(一)假借订立合同,恶意进行磋商;(二)故意隐瞒与订立合同有关的重要事实或者提供虚假情况;(三)有其他违背诚实信用原则的行为。"

❷《中华人民共和国合同法》第五十八条:"合同无效或者被撤销后,因该合同取得的财产,应当予以返还;不能返还或者没有必要返还的,应当折价补偿。有过错的一方应当赔偿对方因此所受到的损失,双方都有过错的,应当各自承担相应的责任。"

❸ 参见:王利明,房绍坤,王轶. 合同法. 北京:中国人民大学出版社,2002,262。

的商品房,但最终因开发商过错导致合同不能生效履行的情况下,使购房者丧失以当时签约时的价格购买其他同等商品房并获得现在的增值的机会等。当然,这些利益必须是在可以客观地预见的范围内。法律对信赖利益的保护,旨在使非违约方因信赖合同的有效履行而支付的各种费用及代价得以返还和赔偿,从而使当事人处于合同从未订立之前的良好状态。当事人在合同缔结以前的状态与现有状态之间的差距,则是信赖利益损失赔偿的范围。

而对于违约责任,常常是在开发商根本违约,购房者依据合同和有关法律解除合同的情况下,开发商应当承担的责任类型。根据我国《合同法》第一百一十三条第一款❶的规定,违约责任适用完全赔偿原则,由违约方对因违约行为使受害者遭受的全部损失承担赔偿责任,以弥补受损害的守约方的实际损失和可得利益损失,使受害者恢复到合同订立前的状态,或者达到合同完全履行后的状态。在违约责任的赔偿范围中,实际损失主要包括现有财产的减损灭失和费用的支出,如各种订约费用,一方对另一方履行后未获得的对价,因履行迟延造成的利息损失等等。而可得利益,也即履行利益,是指合同在履行以后可以实现和取得的利益。❷ 如果没有对方当事人违约行为的发生,己方是可以获得

---

❶ 《中华人民共和国合同法》第一百一十三条第一款:"当事人一方不履行合同义务或者履行合同义务不符合约定,给对方造成损失的,损失赔偿额应当相当于因违约所造成的损失,包括合同履行后可以获得的利益,但不得超过违反合同一方订立合同时预见到或者应当预见到的因违反合同可能造成的损失。"

❷ 这里的"履行以后"是针对合同本身而言,指向合同达到完全履行的状态后可以预见的利益,并不是要求合同当事人的实际履行已达到完全履行,即已全部履行所有合同义务。应理解为当事人只要适当履行合同即可。也就是说,只要双方合同有效,守约方本身不存在违约行为,完全依据合同约定履行义务,即为适当履行合同。从合同履行行为本身,适当履行合同就是完全履行合同的表现。因此,只要守约方严格依据双方合同约定履行合同,即使其选择行使合同解除权时尚未全部履行完毕所有合同义务,其要求违约方承担的损失赔偿中也可以包括合同完全履行后的可得利益这一部分。

第 4 章 商品住宅购房合同

这种利益的。比如,购房者与开发商签订商品房买卖合同,合同约定每平方米 5000 元,而开发商恶意违约,导致购房者最终无法获得所购买的房屋,购房者不得不解除合同。而开发商违约之时,当事人可以合理预见倘若合同完全履行,到开发商按照约定的时间交付房屋时,相同商品房每平方米价格将上涨至 6000 元,此时,这每平方米 1000 元的增值即为购房者的可得利益。而这一利益的损失,亦当属开发商违约所应承担的赔偿范围。

在缔约过失责任与违约责任中,损害赔偿都是一种重要的责任形式。❶ 在我国合同法中,损害赔偿原则上仅具有补偿性而不具有惩罚性。但我国《合同法》第一百一十三条第二款❷同时也规定了适用惩罚性损害赔偿的例外情形。在房地产交易中,为惩罚不法开发商的恶意违约行为及欺诈行为,《最高人民法院关于审理商品房买卖合同纠纷案件适用法律若干问题的解释》(以下简称《解释》)也作出了适用惩罚性损害赔偿的规定。《解释》第八条、第九条分别为五种情形设立了"双倍赔偿"的损害赔偿责任。❸

总的来说,在因开发商原因导致商品房买卖合同被认定无效、撤销或解除时,开发商应承担的赔偿责任范围需根据具体责任类型的不同予以确定。购房者应根据具体情况确定赔偿责任范围并依法请求赔偿。另一方面,购房者可以在商品房买卖合同签订之时就对相关的赔偿责任及赔偿范围予以约定,以便出现合同无效、撤销或解除的情形时,明确责任,减少举证麻烦,甚至避

---

❶ 缔约过失责任只以损害赔偿作为其责任形式。

❷ 《中华人民共和国合同法》第一百一十三条第二款:"经营者对消费者提供商品或者服务有欺诈行为的,依照《中华人民共和国消费者权益保护法》的规定承担损害赔偿责任。"

《中华人民共和国消费者权益保护法》第四十九条:"经营者提供商品或者服务有欺诈行为的,应当按照消费者的要求增加赔偿其受到的损失,增加赔偿的金额为消费者购买商品的价款或者接受服务的费用的一倍。"

❸ 关于商品房买卖中适用"双倍赔偿"的情形,可参见本章问题 4.27"商品房买卖活动中,哪些情况下购房者可以请求'双倍赔偿'?"的解答。

免讼累。

4.34 商品房买卖合同中，常见的免责或限责条款主要体现在哪些方面？

开发商销售商品房时，往往在买卖合同或购房补充协议中约定一些免除或者限制自身责任的条款，这些条款主要针对开发商将来可能出现的延迟交付房屋或延期办理产权证等迟延履行行为而设定，其目的在于避免或者减轻开发商承担的违约责任。实践中，常见的免责或限责条款的免责、限责事由主要体现在以下几个方面：

（1）不可抗力。即不可预见、不可避免、不可克服的客观自然因素及社会因素，如地震、台风等自然灾害及战争、罢工等社会动荡等等。

（2）技术障碍。即施工中遇到异常困难或重大技术问题不能及时解决。

（3）其他因素。如执行政府相关部门强制性通知、政府规划变更、市政配套设施的批准和安装延误、政府主管部门验收时间滞后、施工单位延迟等等。

这些免责及限责事由分别具有怎样的法律效力呢？

对于不可抗力而言，根据《中华人民共和国合同法》第一百一十七条第一款规定："因不可抗力不能履行合同的，根据不可抗力的影响，部分或者全部免除责任，但法律另有规定的除外。当事人迟延履行后发生不可抗力的，不能免除责任。"也即是说，不可抗力属于法定的免责或限责事由，不可抗力的免责及限责条款当然有效。

对于技术障碍，其并非法定免责或限责事由，但考虑到开发商遇到这类重大技术难题往往难以预料，将其绝对地排除在免责及限责事由之外未免苛刻。笔者以为，从公平、合理的角度出发，可以将技术障碍作为限责事由在合同中约定，但同时应当为开发商设立及时通知购房者的义务，保障购房者的知情权。

与此类似，施工过程中，对于政府临时的强制性通知、指令，如因召开某重要会议临时通知强制停工一周等等之类，以及政府规划变更，这些对开发商来说同样难以预料。鉴于这类事件具有突发性、难以预料性，且自身难以协调弥补，应可以将其作为限责事由在合同中约定。但开发商对此应承担及时通知购房者的义务，并应积极采取其他措施，在其他方面积极予以补救。

而对于其他的免责或限责事项，开发商若擅自将其列入免责或限责条款，有违公平。购房者在签订商品房买卖合同时，应仔细审查开发商是否将这些事项作为免责或限责事由。若发现开发商已事先将该类条款写入合同，购房者应及时提出异议，并与开发商进一步协商更改，以合理、公平地约定免责及限责条款。

4.35 预售商品房买卖合同可以转让吗？

预售商品房买卖合同的转让，实际上就是预售商品房的转让，也即是我们通常所说的"炒楼花"，是指商品房预售以后，购房者将其预购的尚未竣工的预售商品房再行转让给第三人的行为。根据债法理论，合同的债权让与、债务承担以及合同权利义务的概括转移均无可非议，我国《合同法》第五章也对合同的变更和转移作了专门的规定。结合到房地产交易，鉴于其特殊性，法律、行政法规另作了专门的调整和规范。

《中华人民共和国城市房地产管理法》第三十七条规定："未依法登记领取权属证书的房地产不得转让。"第四十五条又规定："商品房预售的，商品房预购人将购买的未竣工的预售商品房再行转让的问题，由国务院规定。"2005年，鉴于商品房价格上涨过快，房地产市场出现混乱，国家着力进行宏观调控，先后出台"老国八条"、"新国八条"、"新新国八条"等调控文件，稳定房价，调整市场结构，促进房地产业健康发展。其中，5月12日，国务院转发建设部、国家发改委、财政部、国土资源部、人民银行、税务总局、中国银监会等七部委《关于做好稳定住房价格工作的意见》第七条"切实整顿和规范市场秩序，严肃查处违法违规销售行为"规定，禁止商品房预购人将购买的未竣工的预售商品房再行转让，在预售商品房竣工交付、预购人取得房屋所有权证之前，房地产主管部门不得为其办理转让等手续。由此，国家严令禁止了预售商品房再行转让的行为，预售商品房买卖合同也因该项禁止性规定而不得转让。

4.36 商品房预售合同登记备案具有怎样的法律效力？

在商品房预售活动中，为保全预购人的利益，我国设立了商品房预售合同登记备案制度。《中华人民共和国城市房地产管理法》第四十四条第二款规定："商品房预售人应当按照国家有关规定将预售合同报县级以上人民政府房产管理部门和土地管理部门登记备案。"《城市房地产开发经营管理条例》第二十七条第二款："房地产开发企业应当自商品房预售合同签订之日起30日内，到商品房所在地的县级以上人民政府房地产开发主管部门和负责土地管理工作的部门备案。"2004年，建设部修正的《城市商品房预售管理办法》第十条规定："商品房预售，开发企业应当与承购人签订商品房预售合同。开发企业应当自签约之日起30日内，向房地产管理部门和市、县人民政府土地管理部门办理商品房预售合同登记备案手续。房地产管理部门应当积极应用网络信息技术，逐步推行商品房预售合同网上登记备案。商品房预售合同登记备案手续可以委托代理人办理。委托代理人办理的，应当有书面委托书。"2005年，北京市建委出台《北京市建设委员会关于北京市商品房预售合同实行网上签约和预售登记管理工作的通知》（京建交[2005]100号），要求实行商品房预售合同网上签约联机备案并严格预售登记程序，以规范商品房预售行为，提高商品房交易信息透明度，维护购房者合法权益。那么，预售合同登记备案到底具有怎样的法律效力呢？

在大陆法系国家,多有预告登记制度。所谓预告登记,也称预登记或预先登记,是指为保全一项以将来发生不动产物权变动为目的的请求权而为的登记。❶ 预告登记所登记的,不是现实的不动产物权,而是目的在将来发生不动产物权变动的请求权。预告登记使合同债权具有以下效力:(1)保全效力。在不动产的债权行为(如不动产买卖合同)成立之后到不动产物权转移之前的这段时间里,虽然不动产的所有权人或者其他物权人已经承担了未来转移其所有权或其他物权的义务,但因为合同相对人享有的债权并无对抗第三人的效力,所以债权人仅依靠债的请求权是难以实现债的目的的。而在对这种请求权进行预告登记之后,对不动产所作的违背预告登记的变更行为将无效,这样便保全了债权人的请求权。(2)顺位保证作用。预告登记为请求权人设定了有利的请求权顺位,先为预告登记的请求权人取得排斥后序登记的权利人的效力。只有在先序权利人抛弃或丧失因登记而生的优先权的情况下,后序权利人才能行使相应的权利。(3)债务人破产时对债权人的保护作用。预告登记后,不动产物权人破产时,经过预告登记的债权人取得对抗其他破产债权人的效力。当然,这种效力仅仅限于经过预告登记的债权人取得不动产物权的优先效力,而非优先受偿的效力。❷

我国的商品房预售登记备案,实际上是通过一种债权物权化的登记备案办法来控制开发商因预售商品房特点而可能出现的"一房多卖"等违约行为,其性质与预告登记颇为相似。在我国商品房预售登记备案制度中,预售合同备案并非商品房买卖合同有效的前提条件。我国《城市房地产管理法》第四十四条第二款规定:"商品房预售人应当按照国家有关规定将预售合同报县级以上人民政府房产管理部门和土地管理部门登记备案。"《合同法》第四十四条:"依法成立的合同,自成立时生效。法律、行

---

❶ 参见:高富平,黄武双. 房地产法学. 北京:高等教育出版社,2003,180。
❷ 参见:孙宪忠. 德国当代物权法. 北京:法律出版社,1997,153。

政法规规定应当办理批准、登记等手续生效的,依照其规定。"《最高人民法院关于适用〈中华人民共和国合同法〉若干问题的解释(一)》第九条又规定,法律、行政法规规定合同应当办理登记手续,但未规定登记后生效的,当事人未办理登记手续不影响合同效力,合同标的物所有权及其他物权不能转移。《最高人民法院关于审理商品房买卖合同纠纷案件适用法律若干问题的解释》第六条:"当事人以商品房预售合同未按照法律、行政法规规定办理登记备案手续为由,请求确认合同无效的,不予支持。当事人约定以办理登记备案手续为商品房预售合同生效条件的,从其约定,但当事人一方已经履行主要义务,对方接受的除外。"由此可见,商品房预售合同应该登记备案,但未进行登记备案并不影响预售合同效力。同时,预售登记有保全债权人请求权的作用。2005年,国务院转发建设部、国家发改委、财政部、国土资源部、人民银行、税务总局、中国银监会等七部委《关于做好稳定住房价格工作的意见》第七条"切实整顿和规范市场秩序,严肃查处违法违规销售行为"规定,房屋所有权申请人与登记备案的预售合同载明的预购人不一致的,房屋权属登记机关不得为其办理房屋权属登记手续。这便赋予了预售登记以对抗第三人的效力,即预售登记后,债务人或者第三人违背预售登记对该不动产作出的处分,不发生物权变动的效力。另外,预售登记也为购房者设立了一定条件下对其他债权的优先权,有利于对购房者的保护。由于预售登记具有物权的性质,在同一商品房的预售登记与抵押权登记发生冲突时,则依物权法原理,以时间成立的先后确定权利的优先次序。而当建设工程承包人对工程款的优先受偿权与预售登记之合同债权发生冲突时,根据我国《合同法》第二百八十六条:"发包人未按照约定支付价款的,承包人可以催告发包人在合理期限内支付价款。发包人逾期不支付的,除按照建设工程的性质不宜折价、拍卖的以外,承包人可以与发包人协议将该工程折价,也可以申请人民法院将该工程依法拍卖。建设工程的价款就该工程折价或者拍卖的价款优先受偿。"也就是说,承包人的价款债权优先于抵押权和其他债权受偿,❶ 且该优先受偿权是一种法定优先权。但 2002 年《最高人民法院关于建设工程价款优先受偿权问题的批复》又规定:"消费者交付购买商品房的全部或者大部分款项后,承包人就该商品房享有的工程价款优先受偿权不得对抗买受人。"这一规定,从保护更为弱势的购房者出发,确认了预售登记的债权人(购房者)在交付全部或大部分购房款项前提下优先于承包人的价款债权的请求权,这对购房者无疑是一种很好的保护。

总而言之,笔者认为,商品房预售合同的登记备案具有预告登记的性质,对防范开发商重复销售等违约行为有着积极的意义,它赋予属于债权法的请求权以排他的物权效力,对房地产交易中处于相对弱势地位的购房者是一种很好的保护。鉴于此,购房者在签署商品房买卖合同后,一定要严格按照法律法规的规定进行商品房预售合同登记备案,以更好地维护自身的合法权益。

4.37 商品房买卖合同公证对商品房交易活动有何意义?

2006 年 3 月 1 日起施行的《中华人民共和国公证法》第二条规定:"公证是公证机构根据自然人、法人或者其他组织的申请,依照法定程序对民事法律行为、有法律意义的事实和文书的真实性、合法性予以证明的活动。"

在房地产交易中,商品房买卖合同的公证在一定程度上可以减少购房者的购房风险,对购房者的购房活动是一种有力的保障。在公证机关办理商品房买卖合同公证的过程中,公证机关会依法对合同双方当事人的身份、资质等进行审查,对合同的真实性和合法性进行审查。同时,公证机关还会对买卖合同标的房屋

---

❶ 2002 年《最高人民法院关于建设工程价款优先受偿权问题的批复》第一款:"人民法院在审理房地产纠纷案件和办理执行案件中,应当依照《中华人民共和国合同法》第二百八十六条的规定,认定建筑工程的承包人的优先受偿权优于抵押权和其他债权。"

的具体情况作详细了解，如合同中买卖房屋的产权状况、房屋买卖价款数额及付款方式、合同双方当事人的签字、签章及签约时间等等。对于缺乏真实性和合法性的合同，公证机关一般不会予以公证。因此，公证机关对商品房买卖合同的公证，一定程度上弥补了当事人法律等相关知识的不足，降低了购房者被欺诈的可能。对购房者来说，申请商品房买卖合同公证，不失为降低购房风险的一种好的选择。

依据《中华人民共和国公证法》第四章"公证程序"的有关规定，办理房地产买卖合同公证一般应遵循以下程序进行：（1）公证申请。当事人向所购商品房所在地的公证机关提出公证申请，向公证机构如实说明申请公证事项的有关情况，提交房屋买卖合同、个人身份证件、产权证明及其他真实合法的证明材料。提供的证明材料不充分的，公证机构可以要求补充。（2）公证受理。公证机关审查当事人的公证申请，对符合公证条件的，予以受理。（3）公证审查。公证人员在办理公证时，应当依法审查如下事项：①当事人的身份、申请办理该项公证的资格以及相应的权利；②提供的文书内容是否完备，含义是否清晰，签名、印鉴是否齐全；③提供的证明材料是否真实、合法、充分；④申请公证的事项是否真实、合法。公证机构对申请公证的事项以及当事人提供的证明材料应当进行必要的核实。（4）出具公证书。经审查认定符合公证条件的，公证机关应当自受理公证申请之日起十五个工作日内向当事人出具公证书。公证书按司法部门规定的格式制作，自出具之日起生效。（5）当事人、公证事项的利害关系人对公证书的内容有争议的，可以就该争议向人民法院提起民事诉讼。

总的来说，对于普通购房者而言，商品房买卖合同公证对降低购房风险具有积极意义。同时，依据《中华人民共和国公证法》及《中华人民共和国民事诉讼法》的有关规定，经公证的商品房买卖合同在诉讼中应作为认定事实的依据，且具有强制执行力，对购房者实现债权及其他合法权益有积极作用。因此，建议购房者对商品房买卖合同申请公证，以更好地维护自身权益。

第 5 章

商品住宅购房按揭

按揭贷款，是目前我国最为流行的融资购房方式，对促进房地产业发展具有重要意义。"按揭"一词源自海外，最早由董藩教授提出引入海外按揭贷款经验，推进住房制度改革和房地产业发展。按揭贷款方式的引入，使购房者能以贷款的方式支付房价款，提高了其购买力，圆了亿万家庭购置私产的梦想；又使开发商得以在最短时间内回笼资金；同时也为银行找到了一条相对安全的放贷渠道。按揭贷款一石三鸟，极大地激活了整个房地产市场。它伴随着房地产业的发展迅速成长，已成为房地产金融的重要方面和支柱之一。那么，什么是按揭贷款？如何申请银行按揭贷款？如何办理商品房抵押？住房公积金又是怎么一回事？什么又是"直贷式"个人住房贷款？个人住房贷款需要购买哪些保险？购房者不按期还贷会有怎样的后果？——这些问题与购房者的购房活动和切身利益密切相关。本章从按揭贷款的概念出发，讨论申请银行按揭贷款的条件、程序，分析按揭贷款的有关风险，介绍我国的住房公积金制度及办理公积金贷款的程序、方法，探讨商品房抵押及保险的相关问题，对购房活动中贷款、抵押、保险等有关问题作出法律的阐释，以求为购房者解答按揭贷款中基础法律问题，帮助购房者防范按揭风险，为购房者顺利置业提供有益参考。

5.1 什么是按揭贷款?

按揭贷款,是不动产抵押贷款的种类之一,是一种真正面向个人的住房贷款。"按揭"一词源自海外,源于英美法上的mortgage制度。英美法上的按揭制度,是在房地产按揭设定后,按揭人(购房人)将房地产所有权转移给按揭权人(银行)作为担保,在按揭期限内,由按揭权人(银行)向房地产开发商支付购房款,当按揭人(购房人)全部清偿了按揭权人(银行)的债务后,房地产所有权再重新转移给购房人。我国大陆的按揭贷款制度借鉴了英美法上的按揭制度,但又不同于英美法上的按揭制度,它并不要求特定物业所有权的转移,实则借英美法"按揭"之名,而尚未形成英美法按揭制度的本质内容。❶

在我国大陆的按揭制度中,一般涉及三方主体,存在四个基本法律关系:(1)购房者与开发商之间的商品房买卖合同关系。这是按揭法律关系存在的前提,也是成立按揭贷款法律关系的目的之所在。(2)购房者与按揭银行之间的借贷法律关系。购房者与按揭银行订立《个人住房/商业用房贷款借款合同》,约定因购买《商品房买卖合同》中的特定商品房而借款,并明确借款金额、期限、利率利息、还款计划等相关事项,同时约定双方另行签订抵押合同,成立抵押担保法律关系。需要注意的是,借款合同与商品房买卖合同并非主合同与从合同的关系,其为各自独立的两个合同,不能因为商品房买卖合同被认定无效、撤销或解除而认定借款合同当然无效或失效。(3)购房者以所购现房或期房作为担保清偿贷款本息的法律关系。购房者与按揭银行订立《个人住房/商业用房贷款抵押合同》,约定由购房者为《商品房买卖合同》中的特定房产设定抵押以为双方所签订的借款合同提供担保。抵押房产为现房的,应办理抵押权登记,为期房的,应办理

---

❶ 本书提及的"按揭",若无特别指出,皆指我国大陆地区的按揭制度。

抵押登记备案。❶（4）房地产开发商与按揭银行之间的保证法律关系。实践中，开发商往往以保证的方式为购房者的借款合同提供担保，并通常承担的是阶段性保证责任，即开发商自借款合同生效之日起至购房者取得房屋所有权证明，办妥抵押权登记，并将《房屋他项权证》及其他资料、凭证交予银行保管之日止为购房者的借款合同承担连带责任保证。在此期间，如果购房者（借款人）未能按照借款合同的约定偿还贷款本息及相关费用，按揭银行则有权要求开发商承担连带清偿责任。❷ 在实务中，还较多地出现第五个法律关系，即购房者与按揭银行之间的委托付款关系，由银行直接将按揭款项划入开发商提供的账户中。另外，按揭银行为了加强金融风险的防范力度，通常也要求第四方主体即

---

❶ 现房的抵押登记是物权变动公示原则的要求，是对抵押物进行登记；而期房的抵押登记备案是一种预告登记，是对抵押合同进行登记。

❷ 实践中，也有按揭银行与开发商约定开发商承担自借款合同生效之日起直至按揭借款人全部还清按揭贷款时止的保证责任。在这种情况下，根据《最高人民法院关于适用〈中华人民共和国担保法〉若干问题的解释》第三十二条第二款："保证合同约定保证人承担保证责任直至主债务本息还清时为止等类似内容的，视为约定不明，保证期间为主债务履行期届满之日起二年。"开发商据此承担保证责任。此时，在购房者取得房屋所有权证明，办妥抵押权登记，并将《房屋他项权证》及其他资料、凭证交予银行保管以后，银行真正取得对购房者所购房屋的抵押权。根据《中华人民共和国担保法》第二十八条："同一债权既有保证又有物的担保的，保证人对物的担保以外的债权承担保证责任。债权人放弃物的担保的，保证人在债权人放弃权利的范围内免除保证责任。"也就是说，开发商仅在借款人的商品房物权担保之外对按揭银行承担担保责任。实践中以购房者至少支付20%的购房款，八成以下向银行按揭贷款，而以商品房的全部价值担保八成以下购房款的债权，银行的债权实现的风险通过担保得以降低，开发商实际上已不需要对这八成以下的贷款承担保证责任，此时开发商承担的保证责任名为连带保证，实为（效果上相当于）一般保证，当按揭银行请求其履行保证责任时，开发商有权要求银行先执行物的担保。但是，如果购房者的商品房为其及所抚养的家属生活必需的居住房屋，根据2005年实施的《最高人民法院关于人民法院民事执行中查封、扣押、冻结财产的规定》第六条："对被执行人及其所扶养家属生活所必需的居住房屋，人民法院可以查封，但不得拍卖、变卖或者抵债。"这种情况下，按揭银行实际上无法享有该商品房的担保物权，开发商此时承担的保证责任则为名副其实的连带保证责任。至于对"生活所必需的居住房屋"的界定，属于法官自由裁量的范畴。

保险公司的介入，要求购房者同时与保险公司签订以按揭银行为受益人的综合保险合同。如此，按揭制度中就实际存在了四方主体、六个合同关系。

目前，在按揭贷款的实务操作中，个人住房组合贷款是最常用的贷款方式。所谓个人住房组合贷款，即个人商业性住房贷款与个人政策性住房贷款方式的结合，也就是说，符合个人住房公积金贷款条件的借款人，在公积金贷款的同时，就购房款不足部分再申请商业性住房贷款。它实际上是两个互相独立的借款合同关系，利率利息分别计算。通常而言，购房者用尽政策性贷款最高额度申请政策性贷款后的剩余不足部分再申请商业性贷款更为划算，购房者可尽量考虑这样的贷款方式，以控制自己的还款压力。

5.2 购房者申请银行按揭贷款需具备哪些条件？

根据1998年中国人民银行《个人住房贷款管理办法》第四条、第五条的规定，个人住房贷款的借款人须具备如下条件：(1)具有完全民事行为能力；(2)具有城镇常住户口或有效居留身份；(3)有稳定的职业和收入，信用良好，有偿还贷款本息的能力；(4)具有购买住房的合同或协议；(5)不享受住房补贴的以不低于所购住房全部价款的30%作为购房的首期付款；享受住房补贴的以个人承担部分的30%作为购房的首期付款；(6)有贷款人认可的资产作为抵押或质押，或有足够代偿能力的单位或个人作为保证人；(7)贷款人规定的其他条件。2003年，为进一步落实房地产信贷政策，防范金融风险，促进房地产金融健康发展，央行又发出《关于进一步加强房地产信贷业务管理的通知》(银发〔2003〕121号)，要求商业银行应进一步扩大个人住房贷款的覆盖面，扩大住房贷款的受益群体。同时规定，商业银行只能对购买主体结构已封顶住房的个人发放个人住房贷款。对借款人申请个人住房贷款购买第一套自住住房的，首付款比例仍执行20%的规定；对购买第二套以上(含第二套)住房的，应适当提高首付款比例。2006年5月24日,国务院办公厅转发建设部、发展改革委、监察部、财政部、国土资源部、人民银行、税务总局、统计局、银监会《关于调整住房供应结构稳定住房价格的意见》,规定:"从2006年6月1日起,个人住房按揭贷款首付款比例不得低于30%。考虑到中低收入群众的住房需求,对购买自住住房且套型建筑面积90平方米以下的仍执行首付款比例20%的规定。"

对于央行上述对借款人资格的要求,各商业银行在办理住房贷款业务时并没有完全照搬,而是作了适当调整。例如,根据中国建设银行某分行的有关规定,购房者申请个人住房贷款应具备的条件为:(1)有合法的身份;(2)有稳定的经济收入,信用良好,有偿还贷款本息的能力;(3)有合法有效的购买住房的合同、协议以及贷款行要求提供的其他证明文件;(4)有所购住房全部价款20%以上的自筹资金,并保证用于支付所购住房的首付款;❶(5)有贷款行认可的资产作为抵押或质押,或(和)有足够代偿能力的法人、其他组织或个人作为保证人;(6)建设银行总行同意的贷款行规定的其他条件。

总之,购房者在申请银行按揭贷款时,应向开发商指定的按揭银行咨询具体的申请资格、条件,根据各按揭银行的要求办理。

5.3 购房者应如何办理银行按揭?

根据1998年中国人民银行《个人住房贷款管理办法》的有关规定及各商业银行的操作指引,购房者申请个人住房按揭贷款一般应遵循如下程序:

(1)购房者提出申请。购房者向开发商指定的银行提出按揭

---

❶ 需要注意,随着2006年6月1日"九部委"意见的实施,各商业银行发放个人住房贷款时对首付款比例的要求必将进行调整,具体调整结果需关注各商业银行的新规定。

贷款申请，按照按揭银行的具体要求填写《个人住房贷款申请审批表》等申请文件，并按要求向按揭银行提交相关材料。购房者需提交的材料通常包括：①身份证明，包括居民身份证、户口簿和其他有效居留证件等；②婚姻状况证明，如结婚证、离婚证或未婚证明；③购房合同以及可能影响贷款的其他补充协议；④首付款凭证原件及复印件；⑤本人及家庭资信证明，主要为个人收入证明（由申请人所在单位出具）；❶ ⑥贷款申请表；⑦按揭银行要求的其他材料。

（2）按揭银行审查。按揭银行作为贷款人，在收妥申请人的借款申请及规定的文件后，将按银行规定的工作程序进行调查、核验，并在三周内向借款申请人正式答复。

（3）按揭银行发放贷款。按揭银行对申请人的借款申请审查同意后，会通知申请人签订《借款合同》、《抵押合同》等法律文件，必要时办理合同公证。申请人应在规定的时间、地点办理或由按揭银行代为办理保险、公证、抵押登记等手续。贷款人应按照《贷款通则》有关规定，向借款人发放住房贷款，或者由按揭银行直接将按揭款项划入开发商提供的账户。

（4）借款人办理还款手续，依据借款合同的约定按月还款。❷

另外，在办理按揭贷款的过程中，通常可能涉及保险费、公证费、代收的抵押登记费、担保费等费用，购房者应当按照有关规定和要求予以缴纳。

---

❶ 若贷款申请人为企业的法人代表，以其单位所出具的收入证明来考查其资信状况似乎形同虚设。从法律的角度分析，办理法人代表按揭贷款可以以下途径来考查其资信状况：(1)提供法人代表所在的公司章程；(2)提供该公司连续三个月的缴税证明或连续三个月的财务报告或是半年的银行对账单。

❷ 若贷款人欲提前还款或调整还款方式，应先到按揭银行办理相关业务手续，填写《个人住房贷款特殊业务申请表》，经按揭银行审批同意后变更借款合同。提前结清贷款业务的，应按照贷款银行规定的具体流程办理，办理后可凭相关文件到保险公司办理退还部分保险费手续，并到房地产管理部门注销房产抵押登记。

5.4　未成年子女可以作为住房按揭贷款的申请人吗？

实践中，常有父母以银行按揭贷款的方式为未成年子女购置房产的情形。在这种按揭购房活动中，未成年子女可以成为按揭贷款申请人吗？按揭贷款又应当如何具体办理和操作呢？

我国《民法通则》规定，未成年子女为限制民事行为能力人或者是无民事行为能力人，只能从事与其智力水平相适应的民事活动。而对于按揭购房这种复杂的民事活动，应当由其父母全权代理。根据中国人民银行《个人住房贷款管理办法》及各商业银行的有关规定，按揭贷款的借款申请人必须为年满十八周岁具有完全民事行为能力的自然人。也就是说，未成年子女不具有订立借款合同的主体资格。在实务操作中，若要申请按揭贷款，往往只能由未成年子女和父母对所购房屋形成产权共有关系，并共同作为借款申请人，共同申请银行按揭贷款，共同对银行债务承担连带责任。

另一种情况，即已满 18 周岁的具有完全民事行为能力的成年子女，但还款能力不足的，在申请银行按揭贷款时，可增加父母为共同借款人，共同对银行债务承担清偿责任。也可以由父母为成年子女作连带还款责任担保，并由公证机关进行公证。

5.5　购房者申请银行按揭贷款有哪些风险？

按揭购房作为一种市场交易行为，当然具有一定的风险。购房者在申请银行按揭贷款的过程中，最主要的风险则体现为未能成功申请到银行贷款而导致商品房买卖合同履行不能而承担违约责任。面对这种风险，购房者应当怎样合法规避呢？

商品房交易实践中，大多数开发商在与购房者签约时都信誓旦旦地承诺按揭贷款没有问题，购房者也往往从未意识到按揭贷款申请不下来的可能性与风险，而开发商关于按揭贷款的这种片面宣传与承诺又更进一步地使购房者忽视了这种风险，这也导致购房者与开发商签署的买卖合同中也就往往缺少了对这一风险的防范和规避。事实上，购房者申请不到按揭贷款的风险是实实在在存在的。从法律的角度讲，购房者与开发商之间的买卖合同关系和购房者与按揭银行之间的借贷合同关系是两个完全不同的法律关系，开发商与按揭银行是具有不同利益趋向的两个不同主体，购房者的贷款申请是否被批准，权利在按揭银行，而不在开发商。所以，一旦按揭银行认为申请者资信不足，或者银行又有新的限制性政策出台，购房者就有可能无法申请到按揭贷款，这种风险也就客观地出现了。而此时，商品房买卖合同已明确约定付款方式与付款时限，违约的必然是购房者，购房者也因此不得不承担约定的违约责任。

2003年，最高人民法院《关于审理商品房买卖合同纠纷案件适用法律若干问题的解释》第二十三条规定："商品房买卖合同约定，买受人以担保贷款方式付款，因当事人一方原因未能订立商品房担保贷款合同并导致商品房买卖合同不能继续履行的，对方当事人可以请求解除合同和赔偿损失。因不可归责于当事人双方的事由未能订立商品房担保贷款合同并导致商品房买卖合同不能继续履行的，当事人可以请求解除合同，出卖人应当将收受的购房款本金及其利息或者定金返还买受人。"该条规定对按揭贷款不能的后果予以了明确。具体来讲，其包含两层意思：其一，因一方当事人的原因未能办理按揭贷款，另一方当事人可解除合同，并请求违约赔偿。比如，如果按揭银行认为购房者提交的贷款申请材料不符合银行要求而不予批准，购房者则因按揭贷款不能并导致买卖合同难以履行而须承担违约责任。其二，若在贷款申请过程中，发生不可归责于双方当事人的情势变更，导致按揭贷款合同未能订立，进而影响到买卖合同履行的，任何一方当事人都可请求解除合同，并返还购房款本息和定金。❶ 例如，

---

❶ 笔者认为，法律的这一点规定，其实是对情势变更原则的适用。所谓情势变更原则，是指合同依法成立以后，履行完毕之前，因不可归责于双方当事人的原因发生了不可预见的情势变更，致使合同的基础动摇或丧失，若继续维持合同原有效力则显失公平，则允许变更或解除合同的原则。情势变更原则是债的履行原则之一，我国现行《合同法》未明确规定情势变更原则，但依据公平和诚实信用原则，情势变更原则有存在的合理性。

在按揭贷款申请的过程中，因突发性的金融政策变化，银行出台新的限制性贷款政策，导致原本符合放贷要求的购房者无法办理按揭贷款，由此导致购房合同履行不能的，当属此列。

现实中，购房者对按揭银行的贷款政策与放贷标准是无法控制和把握的，按揭贷款不能的风险也就客观存在。鉴于这种风险的客观存在，购房者在签署商品房买卖合同时就应当有充分的预见和防范，充分考虑到各种可能性，把主动权抓在自己手里。笔者建议，购房者最好在买卖合同的相关条款中明确约定，如果按揭贷款未获批准，购房者有权解除合同，并收回已付房款本息及定金，或另行签署补充协议约定采取分期付款的方式支付余款。这样，便能够更为有效地维护购房者的利益。

5.6 按揭贷款的借款人不按期还款可能出现怎样的后果？

购房者申请按揭贷款，与按揭银行签订的借款合同中，都具有违约责任的条款。借贷双方往往都会在合同中约定，只要借款人未依照合同约定的方式足额还款，按揭银行就有权要求保证人履行连带保证责任，或者依法处分抵押房产等等。实践中，由于按揭贷款法律关系中开发商往往承担阶段性担保责任的性质，按揭银行面对借款人不按约还款的情况，通常因阶段的不同而采用不同的处理方法。

一般地，在购房者取得房屋产权证并办妥商品房抵押登记手续以前，按揭银行并不具有真正意义上的抵押权，贷款合同签订时的抵押登记备案，也不过是为保全一项以将来发生不动产物权变动为目的的请求权而为的一种预告登记。在房屋抵押登记办理完毕，按揭银行取得房屋他项权利证书以前，按揭银行的抵押权是难以实现的。因此，实践中，在购房者取得房屋产权证并办妥商品房抵押登记手续之前的贷款阶段，按揭银行往往要求开发商为购房者承担连带保证责任，在按揭贷款的借款人未能按期还款或者拒绝继续还款时，按揭银行有权要求开发商承担保证责任，向银行清偿贷款。

随着商品房买卖合同的履行，从购房者取得房屋产权证明，并办妥房屋抵押登记手续，将房屋他项权利证书交给按揭银行收押之日起，按揭银行才真正具有了我国《担保法》意义上的抵押权，这时，开发商的保证责任也往往得以解除。一旦出现借款人违约不履行还款义务的情况，抵押权人（按揭银行）则可依据我国《担保法》、《城市房地产管理法》、《城市房地产抵押管理办法》以及抵押借款合同的有关规定，折价、拍卖、变卖抵押房产，❶并对折价、拍卖、变卖的价款优先受偿，以实现其抵押权。建设部2001年修正的《城市房地产抵押管理办法》第四十七条规定，抵押权人处分抵押房地产所得金额，按以下顺序分配：（1）支付处分抵押房地产的费用；（2）扣除抵押房地产应缴纳的税款；（3）偿还抵押权人债权本息及支付违约金；（4）赔偿由债务人违反合同而对抵押权人造成的损害；（5）剩余金额交还抵押人。并且，当处分抵押房地产所得金额不足以支付债务和违约金、赔偿金时，抵押权人有权向债务人追索不足部分。因此，一般情况下，银行处分抵押房产，借款人要承担价格偏低、利息及相关费用支出较多等后果，损失是很大的。从这个角度说，购房者在购买商品房并申请按揭贷款时，应合理评估自己未来一段时间的资信状况，充分考虑可能出现的各种风险，切记量力而行。

近年来，购房者因与开发商的买卖合同纠纷而拒不还款的现象日渐突出，购房者往往在开发商买卖合同违约时以拒绝继续偿还银行贷款而让开发商承担连带还款责任的方式与开发商进行对

---

❶ 折价，是指债务人在履行期限届满时未履行其债务，经由抵押权人与抵押人协议，或者经由人民法院审理后作出判决，按照抵押物自身的性状品质等情况，参照一定的市场价格，把抵押物的所有权由抵押人转移给抵押权人，从而实现抵押权的方式。抵押物价值高于债权额的部分，应返还抵押人。

拍卖，是指众多的购买者通过竞价的方式购买抵押房产。抵押权人与抵押人之间可以通过协议对抵押房产进行拍卖，也可以经人民法院审理后判决通过拍卖的方式，以拍卖所得价款优先清偿抵押权人债权，以实现抵押权人的抵押权。

变卖，是指在抵押权人不愿意拍卖抵押物，也不愿意取得抵押物的所有权时，以一般的买卖方法将抵押物出卖，以卖得价金受偿而实现抵押权人债权。

抗。这里，需要指出的是，购房者与按揭银行的借贷合同关系和购房者与开发商的买卖合同关系是两个完全不同的法律关系，购房者与开发商的买卖合同争议应通过与开发商的协商、仲裁或者诉讼的方式加以解决，而不应影响到购房者作为借款人与按揭银行的借贷法律关系。诚然，购房者不偿还贷款，在其未取得房地产权证明并办妥房屋抵押登记的情况下，可能导致开发商承担担保责任，向银行履行连带还款义务。但根据我国《担保法》第三十一条的规定，开发商承担担保责任后有权向购房者追偿。也就是说，银行债务最终还是只能由购房者（借款人）来承担。因此，购房者（借款人）在与开发商发生买卖合同纠纷时，应就与开发商的买卖合同关系依法单独处理，而不宜影响到银行贷款的偿还。购房者以拒绝偿还银行贷款的方式来对抗开发商是非常不明智的行为，这不仅难以达到任何效果，更重要的是，如此行为，最后受伤的往往只会是购房者自己。

5.7 按揭银行在哪些情况下可以处分抵押房产？

在按揭购房法律关系中，按揭银行在购房者取得房屋产权证明并办妥商品房抵押登记，将房屋他项权利证书交付银行收押之后，真正取得我国《担保法》意义上的抵押权，可依据法定或约定的事由行使抵押权，处分抵押房产。

根据《城市房地产抵押管理办法》（以下简称《办法》）第四十条的规定，有下列情况之一的，抵押权人有权要求处分抵押的房地产：(1)债务履行期满，抵押权人未受清偿的，债务人又未能与抵押权人达成延期履行协议的；(2)抵押人死亡，或者被宣告死亡而无人代为履行到期债务的；或者抵押人的合法继承人、受遗赠人拒绝履行到期债务的；(3)抵押人被依法宣告解散或者破产的；(4)抵押人违反本办法的有关规定，擅自处分抵押房地产的；(5)抵押合同约定的其他情况。

按揭银行在上述处分抵押房产的条件成就时，可依照以下程序处分抵押房地产：(1)通知。根据《办法》第四十二条，抵押权人处分抵押房地产时，并不能擅自自行拍卖、变卖抵押房产，而应当事先书面通知抵押人。抵押房地产为共有或者出租的，抵押权人还应当同时书面通知共有人或承租人，在同等条件下，共有人或承租人依法享有优先购买权。(2)协商。根据《中华人民共和国担保法》第五十三条、《办法》第四十一条的规定，按揭银行符合法定或约定条件欲处分抵押房产时，可以与抵押人协议以抵押物折价或者以拍卖、变卖该抵押物所得的价款受偿；如果协议不成的，抵押权人(按揭银行)可以向人民法院提起诉讼，由法院裁决抵押权的行使方式。(3)优先受偿。抵押房产折价或者拍卖、变卖后，所得金额由抵押权人优先受偿。其价款超过债权数额的部分归抵押人所有，不足部分由债务人清偿。这里，根据《办法》第四十四条、第四十五条的规定，处分抵押房地产时，可以依法将土地上新增的房屋与抵押财产一同处分，但对处分新增房屋所得，抵押权人无权优先受偿；在处分以划拨方式取得的土地使用权连同地上建筑物设定的房地产抵押时，须从处分所得的价款中缴纳相当于应当缴纳的土地使用权出让金的款额后，抵押权人才可优先受偿。

需要注意的是，在抵押权人处分抵押房产的过程中，若出现下列情形，应当中止：(1)抵押权人请求中止的；(2)抵押人申请愿意并证明能够及时履行债务，并经抵押权人同意的；(3)发现被拍卖抵押物有权属争议的；(4)诉讼或仲裁中的抵押房地产；(5)其他应当中止的情况。❶

另外，关于抵押权行使的时效问题，《最高人民法院关于适用〈中华人民共和国担保法〉若干问题的解释》第十二条第二款规定："担保物权所担保的债权的诉讼时效结束后，担保权人在诉讼时效结束后的二年内行使担保物权的，人民法院应当予以支

---

❶ 参见《城市房地产抵押管理办法》第四十六条。

持。"由此，实际上是为抵押权设定了 2 年的诉讼时效❶而非除斥期间❷，即：该时效届满以后，抵押权人诉讼到法院要求实现抵押权的，抵押人并无以抵押物价值优先偿还的义务。当然，时效届满以后，抵押权人之债权并未消灭，抵押人自愿以抵押物价值清偿抵押权人债务的，该清偿有效。❸

5.8 商品房买卖合同被确认无效或者被撤销、解除，银行按揭贷款合同可以解除吗？

购房者申请银行按揭贷款，其目的是为了支付所购商品房价款。如果由于种种原因导致商品房买卖合同被确认无效或者被撤销、解除，购房者获得房屋的目的也就落空，银行按揭贷款也随之成为不必要。这时，购房者可以解除银行按揭贷款合同吗？

2003 年，《最高人民法院关于审理商品房买卖合同纠纷案件适用法律若干问题的解释》第二十四条规定："因商品房买卖合同被确认无效或者被撤销、解除，致使商品房担保贷款合同的目的无法实现，当事人请求解除商品房担保贷款合同的，应予支持。"第二十五条第二款："商品房买卖合同被确认无效或者被撤销、解除后，商品房担保贷款合同也被解除的，出卖人应当将收受的购房贷款和购房款的本金及利息分别返还担保权人和买受人。"据此，购房者在商品房买卖合同被确认无效或者被撤销、解除时，便可以请求解除银行按揭贷款合同，并请求开发商返还已付购房款本息。

---

❶ 诉讼时效是指权利人在法定期间内不行使权利即丧失请求人民法院依法保护其民事权利的法律制度。（参见：魏振瀛主编. 民法. 北京：北京大学出版社，高等教育出版社，2000，192）我国《民法通则》第一百三十五条："向人民法院请求保护民事权利的诉讼时效期间为二年，法律另有规定的除外。"我国诉讼时效只消灭当事人的胜诉权，权利人之实体权利并未消灭。

❷ 除斥期间，又称预定期间，是指法律规定某种权利预定存在的期间，权利人在此期间不行使权利，预定期间届满，便发生该权利消灭的法律后果。（参见：魏振瀛主编.《民法》. 北京：北京大学出版社，高等教育出版社，2000，192）

❸ 参见：高富平，黄武双. 房地产法学：北京：高等教育出版社，2003，257

5.9 什么是住房公积金？

为深化我国城镇住房制度改革，1994年，国务院出台《国务院关于深化城镇住房制度改革的决定》（国发［1994］43号），要求全面推行公积金制度。1998年，国务院又出台《国务院关于进一步深化城镇住房制度改革加快住房建设的通知》（国发［1998］23号），要求从1998年下半年开始停止住房实物分配，逐步实行住房分配货币化，并且要全面推行和不断完善住房公积金制度。如今，住房公积金制度已逐步深入每一个城镇职工家庭，对转变住房分配体制，建立住房资金的积累、周转和政策性抵押贷款制度，提高职工购房能力正发挥着重要的作用。

简单地说，住房公积金制度是我国在住房制度改革过程中，借鉴新加坡等国的成功经验，结合我国国情而实施的法定住房储蓄制度。❶ 2002年修订的《住房公积金管理条例》第二条指出，住房公积金是指国家机关、国有企业、城镇集体企业、外商投资企业、城镇私营企业及其他城镇企业、事业单位、民办非企业单位、社会团体及其在职职工缴存的长期住房储金。住房公积金按照"个人存储、单位资助、统一管理、专项使用"的原则，由在职职工个人及其所在单位，按职工个人工资和职工工资总额的一定比例逐月交纳。住房公积金归职工个人所有，存入个人公积金账户，专门用于职工购买、建造、翻建、大修自住住房。

住房公积金是带有一定强制性和义务性的长期专项储蓄，是职工个人住房基金来源的主要渠道之一。住房公积金制度是一种具有社会性、互助性、保障性和政策性的住房社会保障制度，有利于住房资金的筹集和融通，大大提高了城镇职工个人住房购买能力，有力地推动了我国住房制度的改革和发展。

---

❶ 参见：董藩，张奇，王世涛. 房地产经济概说. 大连：东北财经大学出版社，2001，148

5.10 法律对住房公积金的缴存有哪些具体规定？

在我国，住房公积金按照"个人存储、单位资助、统一管理、专项使用"的原则，由在职职工个人及其所在单位，按职工个人工资和职工工资总额的一定比例逐月交纳。2002年修订的《住房公积金管理条例》第十六条规定："职工住房公积金的月缴存额为职工本人上一年度月平均工资乘以职工住房公积金缴存比例。单位为职工缴存的住房公积金的月缴存额为职工本人上一年度月平均工资乘以单位住房公积金缴存比例。"第十八条："职工和单位住房公积金的缴存比例均不得低于职工上一年度月平均工资的5%；有条件的城市，可以适当提高缴存比例。具体缴存比例由住房公积金管理委员会拟订，经本级人民政府审核后，报省、自治区、直辖市人民政府批准。"2005年，建设部、财政部、中国人民银行《关于住房公积金管理若干具体问题的指导意见》（建金管〔2005〕5号）规定，单位和职工缴存比例不应低于5%，原则上不高于12%。另外，根据《住房公积金管理条例》的规定，职工个人缴存的住房公积金，应由所在单位每月从职工工资中代扣代缴。单位应当于每月发放职工工资之日起5日内将单位缴存的和为职工代缴的住房公积金汇缴到住房公积金专户内，由受委托银行计入职工住房公积金账户。而住房公积金管理中心应当为缴存住房公积金的职工发放缴存住房公积金的有效凭证。对于单位录用新职工的，须在录用之日起30日内，由单位到住房公积金管理中心办理缴存登记，并持住房公积金管理中心的审核文件，到受住房公积金管理中心委托办理住房公积金贷款、结算等金融业务和住房公积金账户的设立、缴存、归还等手续的商业银行办理职工住房公积金账户的设立或者转移手续，并从新职工调入单位发放工资之日起为新职工缴存住房公积金，月缴存额为职工本人当月工资乘以职工住房公积金缴存比例。而新职工则从参加工作的第二个月开始缴存住房公积金，月缴存额为职工本人当月工资乘以职工住房公积金缴存比例。

5.11 缴纳住房公积金的个人在哪些情况下可以提取公积金账户内的存储余额？

在我国，住房公积金归属个人所有，但依据"统一管理、专项使用"的原则，个人并不能随意支取、使用。根据《住房公积金管理条例》的规定，职工有下列情形之一的，可以提取职工住房公积金账户内的存储余额：(1)购买、建造、翻建、大修自住住房的；(2)离休、退休的；(3)完全丧失劳动能力，并与单位终止劳动关系的；(4)出境定居的；(5)偿还购房贷款本息的；(6)房租超出家庭工资收入的规定比例的。而在职工死亡或者被宣告死亡时，职工的继承人、受遗赠人可以提取职工住房公积金账户内的存储余额；无继承人也无受遗赠人的，职工住房公积金账户内的存储余额则纳入住房公积金的增值收益。2005年，建设部、财政部、中国人民银行《关于住房公积金管理若干具体问题的指导意见》(建金管[2005]5号)又规定："职工购买、建造、翻建、大修自住住房，未申请个人住房公积金贷款的，原则上职工本人及其配偶在购建和大修住房一年内，可以凭有效证明材料，一次或者分次提取住房公积金账户内的存储余额。夫妻双方累计提取总额不能超过实际发生的住房支出。""进城务工人员、城镇个体工商户、自由职业人员购买自住住房或者在户口所在地购建自住住房的，可以凭购房合同、用地证明及其他有效证明材料，提取本人及其配偶住房公积金账户内的存储余额。""职工享受城镇最低生活保障；与单位终止劳动关系未再就业、部分或者全部丧失劳动能力以及遇到其他突发事件，造成家庭生活严重困难的，提供有效证明材料，经管理中心审核，可以提取本人住房公积金账户内的存储余额。"

另外，职工申请提取本人住房公积金账户内存储余额时，所在单位应当予以核实，并出具提取证明。单位不为职工出具住房公积金提取证明的，职工也可以凭有关证明材料，直接到管理中心或者受委托银行申请提取住房公积金。住房公积金管理中心在受理职工的提取申请后,应当在3日内作出准予提取或者不准提取的决定,并通知申请人;准予提取的,由受住房公积金管理中心委托办理住房公积金业务的银行办理支付手续。

5.12 购房者应如何办理个人住房公积金贷款?

根据《住房公积金管理条例》第二十六条的规定,缴存住房公积金的职工,在购买、建造、翻建、大修自住住房时,可以向住房公积金管理中心申请住房公积金贷款。实践中,购房者申请住房公积金贷款须具备怎样的条件,贷款数额和期限有怎样的限制,购房者又应该按照怎样的程序进行办理呢?

住房公积金是一种具有互助保障性质的专项储金,因此,并非所有的购房者都能够享有申请使用住房公积金贷款的权利。根据《住房公积金管理条例》的有关规定,申请住房公积金贷款有两个限制条件,一是对贷款申请人条件的限制;二是对贷款用途的限制。对于贷款申请人,其必须是按规定履行缴存住房公积金义务的职工。具体到全国各地,各地方住房公积金管理委员会作了不同的细化。以上海为例,根据1999年《上海市住房公积金个人购房贷款管理办法》第六条的规定,同时符合下列条件的职工,可以经申请成为公积金贷款的借款人:(1)具有本市城镇常住户口;(2)申请前连续缴存住房公积金的时间不少于六个月、累计缴存住房公积金的时间不少于两年;(3)所购买的房屋符合市公积金中心规定的建筑设计标准;(4)购房首期付款的金额不低于规定比例;(5)具有较稳定的经济收入和偿还贷款的能力;(6)没有尚未还清的数额较大、可能影响贷款偿还能力的债务。而对于贷款用途,应严格遵循定向使用原则,只能是在职工购买、建造、翻建、大修自住住房时申请使用。

至于住房公积金贷款数额的限制,1998年,中国人民银行《个人住房贷款管理办法》第九条规定,住房公积金贷款额度最高不得超过借款家庭成员退休年龄内所交纳住房公积金数额的2

倍。2005年,建设部、财政部、中国人民银行《关于住房公积金管理若干具体问题的指导意见》(建金管[2005]5号)第十九条规定:"职工使用个人住房贷款(包括商业性贷款和住房公积金贷款)的,职工本人及其配偶可按规定提取住房公积金账户内的余额,用于偿还贷款本息。每次提取额不得超过当期应还款付息额,提前还款的提取额不得超过住房公积金贷款余额。"同时,第十八条要求,各地要根据当地经济适用住房或者普通商品住房平均价格和居民家庭平均住房水平,拟订住房公积金贷款最高额度。职工个人贷款具体额度的确定,要综合考虑购建住房价格、借款人还款能力及其住房公积金账户存储余额等因素。2006年《北京市实施〈住房公积金管理条例〉若干规定》第十三条规定:"住房公积金贷款的最高贷款额度由管理中心根据本市的住房价格、政策、职工购买能力及公积金的资金状况等拟订,报管委会批准后公布实施。"而对于贷款期限,中国人民银行《个人住房贷款管理办法》第十条规定:"贷款人应根据实际情况合理确定贷款期限,但最长不得超过20年。"上海市地方法规《上海市住房公积金个人购房贷款管理办法》第八条规定:"每项公积金贷款期限最长不超过20年,并不长于借款人法定离休或者退休时间后的5年。共同借款的,贷款期限最长不超过20年,并不长于其中最年轻者法定离休或者退休时间后的5年。借款人的申请期限短于本条第一款、第二款规定的最长期限的,贷款期限以申请期限为准。"

关于个人住房公积金贷款的办理程序,根据《住房公积金管理条例》第二十六条第二款:"住房公积金管理中心应当自受理申请之日起15日内作出准予贷款或者不准贷款的决定,并通知申请人。"参照建设部住房制度改革办公室、国务院法制办农林资源环保局、建设部政策法规局编写的《住房公积金管理条例释义》的相关解释,办理住房公积金贷款一般须经历:职工向住房公积金管理中心提出贷款申请→住房公积金管理中心审核、决定→住房公积金管理中心通知申请人→银行办理贷款手续四大程序。具体地说，有以下流程：

（1）借款人应首先向住房公积金管理中心提出贷款申请。根据《贷款通则》第二十五条，《个人住房贷款管理办法》第七条的规定，借款人需要贷款必须提出申请，并应以书面形式。同时，根据《贷款通则》第二十五条，《个人住房贷款管理办法》第六条的规定、借款人需提供身份证、家庭收入证明、购买（建造、翻建、大修）住房合同或协议、担保等有关证明材料。

（2）住房公积金资金管理中心审核、决定。住房公积金管理中心受理申请后，应当对借款人申请贷款的资信、资格等情况进行审核，审核的内容主要有：①借款人缴存住房公积金情况。包括借款人是否建立住房公积金，是否按时足额缴存住房公积金，是否欠缴住房公积金等。②借款用途。审核借款人提供的购买住房合同或协议，建造、翻建、大修自住住房的由规划行政管理部门、房地产行政管理部门出具的证明文件。③借款内容。对借款人提出的贷款额度、期限等申请进行审核，审查其是否符合有关住房公积金贷款的规定。④贷款资信审查。住房公积金管理中心应对借款人信用状况及偿还能力进行审查，并核实贷款担保情况，包括抵押物或质物清单、权属证明以及有处分权人同意抵押或质押证明，有关部门出具的抵押物估价证明，保证人同意提供担保的书面文件和保证人资信证明等。住房公积金管理中心根据上述情况，对贷款进行审批。对借款人信用情况、无贷款偿还能力或贷款担保不落实，贷款风险较大的，应不予批准发放贷款。对信用良好、贷款担保属实的借款人，给予发放贷款，并确定批准额度、期限、利率等内容。

（3）通知借款申请人。对于符合贷款条件的借款人，住房公积金管理中心应及时通知申请人，并出具准予贷款的通知，使符合条件的借款申请能及时办理手续，获得贷款。对于不符合贷款条件的借款人，住房公积金管理中心也应及时告知借款申请人不准贷款的原由。需要注意的是，《住房公积金管理条例》第二十六条对住房公积金管理中心作出准予或不准予贷款决定并通知申请人规定了 15 日的期限。

(4) 银行办理贷款手续。住房公积金管理中心是不以营利为目的的事业单位，依据《贷款通则》第二十一条及《住房公积金管理条例》第十二条规定，住房公积金管理中心不是金融机构，不能直接发放贷款，贷款手续必须由受委托银行办理。受委托银行在接到住房公积金管理中心出具的准予贷款通知后，应按《贷款通则》、《个人住房贷款管理办法》、《委托合同》办理贷款程序的规定，办理贷款手续，签订合同，按期发放贷款。受委托银行应与审查合格的借款人签订借款合同、抵押合同（或质押合同、保证合同），需要办理抵押或质押登记的，要依法办理登记手续，并按借款合同规定按期发放贷款。

另外，还要提出注意的是，北京市新出台的《北京市实施〈住房公积金管理条例〉若干规定》（2006 年 3 月 1 日起施行）对申请住房公积金贷款还规定："在管理中心缴存住房公积金的在职职工和在职期间缴存住房公积金的离退休职工，购买、建造、翻修、大修自住住房时可以申请住房公积金贷款，也可以在办理商业银行个人住房贷款时，申请管理中心给予贴息。贴息的具体办法由管委会制定。"（第十二条）而对于申请使用住房公积金异地购买房屋的情况，2005 年建设部、财政部、中国人民银行《关于住房公积金管理若干具体问题的指导意见》（建金管[2005] 5 号）作出明确："职工在缴存住房公积金所在地以外的设区城市购买自住住房的，可以向住房所在地管理中心申请住房公积金贷款，缴存住房公积金所在地管理中心要积极协助提供职工缴存住房公积金证明，协助调查还款能力和个人信用等情况。"

5.13 什么是"直贷式"个人住房贷款？

2005 年以来，为争夺房贷"蛋糕"，各商业银行在房贷按揭方式方面新品迭出，"直贷式"个人住房贷款即为其一。

所谓"直贷式"个人住房贷款,是指银行直接向符合贷款条件的自然人发放的用于其购买不指定楼盘房屋的贷款。直贷式个人住房贷款与一般非直贷式个人住房贷款的主要区别在于银行不与开发商签订合作协议,也不再由所购房屋的开发商向银行提供阶段性保证(开发商不需要交纳保证金),打破了一个楼盘只有一家银行贷款的局面。

"直贷式"个人住房贷款是国际通行的商业银行个人住房贷款模式,涉及购房者、贷款银行和担保公司三方主体。贷款银行直接面向购房客户,楼盘不分现房和期房,贷款不受楼盘合作银行限制。购房者在选定楼盘后,可直接到开办此项业务的商业银行申请"直贷式"个人住房贷款,只需交纳一定的担保费用并经银行审批同意,便可获得最长可达八成三十年、执行优惠利率的按揭贷款,并由购房者自由选择是否购买保险。"直贷式"个人住房贷款是配合国家七部委旨在稳定房价的一系列调控政策的重要举措和产品创新,一般认为,其可以从四个方面实现房地产市场的多方共赢与和谐发展:(1)对购房者有利。购房者不需要开发商担保,从而可以享受开发商提供的一次性付款的价格优惠,有效减少购房者负担。(2)对房地产开发商有利。由于"直贷式"个人住房贷款无需与特定楼盘合作,免除了开发商的阶段性担保责任,开发商无需在银行存入保证金,从而有效提高资金利用率,降低"烂尾楼"风险。(3)对贷款银行有利。银行直接面对购房客户,可以有效防范"假按揭",降低贷款风险,维护金融安全。但是,有效控制银行和担保中心的风险是此业务执行的关键。(4)有利于平抑房价及房地产市场健康平稳发展。购房者享受一次性付款价格优惠,能增强购房者对开发商的议价能力,一般可使房屋成交价降低 $2\%\sim3\%$,对平抑房价有一定积极作用;同时,银行通过住房直贷,增强了对"投机性购房"、"假按揭"的审贷能力,对抑制投机性购房也有积极作用。

目前,"直贷式"个人住房贷款尚处于在部分地区试点的阶段,❶ 尚未在全国各地推行。但多数银行对此项贷款业务表示关注。若该贷款模式在全国成功推行,无疑对广大购房者非常有利。

5.14 个人住房贷款有哪些担保方式?

目前,在我国个人住房贷款的实务操作中,一般有以下五种担保方式:

(1) 抵押。即购房者或者第三人以现有住房或者其他符合要求的财产向贷款银行设定抵押权,当借款人不能依约履行债务时,抵押权人(贷款银行)可依法以该抵押财产折价、拍卖或者变卖,以所得价款优先受偿。

(2) 抵押+保证。即购房者或第三人以住房或者其他符合要求的财产向贷款银行设定抵押权,并同时由第三人承担保证责任。

(3) 抵押+保险。即购房者或者第三人以住房或者其他符合要求的财产向贷款银行设定抵押权,并同时由借款人购买还款责任相关保险。

(4) 质押。即购房者或第三人用票据、银行存单、债券、股票等权利凭证或符合要求的动产出质,为贷款银行设定质权。质权人(贷款银行)在未受清偿时,可依法以质物的价值优先受偿。

(5) 保证。即指第三人和债权人约定,当债务人不履行其债务时,该第三人按照约定履行债务或者承担责任的担保方式。❷ 依据我国《担保法》第十六条,其分为一般保证和连带责任保证

---

❶ 2005年6月,建行四川省分行与成都市房产管理局旗下的成都市住房置业担保公司联手在蓉推出了"直贷式"个人住房贷款业务。目前,该业务仅限于成都市六城区以内的房屋。

❷ 参见:魏振瀛主编. 民法. 北京:北京大学出版社,高等教育出版社,2000,335

两种方式。❶

5.15 什么是房地产抵押?

抵押,是一种物权担保形式,旨在确保债权的实现。商品房作为不动产,符合我国《担保法》所规定的设定抵押财产的条件,❷可以设定抵押担保。

《中华人民共和国城市房地产管理法》第四十六条规定:"房地产抵押,是指抵押人以其合法的房地产以不转移占有的方式向抵押权人提供债务履行担保的行为。债务人不履行债务时,抵押权人有权依法以抵押的房地产拍卖所得的价款优先受偿。"建设部2001年修正的《城市房地产抵押管理办法》第三条第一款、第二款、第三款规定:"本办法所称房地产抵押,是指抵押人以其合法的房地产以不转移占有的方式向抵押权人提供债务履行担保的行为。债务人不履行债务时,债权人有权依法以抵押的房地

---

❶ 对于一般保证与连带责任保证的区别,依据《中华人民共和国担保法》第十七条,当事人在保证合同中约定,债务人不能履行债务时,由保证人承担保证责任的,为一般保证。一般保证的保证人在主合同纠纷未经审判或者仲裁,并就债务人财产依法强制执行仍不能履行债务前,对债权人可以拒绝承担保证责任。依据《中华人民共和国担保法》第十八条,当事人在保证合同中约定保证人与债务人对债务承担连带责任的,为连带责任保证。连带责任保证的债务人在主合同规定的债务履行期届满没有履行债务的,债权人可以要求债务人履行债务,也可以要求保证人在其保证范围内承担保证责任。

❷ 《中华人民共和国担保法》第三十三条:"本法所称抵押,是指债务人或者第三人不转移对本法第三十四条所列财产的占有,将该财产作为债权的担保。债务人不履行债务时,债权人有权依照本法规定以该财产折价或者以拍卖、变卖该财产的价款优先受偿。前款规定的债务人或者第三人为抵押人,债权人为抵押权人,提供担保的财产为抵押物。"

《中华人民共和国担保法》第三十四条:"下列财产可以抵押:(一)抵押人所有的房屋和其他地上定着物;(二)抵押人所有的机器、交通运输工具和其他财产;(三)抵押人依法有权处分的国有的土地使用权、房屋和其他地上定着物;(四)抵押人依法有权处分的国有的机器、交通运输工具和其他财产;(五)抵押人依法承包并经发包方同意抵押的荒山、荒沟、荒丘、荒滩等荒地的土地使用权;(六)依法可以抵押的其他财产。抵押人可以将前款所列财产一并抵押。"

产拍卖所得的价款优先受偿。本办法所称抵押人，是指将依法取得的房地产提供给抵押权人，作为本人或者第三人履行债务担保的公民、法人或者其他组织。本办法所称抵押权人，是指接受房地产抵押作为债务人履行债务担保的公民、法人或者其他组织。"

根据物权法上抵押物权的一般原理及我国现行法律，房地产抵押具有以下特征：(1) 抵押权的从属性。房地产抵押是为担保债权而设立的，抵押权具有从属性。具体表现在：第一，房地产抵押权的成立以债权成立为前提；第二，房地产抵押权随债权的转让而转让；第三，房地产抵押权随债权的消灭而消灭。(2) 不可分性。首先，权利不可分，主债权未受全部清偿的，抵押权人可以就抵押房产全部行使抵押权。❶ 其次，房地不可分。以土地使用权抵押的，其地上建筑物、其他地上附着物随之抵押；以房屋所有权抵押的，该房屋所占用范围内的土地使用权也同时抵押。❷ (3) 优先受偿性。债务人不履行债务时，房地产抵押权人可以直接行使房地产抵押权，无须依赖债务人即可实现其权利；抵押权人可以以抵押房地产折价或者以拍卖、变卖所得价款优先清偿自己的债权。

关于房地产抵押担保的范围，我国《担保法》第四十六条规定："抵押担保的范围包括主债权及利息、违约金、损害赔偿金和实现抵押权的费用。抵押合同另有约定的，按照约定。"同时，根据2001年《最高人民法院关于适用〈中华人民共和国担保法〉若干问题的解释》第七十四条的规定，抵押物折价或者拍卖、变卖所得的价款，当事人没有约定的，按下列顺序清偿：①实现抵押权的费用；②主债权的利息；③主债权。根据建设部2001年修正的《城市房地产抵押管理办法》第四十七条，抵押权人处分

---

❶ 参见2001年《最高人民法院关于适用〈中华人民共和国担保法〉若干问题的解释》第七十一条。

❷ 参见我国《担保法》第三十六条、《城市房地产管理法》第三十一条、《城镇国有土地使用权出让和转让暂行条例》第三十三条、《城市房地产抵押管理办法》第四条。

抵押房地产所得金额,按以下顺序分配:①支付处分抵押房地产的费用;②扣除抵押房地产应缴纳的税款;③偿还抵押权人债权本息及支付违约金;④赔偿由债务人违反合同而对抵押权人造成的损害;⑤剩余金额交还抵押人。并且,当处分抵押房地产所得金额不足以支付债务和违约金、赔偿金时,抵押权人有权向债务人追索不足部分。

5.16 业主进行房地产抵押需注意哪些问题?

根据建设部2001年修正的《城市房地产抵押管理办法》的有关规定,房屋所有权人设定房地产抵押时,应当符合以下要求:(1)设定房地产抵押,抵押人和抵押权人必须签订书面抵押合同。并且应当凭土地使用权证书、房屋所有权证书办理房地产抵押登记等手续。房屋的所有权和该房屋占用范围内的土地使用权应同时抵押。❶ (2)同一房地产设定两个以上抵押权的,抵押人应当将已经设定过的抵押情况告知抵押权人。抵押人所担保的债权不得超出其抵押物的价值。房地产抵押后,该抵押房地产的价值大于所担保债权的余额部分,可以再次抵押,但不得超出余额部分。若是以享受国家优惠政策购买的房地产抵押的,其抵押额以房地产权利人可以处分和收益的份额比例为限。(3)以具有土地使用年限的房地产设定抵押的,所担保债务的履行期限不得超过土地使用权出让合同规定的使用年限减去已经使用年限后的剩余年限。(4)以共有的房地产抵押的,抵押人应当事先征得其他共有人的书面同意。(5)以已出租的房地产抵押的,抵押人应当将租赁情况告知抵押权人,并将抵押情况告知承租人。原租赁合同继续有效。(6)抵押当事人约定对抵押房地产保险的,由抵押人为抵押的房地产投保,保险费由抵押人负担。抵押房地产投保的,抵押人应当将保险单移送抵押权人保管。在抵押期间,抵

---

❶ 参见《中华人民共和国城市房地产管理法》第三十一条、第四十八条、第四十九条。

押权人为保险赔偿的第一受益人。❶

在房地产设定抵押之后，抵押房地产仍由抵押人占用和管理，但抵押人在占用和管理期间必须履行维护抵押房地产的安全与完好的义务，抵押权人有权按照抵押合同的规定监督、检查抵押房地产的管理情况。❷ 而当抵押人占用与管理的房地产发生损毁、灭失时，抵押人应当及时将情况告知抵押权人，并采取措施防止损失的扩大。抵押的房地产因抵押人的行为造成损失使抵押房地产价值不足以作为履行债务的担保时，抵押权人有权要求抵押人重新提供或者增加担保以弥补不足。但是，如果抵押人对抵押房地产价值的减少没有过错，抵押权人只能在抵押人因损害而得到的赔偿的范围内要求提供担保。抵押房地产价值未减少的部分，也仍须作为债务的担保。❸

5.17 抵押房产依法被列入拆迁范围时，抵押人应怎么办？

建设部 2001 年修正的《城市房地产抵押管理办法》第三十八条规定："因国家建设需要，将已设定抵押权的房地产列入拆迁范围的，抵押人应当及时书面通知抵押权人；抵押双方可以重新设定抵押房地产，也可以依法清理债权债务，解除抵押合同。"该条对这种情况予以了明确规定，要求抵押人及时履行通知义务，并重新设定抵押，或者清偿债务，注销抵押。若抵押人不依法清理债务，也不重新设定抵押房地产的，抵押权人则可以向人民法院提起诉讼。❹

5.18 抵押人可以为已出租的房屋设定抵押吗？

抵押设定之前或者之后，抵押人均可以将所（欲）抵押的房屋

---

❶ 参见《城市房地产抵押管理办法》第九条、第十二条、第十八条、第十九条、第二十一条、第二十三条。

❷ 参见《城市房地产抵押管理办法》第三十六条。

❸ 参见《城市房地产抵押管理办法》第三十九条。

❹ 参见《城市房地产抵押管理办法》第五十一条。

出租给第三人使用，这符合物尽其用之理念。抵押关系与租赁关系本质上并无冲突，可以并存。但是，问题的关键是，在面临抵押权实现时，便涉及到租赁权的存续问题，此时即需要解决两种权利的冲突。

《中华人民共和国担保法》第四十八条规定："抵押人将已出租的财产抵押的，应当书面告知承租人，原租赁合同继续有效。"2000年，《最高人民法院关于适用〈中华人民共和国担保法〉若干问题的解释》（以下简称《解释》）第六十五条规定："抵押人将已出租的财产抵押的，抵押权实现后，租赁合同在有效期内对抵押物的受让人继续有效。"由此，抵押人可以为已出租的房屋设定抵押。对于这种先租赁后抵押的情况，抵押人应将房屋欲抵押的情况告知承租人，将房屋已出租的事实告知抵押权人，由承租人判断是否继续承租，抵押权人判断是否接受该抵押。又根据《解释》，若抵押人未如实告知承租人及抵押权人抵押及租赁情况的，应不影响抵押与租赁的效力，因为抵押权的存在不至于影响租赁关系。当后设定的抵押权实现时，依据"买卖不破租赁"原则，不应影响租赁关系，租赁关系在有效期内对抵押物的受让人继续有效。

另一种情况，即抵押后再租赁的问题。《解释》第六十六条规定："抵押人将已抵押的财产出租的，抵押权实现后，租赁合同对受让人不具有约束力。抵押人将已抵押的财产出租时，如果抵押人未书面告知承租人该财产已抵押的，抵押人对出租抵押物造成承租人的损失承担赔偿责任；如果抵押人已书面告知承租人该财产已抵押的，抵押权实现造成承租人的损失，由承租人自己承担。"也就是说，抵押权设定后建立房屋租赁关系的，若租赁关系影响到抵押权的实现，则该房屋租赁关系对抵押权人不生效力，抵押权人可以申请除去租赁关系，实现抵押权。

5.19 个人住房贷款保险一般有哪些种类？

购房者在办理银行个人住房贷款的过程中，贷款银行往往要求购房者(借款人)向保险公司投保相关保险，以防范抵押房产意外灭失或损害等带来的风险。建设部2001年修正的《城市房地产抵押管理办法》第二十三条规定："抵押当事人约定对抵押房地产保险的，由抵押人为抵押的房地产投保，保险费由抵押人负担。抵押房地产投保的，抵押人应当将保险单移送抵押权人保管。在抵押期间，抵押权人为保险赔偿的第一受益人。"据此，房地产保险的投保人应为申请银行贷款的购房者(抵押人)，保险费由购房者负担，贷款银行为保险赔偿的第一受益人，对保险赔偿金享有优先受偿的权利。

实践中，贷款银行通常要求购房者以所购房屋为保险财产投保财产损失险。参照中国人民保险公司上海市分公司于2001年11月15日制定的《上海个人抵押住房综合保险条款》第三条第二项，一般而言，该险种所保险的财产，是指被保险人用银行抵押贷款所购置的房屋；被保险人购房后，装修、改造或其他原因购置的附属于房屋的有关财产和其他室内财产，不属于保险范围。在此种保险合同中，保险人的保险责任一般为承担因保险事故所导致的房屋的直接损失和被保险人为防止或减少房屋损失所支付的合理的、必要的费用。

除财产损失险以外，有些银行还要求购房者购买还款保证保险。在保险期内，被保险人因遭受意外伤害事故所致死亡或者伤残而丧失全部或部分还贷能力，造成购房者无法按期履行还款义务的，由保险人依一定比例承担被保险人借款余额的全部或部分还贷责任。

目前，保险公司还推出了个人抵押商品住房综合保险品种，将财产损失险与还贷保证保险合二为一，既可避免抵押住房因灭失或损毁造成贷款银行的抵押权落空，又可帮助被保险人在该保险责任范围内的风险事故发生时避免经济危害，是当前广泛推广的保险品种。

5.20　购房者申请个人住房贷款所需购买的保险是强制保险吗？

强制保险，又称法定保险，是指根据国家的有关法律法规的规定，对于某些特殊的风险（以责任险为主），不管当事人是否愿意，都必须参加的保险。目前，依据我国现行有关法律法规，我国强制保险险种主要有：旅行社责任险、建筑工人意外伤害险、煤矿工人意外伤害险、铁路旅客意外伤害险、通用航空活动地面第三人责任险、公共航空运输地面第三人责任险、道路旅客运输承运人责任险、道路危险货物运输承运人责任险、再保险、机动车第三者责任险等。显然，购房者申请个人住房贷款所需购买的保险不属于上述强制保险之列。我国《保险法》第十一条第二款规定："除法律、行政法规规定必须保险的以外，保险公司和其他单位不得强制他人订立保险合同。"因此，从法律上讲，无论是财产损失保险、还款保证保险，还是个人抵押商品住房综合保险，均不属于法定的强制性保险，而是一种自愿保险。

实践中，作为债权人的贷款银行为降低风险，往往要求购房者（借款人）购买其要求投保的保险险种，否则不予贷款。也就是说，虽然法律上并没有将这些保险规定为强制保险，但实务操作中其已成了变相的"强制保险"。借款人往往须购买这些保险，才可能成功申请到银行个人住房贷款。

5.21　商品房买卖合同解除后，购房者可以解除保险合同吗？

购房者申请按揭购房，贷款银行往往都要求购房者（借款人）与保险公司订立保险合同，为所购房屋投保。然而，若因为种种原因，商品房买卖合同被认定无效或者被撤销、解除后，购房者可以解除与保险公司的保险合同吗？

《中华人民共和国保险法》（以下简称《保险法》）第十五条规定："除本法另有规定或者保险合同另有约定外，保险合同成立后，投保人可以解除保险合同。"也即是说，只要保险合同中未曾约定不得退保之类，购房者在商品房买卖合同被认定无效或者被撤销、解除后，可以依法解除保险合同。《保险法》第三十九条规定："保险责任开始前，投保人要求解除合同的，应当向保险人支付手续费，保险人应当退还保险费。保险责任开始后，投保人要求解除合同的，保险人可以收取自保险责任开始之日起至合同解除之日止期间的保险费，剩余部分退还投保人。"由此，购房者解除保险合同时，可依据该条规定及保险公司的有关要求办理退保退费手续。

第6章

商品住宅交接入住

目前,期房的买卖在商品房交易中占有相当的比例。在期房的交易过程中,购房者选定房屋、签好合同、办妥贷款并履行付款义务之后,接着便就是等着接收房屋了。而按时交付质量合格的房屋,则是商品房交易中开发商最主要的义务。在房屋交付的环节,最容易出现的便是交房迟延以及房屋质量不合要求等问题。那么,房屋达到怎样的标准才能验收合格?房屋交付时应达到怎样的条件?延期交房可能承担哪些责任?在哪些情况下,购房者可以拒绝接收房屋?房屋交付后,开发商应承担哪些质量保修责任?——本章将从法律的角度,介绍房屋验收标准,剖析延期交房的法律责任,揭示商品房的常见质量问题,指出房屋质量纠纷的维权途径,对购房者在与开发商进行房屋交接时的注意事项给予提示,给购房者在面临质量问题时的维权行动提出建议和参考,以求帮助购房者顺利完成房屋交接,并有效防范因房屋质量问题而带来的冲突与纠纷。

6.1 商品房交付时应具备哪些条件?

《中华人民共和国建筑法》第六十一条规定:"交付竣工验收的建筑工程,必须符合规定的建筑工程质量标准,有完整的工程技术经济资料和经签署的工程保修书，并具备国家规定的其他竣工条件。建筑工程竣工经验收合格后，方可交付使用；未经验收或者验收不合格的，不得交付使用。"1998年，《城市房地产开发经营管理条例》第十七条第一款规定："房地产开发项目竣工，经验收合格后，方可交付使用；未经验收或者验收不合格的，不得交付使用。"据此，房屋交付使用的法定前提是经验收合格。那么，什么是验收？怎样才是验收合格呢？

国家标准《建筑工程施工质量验收统一标准》(GB 50300—2001)(以下简称《验收标准》)2.0.3："验收 acceptance：建筑工程在施工单位自行质量检查评定的基础上，参与建设活动的有关单位共同对检验批、分项、分部、单位工程的质量进行抽样复验，根据相关标准以书面形式对工程质量达到合格与否做出确认。"❶ 根据《验收标准》3.0.3的规定，建筑工程施工质量应按下列要求进行验收：(1)建筑工程质量应符合本标准和相关专业验收规范的规定；(2)建筑工程施工应符合工程勘察、设计文件的要求；(3)参加工程施工质量验收的各方人员应具备规定的资

---

❶ 一般地，在整个建筑工程建设过程中，建筑工程质量验收一般分为三个阶段：第一阶段为项目中间检查，包括检验批及分项工程验收，由工程监理单位(监理工程师)组织，建设单位和施工单位派人参加，验收资料将作为最终验收的依据。项目中间检查虽然是工程验收的一个组成部分，但它属于施工过程中的管理内容。第二阶段为单项工程(分部工程)与专项工程验收，前者如土建、装饰、空调、水电、设备安装验收等等，后者如规划、消防、环保、园林、市政、防雷、档案资料、广播电视等专项验收等等。单项工程验收条件为建设项目中某一施工承包合同约定内容已全部施工完成，或合同约定内有分部分项移交的工程已达到竣工验收条件并可移交开发商投入试运行。其验收由工程监理单位(监理工程师)组织，建设单位和施工单位派人参加，而地基基础及主体结构分部工程的验收，地勘、设计、质检(地方政府职能部门)部门也须派人参加。专项工程验收条件为各专项工程符合设备设置条件要求，其验收由建设单位组织，相关施工单位、监理单位(监理工程师)、政府职能部门派人参加。第三阶段为单位工程竣工验收及全部工程综合验收，由建设单位组织，地勘、设计、监理、各施工单位、质检部门、消防部门、规划部门、园林、广播电视等相关政府主管、职能部门都应派人参加。一般项目以一栋楼为一个单位工程。

格；(4)工程质量的验收均应在施工单位自行检查评定的基础上进行；(5)隐蔽工程在隐蔽前应由施工单位通知有关单位进行验收，并应形成验收文件；(6)涉及结构安全的试块、试件以及有关材料，应按规定进行见证取样检测；(7)检验批的质量应按主控项目和一般项目验收；(8)对涉及结构安全和使用功能的重要分部工程应进行抽样检测；(9)承担见证取样检测及有关结构安全检测的单位应具有相应资质；(10)工程的观感质量应由验收人员通过现场检查，并应共同确认。又根据 2000 年《建设工程质量管理条例》第十六条的规定，建设单位收到建设工程竣工报告后，应当组织设计、施工、工程监理等有关单位进行竣工验收。建设工程竣工验收应当具备下列条件：(1)完成建设工程设计和合同约定的各项内容；(2)有完整的技术档案和施工管理资料；(3)有工程使用的主要建筑材料、建筑构配件和设备的进场试验报告；(4)有勘察、设计、施工、工程监理等单位分别签署的质量合格文件；(5)有施工单位签署的工程保修书。1998 年，《城市房地产开发经营管理条例》第十七条第二款规定："房地产开发项目竣工后，房地产开发企业应当向项目所在地的县级以上地方人民政府房地产开发主管部门提出竣工验收申请。房地产开发主管部门应当自收到竣工验收申请之日起 30 日内，对涉及公共安全的内容，组织工程质量监督、规划、消防、人防等有关部门或者单位进行验收。"由此，商品房交付使用，首先必须满足法律法规以及国家标准所规定的验收要求，按照上述法定程序和要求验收合格以后才可交付，这是商品房交付使用的法定条件，也即商品房交付使用条件的底线。

在商品房买卖交易中，开发商交付房屋，除了达到法律法规及国家标准强制性规定的交付条件以外，还应满足与购房者在商品房买卖合同中约定的交付使用条件。2000 年，建设部、国家工商行政管理局制定的《商品房买卖合同示范文本》(以下简称"示范合同")第八条对交付条件列出了如下几条可供双方当事人选择：(1)该商品房经验收合格；(2)该商品房经综合验收合格；

(3)该商品房经分期综合验收合格;(4)该商品房取得商品住宅交付使用批准文件。当然,除此之外,双方当事人还可以另行约定更为具体的交付条件。对于示范合同列出的这四个条件,它们之间有何区别?购房者最好应作何选择呢?

笔者认为,示范合同中所谓的"验收合格",应是指《城市房地产开发经营管理条例》第十七条❶及《建筑工程质量管理条例》第十六条❷所言"验收合格",而非前者第十八条❸所言的住宅小区的"综合验收合格"。即只是针对于单位工程的竣工验收合格,通常针对作为一个单位工程的一栋楼而言,达到《建筑工程质量管理条例》、《房屋建筑工程和市政基础设施工程竣工验收暂行规定》、《建筑工程施工质量验收统一标准》(GB 50300—2001)等规定的质量验收标准即可认定验收合格,而不包括《城市房地产开发经营管理条例》第十八条中所提到的城市规划要求配套的基础设施和公共设施的建设情况及物业管理的落实情况等等。而对于示范合同中所谓"综合验收合格",应是指《城市房地产开发经营管理条例》第十八条所言的小区综合验收合格。根据1996年建设部《关于加强房地产开发管理提高商品房质量的通知》第三点"要加强住宅小区的竣工综合验收工作",住宅小区竣工综合验收,是对住宅小区使用功能、建筑质量的综合考核

---

❶ 《城市房地产开发经营管理条例》第十七条:"房地产开发项目竣工,经验收合格后,方可交付使用;未经验收或者验收不合格的,不得交付使用。"

❷ 《建筑工程质量管理条例》第十六条:"建设单位收到建设工程竣工报告后,应当组织设计、施工、工程监理等有关单位进行竣工验收。建设工程竣工验收应当具备下列条件:(一)完成建设工程设计和合同约定的各项内容;(二)有完整的技术档案和施工管理资料;(三)有工程使用的主要建筑材料、建筑构配件和设备的进场试验报告;(四)有勘察、设计、施工、工程监理等单位分别签署的质量合格文件;(五)有施工单位签署的工程保修书。建设工程经验收合格的,方可交付使用。"

❸ 《城市房地产开发经营管理条例》第十八条:"住宅小区等群体房地产开发项目竣工,应当依照本条例第十七条的规定和下列要求进行综合验收:(一)城市规划设计条件的落实情况;(二)城市规划要求配套的基础设施和公共设施的建设情况;(三)单项工程的工程质量验收情况;(四)拆迁安置方案的落实情况;(五)物业管理的落实情况。住宅小区等群体房地产开发项目实行分期开发的,可以分期验收。"

的评价,是住宅小区开发建设的最后一道质量检查关。工程质量不合格或配套不完善的房屋不得交付使用。依据1993年建设部《城市住宅小区竣工综合验收管理办法》第六条的规定,住宅小区竣工综合验收必须符合下列要求:(1)所有建设项目按批准的小区规划和有关专业管理及设计要求全部建成,并满足使用要求;(2)住宅及公共配套设施、市政公用基础设施等单项工程全部验收合格,验收资料齐全;(3)各类建筑物的平面位置、立面造型、装修色调等符合批准的规划设计要求;(4)施工机具、暂设工程、建筑残土、剩余构件全部拆除清运完毕,达到场清地平;(5)拆迁居民已合理安置。至于示范合同中"分期综合验收合格",则是指在分期开发的房地产项目中,分期进行小区的综合验收,并按照《城市房地产开发经营管理条例》、《城市住宅小区竣工综合验收管理办法》的有关规定验收合格。❶ 有关示范合同中"该商品房取得商品住宅交付使用批准文件",根据《建设工程质量管理条例》第四十九条第一款:"建设单位应当自建设工程竣工验收合格之日起15日内,将建设工程竣工验收报告和规划、公安消防、环保等部门出具的认可文件或者准许使用文件报建设行政主管部门或者其他有关部门备案。"《城市住宅小区竣工综合验收管理办法》第八条第一款第四项:"城市人民政府建设行政主管部门对综合验收报告进行审查。综合验收报告审查合格后,开发建设单位方可将房屋和有关设施办理交付使用手续。"在商品房验收合格之后,政府主管部门将给建设单位出具房屋验收合格的证明及交付使用的许可文件。以北京为例,房屋验收合格后,建设单位(开发商)将取得《北京市建设工程竣工验收备案表》,并加盖"工程竣工验收备案专用章",此即北京市的验收合格文件。同时,根据1998年建设部《商品住宅实行住宅质量保

---

❶ 《城市住宅小区竣工综合验收管理办法》第十条:"分期建设的住宅小区,可以实行分期验收,待全部建成后进行综合验收。分期验收的住宅小区,市政公用基础设施和公共配套设施满足使用功能要求的,可以分期投入使用。"

证书和住宅使用说明书制度的规定》第三条、第十条的规定，房地产开发企业在向用户交付销售的新建商品住宅时，必须提供《住宅质量保证书》和《住宅使用说明书》，《住宅质量保证书》和《住宅使用说明书》应在住宅交付用户的同时提供给用户。

综上所述，示范合同所列出的四个可供选择的房屋交付条件其含义和法律效果是不同的，购房者在签署商品房买卖合同时最好作何选择呢？笔者认为，对房屋交付条件较为合理的约定应当为"该商品房经综合验收合格"。但考虑到示范合同所列条件的模糊性，容易因当事人双方理解的不一致而导致日后的纠纷，笔者建议，购房者可对房屋交付条件作更进一步的细化，在买卖合同中具体详尽地约定房屋交付使用的具体条件。对此，北京市建委、北京市工商行政管理局出台的《北京市商品房预售合同》的相关约定可供借鉴。该合同第十一条、第十二条约定如下：

第十一条 交付条件

（一）出卖人应当在＿＿＿＿＿年＿＿＿＿＿月＿＿＿＿＿日前向买受人交付该商品房。

（二）该商品房交付时应当符合下列第1、2、＿＿＿＿＿、＿＿＿＿＿、＿＿＿＿＿、＿＿＿＿＿、＿＿＿＿＿项所列条件；该商品房为住宅的，出卖人还应当提供《住宅质量保证书》和《住宅使用说明书》。

1. 该商品房已取得规划验收批准文件和建筑工程竣工验收备案表；

2. 有资质的房产测绘机构出具的该商品房面积实测技术报告书；

3. 出卖人已取得了该商品房所在楼栋的房屋权属证明；

4. 满足第十二条中出卖人承诺的市政基础设施达到的条件；

5. ＿＿＿＿＿＿＿＿＿＿＿＿＿＿＿＿＿＿＿＿＿＿＿；

6. ＿＿＿＿＿＿＿＿＿＿＿＿＿＿＿＿＿＿＿＿＿＿＿；

7. ＿＿＿＿＿＿＿＿＿＿＿＿＿＿＿＿＿＿＿＿＿＿＿。

第十二条 市政基础设施和其他设施的承诺

第6章 商品住宅交接入住

出卖人承诺与该商品房正常使用直接相关的市政基础设施和其他设施按照约定的日期达到下列条件:

1. 市政基础设施

(1) 上水、下水: _____年_____月_____日达到_____;

(2) 电: _____年_____月_____日达到_____;

(3) 供暖: _____年_____月_____日达到_____;

(4) 燃气: _____年_____月_____日达到_____;

(5) _____;

(6) _____。

如果在约定期限内未达到条件,双方同意按照下列方式处理:

(1) _____;

(2) _____。

2. 其他设施

(1) 公共绿地: _____年_____月_____日达到_____;

(2) 公共道路: _____年_____月_____日达到_____;

(3) 公共停车场: _____年_____月_____日达到_____;

(4) 幼儿园: _____年_____月_____日达到_____;

(5) 学校: _____年_____月_____日达到_____;

(6) 会所: _____年_____月_____日达到_____;

(7) 购物中心：_____年_____月_____日达到_____；

(8) 体育设施：_____年_____月_____日达到_____；

(9) _____；

(10) _____。

如果在约定期限内未达到条件，双方同意按照下列方式处理：

(1) _____；

(2) _____。

当然，在商品房买卖合同中，对交付条件约定越详尽越有利于避免交房纠纷。同时需指出一点，对于房屋交付条件，国家有相关法律法规予以规范，开发商不能通过合同约定规避国家管理。也就是说，如果开发商与购房者在商品房买卖合同中约定的交付条件低于国家法律法规要求的经验收合格的标准，那么其约定应为无效，应以验收合格为交付条件标准；若当事人双方合同约定的交付标准高于"验收合格"，则应以合同约定的交付标准为准。

6.2 房屋交接时，当事人双方应办理哪些手续？

房屋交接，是商品房买卖活动中最重要的环节之一，它不仅是开发商债务的履行，同时，通常也意味着房屋风险的转移。开发商所交付的房屋，其质量必须符合国家强制性标准，配套设施等也应符合商品房买卖合同的约定；而购房者一方，亦应按照双方约定，及时履行验收接房的义务。2000年，建设部、国家工商行政管理局《商品房买卖合同示范文本》以及各地方推行的商品房买卖示范合同也都对房屋交接作出了约定。一般地，商品房达到交付使用条件后，开发商应当书面通知购房者办理交接手续的时间、地点以及应当携带的证件等具体事项，购房者在收到交房通知以后，应按照通知约定的期限和要求前去办理房屋交接手续。双方进行验收交接时,开发商应当陪同购房者对房屋进行验收,由购房者对住宅设备、设施的正常运行签字认可,并由开发商出示能够证明其所交付房屋已达到买卖合同约定的交付使用条件的所有证明文件。同时,依据《商品房销售管理办法》、《商品住宅实行住宅质量保证书和住宅使用说明书制度的规定》的相关规定,开发商必须提供内容符合要求的《住宅质量保证书》和《住宅使用说明书》。另外,根据各地方的具体规定,购房者往往还应当办理有关的税费❶交纳手续。商品房成功交接后,当事人双方应签署房屋交接单。而对于开发商所提供的证明文件不全的情况,购房者有权拒绝接收房屋,并拒绝签署房屋交接单,由此产生的延期交房责任由开发商承担。而若是因为购房者的原因,如购房者未按期办理接房手续,又未向开发商提出整改要求而无故不履行接房义务,导致开发商交付不能的,视为开发商如期交付,开发商不承担由此产生的逾期交房及产权登记逾期的违约责任,房屋风险也于交房期限届满后转由购房者承担。

另外,还需要注意的是,购房者在办理房屋交接时,应切实以所有权人的态度认真对待,详细检查验收室内的所有配置,特别是容易存在质量隐患的装饰装修工程,并对可能存在的质量问题共同做好记录,以便将来出现质量问题后有据可依,这对购买全装修房屋的购房者来说尤为重要。购房者亦不可轻易地因为开发商出具了房屋竣工验收合格证明就不做认真验收而草率签字接房。同时,购房者在取得《住宅使用说明书》后,应认真阅读,并严格按照说明书所明示的使用要求及注意事项使用房屋,以免日后因使用不当引发质量问题而自行承担责任。

6.3 什么是《住宅质量保证书》和《住宅使用说明书》?

1998年,《城市房地产开发经营管理条例》第三十一条规定:"房地产开发企业应当在商品房交付使用时,向购买人提供

---

❶ 如契税、专项维修资金(公共维修基金)、物业管理费、供暖费等等。

住宅质量保证书和住宅使用说明书。"2001年，建设部《商品房销售管理办法》第三十二条也有相同的规定。那么，什么是《住宅质量保证书》和《住宅使用说明书》呢？

建设部《商品住宅实行住宅质量保证书和住宅使用说明书制度的规定》（以下简称《规定》）第四条："《住宅质量保证书》是房地产开发企业对销售的商品住宅承担质量责任的法律文件，房地产开发企业应当按《住宅质量保证书》的约定，承担保修责任。商品住宅售出后，委托物业管理公司等单位维修的，应在《住宅质量保证书》中明示所委托的单位。"根据《规定》第五条，《住宅质量保证书》应当包括以下内容：

（1）工程质量监督部门核验的质量等级；

（2）地基基础和主体结构在合理使用寿命年限内承担保修；

（3）正常使用情况下各部位、部件保修内容与最低保修期：屋面防水3年；墙面、厨房和卫生间地面、地下室、管道渗漏1年；墙面、顶棚抹灰层脱落1年；地面空鼓开裂、大面积起砂1年；门窗翘裂、五金件损坏1年；管道堵塞2个月；供热、供冷系统和设备1个采暖期或供冷期；卫生洁具1年；灯具、电器开关6个月；其他部位、部件的保修期限，由房地产开发企业与用户自行约定。

（4）用户报修的单位，答复和处理的时限。

关于《住宅使用说明书》，《规定》第八条规定，《住宅使用说明书》应当对住宅的结构、性能和各部位（部件）的类型、性能、标准等作出说明，并提出使用注意事项，一般应当包含以下内容：

（1）开发单位、设计单位、施工单位，委托监理的应注明监理单位；

（2）结构类型；

（3）装修、装饰注意事项；

（4）上水、下水、电、燃气、热力、通讯、消防等设施配置的说明；

（5）有关设备、设施安装预留位置的说明和安装注意事项；

(6) 门、窗类型，使用注意事项；

(7) 配电负荷；

(8) 承重墙、保温墙、防水层、阳台等部位注意事项的说明；

(9) 其他需说明的问题。

同时，《住宅使用说明书》还应对住户合理使用住宅有所提示。❶ 住宅中配置的设备、设施，生产厂家另有使用说明书的，也应附于《住宅使用说明书》中。❷

另外，《住宅质量保证书》和《住宅使用说明书》应以购买者购买的套（幢）发放，每套（幢）住宅均应附有各自的《住宅质量保证书》和《住宅使用说明书》。开发商须在交付房屋时向住户提供这"二书"。❸

6.4 购房者接受交房后发现房屋并未符合交付条件时应如何处理？

在商品房买卖交易实践中，不乏有某些开发商为了逃避迟延交房的违约责任，在合同约定的期限内将并不具备交付条件的房屋交付购房者，而购房者又不明真相，签署房屋交接单并接受交房，而事后才发现开发商所交付的房屋并未达到交付条件，此时，购房者可以请求开发商承担违约责任吗？

商品房买卖合同往往都已确定房屋交付条件，开发商交付未具备交付条件的商品房，应属于合同法上所交付标的物有瑕疵的情形，违反了我国《合同法》第一百五十三条❹所规定的标的物

---

❶ 《商品住宅实行住宅质量保证书和住宅使用说明书制度的规定》第十二条。

❷ 《商品住宅实行住宅质量保证书和住宅使用说明书制度的规定》第九条。

❸ 《商品住宅实行住宅质量保证书和住宅使用说明书制度的规定》第十一条、第十条。

❹ 《中华人民共和国合同法》第一百五十三条："出卖人应当按照约定的质量要求交付标的物。出卖人提供有关标的物质量说明的，交付的标的物应当符合该说明的质量要求。"

瑕疵担保义务,根据我国《合同法》第一百五十五条❶的规定,购房者可以要求开发商依法承担违约责任。问题的关键在于,购房者接受开发商瑕疵交房的行为,是否应视为其同意变更约定的交付条件呢? 2000年,福建省高级人民法院《关于审理城市房地产管理法施行后房地产开发经营案件若干问题的意见》第三十六条规定:"预售的商品房质量未经验收合格,但已实际交付使用,预购方以预售方交付的房屋不符合合格条件主张实际交付之日后逾期交房违约金的,不予支持。"其将购房者接受瑕疵交房的行为视为了同意合同交付条件的变更。笔者认为,这种认识并非妥当。首先,诚实信用是民法的基本原则,开发商违背诚实信用原则交付并不符合交付条件的房屋,理应为此不诚信行为承担相应的民事责任。其二,根据我国《合同法》第一百五十八条的规定,❷ 开发商明知所交付房屋存在瑕疵,购房者在接收不符合交付条件的房屋后,仍可要求开发商承担瑕疵担保责任和违约责任。第三,在商品房买卖交易活动中,购房者更为弱势,其非建筑专业人员,如果过分加重其验收责任,无疑纵容开发商,不利

---

❶ 《中华人民共和国合同法》第一百五十五条:"出卖人交付的标的物不符合质量要求的,买受人可以依照本法第一百一十一条的规定要求承担违约责任。"

《中华人民共和国合同法》第一百一十一条:"质量不符合约定的,应当按照当事人的约定承担违约责任。对违约责任没有约定或者约定不明确,依照本法第六十一条的规定仍不能确定的,受损害方根据标的的性质以及损失的大小,可以合理选择要求对方承担修理、更换、重作、退货、减少价款或者报酬等违约责任。"

《中华人民共和国合同法》第六十一条:"合同生效后,当事人就质量、价款或者报酬、履行地点等内容没有约定或者约定不明确的,可以协议补充;不能达成补充协议的,按照合同有关条款或者交易习惯确定。"

❷ 《中华人民共和国合同法》第一百五十八条:"当事人约定检验期间的,买受人应当在检验期间内将标的物的数量或者质量不符合约定的情形通知出卖人。买受人怠于通知的,视为标的物的数量或者质量符合约定。当事人没有约定检验期间的,买受人应当在发现或者应当发现标的物的数量或者质量不符合约定的合理期间内通知出卖人。买受人在合理期间内未通知或者自标的物收到之日起两年内未通知出卖人的,视为标的物的数量或者质量符合约定,但对标的物有质量保证期的,适用质量保证期,不适用该两年的规定。出卖人知道或者应当知道提供的标的物不符合约定的,买受人不受前两款规定的通知时间的限制。"

于对购房者的保护,有违法律偏向弱者、维护弱势一方合法利益的精神要旨。鉴于此,对于开发商交付不符合要求房屋的行为,开发商应承担违约责任,以房屋实际达到交付条件之日为交付日期,开发商承担逾期交房的违约责任。对此,上海地区人民法院的判例予以了确认,认为房屋不符合交付条件而实际交付的,如果出售人能够办出房地产权证的,以符合交付条件之日为交付日,不能办出房地产权证的,以未交付论处。❶

6.5 开发商在哪些情况下可以延期交付商品房?

延期交付,即是指在合同约定的交付时限内,商品房未达到买卖合同所约定的房屋交付条件,开发商无法依合同约定按时保质交付房屋的情况。在商品房买卖合同中,开发商往往会约定一些可以据实延期交付房屋的条件,这实质上也就是为开发商逾期交房违约责任设定免责或者限责条款。从实践中所大量签订的商品房买卖合同及其补充协议来看,这些延期交房条件(也即逾期交房的免责或限责条款)主要包括以下几个方面:(1)不可抗力;(2)技术障碍;(3)因政府行为或政府主管部门原因导致的施工、验收延迟;(4)其他原因。这些免责或限责事由具有怎样的法律效力,购房者在合同中又应当如何约定,本书第四章《商品住宅购房合同》第34问"商品房买卖合同中,常见的免责或限责条款主要体现在哪些方面?"的解答中已予详细分析,此处不再赘述。

另一种情况,开发商在实践中出现按时交付不能的情况时,可能以非政府主管部门的第三人的原因主张交付迟延抗辩,如主张因施工单位违约等原因导致交付迟延,或主张因被拆迁居民阻挠施工导致工期拖延等等。笔者认为,这种抗辩不能成立。我国《合同法》第一百二十一条规定:"当事人一方因第三人的原因造

---

❶ 参见:黄松有主编. 房地产司法解释实例释解. 北京:人民法院出版社,2006,107

成违约的，应当向对方承担违约责任。当事人一方和第三人之间的纠纷，依照法律规定或者按照约定解决。"据此，开发商因非政府主管部门的第三人原因导致违约延期交房的，须对购房者承担延期交房的违约责任。当然了，在商品房买卖交易中，如果购房者违约在先，如未按照合同约定履行付款义务等，开发商因此履行先履行抗辩权，❶ 拒绝依约交付房屋，则受到法律的保护。我国《合同法》第六十七条规定："当事人互负债务，有先后履行顺序，先履行一方未履行的，后履行一方有权拒绝其履行要求。先履行一方履行债务不符合约定的，后履行一方有权拒绝其相应的履行要求。"因此，在这种情况下，开发商可以此主张交付延迟抗辩，不因迟延交付房屋而承担迟延履行的违约责任。但是，如果购房者已经在约定期限内支付了大部分房款，剩余的少部分购房款与商品房交付已不构成对待给付，那么，开发商以先履行抗辩权为抗辩理由应不予成立。此时，开发商仍应依照合同约定按时保质交付商品房，同时通知购房者支付剩余价款，并要求购房者承担逾期付款的违约责任。

6.6 开发商无免责事由逾期交房应承担哪些责任？

建设部《商品房销售管理办法》第三十条规定："房地产开发企业应当按照合同约定，将符合交付使用条件的商品房按期交付给买受人。未能按期交付的，房地产开发企业应当承担违约责任。因不可抗力或者当事人在合同中约定的其他原因，需延期交付的，房地产开发企业应当及时告知买受人。"由此，开发商逾期交房，在没有法定或约定的免责事由的情况下，当属严重违约行为，须依照合同的约定承担违约责任。为体现商品房买卖双方

---

❶ 所谓"先履行抗辩权"，是指在双务合同中应当先履行的一方当事人没有履行合同义务的，后履行一方当事人有拒绝履行自己的合同义务的权利。也有学者称其为"后履行抗辩权"、"先违约抗辩权"。（参见：王利明，房绍坤，王轶. 合同法. 北京：中国人民大学出版社，2002，184）

之平等地位,开发商逾期交房所承担的违约责任应当与购房者逾期付款所承担的违约责任相对应。具体到合同的约定中,2000年,建设部、国家工商行政管理局制定的《商品房买卖合同示范文本》(以下简称"示范合同")第九条作了如下约定:

第九条 出卖人逾期交房的违约责任。

除本合同第八条规定的特殊情况外,出卖人如未按本合同规定的期限将该商品房交付买受人使用,按下列第_____种方式处理:

1. 按逾期时间,分别处理(不作累加)

(1) 逾期不超过_____日,自本合同第八条规定的最后交付期限的第二天起至实际交付之日止,出卖人按日向买受人支付已交付房价款万分之_____的违约金,合同继续履行;

(2) 逾期超过_____日后,买受人有权解除合同。买受人解除合同的,出卖人应当自买受人解除合同通知到达之日起_____天内退还全部已付款,并按买受人累计已付款的_____%向买受人支付违约金。买受人要求继续履行合同的,合同继续履行,自本合同第八条规定的最后交付期限的第二天起至实际交付之日止,出卖人按日向买受人支付已交付房价款万分之_____(该比率应不小于第(1)项中的比率)的违约金。

2._____。

由此,当事人双方可以选择示范合同所提供的处理方式,也可以另行予以约定(如约定定金等)。就示范合同提供的逾期交房违约责任承担方式而言,开发商应承担的违约责任如下:(1)在交房的宽限期内,买卖合同继续履行,开发商按日按约定比例向购房者支付违约金。(2)如果超过宽限期开发商仍然不能按质交付房屋,则购房者享有解约权,有权选择是否继续履行购房合同。若购房者选择继续履行合同,则由开发商按日按约定比例向购房者支付违约金,购房者继续等待交房;如购房者决定解除合同,则开发商应在约定期限内退还购房者已付购房款,并支付违约金。❶ 如果当事人双方没有在合同中明确约定违约金或损失赔偿数额,依据《中华人民共和国合同法》第一百一十三条:"当事人一方不履行合同义务或者履行合同义务不符合约定,给对方造成损失的,损失赔偿额应当相当于因违约所造成的损失,包括合同履行后可以获得的利益,但不得超过违反合同一方订立合同时预见到或者应当预见到的因违反合同可能造成的损失。"《最高人民法院关于审理商品房买卖合同纠纷案件适用法律若干问题的解释》第十七条:"商品房买卖合同没有约定违约金数额或者损失赔偿额计算方法,违约金数额或者损失赔偿额可以参照以下标准确定:逾期付款的,按照未付购房款总额,参照中国人民银行规定的金融机构计收逾期贷款利息的标准计算。逾期交付使用房屋的,按照逾期交付使用房屋期间有关主管部门公布或者有资格的房地产评估机构评定的同地段同类房屋租金标准确定。"开发商据此承担违约赔偿责任。

现实中,在出现开发商逾期交房的情况后,一些购房者采取不冷静的做法,以超出法律允许范围的手段和方法与开发商进行所谓的"斗争",这是非常不明智的,最终也难以确保购房者的合法利益。最合理可行的办法应当是购房者依据双方签订的《商品房买卖合同》与开发商进行交涉、协商,必要时依法寻求司法机关的法律保护。

另外,也提醒广大购房者注意,如果开发商出现了逾期交房的行为,则购房者应尽快作出判断,是否有再等下去的必要。在开发商超出宽限期仍不能交付房屋的情况下,购房者不及时解除合同而一味要求开发商尽快支付违约金也未必是最好的选择。例如,有一个房地产项目,因多种原因而导致逾期交付,经购房者们的"斗争",开发商同意每月底向购房者支付当月的违约金。

---

❶ 需要注意,购房者在与开发商协商签署《商品房买卖合同》时就应当对逾期交房的宽限期限、违约金计算方法、违约金支付时间、退房时返还购房款的时限等具体细节予以明确,以减少因违约赔偿问题带来的法律纠纷。

最初的几个月里，购房者们觉得非常合算，因为开发商每月支付的违约金较之于购房者每月向贷款银行支付的房屋贷款的月均还款还高。但是仅仅几个月后，开发商的现金基本耗尽，再也无力进行工程建设，更谈不上支付违约金了，加上银行也停止对其贷款，该开发商很快无以为继。在这样的情况下，购房者们虽然领取了部分违约金，但是面对无法使用的房屋和已濒临破产的开发商，他们实在是得不偿失。如果购房者最初就决定解约退房，虽然违约金不能领取很多，但是至少可以保证购房款全部退还，以便将损失降到最小。❶

6.7 临近交付日期，但工程离竣工差距甚远，购房者可即时解除合同吗？

购房者在与开发商签署商品房买卖合同以后，最好能够随时对工程进度有所关注。如果已临近交房日期，而工程离竣工尚差距甚远，购房者可以要求即时解除购房合同吗？

在这种情况下，可以预见，开发商在交房期限届满后必然无法按合同约定交付房屋。根据我国《合同法》第九十四条第二项，当事人一方在履行期限届满之前以自己的行为表明不履行主要债务的，另一方当事人可以解除合同。由此，当开发商明显无法按期交付房屋时，购房者有权即时解除商品房买卖合同，而不必等到合同履行期限届满开发商实际违约后再行使合同解除权，从而将购房者的损失降到最小。

6.8 商品房交付时配套设施尚未完善，购房者可以拒绝收房并请求开发商承担违约责任吗？

根据我国《建筑法》第六十一条、《城市房地产开发经营管理条例》第十七条的规定，房屋交付使用的法定条件是经验收合格。也就是说，在商品房买卖合同没有更高交付标准的约定的情

---

❶ 引自：陈文. 如何防范房地产买卖中的风险. 北京：法律出版社，2004，94

况下，房屋经验收合格即可交付使用。《商品房销售管理办法》第三十条规定："房地产开发企业应当按照合同约定，将符合交付使用条件的商品房按期交付给买受人。未能按期交付的，房地产开发企业应当承担违约责任。"其中，对于"符合交付使用条件"的理解，应以合同约定为准。❶ 而对于住宅小区的开发项目，1993年建设部《城市住宅小区竣工综合验收管理办法》第四条规定："住宅小区开发建设单位对所开发的住宅小区质量负最终责任，不得将工程质量不合格或配套不完善的房屋交付使用。"其中的"配套不完善"，也应以商品房买卖合同中约定的配套设施交付条件为衡量标准。

根据上述法律法规的规定，有关商品房交付时配套设施尚未完善是否构成开发商的违约的问题，笔者认为，这主要应看当事人双方在商品房买卖合同中关于房屋及配套设施交付使用条件的条款是如何具体约定的。一般地，配套设施可分为市政基础设施和公用配套设施。市政基础设施包括水、电、暖、燃气、通讯、有线电视信号等，其一般在交房当日就应达到使用条件，与房屋一起交付使用；公用配套设施主要包括停车场、小区内道路、运动场、游泳池、小区花园、学校、会所、商店等等，这些公用配套设施一般应按照合同约定的期限按期交付使用。因此，商品房买卖合同中关于商品房及配套设施交付条件的约定就显得至关重要。为了更好地保护购房者的合法权益，避免日后维权陷入被动，购房者应积极在商品房买卖合同中对配套设施的具体交付时间及交付条件予以明确约定，如约定市政基础设施与商品房同期交付、公用配套设施按约定期限交付等。只有在商品房买卖合同中明确约定了配套设施的交付时间及交付条件，开发商没有按照合同约定履行交付义务时，购房者才可以据此拒绝接受房屋，并请求开发商承担延迟交付的违约责任。

---

❶ 在合同约定的交付使用标准低于法律法规规定的"经验收合格"的标准时，则应以法律规定为准。

6.9 购房者接收房屋时,发现规划设计已变更怎么办?

规划设计,往往对房屋的使用价值具有重大影响。在商品房买卖交易中,双方当事人对规划设计等事项协商一致并签订商品房买卖合同后,双方都有全面履行合同的义务。因此,作为开发商来讲,不得私自变更买卖合同,亦不得擅自变更规划设计。《商品房销售管理办法》第二十四条规定:"房地产开发企业应当按照批准的规划、设计建设商品房。商品房销售后,房地产开发企业不得擅自变更规划、设计。经规划部门批准的规划变更、设计单位同意的设计变更导致商品房的结构型式、户型、空间尺寸、朝向变化,以及出现合同当事人约定的其他影响商品房质量或者使用功能情形的,房地产开发企业应当在变更确立之日起10日内,书面通知买受人。买受人有权在通知到达之日起15日内做出是否退房的书面答复。买受人在通知到达之日起15日内未作书面答复的,视同接受规划、设计变更以及由此引起的房价款的变更。房地产开发企业未在规定时限内通知买受人的,买受人有权退房;买受人退房的,由房地产开发企业承担违约责任。"在2000年建设部、国家工商行政管理局下发的《商品房买卖合同示范文本》中也有类似的约定。❶ 也就是说,如果开发商擅自变更规划设计,且没有及时履行告知义务,则购房者有权解除合同,并请求开发商承担相应的违约责任。

需要注意的是,《商品房销售管理办法》和《商品房买卖合同示范文本》中所称的"规划变更",是指开发商项目红线以内的规划变更,项目周边的政府规划内容不在此列。购房者接收房屋时,若发现项目周边的环境配套发生了变化,则不能依据《商品房销售管理办法》及《商品房买卖合同示范文本》的规定(约定)行使合同解除权。因此,购房者在签署商品房买卖合同时,最好对项目周边的政府规划有一个大致的了解和把握,并建议把

---

❶ 参见:《商品房买卖合同示范文本》第十条。

开发商知悉政府有关规划变更后的通知义务在合同补充协议中予以约定，同时设立购房者因项目周边政府规划变更影响房屋使用价值而解除合同的权利，将政府规划变更的风险转移由开发商承担。❶ 当然，假若是开发商前期宣传时根本就没有如实介绍项目周边的政府规划情况，则可能构成欺诈，购房者可依据合同欺诈的有关法律规定追究开发商的责任。

6.10 开发商所交付的商品房应与样板房一样吗？

样板房在商品房销售中往往具有重要的广告作用。《商品房销售管理办法》第三十一条规定："房地产开发企业销售商品房时设置样板房的，应当说明实际交付的商品房质量、设备及装修与样板房是否一致，未作说明的，实际交付的商品房应当与样板房一致。"据此，在开发商没有相反说明的情况下，其所交付的房屋应与事先所设置的样板房一致，否则应承担违约责任。

实践中，多数开发商在销售房屋时会设置装修精美的样板房，同时，往往也不忘作出"该样板房仅作装修参考"、"样板房仅供参考，商品房交付时的实际状况以合同约定为准"等等之类的明确说明，以此避免了样板房的装饰装修标准成为合同要约而约束开发商。因此，购房者在与开发商协商签署商品房买卖合同时，如果要求开发商最终交付的房屋与样板房一致，应在合同中具体详细地约定房屋的装饰装修标准及交付条件，将样板房质量、设备、装修规格等相关指标在合同中逐一予以细化、确认，约定实际交付的商品房与样板房一致。这样，在开发商所交付的商品房与样板房不一致时，购房者则可依据合同的约定请求开发商承担违约责任。

---

❶ 关于购房者在与开发商协商签署合同中规划设计变更条款时需注意哪些问题，请参见本书第四章第15问"商品房买卖合同中，购房者对规划设计变更条款的约定需注意哪些问题？"的解答。

6.11 商品房交付后，房屋意外毁损的风险由谁承担？

商品房买卖是一个复杂的交易过程，需要依法履行实际交付、物权转移登记等一系列手续。在商品房买卖过程中，作为买卖标的物的房屋有可能因为天灾人祸发生一些意外的损毁甚至灭失，这时，这种风险责任由谁来承担就成为一个重要问题。❶

2003年，《最高人民法院关于审理商品房买卖合同纠纷案件适用法律若干问题的解释》第十一条规定："对房屋的转移占有，视为房屋的交付使用，但当事人另有约定的除外。房屋毁损、灭失的风险，在交付使用前由出卖人承担，交付使用后由买受人承担；买受人接到出卖人的书面交房通知，无正当理由拒绝接收的，房屋毁损、灭失的风险自书面交房通知确定的交付使用之日起由买受人承担，但法律另有规定或者当事人另有约定的除外。"据此，除非当事人另有约定❷或者法律又另有规定❸以外，在开发商按照合同约定交付商品房之前，房屋发生意外毁损的风险由开发商承担。但只要房屋符合了合同约定的交付条件，开发商按时保质交付，购房者接收房屋以后，则房屋意外毁损的风险转移至购房者承担；此时，即使购房者拒绝办理房屋交接手续，该房屋意外损毁之风险仍将于交房期限届满后转由购房者自行承担。当然，如果开发商交付房屋时，房屋并不符合合同约定的交付条件，则属于开发商迟延交付的情况，在合同约定的交付之日至实际交付时的这段时间，房屋未交付，开发商当然对房屋风险承担

---

❶ 所谓风险责任，是指因不可抗力或意外事故而非因合同当事人的过错导致标的物毁损灭失时损失的承担。（参见：高富平，黄武双. 房地产法学. 北京：高等教育出版社，2003，202）

❷ 如约定以房屋所有权转移为风险责任转移的分界线。

❸ 目前，我国现行法律对不动产交付之后但产权登记过户之前的这段时间风险责任承担问题尚无特别的规定，我国《合同法》也没有区分动产和不动产的情况，因此，对于不动产，买卖的风险转移一般也应适用《中华人民共和国合同法》第一百四十二条的规定："标的物毁损、灭失的风险，在标的物交付之前由出卖人承担，交付之后由买受人承担，但法律另有规定或者当事人另有约定的除外。"

责任,风险从实际交付之日再发生转移;❶ 如因购房者的原因导致开发商迟延交付房屋,❷ 则应由购房者承担自交房通知约定的交付期限起的风险责任;❸ 如果是因为不可归责于买卖双方的原因导致迟延交付的,则房屋损毁的风险自实际交付时发生转移。

需要注意的是,根据物权法理论及现行有关法律,❹ 我国不动产物权的变动以"登记"为公示方法,把登记作为不动产所有权移转的成立要件。也就是说,房屋所有权的变动必须经过政府主管部门的产权变更登记,这里所说的交付使用,并不意味着房屋所有权的移转,而仅是指对不动产实际占有和控制的移转。

另外,如果是二手房的买卖,则不能适用《最高人民法院关于审理商品房买卖合同纠纷案件适用法律若干问题的解释》的有关规定,❺ 其风险何时转移,我们将在本书第13章《二手房交易法律问题》中予以讨论。

6.12 商品房质量问题主要表现在哪些方面?

房屋质量问题,也即质量缺陷,是商品房买卖交易中的核心

---

❶ 依据《中华人民共和国合同法》第一百四十八条:"因标的物质量不符合质量要求,致使不能实现合同目的的,买受人可以拒绝接受标的物或者解除合同。买受人拒绝接受标的物或者解除合同的,标的物毁损、灭失的风险由出卖人承担。"

❷ 比如购房者无故未按交房通知约定的时间前去办理接房手续;又比如购房者未依商品房买卖合同的约定履行付款义务,开发商行使先履行抗辩权的情况等。

❸ 依据《中华人民共和国合同法》第一百四十三条:"因买受人的原因致使标的物不能按照约定的期限交付的,买受人应当自违反约定之日起承担标的物毁损、灭失的风险。"

❹《中华人民共和国城市房地产管理法》第六十条第三款:"房地产转让或者变更时,应当向县级以上地方人民政府房产管理部门申请房产变更登记,并凭变更后的房屋所有权证书向同级人民政府土地管理部门申请土地使用权变更登记,经同级人民政府土地管理部门核实,由同级人民政府更换或者更改土地使用权证书。"

❺ 根据《最高人民法院关于审理商品房买卖合同纠纷案件适用法律若干问题的解释》第一条:"本解释所称的商品房买卖合同,是指房地产开发企业(以下统称为出卖人)将尚未建成或者已竣工的房屋向社会销售并转移房屋所有权于买受人,买受人支付价款的合同。"该司法解释仅调整房地产开发企业与购房者之间的买卖合同关系。

问题之一，牵动着建设、勘察、设计、施工、监理及购房者多方主体和众多环节。根据2000年建设部《房屋建筑工程质量保修办法》的界定，质量缺陷是指房屋建筑工程的质量不符合工程建设强制性标准以及合同的约定。在实践中，商品房的质量缺陷主要表现在哪些方面呢？

根据建筑类法律法规的有关规定，房屋质量问题通常包括基础设施工程、房屋地基基础工程、主体结构工程、屋面墙面防水工程、供热与供冷系统工程、电气管线、给排水管道、设备安装和装修工程等等出现质量问题，或者是所交付房屋未达到买卖合同约定的设备及装修质量标准等等。具体来说，常见的如屋面渗水，地面空鼓开裂，墙体裂缝，面砖松动，饰面脱落，上下水管道漏水，供热不畅，钢筋混凝土、砖石砌体结构及其他承重结构变形、裂缝超过国家规范和设计要求，室内有毒有害气体含量超标以及擅自变更设备及装饰装修材料规格品牌等等。

对于这些法定或者约定的质量问题，最大的受害者无疑是作为最终所有权人的购房者。为保护购房者利益，我国《建筑法》第六十条规定："建筑物在合理使用寿命内，必须确保地基基础工程和主体结构的质量。建筑工程竣工时，屋顶、墙面不得留有渗漏、开裂等质量缺陷；对已发现的质量缺陷，建筑施工企业应当修复。"1996年，建设部《关于加强房地产开发管理提高商品房质量的通知》第六项规定："商品房的质量责任由房地产开发企业承担。房地产开发企业应在商品房销售合同中对质量、装修标准等作出明确承诺，并按技术规程的规定约定保修期，按约定交付使用。"1998年，《城市房地产开发经营管理条例》第三十二条："商品房交付使用后，购买人认为主体结构质量不合格的，可以向工程质量监督单位申请重新核验。经核验，确属主体结构质量不合格的，购买人有权退房；给购买人造成损失的，房地产开发企业应当依法承担赔偿责任。"2003年，《最高人民法院关于审理商品房买卖合同纠纷案件适用法律若干问题的解释》第十二条、第十三条也规定，房屋主体结构质量不合格以及房屋质量问题严重影响正常居住使用的,购房者可以解除合同,并请求开发商赔偿损失;而对于交付使用房屋存在的其他质量问题,开发商应当在保修期内承担修复责任。

6.13 开发商对房屋质量问题需承担哪些责任?

商品房质量直接关系到购房者今后的生活质量甚至生命财产安全。在商品房买卖交易中,开发商应向购房者交付质量符合国家标准及买卖合同约定标准的房屋,否则应对其瑕疵履行承担违约责任。❶ 具体地讲,开发商对房屋质量问题应承担哪些责任呢?

《城市房地产开发经营管理条例》第十六条规定,房地产开发企业应当对其开发建设的房地产开发项目的质量承担责任。第三十二条:"商品房交付使用后,购买人认为主体结构质量不合格的,可以向工程质量监督单位申请重新核验。经核验,确属主体结构质量不合格的,购买人有权退房;给购买人造成损失的,房地产开发企业应当依法承担赔偿责任。"2001年建设部《商品房销售管理办法》第三十五条规定:"商品房交付使用后,买受人认为主体结构质量不合格的,可以依照有关规定委托工程质量检测机构重新核验。经核验,确属主体结构质量不合格的,买受人有权退房;给买受人造成损失的,房地产开发企业应当依法承担赔偿责任。"又根据2003年《最高人民法院关于审理商品房买卖合同纠纷案件适用法律若干问题的解释》第十二条、第十三条的规定,因房屋主体结构质量不合格不能交付使用,或者房屋交付使用后,房屋主体结构质量经核验确属不合格,买受人可以请求解除合同和赔偿损失;因房屋质量问题严重影响正常居住使

---

❶ 对于瑕疵履行的违约责任,我国《合同法》第一百一十一条规定:"质量不符合约定的,应当按照当事人的约定承担违约责任。对违约责任没有约定或者约定不明确,依照本法第六十一条的规定仍不能确定的,受损害方根据标的的性质以及损失的大小,可以合理选择要求对方承担修理、更换、重作、退货、减少价款或者报酬等违约责任。"

用,买受人也可请求解除合同和赔偿损失。由此,也就是说,在开发商所交付的房屋主体结构质量不合格或者出现其他严重影响正常居住使用的质量问题的情况下,开发商应当承担退房并赔偿损失的责任。其中,对于后者,购房者是否可以请求解除合同,关键在于该质量问题是否严重影响到了房屋的正常居住使用,如出现严重建筑工程质量问题,且该质量问题通过修复等办法也无法保证居住者的人身财产安全及正常居住使用的情形,或是室内有毒有害气体含量严重超标而严重影响居住者身体健康的情形等等。至于这种情形是否达到"严重影响"的程度,一般应由工程质量检测机构进行检测,根据检测结论进行认定。

对于其他的一般质量问题,如屋面渗水、水管渗漏、墙面裂缝、地面空鼓开裂、顶棚抹灰层脱落、门窗翘裂、五金件损坏、供暖不畅等等,开发商负有保修责任。根据《城市房地产开发经营管理条例》、《商品房销售管理办法》、《商品住宅实行住宅质量保证书和住宅使用说明书制度的规定》、《最高人民法院关于审理商品房买卖合同纠纷案件适用法律若干问题的解释》的有关规定,房地产开发企业必须按照商品房买卖合同以及交付给购房者的住宅质量保证书的约定,履行质量保修义务,并对造成的损失承担赔偿责任。保修期从房屋交付之日起计算。但因不可抗力或者使用不当造成的损坏,房地产开发企业不承担责任。

同时,根据《最高人民法院关于审理商品房买卖合同纠纷案件适用法律若干问题的解释》第十三条,交付使用的房屋存在质量问题,在保修期内,出卖人应当承担修复责任;出卖人拒绝修复或者在合理期限内拖延修复的,买受人可以自行或者委托他人修复。修复费用及修复期间造成的其他损失由出卖人承担。由此确认了开发商保修责任主体地位。根据《中华人民共和国建筑法》第六十三条:"任何单位和个人对建筑工程的质量事故、质量缺陷都有权向建设行政主管部门或者其他有关部门进行检举、控告、投诉。"赋予了大众工程质量监督权。另外,根据2000年建设部《房屋建筑工程质量保修办法》第十四条:"在保修期内,因房屋建筑工程质量缺陷造成房屋所有人、使用人或者第三方人身、财产损害的，房屋所有人、使用人或者第三方可以向建设单位提出赔偿要求。建设单位向造成房屋建筑工程质量缺陷的责任方追偿。"由此明确了开发商第一赔偿责任人的顺位，对购房者来说无疑是一种有力的保护。

6.14 开发商承担保修责任的保修期是如何计算的？

建设部《商品房销售管理办法》第三十三条规定，房地产开发企业应当对所售商品房承担质量保修责任。当事人应当在合同中就保修范围、保修期限、保修责任等内容做出约定。保修期从交付之日起计算。商品住宅的保修期限不得低于建设工程承包单位向建设单位出具的质量保修书约定保修期的存续期；存续期少于《商品住宅实行质量保证书和住宅使用说明书制度的规定》中确定的最低保修期限的，保修期不得低于《商品住宅实行质量保证书和住宅使用说明书制度的规定》中确定的最低保修期限。在保修期限内发生的属于保修范围的质量问题，房地产开发企业应当履行保修义务，并对造成的损失承担赔偿责任。因不可抗力或者使用不当造成的损坏，房地产开发企业不承担责任。根据《商品住宅实行质量保证书和住宅使用说明书制度的规定》的相关规定，开发商向购房者交付房屋时必须同时交付《住宅质量保证书》，开发商应当按《住宅质量保证书》的约定，承担保修责任。商品住宅售出后，委托物业管理公司等单位维修的，应在《住宅质量保证书》中明示所委托的单位。《住宅质量保证书》应当包括工程质量监督部门核验的质量等级、保修范围、保修期和保修单位等内容。其中，对于保修范围，地基基础和主体结构在合理使用寿命年限即设计文件规定的该房屋的合理使用年限内保修，其他各部位、部件正常使用情况下的保修内容与保修期限主要为：屋面防水3年；墙面、厨房和卫生间地面、地下室、管道渗漏1年；墙面、顶棚抹灰层脱落1年；地面空鼓开裂、大面积起砂1年；门窗翘裂、五金件损坏1年；管道堵塞2个月；供热、供冷系统和设备1个采暖期或供冷期；卫生洁具1年；灯具、电器开关6个月；此外其他部位、部件的保修期限，由房地产开发商与购房者自行约定。住宅保修期从开发商将竣工验收的住宅交付购房者使用之日起计算，保修期限不应低于上述规定的期限。房地产开发商也可延长保修期。

实践中，对保修期限的计算，需要注意的是，《建设工程质量管理条例》第四十条❶规定的建设工程的最低保修期与1998年《商品住宅实行质量保证书和住宅使用说明书制度的规定》第五条❷规定的住宅质量最低保修期之间可能产生冲突。根据我国《建筑法》及《建设工程质量管理条例》的有关规定，建筑工程实行质量保修制度。建设工程在保修范围和保修期限内发生质量问题的，施工单位应当履行保修义务，并对造成的损失承担赔偿责任。建设工程的保修期，自竣工验收合格之日起计算。也就是说，《建设工程质量管理条例》第四十条所规定的保修期是建筑施工单位对开发商所承担的工程质量保修期限，自工程竣工验收合格之日起算。而根据《商品房销售管理办法》，开发商对购房

---

❶ 《建设工程质量管理条例》第四十条："在正常使用条件下，建设工程的最低保修期限为：（一）基础设施工程、房屋建筑的地基基础工程和主体结构工程，为设计文件规定的该工程的合理使用年限；（二）屋面防水工程、有防水要求的卫生间、房间和外墙面的防渗漏，为5年；（三）供热与供冷系统，为2个采暖期、供冷期；（四）电气管线、给排水管道、设备安装和装修工程，为2年。其他项目的保修期限由发包方与承包方约定。建设工程的保修期，自竣工验收合格之日起计算。"

另外，2000年建设部《房屋建筑工程质量保修办法》第七条对房屋建筑工程最低保修期限的规定基本上与《建设工程质量管理条例》一致。

❷ 《商品住宅实行质量保证书和住宅使用说明书制度的规定》第五条："《住宅质量保证书》应当包括以下内容：1. 工程质量监督部门核验的质量等级；2. 地基基础和主体结构在合理使用寿命年限内承担保修；3. 正常使用情况下各部位、部件保修内容与保修期：屋面防水3年；墙面、厨房和卫生间地面、地下室、管道渗漏1年；墙面、顶棚抹灰层脱落1年；地面空鼓开裂、大面积起砂1年；门窗翘裂、五金件损坏1年；管道堵塞2个月；供热、供冷系统和设备1个采暖期或供冷期；卫生洁具1年；灯具、电器开关6个月；其他部位、部件的保修期限，由房地产开发企业与用户自行约定。4. 用户报修的单位，答复和处理的时限。"

者亦须承担质量保修责任,且保修期限从房屋交付时起算。这样,由于工程竣工验收合格先于商品房交付购房者,就可能出现开发商对购房者承担的质量保修期超过建筑施工单位对开发商承担的建设工程保修期存续期限的矛盾。这时,"不属于建设工程保修期限内"不应成为开发商不履行其对购房者保修责任的抗辩理由。对购房者而言,开发商与建筑施工单位约定的保修期限对其没有约束力,仅应以《住宅质量保证书》所确定的保修期为有效的保修期限。开发商对购房者的保修责任自房屋交付时起算,而不论保修责任发生时是否已超过建筑施工单位对开发商承担的建设工程保修期限。

6.15 购房者可如何进行房屋质量投诉或诉讼?

随着我国房地产业的飞速发展,因房屋质量问题而引发的纠纷日益增多,受损害的往往都是购房者。那么,如何对受害业主进行救济,购房者又应当怎样进行房屋质量投诉或诉讼呢?

1997年,建设部发布《建设工程质量投诉处理暂行规定》(以下简称《暂行规定》),将接待和处理工程质量投诉规定为各级建设行政主管部门的一项重要日常工作,并对建设工程质量的投诉范围、建设主管部门职责、投诉管理工作要求等问题作出了规定。《暂行规定》第二条指出:"本办法中所称工程质量投诉,是指公民、法人和其他组织通过信函、电话、来访等形式反映工程质量问题的活动。"对于建设工程质量的投诉范围,《暂行规定》第三条规定:"凡是新建、改建、扩建的各类建筑安装、市政、公用、装饰装修等建设工程,在保修期内和建设过程中发生的工程质量问题,均属投诉范围。对超过保修期,在使用过程中发生的工程质量问题,由产权单位或有关部门处理。"也就是说,房屋质量投诉的范围限于新建、改建、扩建的各类建筑安装、市政、公用、装饰装修等建设工程在建设过程中和保修期内发生的工程质量问题。从时间段上,其限于在施工过程中和保修期内,超过保修期发生的工程质量问题,则一般应通过司法途径解决或由有关部门调处。

除了向建设行政主管部门进行房屋质量投诉以外，购房者也可通过诉讼的方式解决房屋质量纠纷。根据民事法律有关规定，因房屋质量问题引起的纠纷一般应适用普通诉讼时效，即自当事人知道或应当知道质量存在问题时起算两年时间。关于民事诉讼的规则和程序问题，大家可查阅《中华人民共和国民事诉讼法》的具体规定，这里就不再论述了。

第7章

商品住宅装饰装修

房屋建成之后，为满足业主不同偏好、增强房屋整体视觉效果、更好发挥其使用功能，往往就需要进行装饰装修。在房屋主体质量过关的前提下，房屋使用价值的最大化实现，很大程度上依赖于装修工程。可以说，装修是一个锦上添花的过程。现实中，装饰装修通常可分为粗装修和全装修两种。粗装修的房屋往往不具备立即使用的条件，需要购房者在接收房屋后再自行进行进一步的装修、布置；而全装修的房屋在交付时已基本完成室内装修工程，往往在购房者自行添置家具后即可正常使用。面对两种不同装修类型的房屋，购房者在选择时需考虑哪些问题？对于全装修的房屋国家有哪些法律规范及强制性质量标准？购房者对粗装修房屋进行二次装修时需注意哪些问题？装修活动中发生侵权行为时应如何维权？本章将从装修的种类出发，对全装修房屋及粗装修房屋所涉及的法律问题予以解答，并对装修活动中的维权问题提出建议与参考。

7.1 商品房装修有哪些种类？

住宅装饰装修，是指为了保护住宅建筑的主体结构，完善住宅的使用功能，采用装饰装修材料或饰物，对住宅内部表面和使

第7章 商品住宅装饰装修

用空间环境所进行的处理和美化过程。❶ 实践中，装修通常分为两种，即粗装修和全装修。从一般意义上来说，粗装修是指开发商在交付房屋时，仅对房屋作基本的装饰，而没有配备地板、壁纸、厨具、洁具等进一步的设施及装饰。通俗地说，粗装修的房屋，就是我们平常所说的"毛坯房"。这种房屋，交付时一般不具备立即使用的条件，购房者在接收房屋后，还需进行二次装修，以使其符合购房者的偏好及生活的各种需要。全装修，是指开发商在交付房屋时已经完成了房屋室内的装修工程，所交付的房屋已基本具备了正常生活所需的各种设施，往往购房者在添置家具后即可使用。

根据国务院办公厅1999年72号文件转发的建设部等部门《关于推进住宅产业现代化提高住宅质量的若干意见》的规定，要求积极推广装修一次到位❷或菜单式装修模式❸。一些地方也

---

❶ 参见：国家标准《住宅装饰装修工程施工规范》（GB 50327—2001）：2.0.1、住宅装饰装修 Interior decoration of housings：为了保护住宅建筑的主体结构，完善住宅的使用功能，采用装饰装修材料或饰物，对住宅内部表面和使用空间环境所进行的处理和美化过程。

❷ 建设部住宅产业化促进中心编制颁发的《商品住宅装修一次到位实施导则》1.1.2："商品住宅装修一次到位所指商品住宅为新建城镇商品住宅中的集合式住宅。装修一次到位是指房屋交钥匙前，所有功能空间的固定面全部铺装或粉刷完成，厨房和卫生间的基本设备全部安装完成，简称全装修住宅。"1.1.4："推行装修一次到位的根本目的在于：逐步取消毛坯房，直接向消费者提供全装修成品房；规范装修市场，促使住宅装修生产从无序走向有序。坚持技术创新和可持续发展的原则，贯彻节能、节水、节材和环保方针，鼓励开发住宅装修新材料新部品，带动相关产业发展，提高效率，缩短工期，保证质量，降低造价。"1.2.1："住宅开发单位必须更新观念，建造全装修住宅，做到住宅内所有功能空间全部装修一次到位，销售成品房的价格中包含装修费用，并应在商品房预售合同中单独标明装修标准。"目前，该实施导则为指导性意见。

❸ 所谓"菜单式装修"，是就全装修商品房而言的，指为了避免装修风格千篇一律，而由开发商向购房者提供多种可行的装修方案，购房者与开发商签订商品房买卖合同时，同时签订装修补充合同，就装修细节提出自己的意见，开发商综合各方面因素后敲定最终的装修方案，进而实施装修。这种装修模式于2001年前后推出，它一定程度上解决了以往精装存在的装修风格单一的通病，但由于装修过程中客户的思路随时可能发生变化，加之其他不可控的因素，最终的装修效果未必会得到客户的认可。

随即下令全面取消毛坯房,实行住宅一次性装修到位。由此,粗装修房屋随着各地相关规定的出台,逐渐开始退出主流市场,而交付即可正常使用的全装修房屋正日益成为购房者们关注的热点。

7.2 法律对全装修房屋的装修质量和标准有何要求?

近年来,全装修房屋逐渐成为商品住宅市场的主流。与此同时,有关全装修房屋装修质量的纠纷也随之而来。为避免、预防有关全装修房屋装饰装修纠纷的发生,有关法律、法规和买卖合同中都有专门的条款对于装修部分进行规范和约束。2001年,建设部《商品房销售管理办法》第十六条规定,商品房买卖合同必须明确对装饰、设备标准的承诺。建设部、国家工商行政管理局《商品房买卖合同示范文本》(以下简称"示范合同")第十三条对装修差异作出了如下约定:"出卖人交付使用的商品房的装饰、设备标准应符合双方约定(附件三)的标准。达不到约定标准的,买受人有权要求出卖人按照下述第_____种方式处理:1. 出卖人赔偿双倍的装饰、设备差价。2. ……"示范合同附件三中,对于装修标准及装修用材也要求买卖双方予以明确,其范围包括"外墙、内墙、顶棚、地面、门窗、厨房、卫生间、阳台、电梯、其他"等方面。❶ 另外,《商品房销售管理办法》第三十一条还规定:"房地产开发企业销售商品房时设置样板房的,应当说明实际交付的商品房质量、设备及装修与样板房是否一致,未作说明的,实际交付的商品房应当与样板房一致。"这便对样板房及实际交付房屋的装修质量和装修标准作出了规定,从

---

❶ 需要注意的是,《商品房买卖合同示范文本》是一个示范性的合同文件,并非强制性的签约文本。但由于其制定部门为全国性商品房买卖主管部门及工商行政主管部门,具有绝对的权威性,在各地商品房交易实践中,往往采用由当地房地产主管部门制定的、以此示范文本为基础的合同文本作为正式的签约文本。在这些用以签约的文本中,一般都有与此类似的约定,有的在此基础上还更为详细,其内容对签约双方都具有法律约束力。

另一个角度对全装修房屋的装修质量和标准提出了要求，对购房者来说也是一种保护。❶

2002年，建设部住宅产业促进中心颁发了《商品住宅装修一次到位实施导则》和《商品住宅装修一次到位材料、部品技术要点》，对全装修住宅装修质量及具体装修标准的有关问题第一次作了较为明确的规定，确立开发商为住宅装修质量的第一责任人，承担住宅装修工程质量责任，负责相应的售后服务；同时，要求开发商在装修中要全面负责装修工程的全过程；房屋交付时，开发商必须向购房者提交装修质量保证书，其中包括装修明细表，装修平面图和主要材料及部品的生产厂家，并执行有关的保修期，等等。《商品住宅装修一次到位实施导则》中还同时提到："居室装修质量首先应表现在样板间上，样板间要真实地反映装修档次和装修施工质量。交付给购房者的装修质量，不应低于样板间的质量水平。作为装修质量的衡量标准，样板间在购房者入住之前不宜拆除。"并且，"样板间应以交付给购房者时的实景为主，以带个性化装饰为辅，真实地反映装修一次到位的商品房的内在质量。"当然，《商品住宅装修一次到位实施导则》和《商品住宅装修一次到位材料、部品技术要点》目前还是指导性意见，并非强制性的国家标准，但建设部已经将此标准推广到康居示范工程3A级住宅里面，同时也推荐给全行业的房地产开发、设计和施工单位参照执行。

另外，对于全装修的房屋来说，在装修质量方面，还涉及一个重要的指标，即室内环境质量标准。也即是我们平常所说的"绿色家装"、"环保家装"。对此，国家相关部门相继出台了诸多国家标准予以控制和规范，如《住房内氡浓度控制标准》（GB/T 16146—1995）、《室内空气中二氧化硫卫生标准》（GB/T 17097—1997）、《室内空气中二氧化碳卫生标准》（GB/T

---

❶ 有关样板房的法律效力问题，请参见本书第二章问题2.13"样板房在商品房交易中具有怎样的效力"的详细解答。

17094—1997)、《室内空气质量标准》(GB/T 118883—2002)、《室内装饰装修材料人造板及其制品中甲醛释放限量》(GB 18580—2001)、《室内装饰装修材料溶剂型木器涂料中有害物质限量》(GB 18581—2001)、《室内装饰装修材料内墙涂料中有害物质限量》(GB 18582—2001)、《室内装饰装修材料胶粘剂中有害物质限量》(GB 18583—2001)、《室内装饰装修材料木家具中有害物质限量》(GB 18584—2001)、《室内装饰装修材料壁纸中有害物质限量》(GB 18585—2001)、《室内装饰装修材料聚氯乙烯卷材地板中有害物质限量》(GB 18586—2001)、《室内装饰装修材料地毯、地毯衬垫及地毯用胶粘剂中有害物质释放限量》(GB 18587—2001)、《混凝土外加剂中释放氨限量》(GB 18588—2001)、《建筑材料放射性核素限量》(GB 6566—2001)以及《民用建筑工程室内环境污染控制规范》(GB 50325—2001)、《健康住宅建设技术要点》等等。根据2002年建设部《关于加强建筑工程室内环境质量管理的若干意见》，要求在建筑工程竣工时，开发商必须按照《民用建筑工程室内环境污染控制规范》(GB 50325—2001)(以下简称"《规范》")对室内环境质量进行检查验收，委托经考核认可的检测机构对建筑工程室内氡、甲醛、苯、氨、总挥发性有机化合物(TVOC)的含量指标进行检测，对建筑工程室内有害物质含量指标不符合《规范》规定的，不得投入使用。北京市建委《关于贯彻建设部〈关于加强建筑工程室内环境质量管理的若干意见〉的通知》进一步规定："2002年7月1日以后开工的所有民用建筑工程完工后，建设单位必须组织对室内环境进行验收，并委托经市建委等有关部门考核认可的检测机构对建筑工程室内环境进行检测，依据《规范》检测不合格的，不得竣工验收，应及时查找原因并采取措施进行处理，并依据有关规定进行再次检测，直至符合要求后方可进行竣工验收和办理竣工验收备案手续。"依据这些规定，也即是说，开发商拟交付的商品房必须符合国家相关强制性标准，室内环境质量必须达标，这同样也是国家法律为保护购房者的居住安全与身体健康而对全装修房屋装修质量提出的一项强制性要求,开发建设单位必须遵守,并应在房屋交付时提供相应的室内环境检测报告,以保证全装修房屋的装修质量。

7.3 商品住宅装饰装修合同一般应包括哪些内容?

购房者接收符合交付条件的房屋后,往往会根据自己的偏好对房屋进行装饰装修(或进行二次装修),这便需要与委托的装修企业或个人签署专门的装修装修合同,以明确双方的相关权利义务。根据1997年建设部《家庭居室装饰装修管理试行办法》、2002年建设部《住宅室内装饰装修管理办法》的有关规定,❶ 实行委托的家庭居室装饰装修,委托人和被委托人应当遵循诚实、平等、公平、自愿的原则,遵照国家和地方的有关规定,签订家庭居室装饰装修合同。装修合同的内容应包括以下几个方面:

(1) 委托人和被委托人的姓名或者单位名称、住所地址、联系方式。其中个体装饰装修从业者还应当填写本人身份证和个体装饰装修从业者上岗证书的号码;

(2) 家庭居室装饰装修的间数、面积,装饰装修的项目、方式、规格、质量要求以及质量验收方式;

(3) 装饰装修工程的开工、竣工时间;

(4) 装饰装修工程保修的内容、范围、期限❷;

(5) 装饰装修工程价格,计价和支付方式、时间;

(6) 合同变更和解除的条件;

(7) 违约责任及解决纠纷的途径(如向当地建设行政主管部门或者其指定的机构反映投诉,或者申请仲裁或向人民法院起诉

---

❶ 参见《家庭居室装饰装修管理试行办法》第十三条、第十四条,《住宅室内装饰装修管理办法》第二十四条。

❷ 根据2002年建设部《住宅室内装饰装修管理办法》第三十二条的规定,在正常使用条件下,住宅室内装饰装修工程的最低保修期限为二年,有防水要求的厨房、卫生间和外墙面的防渗漏为五年。保修期自住宅室内装饰装修工程竣工验收合格之日起计算。

等等);

(8) 合同的生效时间;

(9) 双方认为需要明确的其他条款。

目前,建设部尚未出台统一的家居装饰装修合同示范文本,但一些地方的建设主管部门及工商行政管理部门已发布合同示范文本。❶ 业主在签署装饰装修委托合同时,可参考各地方发布的示范文本,将委托方与受托方的权利义务尽量具体详尽地在合同中予以明确,以切实保障合同双方的合法权益。

7.4 购房者在选择装饰装修单位时需注意哪些问题?

目前,商品房装修管理尚未达到完全规范的状态,商品住宅装修市场仍存在较大的风险。购房者如何在多如过江之鲫的装饰装修公司(个体从业者)中进行衡量选择,是购房者防范风险、成功装修的第一步。

首先,购房者应当审查装修方资质。根据 2001 年建设部《建筑业企业资质管理规定》、2002 年建设部《住宅室内装饰装修管理办法》的有关规定,建筑业企业必须取得相应的资质证书后才可以从业,其中,承接住宅室内装饰装修工程的装饰装修企业,必须经建设行政主管部门资质审查,取得相应的建筑业企业资质证书,并在其资质等级许可的范围内承揽工程。而对于个体装饰装修从业者来说,1997 年建设部《家庭居室装饰装修管理试行办法》第六条规定:"对于承接家庭居室装饰装修工程的个体装饰装修从业者,应当持所在地乡镇以上人民政府有关主管部门出具的务工证明、本人身份证、暂时居住证,向工程所在地的建设行政主管部门或者其指定的机构登记备案,实行'登记注册、培训考核、技能鉴定、持证上岗'的制度。具体办法由省、自治区、直辖市人民政府建设行政主管部门制订。"由此,购房

---

❶ 如上海工商行政管理局就已发布《上海市家庭居室装饰装修施工合同示范文本》。该示范文本可参见本书附录五。

者在选择委托装修方时,首先应确认对方的资质或上岗从业资格,选择具有相应资质等级的装饰装修企业或合法从业个人。另外,需要特别提醒购房者注意,根据《住宅室内装饰装修管理办法》第三十六条规定:"装修人违反本办法规定,将住宅室内装饰装修工程委托给不具有相应资质等级企业的,由城市房地产行政主管部门责令改正,处5百元以上1千元以下的罚款。"也就是说,购房者选择不具有相应资质等级的装饰装修企业承包装修工程的行为,被法律认定为违法行为,还将受到一定的行政处罚。

其次,要对装修方的信用和公司实力有一定的了解和把握,尽量选择信誉好、没有质量及其他投诉记录且实力雄厚的装饰装修企业。从表面上看,这些企业可能收费会相对较高,但从长远来看,选择这样的装饰装修企业利大于弊:其一,装饰装修工程质量相对来说更有保证;其二,这样的企业具有较大的赔付能力,一旦因装修产生质量纠纷,购房者更容易得到有效赔偿,以弥补损失。

总之,购房者在选择装饰装修单位时,应认真审查其资质,选择具有相应资质的,并且信誉良好的装饰装修单位,以降低装修过程中的风险。

7.5 为保证装修工程质量,购房者在装修过程中需注意哪些问题?

很长一段时间以来,装修市场较为混乱、装修工程质量难以保障,一直是令购房者头疼的事情。新铺的地板鼓胀,墙纸卷边,电路布线混乱,室内有害气体超标等等情况时有发生。面对一些装饰装修企业,有时购房者颇有点"人为刀俎,我为鱼肉"的味道。那么,为避免装修工程的质量问题,购房者在装饰装修过程中应注意哪些问题呢?

首先,在装饰装修企业的选择上,应尽量选择具有相应资质的、信誉较好的公司。这一问题,在本章"购房者在选择装饰装修单位时需注意哪些问题"的解答中已详细说明，此处不再赘述。

其次，购房者最好能够亲临装修作业现场，监督作业。购房者应监督施工作业人员严格按照国家标准《住宅装饰装修工程施工规范》（GB 50327—2001）中的强制性要求、建设部《家庭居室装饰装修管理试行办法》的相关规定以及装饰装修合同中的特殊要求规范作业。同时，依据《家庭居室装饰装修管理试行办法》第十二条的规定，在装饰装修施工过程中，购房者也可委托有关质量监督机构进行监督，利用"内行人士"的专业技能为装修质量提供可靠的保障。

再次，装饰装修施工结束时，购房者应严格验收。购房者可参考国家标准《建筑装饰装修工程质量验收规范》（GB 50210—2001）的相关规定，依据装饰装修合同的具体约定对装饰装修工程进行仔细验收检查，不仅对装修项目，对装修可能影响到的原有设施设备也要再次进行检查，并作好验收记录，以便出现质量问题时明确责任。《住宅室内装饰装修管理办法》（以下简称"办法"）第二十九条规定："装修人委托企业对住宅室内进行装饰装修的，装饰装修工程竣工后，空气质量应当符合国家有关标准。装修人可以委托有资格的检测单位对空气质量进行检测。检测不合格的，装饰装修企业应当返工，并由责任人承担相应损失。"由此，对"绿色家装"、"环保家装"提出了强制性的要求。同时，依照"办法"第三十条、第三十一条的规定，装饰装修工程验收合格后，购房者需向装修单位索取住宅室内装饰装修质量保修书，装饰装修企业负责采购装饰装修材料及设备的，还应由装饰装修企业向装修委托方（购房者）提交说明书、保修单和环保说明书。

最后，在整个装修过程中，购房者一旦发现质量问题，应及时根据装饰装修合同的有关约定明确责任，并按合同约定的方式处理纠纷。不可怠于维权，否则可能因时效问题产生不利于购房者的法律后果。

7.6 商品住宅装饰装修只是购房者个人的"私事"吗？

购房者接收属于自己的商品住宅，花钱进行二次装修，看似是一件很随意的事情，往往也都认为是一己之事，与政府部门、与邻里他人无关，于是大刀阔斧、改头换面地肆意装修。然而，从法律上讲，家居装修也并非简单的个人"私事"。

根据1997年建设部《家庭居室装饰装修管理试行办法》第四条："房屋所有人、使用人进行家庭居室装饰装修，凡涉及拆改主体结构和明显加大荷载的，必须按照建设部令第46号《建筑装饰装修管理规定》❶第八条规定的程序办理；进行简易装饰装修(如仅作面层涂料、贴墙纸、铺面砖等)的，应当到房屋产权单位或物业管理单位登记备案。"2002年建设部《住宅室内装饰装修管理办法》第十三条第一款："装修人在住宅室内装饰装修工程开工前，应当向物业管理企业或者房屋管理机构(以下简称物业管理单位)申报登记。"第十四条进一步规定，购房者申报登记须提交如下一些材料：(1)房屋所有权证(或者证明其合法权益的有效凭证)；(2)申请人身份证件；(3)装饰装修方案；(4)变动建筑主体或者承重结构的，需提交原设计单位或者具有相应资质等级的设计单位提出的设计方案；(5)涉及搭建建筑物、构筑物，改变住宅外立面，在非承重外墙上开门、窗，拆改供暖管道和设施以及拆改燃气管道和设施的行为的，需提交城市规划行政主管部门、供暖管理单位、燃气管理单位的批准文件，涉及超过设计标准或者规范增加楼面荷载，改动卫生间、厨房间防水层的行为的，需提交原设计单位或者具有相应资质等级的设计单位提出的设计方案或者施工方案；(6)委托装饰装修企业施工的，需提供该企业相关资质证书的复印件。由此，购房者进行住宅装饰装修，应当按照法律的相关规定，到相应部门、机构申请许可并申

---

❶ 笔者注：该规定已由2004年建设部第127号令《建设部关于废止〈城市房屋修缮管理规定〉等部令的决定》废止。

报登记，而不得擅自动工。

另外，根据《住宅室内装饰装修管理办法》第十六条的规定，购房者与委托的装饰装修企业在进行装饰装修工程时，应当与物业管理单位签订住宅室内装饰装修管理服务协议。协议的内容应当包括：(1)装饰装修工程的实施内容；(2)装饰装修工程的实施期限；(3)允许施工的时间；(4)废弃物的清运与处置；(5)住宅外立面设施及防盗窗的安装要求；(6)禁止行为和注意事项；(7)管理服务费用；(8)违约责任；(9)其他需要约定的事项。

同时，基于民法上的相邻关系理论，要求相互毗邻的物业区分所有权人在行使自己的权利时，应当给予相邻各方便利和接受必要的限制，《中华人民共和国民法通则》第八十三条对此予以了确认。❶ 具体到住宅室内装饰装修工程，建设部《住宅室内装饰装修管理办法》第十五条第二款规定："装修人对住宅进行装饰装修前，应当告知邻里。"第十二条又规定，购房者或装饰装修企业从事住宅室内装饰装修活动，不得侵占公共空间，不得损害公共部位和设施。第二十六条："装饰装修企业从事住宅室内装饰装修活动，应当严格遵守规定的装饰装修施工时间，降低施工噪声，减少环境污染。"建设部《家庭居室装饰装修管理试行办法》第十六条："家庭居室装饰装修不论是自行进行还是委托他人进行，都应当采取有效措施，减轻或者避免对相邻居民正常生活所造成的影响。"第十七条："承接家庭居室装饰装修工程的单位和个人，应当采取必要的安全防护和消防措施，保障作业人员和相邻居民的安全。"第十八条："家庭居室装饰装修所形成的各种废弃物，应当按照有关部门指定的位置、方式和时间进行堆放及清运。严禁从楼上向地面或由垃圾道、下水道抛弃因装饰装

---

❶ 《中华人民共和国民法通则》第八十三条："不动产的相邻各方，应当按照有利生产、方便生活、团结互助、公平合理的精神，正确处理截水、排水、通行、通风、采光等方面的相邻关系。给相邻方造成妨碍或者损失的，应当停止侵害，排除妨碍，赔偿损失。"

修居室而产生的废弃物及其他物品。"第十九条:"因进行家庭居室装饰装修而造成相邻居民住房的管道堵塞、渗漏水、停电、物品毁坏等,应由家庭居室装饰装修的委托人负责修复和赔偿;如属被委托人的责任,由委托人找被委托人负责修复和赔偿。"由此,购房者或装饰装修企业在装饰装修作业时,应考虑到相邻居民的利益,采取必要安全防护和消防措施,控制施工噪声,合理堆放、处置废弃物,并随时接受相关管理单位的监督和管理。对因装饰装修工程给邻里造成损失的,购房业主应当承担赔偿责任。而依据民法中"转承责任"理论,受委托的装饰装修企业对损害有过错的,委托方(购房业主)可以就已赔付的损失向其追偿。

7.7 法律对住宅室内装饰装修活动有哪些禁止性规定?

为维护建筑结构,保障居民人身财产安全,国家出台了一些强制性规定,明令禁止住宅装饰装修活动中可能危及公共安全或损害他人利益的违规行为。建设部1997年颁布的《家庭居室装饰装修管理试行办法》第十一条规定:"进行家庭居室装饰装修,不得随意在承重墙上穿洞,拆除连接阳台门窗的墙体,扩大原有门窗尺寸或者另建门窗;不得随意增加楼地面静荷载,在室内砌墙或者超负荷吊顶、安装大型灯具及吊扇;不得任意刨凿顶板,不经穿管直接埋设电线或者改线;不得破坏或者拆改厨房、厕所的地面防水层,以及水、暖、电、煤气等配套设施;不得大量使用易燃装饰材料等。"建设部2002年颁布的《住宅室内装饰装修管理办法》(以下简称"办法")第五条、第六条、第七条也对住宅室内装饰装修工程作了一些禁止性规定,严令禁止如下一些行为:(1)未经原设计单位或者具有相应资质等级的设计单位提出设计方案,变动建筑主体和承重结构;(2)将没有防水要求的房间或者阳台改为卫生间、厨房间;(3)扩大承重墙上原有的门窗尺寸,拆除连接阳台的砖、混凝土墙体;(4)损坏房屋原有节能设施,降低节能效果;(5)未经城市规划行政主管部门批准搭建建筑物、构筑物;(6)未经城市规划行政主管部门批准改变住宅外立面,在非承重外墙上开门、窗;(7)未经供暖管理单位批准拆改供暖管道和设施;(8)未经燃气管理单位批准拆改燃气管道和设施;(9)未经原设计单位或者具有相应资质等级的设计单位提出设计方案而超过设计标准或者规范增加楼面荷载的装饰装修行为;(10)其他影响建筑结构和使用安全的行为。办法中,所称建筑主体,是指建筑实体的结构构造,包括屋盖、楼盖、梁、柱、支撑、墙体、连接接点和基础等;承重结构,是指直接将本身自重与各种外加作用力系统地传递给基础地基的主要结构构件和其连接接点,包括承重墙体、立杆、柱、框架柱、支墩、楼板、梁、屋架、悬索等。

上述这些住宅装饰装修行为为国家强令性禁止,购房者和所委托的装饰装修企业都不得违反,否则,不但可能承担民事上的赔偿责任,更要承担行政责任,受到相应的行政处罚。

7.8 业主(装修委托人)需要为装修作业人员在装修过程中的侵权行为承担赔偿责任吗?

在装饰装修工程的施工过程中,难免出现施工作业人员所为的侵权行为,并给他人造成损害。这时,受害者往往要求装修施工的委托人(业主)承担赔偿责任,而业主真的需要对他人的侵权行为承担赔偿责任吗?

在传统民法理论中,依雇佣关系会产生一种转承赔偿责任。《德国民法典》第831条规定:"雇用他人从事某种事务者,于他人因执行事务不法加害于第三人时,负赔偿义务。"也就是说,在雇佣劳动关系中,雇工在雇佣劳动中侵权致人损害的,由雇主转承承担民事赔偿责任。该责任主要有如下法律特征:(1)人身关系的从属性。即在转承责任中,责任人与侵害人之间存在着雇佣关系,雇工在受雇期间从事雇佣活动,其意志和行为受雇主的约束和支配。(2)义务主体的分离性。一般侵权责任的侵害人与责任人为同一主体,但转承责任的责任人并非是侵害人,责任人与侵害人相分离，只是基于他们之间存在着特定的法律关系，才由雇主对外承担赔偿责任。(3)经济利益的关联性。雇工在从事雇佣活动时所实施的行为，直接为雇主创造经济价值以及其他利益，雇主是这种利益的享有者。(4)雇佣人与受雇佣人所致损害之间存在特定的因果关系。损害事实虽系受雇人直接造成，但雇佣人对受雇人选任不当、疏于管理、监督不力等作为与不作为的行为，是损害事实得以发生的一个主要原因，而不仅仅是损害事实发生的条件。转承责任的承担又分为两种情况：一是受雇人致人损害在主观上有过错，则雇佣人与受雇人连带承担赔偿责任，雇佣人赔偿受害人的损失后，即对受雇人取得代位求偿权，受雇人应当赔偿雇佣人因赔偿受害人的损失所造成的损失，形成一个新的赔偿请求关系；二是受雇人主观上并没有过错，损害的造成并非受雇人主观过错所致，此时，则应由雇佣人单独承担全部赔偿责任，雇佣人对受雇佣人不能取得求偿权。

我国《民法通则》并未明确设立"转承赔偿责任"，仅对无民事行为能力人和限制民事行为能力人规定了转承责任，❶另外在第四十三条规定了企业法人对其法定代表人及其工作人员的经营活动承担民事责任。❷

在住宅装饰装修活动中，部门规章在装饰装修工程的委托人与受托人之间确认了这种转承责任关系。建设部《家庭居室装饰装修管理试行办法》第十九条规定："因进行家庭居室装饰装修而造成相邻居民住房的管道堵塞、渗漏水、停电、物品毁坏等，应由家庭居室装饰装修的委托人负责修复和赔偿；如属被委托人的责任，由委托人找被委托人负责修复和赔偿。"建设部《住宅室内装饰装修管理办法》第三十三条也规定："因住宅室内装饰

---

❶ 参见《中华人民共和国民法通则》第一百三十三条第一款："无民事行为能力人、限制民事行为能力人造成他人损害的，由监护人承担民事责任。监护人尽了监护责任的，可以适当减轻他的民事责任。"

❷ 参见《中华人民共和国民法通则》第四十三条："企业法人对它的法定代表人和其他工作人员的经营活动，承担民事责任。"

装修活动造成相邻住宅的管道堵塞、渗漏水、停水停电、物品毁坏等，装修人应当负责修复和赔偿；属于装饰装修企业责任的，装修人可以向装饰装修企业追偿。"而对于业主雇佣个体装修从业者进行家装作业，则业主与受雇的装修工人之间存在一种雇佣关系，当受雇工人因自己的主观过错造成他人损害时，业主应当依转承责任原则首先向受害者承担侵权损害赔偿责任，然后再向为侵权行为的装修工人追偿。

7.9 全装修房屋因装修质量问题给邻居造成损失，购房者（业主）需对受害邻居承担赔偿责任吗？

全装修房屋，根据建设部住宅产业化促进中心编制颁发的《商品住宅装修一次到位实施导则》的界定，是指房屋交付之前，所有功能空间的固定面全部铺装或粉刷完成，厨房和卫生间的基本设备全部安装完成，购房者只需购置必要家具即可入住正常使用的房屋。❶ 全装修房屋因为交付时已由开发建设单位基本装修完毕，购房者验收收房时很难察觉其装饰装修过程中的质量问题，且房屋管线都已作装饰遮蔽处理，其质量问题难以暴露，在便利了购房者入住使用的同时，也可能留下了隐蔽工程的质量隐患。

在笔者接触的有关全装修房屋质量问题引发的相关司法案例中，往往有这样的情况：由于开发建设单位装修时对某部分防水层处理不当，造成房屋使用过程中污水浸渍损害邻居房屋，受害人要求业主赔偿损失，而业主则认为房屋装修质量问题是房屋转移交付前由于开发建设单位的装饰装修施工不当造成，受害人的损害并非业主行为所致，故拒绝承担损害赔偿责任，酿成纠纷。

---

❶ 《商品住宅装修一次到位实施导则》1.1.2："商品住宅装修一次到位所指商品住宅为新建城镇商品住宅中的集合式住宅。装修一次到位是指房屋交钥匙前，所有功能空间的固定面全部铺装或粉刷完成，厨房和卫生间的基本设备全部安装完成，简称全装修住宅。"

那么，面对类似的这种情况，因房屋装修质量而致他人损害的业主应当承担赔偿责任吗？

根据我国相关法律及民法理论确认的相邻关系和侵权赔偿原则，全装修房屋的购房者（业主）应就其房屋造成的损害直接对外承担法律责任。也就是说，业主上述抗辩是不能成立的。另一方面，全装修房屋的开发商应在装修工程质量保修期内对房屋的装修工程质量问题承担全部责任。也即是说，作为购房者（业主），在向受损害邻居承担了赔偿责任以后，有权依据全装修房屋购房合同中有关装饰装修问题的约定追究开发商的违约责任。但是，如果装修工程已过保修期限，则购房者应当承担房屋妥善维护的责任，因房屋质量缺陷给邻居造成损失的，也只能由自己承担全部的损害赔偿责任。

7.10 因装修材料不合格造成人身财产损失，购房者（业主）应如何维权？

在住宅装饰装修工程中，必然离不开装修材料的使用。若因装修材料不合格（如有害物质含量超标等）而给购房者（业主）的身心健康造成巨大损害，购房者（业主）应如何确认责任主体而请求赔偿呢？

从我国现行法律来看，因装修材料不合格造成人身、财产损失的赔偿纠纷，已经超越了装修合同的范畴，涉及到了产品质量责任问题，从而涉及多个责任主体。

第一，对于受委托进行装饰装修施工的企业来说，如果装饰装修合同中明确约定了其选购合格材料的责任，则依据合同，装饰装修企业应承担违约责任。若购房者提出赔偿请求，则其应当依据合同约定予以赔偿。

第二，对于装修材料销售商来讲，根据《中华人民共和国产品质量法》第四十二条："由于销售者的过错使产品存在缺陷，造成人身、他人财产损害的，销售者应当承担赔偿责任。销售者不能指明缺陷产品的生产者也不能指明缺陷产品的供货者的，销售者应当承担赔偿责任。"该法第四十三条又规定:"因产品存在缺陷造成人身、他人财产损害的,受害人可以向产品的生产者要求赔偿,也可以向产品的销售者要求赔偿。属于产品的生产者的责任,产品的销售者赔偿的,产品的销售者有权向产品的生产者追偿。属于产品的销售者的责任,产品的生产者赔偿的,产品的生产者有权向产品的销售者追偿。"据此,面对因装修材料质量问题带来的损害,受害业主既可以直接追究产品生产商的责任,也可以追究材料销售商销售缺陷产品的责任,❶ 请求装修材料销售商予以损害赔偿。

第三,对于装修材料生产商而言,依据我国《产品质量法》第四十一条第一款的规定,❷ 对因产品的缺陷造成人身、财产损害的,产品生产商应承担无过错责任,对受害者的损失应予赔偿。另外,根据我国《民事诉讼法》及相关司法解释,产品质量侵权责任纠纷适用举证责任倒置原则,在请求生产者承担产品质量侵权赔偿的诉讼中,由生产者承担"产品不存在缺陷"的举证责任,受害业主无需对产品质量缺陷举证。

总之,因装修材料质量缺陷造成损害的侵权责任纠纷有多个责任主体,从而也有多个诉讼请求及诉讼理由可供受害业主选择,受害业主应选择对自己最有利的被告和诉讼理由,以最大限度地挽回损失,维护权益。

---

❶ 根据《中华人民共和国产品质量法》第四十一条、第四十二条等条款的规定,依据相关侵权法理论,产品销售者对缺陷产品承担过错责任,而产品生产者对缺陷产品承担无过错责任。

❷ 《中华人民共和国产品质量法》第四十一条第一款:"因产品存在缺陷造成人身、缺陷产品以外的其他财产(以下简称他人财产)损害的,生产者应当承担赔偿责任。"

第8章

商品住宅权属登记

商品房买卖交易的最终目的是实现商品房物权的变动，由购房者获得房屋所有权。根据我国民法之规定，物权变动采取形式主义模式，即债权合同仅发生以物权产生、变更、消灭为目的的债权和债务，而物权变动效力的发生，须具有以直接发生物权变动为目的的物权行为。其中，对于不动产而言，以登记为物权变动的成立要件。也就是说，购房者要取得受法律保护的房屋所有权，除了与开发商签署并履行债权合同（商品房买卖合同）以外，还必须经过商品房权属登记，取得合法的商品房权属证书。那么，什么是商品房权属登记？房屋权属登记具有怎样的法律效力？购房者应如何进行房屋权属登记？在办理权属登记的过程中开发商又具有怎样的责任和义务？——这些问题，直接关系到购房者房屋产权的顺利取得。本章将结合我国现行法律法规及物权法理论，分析阐述商品房权属登记的有关法律问题，帮助购房者全面了解房屋权属登记的程序和意义，以顺利取得合法有效的房屋所有权。

8.1 房屋所有权与土地使用权具有怎样的关系？

在我国，土地归国家或集体所有，房屋所有权人不能取得土地所有权，只能取得土地使用权。由于房屋总是建筑在特定地块之上，对房屋的占有使用与对土地的占有利用具有一致性。根据我国现行法律之规定，房屋所有权与土地使用权的一致性包含了主体一致及一同处分两层意思。1998年，建设部《城市房屋权属登记管理办法》第六条规定："房屋权属登记应当遵循房屋的所有权和该房屋占用范围内的土地使用权权利主体一致的原则。"《中华人民共和国城市房地产管理法》第三十一条："房地产转让、抵押时，房屋的所有权和该房屋占用范围内的土地使用权同时转让、抵押。"据此，在我国，除了租赁取得土地使用权外，房屋所有权人应当与土地使用权人一致；房屋所有权与土地使用权须同时转让，土地使用权随房屋的处分而处分（即"地随房走"），房屋随土地使用权的处分而处分（即"房随地走"）。

需要注意的是，我国法律为土地使用权的出让设定了一定的年限。《中华人民共和国城镇国有土地使用权出让和转让暂行条例》第十二条规定，土地使用权出让最高年限按下列用途确定：(1)居住用地七十年；(2)工业用地五十年；(3)教育、科技、文化、卫生、体育用地五十年；(4)商业、旅游、娱乐用地四十年；(5)综合或者其他用地五十年。那么，当土地使用年限届满，房屋所有权又如何处分呢？根据我国《城市房地产管理法》、《城镇国有土地使用权出让和转让暂行条例》的有关规定，超过土地使用年限，地上建筑物及其附属物则处权利不明状态。土地使用者需要继续使用土地的，应当至迟于届满前一年申请续期，并重新签订土地使用权出让合同，依照规定支付土地使用权出让金。若土地使用者未申请续期或者虽申请续期但因政府根据社会公共利益需要收回该幅土地而未获批准的，土地使用权由国家无偿收

回，地上建筑物、其他附着物所有权由国家无偿取得。❶

8.2 集体土地上修建的房屋可以取得房屋产权证明吗?

根据《中华人民共和国土地管理法》的有关规定，我国土地按所有权归属可以分为国有土地和农民集体所有的土地。❷该法第四十三条又规定，任何单位和个人进行建设，需要使用土地的，必须依法申请使用国有土地。也就是说，农民集体所有的土地不得用于商品房的开发建设。又根据我国《城市房地产管理法》第五十九条："国家实行土地使用权和房屋所有权登记发证制度。"我国《土地管理法》第十一条第二款："单位和个人依法使用的国有土地，由县级以上人民政府登记造册，核发证书，确认使用权；其中，中央国家机关使用的国有土地的具体登记发证机关，由国务院确定。"由此，开发商若是在农民集体所有的土地上进行商品房开发建设，因其违反了法律规定而无法获得政府主管部门颁发的房屋产权证明，购房者也无法办理产权登记，购房者对房屋的所有权无法得到法律的确认和保护。因此，笔者建议，购房者在选购房屋时，一定要查验开发商是否已取得合法有

---

❶ 《中华人民共和国城市房地产管理法》第二十一条："土地使用权出让合同约定的使用年限届满，土地使用者需要继续使用土地的，应当至迟于届满前一年申请续期，除根据社会公共利益需要收回该幅土地的，应当予以批准。经批准予以续期的，应当重新签订土地使用权出让合同，依照规定支付土地使用权出让金。土地使用权出让合同约定的使用年限届满，土地使用者未申请续期或者虽申请续期但依照前款规定未获批准的，土地使用权由国家无偿收回。"

《中华人民共和国城镇国有土地使用权出让和转让暂行条例》第四十条："土地使用权期满，土地使用权及其地上建筑物、其他附着物所有权由国家无偿取得。土地使用者应当交还土地使用证，并依照规定办理注销登记。"

❷ 《中华人民共和国土地管理法》第八条："城市市区的土地属于国家所有。农村和城市郊区的土地，除由法律规定属于国家所有的以外，属于农民集体所有；宅基地和自留地、自留山，属于农民集体所有。"

《中华人民共和国土地管理法》第九条："国有土地和农民集体所有的土地，可以依法确定给单位或者个人使用。使用土地的单位和个人，有保护、管理和合理利用土地的义务。"

效的《国有土地使用证》,切不可只顾便宜而忽视对房屋交易资格的审查。

8.3 户籍登记在某房屋地址的自然人一定就是房屋的所有权人吗?

实践中,往往容易将户籍登记在某居住房屋地址的自然人视为房屋的所有权人。实际上,户籍与房屋产权之间并无直接关系。户籍是核对自然人身份的合法依据,其与户籍所在地址的房屋所有权之间没有必然的联系。房屋所有权归属应以登记机关登记簿上记载的为准,权利人持有的房屋产权证书也起到辅助公示的作用。户籍登记在该房屋地址上的自然人并不能基于户籍而取得房屋的所有权,房屋所有权的取得有其独立的法律原因,与户籍的记载无关。

如果户籍登记在某房屋地址内的自然人实际居住在该房屋内,该自然人是否享有对该房屋所有权之外的某种物权呢?目前,我国正在制定的物权法即涉及到了居住权。所谓居住权,就是对他人住房以及其他附着物享有占有、使用的权利,即房屋所有权之外的人享有居住他人房屋的权利。一般而言,居住权取得的原因有遗嘱、遗赠或合同。作为用益物权的居住权在设立后,应当向登记机关申请居住权登记,以公示居住权的存在。居住权不得转让或继承,居住权人亦无出租房屋的权利,但房屋所有权人发生变动的,一般不影响居住权的存续。[1]

8.4 什么是商品房权属登记?

在我国,物权变动采用形式主义模式,债权合同的签署并不能发生物权变动的效力,只有发生一定的物权行为,才会实现物

---

[1] 参见:高富平,黄武双.房地产法学.北京:高等教育出版社,2003,223

第8章 商品住宅权属登记

权的有效变动。❶对于房屋这种不动产而言，以登记为公示方法，权属登记是房屋物权变动成立的必要要件。根据2001年建设部修正的《城市房屋权属登记管理办法》（以下简称《登记管理办法》）第三条的规定，房屋权属登记是指房地产行政主管部门代表政府对房屋所有权以及由房屋所有权产生的抵押权、典权等房屋他项权利进行登记，并依法确认房屋产权归属关系的行为。依法登记后，房屋权利受法律保护。❷

依据《登记管理办法》第九条，房屋权属登记分为总登记、初始登记、转移登记、变更登记、他项权利登记、注销登记。其中，总登记是指县级以上地方人民政府根据需要，在一定期限内对本行政区域内的房屋进行统一的权属登记。❸ 总登记是一种针对所有地产和房产的一种普遍性登记，对于从未取得登记证书的房地产权人而言，这种登记即是一种初始登记，而对于已经取得登记证书的房地产权人而言，这种登记即是一种换证登记。总登记一般不宜多搞，只是在需要普查或换证的情况下才进行一次。初始登记，一般仅指新建房屋权利人向登记机关申请房屋所有权的登记，是首次取得所有权和其他物权的登记。《登记管理办法》第十六条规定："新建的房屋，申请人应当在房屋竣工后的3个月内向登记机关申请房屋所有权初始登记，并应当提交用地证明文件或者土地使用权证、建设用地规划许可证、建设工程规划许可证、施工许可证、房屋竣工验收资料以及其他有关的证明文件。"转移登记，也即通常所称的"过户登记"，是因房屋买卖、赠与、继承等原因致使房屋权属发生转移时所进行的登记。《登记管理办法》第十七条规定："因房屋买卖、交换、赠与、继承、

---

❶ 物权变动，是物权的产生、变更和消灭的总称。民法上的物权大致可归纳为所有权、用益物权、担保物权、占有四类。

❷ 《城市房屋权属登记管理办法》第五条："房屋权属证书是权利人依法拥有房屋所有权并对房屋行使占有、使用、收益和处分权利的惟一合法凭证。依法登记的房屋权利受国家法律保护。"

❸ 《城市房屋权属登记管理办法》第十四条。

划拨、转让、分割、合并、裁决等原因致使其权属发生转移的，当事人应当自事实发生之日起90日内申请转移登记。申请转移登记，权利人应当提交房屋权属证书以及相关的合同、协议、证明等文件。"变更登记，我国法律将其限于房地产本身发生变化的情况下进行的登记，即因房屋牌号变化、面积增减、翻建等而为的登记。❶ 他项权利登记，即是对房屋设定抵押权、典权等他项权利时所进行的登记。《登记管理办法》第十九条规定："设定房屋抵押权、典权等他项权利的，权利人应当自事实发生之日起30日内申请他项权利登记。申请房屋他项权利登记，权利人应当提交房屋权属证书，设定房屋抵押权、典权等他项权利的合同书以及相关的证明文件。"注销登记，是将权利人权利涂销的一种登记，分为两种情况：一为权利灭失、转移、变更、终止等涉及的注销登记；另一种为登记机关依法定事由主动注销房屋权属证书的情形。❷ 另外，根据《登记管理办法》第二十七条的规定，登记机关应当对权利人（申请人）的申请进行审查。凡权属清楚、产权来源资料齐全的，初始登记、转移登记、变更登记、他项权利登记应当在受理登记后的30日内核准登记，并颁发房屋权属证书；注销登记应当在受理登记后的15日内核准注销，并

---

❶ 《城市房屋权属登记管理办法》第十八条："权利人名称变更和房屋现状发生下列情形之一的，权利人应当自事实发生之日起30日内申请变更登记：（一）房屋坐落的街道、门牌号或者房屋名称发生变更的；（二）房屋面积增加或者减少的；（三）房屋翻建的；（四）法律、法规规定的其他情形。申请变更登记，权利人应当提交房屋权属证书以及相关的证明文件。"

❷ 《城市房屋权属登记管理办法》第二十四条："因房屋灭失、土地使用年限届满、他项权利终止等，权利人应当自事实发生之日起30日内申请注销登记。申请注销登记，权利人应当提交原房屋权属证书、他项权利证书，相关的合同、协议、证明等文件。"

《城市房屋权属登记管理办法》第二十五条："有下列情形之一的，登记机关有权注销房屋权属证书：（一）申报不实的；（二）涂改房屋权属证书的；（三）房屋权利灭失，而权利人未在规定期限内办理房屋权属注销登记的；（四）因登记机关的工作人员工作失误造成房屋权属登记不实的。注销房屋权属证书，登记机关应当作出书面决定，送达当事人，并收回原发放的房屋权属证书或者公告原房屋权属证书作废。"

注销房屋权属证书。

在商品房买卖交易中，对购房者来说，主要涉及的是转移登记。1998年《城市房地产开发经营管理条例》第三十三条规定："预售商品房的购买人应当自商品房交付使用之日起90日内，办理土地使用权变更和房屋所有权登记手续；现售商品房的购买人应当自销售合同签订之日起90日内，办理土地使用权变更和房屋所有权登记手续。房地产开发企业应当协助商品房购买人办理土地使用权变更和房屋所有权登记手续，并提供必要的证明文件。"《登记管理办法》第二十九条："权利人（申请人）逾期申请房屋权属登记的，登记机关可以按照规定登记费的3倍以下收取登记费。"2001年建设部《商品房销售管理办法》第三十四条："房地产开发企业应当在商品房交付使用前按项目委托具有房产测绘资格的单位实施测绘，测绘成果报房地产行政主管部门审核后用于房屋权属登记。房地产开发企业应当在商品房交付使用之日起60日内，将需要由其提供的办理房屋权属登记的资料报送房屋所在地房地产行政主管部门。房地产开发企业应当协助商品房买受人办理土地使用权变更和房屋所有权登记手续。"据此，开发商向购房者交付房屋并办妥初始登记后，应积极协助购房者及时进行房屋产权及相应的土地使用权的转移登记，由开发商的"大产权"分割过户到购房者的"小产权"，由购房者取得所购房屋的权属证书。

8.5 购房者办理房屋权属登记有哪些基本程序？

根据《城市房屋权属登记管理办法》（以下简称《登记管理办法》）第十条的规定，❶ 购房者办理房屋权属登记一般具有如下程序：

（1）权利人申请。主张房地产权的人或其代理人向登记机关

---

❶《城市房屋权属登记管理办法》第十条："房屋权属登记依以下程序进行：（一）受理登记申请；（二）权属审核；（三）公告；（四）核准登记，颁发房屋权属证书。本条第（三）项适用于登记机关认为有必要进行公告的登记。"

提出房屋权属登记申请,并按申请登记的种类及其法定要求向登记机关提交合法有效的相关文件。根据《登记管理办法》的相关规定,权利人(申请人)应当使用其身份证件上的姓名;共有房屋的权属登记,由共有人共同申请;房屋他项权利登记,由权利人和他项权利人共同申请。另外,权利人(申请人)也可以委托代理人申请房屋权属登记,代理人申请登记时,除向登记机关交验代理人的有效证件外,还应当向登记机关提交权利人(申请人)的书面委托书。❶

(2) 登记机关受理。登记机关受理申请人的登记请求,一般有三个步骤:一是检验证件,查阅总登记簿、产籍档案资料,判断可否办理收件;二是清点申请人递交的材料,出具收件收据;三是计收登记费和应交纳的契税。

(3) 登记机关审核。登记机关受理了申请人的登记申请及相关材料后,要对材料的真实性和合法性进行审查,并自受理之日起七日内决定是否予以登记,❷ 对暂缓登记、❸ 不予登记的,❹ 应当书面通知申请人。对于权属清楚、产权来源资料齐全的,登记机关应在 30 日内予以登记。❺

(4) 登记机关公告。根据《登记管理办法》第十条第二款,

---

❶ 参见:《城市房屋权属登记管理办法》第十一条、第十二条、第十三条。

❷ 《城市房屋权属登记管理办法》第二十六条:"登记机关自受理登记申请之日起 7 日内应当决定是否予以登记,对暂缓登记、不予登记的,应当书面通知权利人(申请人)。"

❸ 《城市房屋权属登记管理办法》第二十二条:"有下列情形之一的,经权利人(申请人)申请可以准予暂缓登记:(一)因正当理由不能按期提交证明材料的;(二)按照规定需要补办手续的;(三)法律、法规规定可以准予暂缓登记的。"

❹ 《城市房屋权属登记管理办法》第二十三条:"有下列情形之一的,登记机关应当作出不予登记的决定:(一)属于违章建筑的;(二)属于临时建筑的;(三)法律、法规规定的其他情形。"

❺ 《城市房屋权属登记管理办法》第二十七条:"登记机关应当对权利人(申请人)的申请进行审查。凡权属清楚、产权来源资料齐全的,初始登记、转移登记、变更登记、他项权利登记应当在受理登记后的 30 日内核准登记,并颁发房屋权属证书;注销登记应当在受理登记后的 15 日内核准注销,并注销房屋权属证书。"

公告适用于登记机关认为有必要进行公告的登记。公告是将房地产权属登记申请和审查结果以一定形式向社会公开,在公告期内没有异议的,登记机关即可办理登记手续;若有异议,则由登记机关对异议进行审查,作出异议成立与否的裁决。异议成立,则不予登记。

(5)登记机关向申请人颁发权属证书。登记机关核准登记后,须向权利人颁发权属证书。权属证书是权利人依法拥有房屋所有权并对房屋行使占有、使用、收益和处分权利的惟一合法凭证。❶ 根据《登记管理办法》第三十一条的规定,我国房屋权属证书包括《房屋所有权证》、《房屋共有权证》、《房屋他项权证》或者《房地产权证》、《房地产共有权证》、《房地产他项权证》。这些证书表明持有人对房屋享有所有权、共有权、他项权利(如抵押权)等,权利人只要持有这些证书且证书记载的姓名与持有人一致,则第三人即可推定证书上记载的人即为相应权利的合法享有人。

8.6 房屋权属登记具有怎样的效力?

公示公信是物权变动的基本原则。房地产作为一种不动产,其所有权及他项权利通过登记来表征和公示。我国《城市房地产管理法》第五十九条规定:"国家实行土地使用权和房屋所有权登记发证制度。"第六十条第二款:"在依法取得的房地产开发用地上建成房屋的,应当凭土地使用权证书向县级以上地方人民政府房产管理部门申请登记,由县级以上地方人民政府房产管理部门核实并颁发房屋所有权证书。"第六十条第三款:"房地产转让或者变更时,应当向县级以上地方人民政府房产管理部门申请房产变更登记,并凭变更后的房屋所有权证书向同级人民政府土地管理部门申请土地使用权变更登记,经同级人民政府土地管理部门核实,由同级人民政府更换或者更改土地使用权证书。"2001年,建设部修正的《城市房屋权属登记管理办法》第五条也规

---

❶ 《城市房屋权属登记管理办法》第五条。

定:"房屋权属证书是权利人依法拥有房屋所有权并对房屋行使占有、使用、收益和处分权利的惟一合法凭证。依法登记的房屋权利受国家法律保护。"由此,权属登记是房屋物权变动的成立要件,房屋只有在经过了权属登记以后,其物权变动的效力才被法律所认可,受到法律的保护。

需要注意的是,房屋权属登记中的产权转移登记是否是商品房买卖合同生效的要件呢?我国《合同法》第四十四条规定:"依法成立的合同,自成立时生效。法律、行政法规规定应当办理批准、登记等手续生效的,依照其规定。"1999年《最高人民法院关于适用〈中华人民共和国合同法〉若干问题的解释(一)》第九条第一款专门对我国《合同法》第四十四条作出解释,规定"法律、行政法规规定合同应当办理登记手续,但未规定登记后生效的,当事人未办理登记手续不影响合同的效力,合同标的物所有权及其他物权不能转移"。这些法条中所言"登记",皆指合同之登记,并非合同标的物的登记。换句话说,房屋产权转移登记与房屋买卖合同的效力并没有直接关系,产权转移登记不影响房屋买卖合同的效力,仅影响房屋所有权变动的效力。除附条件的合同外,商品房买卖合同签署成立时即生效,房屋产权转移登记为所有权变动要件,并不涉及买卖合同效力。❶ 但对于作为他项权利登记的抵押登记而言,我国《担保法》第四十一条、第四十二条规定,城市房地产抵押必须办理抵押物登记,抵押合同自登记之日起生效。据此,在为房地产设定抵押时,抵押合同签署时成立,但自房屋办妥抵押登记之时生效。❷

---

❶ 与此近似,商品房交易中还涉及商品房买卖合同登记备案的问题,这种登记备案又具有怎样的法律效力,请详见本书第四章问题"4.36:商品房预售合同登记备案具有怎样的法律效力?"的解答。

❷ 对于期房而言,由于其产权尚不明晰,无法设立我国《担保法》意义上的抵押权,无从进行房屋抵押登记。对其进行的登记,实质上是一种预告登记,是对抵押合同进行登记,并不导致期房物权变动(抵押权设立)。期房的抵押担保合同,自期房抵押登记备案时起生效。

8.7 不动产物权变动的时点是以登记完成的时间为准,还是以登记机关受理登记申请的时间为准?

依据物权变动原理,物权变动必须通过公示予以表现。在民法上,不动产物权的变动以登记为公示方法。根据2000年《最高人民法院关于适用〈中华人民共和国担保法〉若干问题的解释》第六十一条:"抵押物登记记载的内容与抵押合同约定的内容不一致的,以登记记载的内容为准。"由此,赋予了登记簿的公信力,使登记簿成为惟一表征房屋权属的工具。因此,不动产物权应在不动产物权变动情况登记记载于不动产登记簿的那一刻起发生变动,也即是说,在登记完成的这一时间点上,物权发生变动,而从登记机关受理登记申请材料到最终完成登记之前的这段时间之内,不动产物权并不发生变动,不动产物权变动的时点以登记完成的时间为准。

另外,应该注意,登记机关受理登记申请的时点应对同一性质的物权变动登记申请(如同一抵押物上数个抵押权的设立登记申请)的权利顺位产生效果,受理在先的申请人享有对抗受理在后的申请人的权利。当然,这种对抗他人的权利仅为请求优先为物权变动登记的权利,而非物权本身所具有的对抗效力。

8.8 房屋权属证书一般有哪些种类?

在我国,对土地使用权和房屋所有权及他项权利的取得实行登记发证制度。其中,土地使用权证书由国土资源部监制,县级以上地方人民政府土地管理部门核发;房屋权属证书由建设部统一监制,县级以上地方人民政府房产管理部门颁发。对于县级以上地方人民政府由一个部门统一负责房产管理和土地管理工作的,可以制作、颁发统一的房地产权证书,并依照《城市房地产管理法》的有关规定,将房屋的所有权和该房屋占用范围内的土地使用权的确认和变更，分别载入房地产权证书。❶ 根据 2001 年建设部修正的《城市房屋权属登记管理办法》第三十一条的规定，我国房屋权属证书包括《房屋所有权证》、《房屋共有权证》、《房屋他项权证》或者《房地产权证》、《房地产共有权证》、《房地产他项权证》。其中，对共有的房屋，由权利人推举的持证人收执房屋所有权证书，其余共有人各执房屋共有权证书一份，且各房屋共有权证书与房屋所有权证书具有同等的法律效力。而房屋他项权证书由他项权利人收执，他项权利人可依法凭证行使他项权利。另外，房屋权属证书破损，经登记机关查验需换领的，应予以换证。房屋权属证书遗失的，权利人应当及时登报声明作废，并向登记机关申请补发，由登记机关作出补发公告，经六个月无异议的，应予补发。❷

8.9 依照法律规定，购房者在房屋交付后多少日内应取得房屋产权证书？

建设部《商品房销售管理办法》第三十四条规定："房地产开发企业应当在商品房交付使用前按项目委托具有房产测绘资格的单位实施测绘，测绘成果报房地产行政主管部门审核后用于房屋权属登记。房地产开发企业应当在商品房交付使用之日起 60 日内，将需要由其提供的办理房屋权属登记的资料报送房屋所在

---

❶ 《城市房屋权属登记管理办法》第七条："县级以上地方人民政府由一个部门统一负责房产管理和土地管理工作的，可以制作、颁发统一的房地产权证书，依照《城市房地产管理法》的规定，将房屋的所有权和该房屋占用范围内的土地使用权的确认和变更，分别载入房地产权证书。房地产权证书的式样报国务院建设行政主管部门备案。"

《城市房地产管理法》第六十二条："经省、自治区、直辖市人民政府确定，县级以上地方人民政府由一个部门统一负责房产管理和土地管理工作的，可以制作、颁发统一的房地产权证书，依照本法第六十条的规定，将房屋的所有权和该房屋占用范围内的土地使用权的确认和变更，分别载入房地产权证书。"

❷ 参见：《中华人民共和国城市房地产管理法》第五十九条，《城市房屋权属登记管理办法》第三十一条、第三十二条、第三十三条、第三十四条、第三十五条。

地房地产行政主管部门。房地产开发企业应当协助商品房买受人办理土地使用权变更和房屋所有权登记手续。"国务院《城市房地产开发经营管理条例》第三十三条规定:"预售商品房的购买人应当自商品房交付使用之日起 90 日内,办理土地使用权变更和房屋所有权登记手续;现售商品房的购买人应当自销售合同签订之日起 90 日内,办理土地使用权变更和房屋所有权登记手续。房地产开发企业应当协助商品房购买人办理土地使用权变更和房屋所有权登记手续,并提供必要的证明文件。"前者对开发商办理房屋初始登记的时限予以了规定,即开发商应在房屋交付后 60 日内办妥房屋产权初始登记;后者对购房者办理房屋产权转移登记的时限予以了规定,即购房者应在房屋交付后 90 日内申请办理房屋产权过户,由开发商的"大产权"分割过户到购房者的"小产权",并且,根据 2001 年建设部修正的《城市房屋权属登记管理办法》第二十九条的规定,购房者逾期申请房屋权属登记的,登记机关可以按照规定登记费的 3 倍以下收取登记费。两者相减,也即是说,在商品房依法依约交付后,购房者在 90 日内就应当申请办理房屋产权证明,且该 90 日分为两段,前 60 日为开发商办妥房屋初始登记的最长期限,而剩余的至少 30 日,为购房者申请办理房屋产权转移登记的期限。在这 90 日的基础上,再加上登记机关审查核准登记的 30 日时间,❶ 也就是说,在一般情况下,严格依照法律的规定,商品房自交付之日起到购房者办妥商品房权属登记并取得房屋产权证书最长应为 120 日,即购房者最迟在商品房交付后 120 日就应当取得房屋产权证书。

实践中,商品房买卖双方当事人在对房屋产权登记的约定

---

❶ 《城市房屋权属登记管理办法》第二十七条:"登记机关应当对权利人(申请人)的申请进行审查。凡权属清楚、产权来源资料齐全的,初始登记、转移登记、变更登记、他项权利登记应当在受理登记后的 30 日内核准登记,并颁发房屋权属证书;注销登记应当在受理登记后的 15 日内核准注销,并注销房权属证书。"

中，开发商所提出的产权办理期限往往长于法定的最长期限120日。如购房者应开发商的要求在2000年建设部、国家工商行政管理局发布的《商品房买卖合同示范文本》第十五条约定:"出卖人应当在商品房交付使用后180日内,将办理权属登记需由出卖人提供的资料报产权登记机关备案。如因出卖人的责任,买受人不能在规定期限内取得房地产权属证书的,双方同意按下列第____项处理:……。"❶这种约定具有怎样的效力?双方当事人对产权登记期限的意思自治可以对抗法律对此最长期限的规定吗?我国《合同法》第五十二条第五项规定,违反法律、行政法规的强制性规定的合同无效。该条文所说的"法律"是指由全国人大及其常委会制定的法律,"行政法规"是指由国务院制定的法规。而对于违反行政规章、地方性法规及地方性规章的合同是否无效的问题,我国《合同法》并未提及。学者认为,我国《合同法》第五十二条的规定并不是说违反行政规章、地方性法规及地方性规章的合同都是有效的,而只是意味着违反这些规定的合同并非当然无效,是否应当宣告这些合同无效应当考虑各种因素,例如,所违反的规定是否符合全国性的法律和法规、是否符合宪法和法律的基本精神等。❷ 上述对产权登记期限的法律规定,源于部门规章《商品房销售管理办法》和行政法规《城市房地产开发经营管理条例》,它们都是全国性的法律文件,违反其规定的合同条款应当认定为无效。也就是说,当事人双方若在商品房买卖合同中约定的产权登记期限长于上述法律规定的最长期限,应认定为约定无效,以法律规定的期限为准,即开发商在房屋交付后

---

❶ 需要注意,2000年建设部、国家工商行政管理局《商品房买卖合同示范文本》第十五条对产权登记日期的约定实际上是对开发商办理房屋产权初始登记期限的约定,并不涉及购房者办理产权转移登记的期限。北京市的商品房预售合同示范文本第二十条则对房屋初始登记和转移登记的期限予以了分别的约定。(《北京市商品房预售合同(示范文本)》请参见本书附录二。)

❷ 参见:王利明,房绍坤,王轶.合同法.北京:中国人民大学出版社,2002,157

60 日内应办妥房屋初始登记,而购房者在房屋交付后 120 日内就应取得房屋产权证书。❶

对于由于开发商原因导致购房者在法定或约定期限内无法取得房屋产权证明的,购房者可请求开发商承担哪些违约责任呢?

2003 年颁布的《最高人民法院关于审理商品房买卖合同纠纷案件适用法律若干问题的解释》第十八条规定,由于出卖人的原因,买受人在下列期限届满未能取得房屋权属证书的,除当事人有特殊约定外,出卖人应当承担违约责任:(1)商品房买卖合同约定的办理房屋所有权登记的期限;(2)商品房买卖合同的标的物为尚未建成房屋的,自房屋交付使用之日起 90 日;(3)商品房买卖合同的标的物为已竣工房屋的,自合同订立之日起 90 日。合同没有约定违约金或者损失数额难以确定的,可以按照已付购房款总额,参照中国人民银行规定的金融机构计收逾期贷款利息的标准计算。第十九条规定:"商品房买卖合同约定或者《城市房地产开发经营管理条例》第三十三条规定的办理房屋所有权登记的期限届满后超过一年,由于出卖人的原因,导致买受人无法办理房屋所有权登记,买受人请求解除合同和赔偿损失的,应予

---

❶ 对此,笔者认为,《重庆市商品房买卖合同(示范文本)》第十五条的约定较为合理,可供购房者签约时参考:

《重庆市商品房买卖合同(示范文本)》第十五条:关于合同登记和产权登记的约定。现售商品房的,自本合同签定之日起 30 日内,向所在地的区县(市)房地产交易管理部门申请办理合同登记备案和《房地产权证》。预售商品房的,自本合同签定之日起 10 日内向所在地的区县(市)房地产交易管理部门申请办理合同登记备案;在商品房交付使用后 60 日内,应办理《房地产权证》。办理合同登记备案和《房地产权证》,由【双方共同】【甲方】【乙方】到房地产交易管理部门办理。如由单方办理的,另一方应予以无条件配合。如因甲方的责任,致使乙方不能在规定期限内取得房地产权属证书的,双方同意按下列____项处理:

1. 乙方退房,甲方在乙方提出退房书面要求之日起 30 日内将乙方已付房价款退还给乙方,并按已付房价款总额,依照人民银行同期贷款利率向乙方赔偿损失。

2. 乙方不退房的从逾期之日起,甲方按已付房价款总额,依照人民银行同期贷款利率向乙方支付违约金。

3. _____

支持。"据此,除了因不可抗力、购房者过错或者情势变更的情形导致产权登记迟延办理的情况,开发商对逾期办理登记需承担违约责任,违约金的计算,在约定不明或者实际损失难以确定的情况下,应按照购房者已付购房款总额,参照中国人民银行规定的金融机构计收逾期贷款利息的标准计算;而对于逾期一年的情况,购房者可解除合同,并请求开发商依法承担违约赔偿责任。

8.10 开发商在哪些情况下可以延迟履行办理权属登记的义务?

2003年,《最高人民法院关于审理商品房买卖合同纠纷案件适用法律若干问题的解释》的第十八条❶、第十九条❷对"因出卖人原因"导致的逾期办证的违约责任予以了规定,其中,"因出卖人原因"并非指因出卖人过错,而旨在排除开发商迟延办理权利证书的法定或约定的免责事由。❸ 那么,"非因出卖人原因"应包含哪些情形?开发商对迟延履行办理权利证书义务具有哪些免责事由呢?

我国《合同法》第一百一十七条规定:"因不可抗力不能履行合同的,根据不可抗力的影响,部分或者全部免除责任,但法

---

❶ 《最高人民法院关于审理商品房买卖合同纠纷案件适用法律若干问题的解释》第十八条:"由于出卖人的原因,买受人在下列期限届满未能取得房屋权属证书的,除当事人有特殊约定外,出卖人应当承担违约责任:(一)商品房买卖合同约定的办理房屋所有权登记的期限;(二)商品房买卖合同的标的物为尚未建成房屋的,自房屋交付使用之日起90日;(三)商品房买卖合同的标的物为已竣工房屋的,自合同订立之日起90日。合同没有约定违约金或者损失数额难以确定的,可以按照已付购房款总额,参照中国人民银行规定的金融机构计收逾期贷款利息的标准计算。"

❷ 《最高人民法院关于审理商品房买卖合同纠纷案件适用法律若干问题的解释》第十九条:"商品房买卖合同约定或者《城市房地产开发经营管理条例》第三十三条规定的办理房屋所有权登记的期限届满后超过一年,由于出卖人的原因,导致买受人无法办理房屋所有权登记,买受人请求解除合同和赔偿损失的,应予支持。"

❸ 之所以不宜将条文中"因出卖人原因"理解为因出卖人过错,原因在于合同违约的严格责任原则(客观归责原则)由我国《合同法》所确立,司法解释不得突破合同法所确立的归责原则。

律另有规定的除外。当事人迟延履行后发生不可抗力的,不能免除责任。本法所称不可抗力,是指不能预见、不能避免并不能克服的客观情况。"也即是说,不可抗力属于法定的免责和限责事由,发生不可抗力,开发商可据实延期办理权属登记。

我国《合同法》第六十七条规定:"当事人互负债务,有先后履行顺序,先履行一方未履行的,后履行一方有权拒绝其履行要求。先履行一方履行债务不符合约定的,后履行一方有权拒绝其相应的履行要求。"据此,在购房者违约在先的情况下,开发商也可履行相应的抗辩权,即当购房者存在违约行为且该违约行为导致无法如期办理权属登记的,开发商可以抗辩免责。同时,因购房者的其他原因导致购房者无法办理房屋所有权登记的,开发商也可据此免责。

另外,对于情势变更的情况,开发商可依据我国《民法通则》及《合同法》所确立的公平原则,主张免责抗辩。❶

8.11 法律对房地产抵押登记有哪些具体要求?

房地产抵押登记作为房地产权属登记中他项权利登记的一种,是房屋抵押权设立、变更或注销的成立要件。根据 2001 年建设部修正的《城市房地产抵押管理办法》的有关规定,设立房地产抵押,抵押当事人必须签定书面的抵押合同,抵押合同自签订之日起 30 日内,抵押当事人应当到房地产所在地的房地产管理部门办理房地产抵押登记。房地产抵押合同自抵押登记之日起生效。办理房地产抵押登记,申请人应当向登记机关交验下列文件:(1)抵押当事人的身份证明或法人资格证明;(2)抵押登记申请书;(3)抵押合同;(4)《国有土地使用权证》、《房屋所有权

---

❶ 情势变更原则,是指合同依法成立以后,履行完毕之前,因不可归责于双方当事人的原因发生了不可预见的情势变更,致使合同的基础动摇或丧失,若继续维持合同原有效力则显失公平,则允许变更或解除合同的原则。情势变更原则是债的履行原则之一,我国现行《合同法》未明确规定情势变更原则,但依据公平和诚实信用原则,情势变更原则有存在的合理性。

证》或《房地产权证》，共有的房屋还必须提交《房屋共有权证》和其他共有人同意抵押的证明；(5)可以证明抵押人有权设定抵押权的文件与证明材料；(6)可以证明抵押房地产价值的资料；(7)登记机关认为必要的其他文件。登记机关受理抵押登记申请后，应当对申请人的申请进行审核。凡权属清楚、证明材料齐全的，应当在受理登记之日起7日内决定是否予以登记，对不予登记的，应当书面通知申请人。在抵押合同发生变更或者抵押关系终止时，抵押当事人应当在变更或者终止之日起15日内，到原登记机关办理变更或者注销抵押登记。因依法处分抵押房地产而取得土地使用权和土地建筑物、其他附着物所有权的，抵押当事人应当自处分行为生效之日起30日内，到县级以上地方人民政府房地产管理部门申请房屋所有权转移登记，并凭变更后的房屋所有权证书向同级人民政府土地管理部门申请土地使用权变更登记。❶

8.12 房屋抵押登记后，《房屋所有权证》与《房屋他项权证》应由谁收执？

2001年，建设部修正的《城市房地产抵押管理办法》第三十四条规定："以依法取得的房屋所有权证书的房地产抵押的，登记机关应当在原《房屋所有权证》上作他项权利记载后，由抵押人收执。并向抵押权人颁发《房屋他项权证》。以预售商品房或者在建工程抵押的，登记机关应当在抵押合同上作记载。抵押的房地产在抵押期间竣工的，当事人应当在抵押人领取房地产权属证书后，重新办理房地产抵押登记。"同年建设部修正的《城市房屋权属登记管理办法》第三十三条规定："房屋他项权证书由他项权利人收执。他项权利人依法凭证行使他项权利，受国家法律保护。"由此，在房屋设定抵押并办理抵押登记后，《房屋所

---

❶ 参见：《城市房地产抵押管理办法》第二十五条、第三十条、第三十一条、第三十二条、第三十三条、第三十五条。

有权证》应在记载上他项权利(抵押权)后交由购房者收执,而《房屋他项权证》则由抵押权人收执。

8.13 房屋权属登记活动中涉及哪些费用?

房屋所有权登记包括所有权初始登记、变更登记、转移登记、注销登记等内容。房屋所有权登记费等收费属于行政性收费,根据2002年国家计委、财政部《关于规范房屋所有权登记费计费方式和收费标准等有关问题的通知》(计价格[2002]595号)的有关规定,房屋所有权登记费是指县级以上地方人民政府行使房产行政管理职能的部门依法对房屋所有权进行登记,并核发房屋所有权证书时,向房屋所有权人收取的登记费,不包括房产测绘机构收取的房产测绘(或勘丈)费用。房屋所有权登记费的计费方式和收费标准,按下列规定执行:(1)对住房收取的,从现行按房屋价值量定率计收、按房屋建筑面积定率或定额计收、按套定额计收等,统一规范为按套收取,每套收费标准为80元。住房以外其他房屋所有权登记费,统一规范为按宗定额收取,具体收费标准由省、自治区、直辖市价格、财政部门核定。农民建房收费按照《国家计委、财政部、农业部、国土资源部、建设部、国务院纠风办关于开展农民建房收费专项治理工作的通知》(计价格[2001]1531号)规定执行。(2)注销登记不得收费。(3)各地按照规定管理权限批准收取的房屋他项权利(包括抵押权、典权等)登记费,比照上述规定执行。另外,行使房产行政管理职能的部门按规定核发一本房屋所有权证书免予收取工本费;向一个以上房屋所有权人核发房屋所(共)有权证书时,每增加一本证书可按每本10元收取工本费。权利人因丢失、损坏等原因申请补办证书,以及按规定需要更换证书且权属状况没有发生变化的,收取证书工本费每本10元。执收单位收取房屋所有权登记费,应按照国家有关规定到指定的价格主管部门办理收费许可证,并使用各省、自治区、直辖市财政部门统一印制的行政事业性收费票据。并且,执收单位应公布规定的收费项目和收费标准，实行亮证收费，自觉接受价格、财政部门的监督检查。同时，该通知(计价格〔2002〕595号)还特别指出："房屋所有权登记费项目由财政部会同国家计委负责审批，收费标准由国家计委会同财政部负责核定。除本通知规定的收费项目和收费标准外，房产行政主管部门在房屋所有权登记过程中不得收取房屋勘丈费等其他任何费用。"

第9章

居住与物业管理

近年来,随着我国住房制度改革的深化和房地产业的发展,物业管理作为一个新兴行业迅速成长起来。这一行业的快速发展不但满足了住房产权私有化引致的管理社会化需求,而且在城市物质文明和精神文明建设方面发挥着越来越重要的作用。如今,物业管理几乎已深入各个新建住宅小区,业主在日常的居住与生活中,接受着物业管理公司的诸多服务,并与邻里形成相互制约、和睦共处的相邻法律关系。然而,由于目前我国物业管理的相关立法尚不健全,一些物业管理公司的自身定位也不准确,导致在住宅小区内的日常居住与生活中,业主与物业管理公司之间、业主与业主之间纠纷不断。那么,什么是物业管理?物业管理公司具有怎样的法律地位?业主委员会拥有哪些职能?业主公约具有怎样的法律效力?业主在处理相邻关系时需注意哪些问题?——这些都与业主的日常生活居住息息相关。本章从法律的角度,分析阐述居住与物业管理过程中的有关法律问题,为业主预防物业管理纠纷、正确处理相邻关系提供法律的咨询和参考。

9.1 什么是物业管理?

随着我国住房制度改革的逐步深入,房屋商品化,产权私有化,引致了住宅小区管理的社会化、专业化需求,如何对房屋进行良好有效的管理以提升房屋附属价值,很大程度上体现在物业管理公司对小区物业的管理与服务上。1994年,建设部《城市新建住宅小区管理办法》第四条指出,住宅小区应当逐步推行社会化、专业化的管理模式,由物业管理公司统一实施专业化管理。2003年,国务院颁布《物业管理条例》,确立了一系列重要的物业管理制度,对业主及业主大会、前期物业管理、物业管理服务、物业的使用与维护等方面作了明确规定,并明确了相应的法律责任。《物业管理条例》是我国第一部物业管理行政法规,于2003年9月1日施行,为维护物业管理市场秩序,规范物业管理活动,保障业主和物业管理企业合法权益提供法律保障,对于促进物业管理健康发展,进一步改善人民群众的生活和工作环境具有重要意义。

《物业管理条例》第二条对什么是"物业管理"进行了明确的界定,规定:"本条例所称物业管理,是指业主通过选聘物业管理企业,由业主和物业管理企业按照物业服务合同约定,对房屋及配套的设施设备和相关场地进行维修、养护、管理,维护相关区域内的环境卫生和秩序的活动。"在物业管理法律关系中,主要涉及业主、业主团体、开发商、物业管理企业四方法律关系主体。开发商作为小区物业的建设者,在物业销售之前是当然的业主和所有权人,其可在开发建设过程中的适当时候,聘请物业管理企业提前介入,进行前期的物业管理。❶ 物业开始销售以后,在销售过程中,根据《物业管理条例》第二十五条的规定,在开发商与购房者所签署的商品房买卖合同中应包含开发商与物业管理企业所签订的前期物业服务合同中约定的内容。由此,实践中在购房者与开发商签署购房合同时,购房者通常会被要求确

---

❶ 《城市新建住宅小区管理办法》第五条:"房地产开发企业在出售住宅小区房屋前,应当选聘物业管理公司承担住宅小区的管理,并与其签订物业管理合同。住宅小区在物业管理公司负责管理前,由房地产开发企业负责管理。"

认前期物业服务合同的内容,这样,前期物业服务合同的主体实际上由最初的开发商与物业管理企业两方转变为开发商、物业管理企业和购房者三方,从而使得前期物业服务合同对购房者也产生约束力。❶ 购房者自此便依照其确认的前期物业服务合同接受开发商选聘的物业管理企业的有偿管理与服务。随着购房者们零星地、分期分批地入住并成为业主,当入住率达到一定比例,小区则应召开首次业主大会会议,并选举产生业主委员会。❷ 业主大会有权续聘、选聘、解聘物业管理企业,并由业主委员会代表业主与业主大会新选聘的物业管理企业签订物业服务合同。❸ 续聘或新选聘的物业管理企业与小区业主成立委托与被委托的合同关系,物业管理企业在全体业主的委托范围内进行小区物业的管理与服务。

总的来说,物业管理关系本质上是一种民事法律关系,是业主自治权利的延伸。业主与物业管理企业是平等的民事主体,形成一种平等、有偿的民事合同关系。物业管理虽称"管理",但并非行政管理意义上的管理,物业管理企业与业主之间基于委托性质的物业管理服务合同产生各自的权利义务,物业管理企业在业主委托授权下进行管理服务,并获得相应对价,属于私法上的有偿管理服务行为。

---

❶ 需要注意的是,对于购房者来说,前期物业服务合同的内容是由开发商与物业管理企业事先已拟定完毕并签署生效的,购房者签署时无法对合同内容予以协商、修改。因此,对购房者来说,前期物业服务合同应视为格式合同,适用合同法中有关格式合同的相关规定。

❷ 如:《北京市居住小区物业管理办法》第八条规定:"居住小区已交付使用并且入住率达到50%以上时,应当在该居住小区开发建设单位、居住小区所在地的区、县房屋土地管理机关指导下建立物业管理委员会。物业管理委员会由居住小区内房地产权人和使用人的代表及居民委员会的代表组成。居住小区开发建设周期较长的,在物业管理委员会成立之前,由该居住小区的开发建设单位负责物业管理,并可选择物业管理企业进行前期管理。物业管理委员会成立后,由其决定物业管理企业的续聘或解聘。"

❸ 参见:《物业管理条例》第十一条、第十五条。

9.2 业主在物业管理关系中具有怎样的法律地位？

根据 2003 年《物业管理条例》的界定，业主即物业所有权人。对于商品房而言，业主通常是指办理了房屋产权过户手续，被登记为房屋所有权人的人。业主是物业管理服务合同关系中一方主体，是物业管理企业服务的对象，依据物业管理服务合同享有权利并承担义务。根据《物业管理条例》的有关规定，业主在物业管理活动中一般享有如下权利：(1)按照物业服务合同的约定，接受物业管理企业提供的服务；(2)提议召开业主大会会议，并就物业管理的有关事项提出建议；(3)提出制定和修改业主公约、业主大会议事规则的建议；(4)参加业主大会会议，行使投票权；(5)选举业主委员会委员，并享有被选举权；(6)监督业主委员会的工作；(7)监督物业管理企业履行物业服务合同；(8)对物业共用部位、共用设施设备和相关场地使用情况享有知情权和监督权；(9)监督物业共用部位、共用设施设备专项维修资金(以下简称专项维修资金)的管理和使用；(10)法律、法规规定的其他权利。与此对应，业主在物业管理活动中同时应履行下列义务：(1)遵守业主公约、业主大会议事规则；(2)遵守物业管理区域内物业共用部位和共用设施设备的使用、公共秩序和环境卫生的维护等方面的规章制度；(3)执行业主大会的决定和业主大会授权业主委员会作出的决定；(4)按照国家有关规定交纳专项维修资金；(5)按时交纳物业服务费用；(6)法律、法规规定的其他义务。❶

需要注意的是，鉴于物业管理服务是为小区全体业主的利益而实施的，是以大多数业主形成的决议为基础的，对于单个业主而言，其享有的物业管理服务的相关权利主要以全体业主的共同利益为基础，必要时个人利益须服从业主集体利益。同时，根据

---

❶ 参见：《物业管理条例》第六条、第七条。

建筑物区分所有理论，❶ 单个业主在物业管理法律关系中权利义务的行使往往是依据其拥有物业的建筑面积、住宅套数等因素来确定的，依据权重的不同享有相应的权利，承担相应的义务。另外，业主除了对其拥有独立所有权的物业部分享有权利并承担义务外，还须根据建筑物区分所有权来确定其对物业共有共用部分的权利义务行使。

9.3 物业使用人在物业管理法律关系中居于怎样的地位？

所谓物业使用人，是指经物业所有权人（业主）授权允许居住使用物业的人。根据1994年《城市新建住宅小区管理办法》第十二条的规定，房地产产权人与使用人分离时，应在租赁合同中对使用人有承诺遵守小区管理办法的约定。2003年，《物业管理条例》第四十八条规定："物业使用人在物业管理活动中的权利义务由业主和物业使用人约定，但不得违反法律、法规和业主公约的有关规定。物业使用人违反本条例和业主公约的规定，有关业主应当承担连带责任。"据此，物业使用人在物业管理法律关系中的地位基于其对物业的使用关系而产生，其权利义务由业主和物业使用人在法律、法规及业主公约的范围内约定，其权利义务的多少取决于业主授权的程度。也就是说，物业使用人在业主足够授权的情况下，在物业管理关系中可能具有与业主同等的权利与义务。同时，业主需要对物业使用人违反《物业管理条例》及业主公约规定的行为承担连带责任，由业主和物业使用人共同对外承担责任。

9.4 物业管理企业在物业管理关系中具有怎样的法律地位？

物业管理企业是物业管理法律关系中的另一方主体，是接受

---

❶ 所谓建筑物区分所有，是对于建筑物的有独立用途的部分的所有和对于共用部分的共同所有以及基于这种共有关系而产生的社团管理关系的总称，它是建筑物区分所有人对专用部分的所有权、共用部分的共有权及对建筑物的管理、收益、修缮等事务所形成的成员权这三要素共同构成的特别所有权。

物业所有权人委托，依照物业管理服务合同进行专业管理服务的具有法人资格的经济实体。根据《物业管理条例》第三十二条的规定，从事物业管理活动的企业必须具有独立的法人资格，且企业必须具有国家认可的资质，❶在物业管理企业中从事物业管理工作的专业管理人员也应当按照国家有关规定取得职业资格证书。❷在物业管理法律关系中，物业管理企业依据法律及物业管理服务合同对物业进行管理，为业主提供服务。物业管理企业对物业的管理权来自全体业主的授权，与物业所有权相分离，是为业主进行服务而产生的权利。

根据1994年建设部《城市新建住宅小区管理办法》第八条的规定，物业管理企业具有如下权利：(1)物业管理公司应当根据有关法规，结合实际情况，制定小区管理办法；(2)依照物业管理合同和管理办法对住宅小区实施管理；(3)依照物业管理合同和有关规定收取管理费用；(4)有权制止违反规章制度的行为；(5)有权要求管委会协助管理；❸(6)有权选聘专营公司(如清洁公司、保安公司等)承担专项管理业务；(7)可以实行多种经营，以其收益补充小区管理经费。同时，物业管理企业具有以下主要义务：(1)履行物业管理合同，依法经营；(2)接受管委会和住宅小区内居民的监督；(3)重大的管理措施应当提交管委会审议，

---

❶ 根据2000年1月1日实施的建设部《物业管理企业资质管理试行办法》的有关规定，物业管理企业划分为一级、二级、三级三个资质等级和临时资质。具体的资质标准请参见《物业管理企业资质管理试行办法》第三条、第四条的规定。

❷ 《物业管理条例》第三十三条："从事物业管理的人员应当按照国家有关规定，取得职业资格证书。"

有关从业人员相关资格认定的具体规定，请参见人事部、建设部《物业管理师制度暂行规定》、《物业管理师资格考试实施办法》、《物业管理师资格认定考试办法》等规定。

❸ 所谓"管委会"，即住宅小区管理委员会，依据该法(《城市新建住宅小区管理办法》)第六条："住宅小区应当成立住宅小区管理委员会(以下简称管委会)。管委会是在房地产行政主管部门指导下，由住宅小区内房地产产权人和使用人选举的代表组成，代表和维护住宅小区内房地产产权人和使用人的合法权益。"

并经管委会认可;(4)接受房地产行政主管部门、有关行政主管部门及住宅小区所在地人民政府的监督指导。2003年,《物业管理条例》第三十六条也规定:"物业管理企业应当按照物业服务合同的约定,提供相应的服务。物业管理企业未能履行物业服务合同的约定,导致业主人身、财产安全受到损害的,应当依法承担相应的法律责任。"第四十七条:"物业管理企业应当协助做好物业管理区域内的安全防范工作。发生安全事故时,物业管理企业在采取应急措施的同时,应当及时向有关行政管理部门报告,协助做好救助工作。物业管理企业雇请保安人员的,应当遵守国家有关规定。保安人员在维护物业管理区域内的公共秩序时,应当履行职责,不得侵害公民的合法权益。"另外,《城市新建住宅小区管理办法》第十四条还赋予了物业管理企业一些法定管理权,规定房地产产权人和使用人违反《城市新建住宅小区管理办法》的规定,有下列行为之一的,由物业管理公司予以制止、批评教育、责令恢复原状、赔偿损失:(1)擅自改变小区内土地用途的;(2)擅自改变房屋、配套设施的用途、结构、外观,毁损设施、设备,危及房屋安全的;(3)私搭乱建,乱停乱放车辆,在房屋共用部位乱堆乱放,随意占用、破坏绿化、污染环境、影响住宅小区景观,噪声扰民的;(4)不照章交纳各种费用的。同时,《物业管理条例》第四十六条又规定,对物业管理区域内违反有关治安、环保、物业装饰装修和使用等方面法律、法规规定的行为,物业管理企业应当制止,并及时向有关行政管理部门报告。与此相应,《城市新建住宅小区管理办法》第十五条明文禁止了物业管理企业的下列行为:(1)房屋及公用设施、设备修缮不及时的;(2)管理制度不健全,管理混乱的;(3)擅自扩大收费范围,提高收费标准的;(4)私搭乱建,改变房地产和公用设施用途的;(5)不履行物业管理合同及管理办法规定义务的。并确认了物业管理公司为这些行为的赔偿责任。

总的来说,在物业管理法律关系中,物业管理企业是与业主具有同等地位的民事法律关系主体,并非行政管理意义上的管理者。在物业管理活动中,物业管理企业应正确定位,认识到自己本质上是服务者而非管理者,与业主具有平等的法律地位。物业管理企业应严格依照物业管理服务合同的约定在业主的授权范围内进行物业管理活动,在法律规定和合同约定的范围内行使管理权、提供服务、承担责任、获取报酬。

9.5 开发商在前期物业管理活动中有哪些责任?

所谓前期物业管理,通常是指在业主大会选聘物业管理企业之前,甚至是在工程建设施工阶段,开发商选聘物业管理企业提前介入,在建筑设计、施工质量监督、竣工验收及接管验收等过程中提供物业管理服务。物业管理企业的提前介入,有利于完善房屋设计要求、监督施工质量,便于将来的竣工验收、接管和物业管理。那么,在前期物业管理活动中,开发商作为一方当事人,其具有哪些法定的责任与义务呢?

根据《物业管理条例》及《城市新建住宅小区管理办法》的有关规定,在业主、业主大会选聘物业管理企业之前,开发商应当选聘物业管理企业,并与之签订书面的前期物业服务合同。进行住宅物业开发建设的开发商,应当通过招投标的方式选聘具有相应资质的物业管理企业;投标人少于3个或者住宅规模较小的,经物业所在地的区、县人民政府房地产行政主管部门批准,可以采用协议方式选聘具有相应资质的物业管理企业,并与之签订前期物业管理合同。同时,开发商应当在销售物业之前,制定业主临时公约,对有关物业的使用、维护、管理,业主的共同利益,业主应当履行的义务,违反公约应当承担的责任等事项依法作出约定。开发商制定的业主临时公约,不得侵害购房者的合法权益,且应当在物业销售前向购房者明示,并予以说明。另外,开发商不得擅自处分业主依法享有的物业共用部位、共用设施设备的所有权或者使用权。开发商应当在办理物业承接验收手续时向物业管理企业移交包括:(1)竣工总平面图,单体建筑、结构、设备竣工图,配套设施、地下管网工程竣工图等竣工验收资料;

(2)设施设备的安装、使用和维护保养等技术资料;(3)物业质量保修文件和物业使用说明文件;(4)物业管理所必需的其他资料等等。并且,开发商应当按照规定在物业管理区域内配置必要的物业管理用房;应当按照国家规定的保修期限和保修范围,承担物业的保修责任。❶

9.6 什么是业主大会和业主委员会?

根据《物业管理条例》的规定,物业管理区域内全体业主应组成业主大会,一个物业管理区域成立一个业主大会。业主大会是物业区域内的最高权力机构和决策机构,应当代表和维护物业管理区域内全体业主在物业管理活动中的合法权益。业主委员会是业主大会的执行机构,❷ 同一个物业管理区域内的业主,应当在物业所在地的区、县人民政府房地产行政主管部门的指导下成立业主大会,并选举产生业主委员会。业主委员会是一种自治性管理组织,是业主团体的代表机构,依照业主大会的授权,代表物业区域的全体业主行使权利。

《物业管理条例》第十一条规定,业主大会应履行下列职责:(1)制定、修改业主公约和业主大会议事规则;(2)选举、更换业主委员会委员,监督业主委员会的工作;(3)选聘、解聘物业管

---

❶ 参见:《物业管理条例》第二十一条、第二十二条、第二十三条、第二十四条、第二十七条、第二十九条、第三十条、第三十一条。

❷ 在我国目前物业管理实践中,对业主自治管理组织的称谓尚不一致。这在行政法规、部门规章及地方法规中也有体现。1994年,建设部《城市新建住宅小区管理办法》第六条规定:"住宅小区应当成立住宅小区管理委员会(以下简称管委会)。管委会是在房地产行政主管部门指导下,由住宅小区内房地产产权人和使用人选举的代表组成,代表和维护住宅小区内房地产产权人和使用人的合法权益。"而在1998年建设部、财政部《住宅共用部位共用设施设备维修基金管理办法》第十条又改称"业主委员会"。《北京市居住小区物业管理办法》第八条称"物业管理委员会";《大连市城市住宅区物业管理办法》第五条称"物业产权人委员会";《海南经济特区城镇住宅区物业管理规定》第五条又称"业主管理委员会"。在2003年的《物业管理条例》中,称"业主委员会"。

理企业；(4)决定专项维修资金使用、续筹方案，并监督实施；(5)制定、修改物业管理区域内物业共用部位和共用设施设备的使用、公共秩序和环境卫生的维护等方面的规章制度；(6)法律、法规或者业主大会议事规则规定的其他有关物业管理的职责。根据《物业管理条例》第十二条，业主大会会议可以采用集体讨论的形式，也可以采用书面征求意见的形式；但应当有物业管理区域内持有1/2以上投票权的业主参加。业主大会作出决定，必须经与会业主所持投票权1/2以上通过。业主大会作出制定和修改业主公约、业主大会议事规则，选聘和解聘物业管理企业，专项维修资金使用和续筹方案的决定，必须经物业管理区域内全体业主所持投票权2/3以上通过。业主大会的决定对物业管理区域内的全体业主具有约束力。同时，住宅小区的业主大会会议，应当告知相关的居民委员会，并由业主委员会做好业主大会会议记录。❶

在物业管理活动中，业主委员会是业主大会的常设执行机构。根据《物业管理条例》的有关规定，业主委员会委员应当由热心公益事业、责任心强、具有一定组织能力的业主担任。并且，业主委员会应当自选举产生之日起30日内，向物业所在地的区、县人民政府房地产行政主管部门备案。业主委员会应履行的职责包括：(1)召集业主大会会议，报告物业管理的实施情况；(2)代表业主与业主大会选聘的物业管理企业签订物业服务合同；(3)及时了解业主、物业使用人的意见和建议，监督和协助物业管理企业履行物业服务合同；(4)监督业主公约的实施；(5)业主大会赋予的其他职责。

另外，《物业管理条例》第十九条规定："业主大会、业主委员会应当依法履行职责，不得作出与物业管理无关的决定，不得从事与物业管理无关的活动。业主大会、业主委员会作出的决定违反法律、法规的，物业所在地的区、县人民政府房地产行政主

---

❶ 参见：《物业管理条例》第十四条。

管部门，应当责令限期改正或者撤销其决定，并通告全体业主。"
第二十条："业主大会、业主委员会应当配合公安机关，与居民委员会相互协作，共同做好维护物业管理区域内的社会治安等相关工作。在物业管理区域内，业主大会、业主委员会应当积极配合相关居民委员会依法履行自治管理职责，支持居民委员会开展工作，并接受其指导和监督。住宅小区的业主大会、业主委员会作出的决定，应当告知相关的居民委员会，并认真听取居民委员会的建议。"

9.7 业主大会是如何成立和运作的？

根据《物业管理条例》第八条、第十条的规定，物业管理区域内全体业主应组成业主大会，同一个物业管理区域内的业主，应当在物业所在地的区、县人民政府房地产行政主管部门的指导下成立业主大会。为规范业主大会的活动，保障民主决策，维护业主的合法权益，2003年建设部下发《建设部关于印发〈业主大会规程〉的通知》（建住房［2003］131号），制定了《业主大会规程》，对业主大会成立和运作的具体要求作出了规定。

根据《业主大会规程》的有关规定，一个物业管理区域只能成立一个业主大会。业主大会由物业管理区域内的全体业主组成，代表和维护物业管理区域内全体业主在物业管理活动中的合法权益。业主大会自首次业主大会会议召开之日起成立，并应当设立业主委员会作为执行机构。

业主筹备成立业主大会时，应当在物业所在地的区、县人民政府房地产行政主管部门和街道办事处（乡镇人民政府）的指导下，由业主代表、建设单位（包括公有住房出售单位）组成业主大会筹备组（以下简称筹备组），负责业主大会筹备工作。筹备组成员名单确定后，须以书面形式在物业管理区域内公告。筹备组的筹备工作主要有以下一些：(1)确定首次业主大会会议召开的时间、地点、形式和内容；(2)参照政府主管部门制订的示范文本，拟定《业主大会议事规则》(草案)和《业主公约》(草案);❶(3)确认业主身份,确定业主在首次业主大会会议上的投票权数;❷ (4)确定业主委员会委员候选人产生办法及名单;(5)做好召开首次业主大会会议的其他准备工作。其中,前四项内容应当在首次业主大会会议召开15日前以书面形式在物业管理区域内公告。筹备组自组成之日起30日内即应在物业所在地的区、县人民政府房地产行政主管部门的指导下组织业主召开首次业主大会会议,并选举产生业主委员会。业主委员会应当自选举产生之日起30日内,将业主大会的成立情况、业主大会议事规则、业主公约及业主委员会委员名单等材料向物业所在地的区、县人民政府房地产行政主管部门备案。同时,业主委员会应当自选举产生之日起3日内召开首次业主委员会会议,推选产生业主委员会主任、副主任。业主委员会在必要时,应依法及时召开业主委员会会议。业主委员会的决定应以书面形式在物业管理区域内及时公告。

根据《业主大会规程》,业主大会会议分为定期会议和临时会议。业主大会定期会议应当按照业主大会议事规则的规定由业主委员会组织召开;而业主大会临时会议应在出现下列情况之一时由业主委员会及时组织召开:(1)20%以上业主提议的;(2)发生重大事故或者紧急事件需要及时处理的;(3)业主大会议事规则或者业主公约规定的其他情况。发生应当召开业主大会临时会议的情况,业主委员会不履行组织召开会议职责的,区、县人民

---

❶ 业主大会议事规则应当就业主大会的议事方式、表决程序、业主投票权确定办法、业主委员会的组成和委员任期等事项依法作出约定。(《业主大会规程》第十条)

业主公约应当对有关物业的使用、维护、管理,业主的共同利益,业主应当履行的义务,违反公约应当承担的责任等事项依法作出约定。业主公约对全体业主具有约束力。(《业主大会规程》第十一条)

❷ 业主在首次业主大会会议上的投票权数,按照省、自治区、直辖市制定的具体办法确定。(《业主大会规程》第七条)

政府房地产行政主管部门应当责令业主委员会限期召开。

业主大会召开15日前，业主委员会应当将会议通知及有关材料以书面形式在物业管理区域内公告，并同时告知相关的居民委员会。业主大会会议可以采用集体讨论的形式，也可以采用书面征求意见的形式，但至少应当有物业管理区域内持有1/2以上投票权的业主参加。对于物业管理区域内业主人数较多的，可以幢、单元、楼层等为单位，推选一名业主代表参加业主大会会议。业主因故不能参加业主大会会议的，可以书面委托代理人参加。

业主大会作出的决定，应以书面形式在物业管理区域内及时公告，对物业管理区域内的全体业主产生约束力。业主大会作决定时，必须经与会业主所持投票权1/2以上通过；若需作出制定和修改业主公约、业主大会议事规则、选聘、解聘物业管理企业、专项维修资金使用、续筹方案决定的，必须经物业管理区域内全体业主所持投票权2/3以上通过。

在业主大会因物业管理区域发生变更等原因解散的情形，在解散前，业主大会、业主委员会应当在区、县人民政府房地产行政主管部门和街道办事处（乡镇人民政府）的指导监督下，做好业主共同财产清算工作。

另外，根据《业主大会规程》第三十五、三十六条规定，业主大会和业主委员会开展工作的经费由全体业主承担；经费的筹集、管理、使用具体由业主大会议事规则规定。业主大会和业主委员会工作经费的使用情况应当定期以书面形式在物业管理区域内公告，接受业主的质询。同时，业主大会和业主委员会的印章依照有关法律法规和业主大会议事规则的规定刻制、使用、管理。违反印章使用规定，造成经济损失或者不良影响的，由责任人承担相应的责任。

9.8　业主委员会具有独立的民事诉讼主体资格吗？

根据《物业管理条例》的有关规定，业主委员会是业主大会的执行机构，是小区业主自治管理组织，依照业主大会的授权，代表物业区域的全体业主行使权利，以主体身份参与物业管理活动。《物业管理条例》对业主委员会的产生方式和具体职责予以了明确，但对业主委员会的法律地位与诉讼权利并没有明确认定，这也导致了实践中出现全体业主与物业管理企业发生纠纷时，业主委员会行使民事诉讼权利具有法律障碍。那么，从理论上讲，应当如何认定业主委员会的民事诉讼主体地位，以提高物业管理法律纠纷的诉讼效率，维护业主权益呢？

民事诉讼主体是民事诉讼法律关系的三要素之一，是指在民事诉讼中享有诉讼权利和承担诉讼义务的人民法院、人民检察院、诉讼参加人和其他诉讼参与人。民事诉讼主体依法享有诉讼权利，并承担相应的诉讼义务，有权进行使诉讼程序发生、变更或消灭的诉讼行为。作为民事诉讼主体的当事人，必须要有当事人诉讼权利能力，能够以自己的名义就特定的民事争议要求法院行使民事裁判权，并受人民法院裁判的约束。我国《民事诉讼法》第四十九条规定："公民、法人和其他组织可以作为民事诉讼的当事人。"一般认为，其中规定的"其他组织"是指非法人团体。所谓非法人团体，通常是指不具备法人条件，没有法人资格，但设有代表人或管理人的社会组织。非法人团体又可分为非法人社团和非法人财团。其中，非法人社团指为一定目的，由多数人组成的集合体。该集合体不因其成员的变更而消灭。依据我国《民事诉讼法》及《最高人民法院关于适用〈中华人民共和国民事诉讼法〉若干问题的意见》的有关规定，具有当事人诉讼权利能力、能够成为民事诉讼主体的"其他组织"应具备四个要件：(1)合法成立；(2)有一定的组织机构；(3)有自己的财产；(4)不具备法人资格。对于业主委员会，其是否属于我国《民事诉讼法》第四十九条规定的"其他组织"而具有相应的诉讼主体地位呢？

根据建设部《城市新建住宅小区管理办法》的规定，居住小区业主委员会应制定章程，又根据北京市人民政府《北京市居住小区物业管理办法》的规定，居住小区已交付使用并且入住率达到50%以上时，应当在该居住小区开发建设单位、居住小区所在地的区、县房屋土地管理机关指导下建立业主委员会，业主委员会在房屋土地管理机关及有关行政管理机关、当地街道办事处的指导监督下，负责制定业主委员会章程；居住小区物业管理的启动经费由该居住小区的开发建设单位按照建安费2%的比例，一次性交付给业主委员会或物业管理企业。原北京市房屋土地管理局（现北京市国土资源和房屋管理局）《关于开展组建居住小区物业管理委员会试点工作的通知》中规定，物业管理企业应为小区业主委员会解决适当的办公场所，业主委员会主任的津贴、日常办公经费，暂由物业管理企业从其收入中支付。建设部《业主大会规程》第三十五条也规定，业主委员会开展工作的经费由全体业主承担，经费的筹集、管理、使用具体由业主大会议事规则规定。国务院颁布的《物业管理条例》规定，业主委员会是业主大会的执行机构；业主委员会应当自选举产生之日起30日内，向物业所在地的区、县人民政府房地产行政主管部门备案；业主委员会主任、副主任在业主委员会委员中选举产生。通过上述规定，可以看出，业主委员会是经过相应程序，在有关机关监督指导下成立的，在成立之后还须向有关行政主管部门备案。因此，业主委员会是经合法成立的组织。业主委员会在成立时亦应具有章程，其成员应由主任、副主任、委员等组成，具有一定的组织机构。同时，业主委员会可以持有物业管理的启动经费及正常开展工作的经费，因此也拥有一定的财产。另外，业主委员会作为代表业主对物业实施管理的自治组织，其依法选举成立后即取得合法资格，组织内部的成员更迭不影响业主委员会组织形式的存在。根据《最高人民法院关于适用〈中华人民共和国民事诉讼法〉若干问题的意见》的规定，"其他组织"是指合法成立、有一定的组织机构和财产，但又不具备法人资格的组织。笔者认为，业主委员会符合我国《民事诉讼法》及其司法解释关于"其他组织"的界定，具有一定的行为能力和诉讼权利，可以作为民事诉讼的原告、被告或第三人。

综上所述,业主委员会应被视为我国《民事诉讼法》中的"其他组织",在民事纠纷中享有独立的诉讼权利,具有独立的诉讼主体资格。

9.9 物业服务合同具有哪些特点?

物业服务合同是指业主或业主委员会委托物业管理企业进行物业管理服务而签订的旨在明确双方权利义务关系的协议。《物业管理条例》第三十五条规定:"业主委员会应当与业主大会选聘的物业管理企业订立书面的物业服务合同。物业服务合同应当对物业管理事项、服务质量、服务费用、双方的权利义务、专项维修资金的管理与使用、物业管理用房、合同期限、违约责任等内容进行约定。"

关于物业服务合同的法律性质,一般认为,它是一种特殊的委托合同。委托合同是委托人和受托人约定,由受托人处理委托人事务的合同。基于委托合同,可以产生受托人对外的代理关系,也可以针对不产生代理关系的一般事务的处理。物业服务合同作为一种特殊的委托合同具有以下特点:❶

(1) 综合性。物业服务合同是一个综合性的委托合同,其中涉及的委托事务不仅仅是某一项,而是多项。如小区绿化、环境卫生、治安、公共设施的运行及维护等等。在这种综合性的委托合同中,往往包括服务、保管、代理等多种委托关系。

(2) 有偿双务性。物业管理企业接受业主或业主委员会委托管理小区物业,并依据物业服务合同收取报酬。物业服务合同双方互负义务,业主的主要义务是支付物业管理费,而物业管理企业的主要义务是履行管理服务义务。

(3) 以行为为标的。物业服务合同的标的并非不动产本身,

---

❶ 参见:高富平,黄武双.《房地产法学》.北京:高等教育出版社,2003,333

而是对不动产及其附属设施的管理服务行为。

根据1994年建设部《城市新建住宅小区管理办法》的规定，物业服务合同应当明确以下内容：(1)管理项目；(2)管理内容；(3)管理费用；(4)双方权利和义务；(5)合同期限；(6)违约责任；(7)其他。同时，物业服务合同应报房地产行政主管部门备案。

根据2003年《物业管理条例》的规定，物业管理企业应当按照物业服务合同的约定，提供相应的服务。物业管理企业未能履行物业服务合同的约定，导致业主人身、财产安全受到损害的，应当依法承担相应的法律责任。物业服务合同终止时，物业管理企业应当将物业管理用房和该小区物业管理所必需的相关资料交还给业主委员会，并且在业主大会选聘了新的物业管理企业后，原物业管理企业应配合做好交接工作。

9.10 物业服务合同的内容需包括哪些方面？

物业服务合同是业主(业主委员会)与物业管理企业权利义务的基础。《物业管理条例》第三十五条第二款规定："物业服务合同应当对物业管理事项、服务质量、服务费用、双方的权利义务、专项维修资金的管理与使用、物业管理用房、合同期限、违约责任等内容进行约定。"具体地说，物业服务合同的内容需包含以下几个方面：

(1) 双方当事人的基本情况。即：业主大会、业主委员会的名称，物业管理企业的名称、资质等级证书编号等。

(2) 物业管理区域范围和物业项目的基本情况。即：物业名称、地址、四至、占地面积、建筑面积等。

(3) 物业管理服务的具体事项。一般地，物业管理服务的内容应包括三个方面：其一，从物的角度讲，包括对物业及物业设施设备的维护、保养、修缮等事项；其二，从社区环境的角度讲，包括小区环境的污染防治、物业环境保洁服务管理、环境绿化管理、物业小区安全管理等；其三，从物的利用秩序的角度

讲,包括阻止物业使用人对自用部分进行危害整体利益的使用行为和阻止业主对共用部分进行妨碍他人利用的行为等事项。❶

(4)物业管理服务的具体要求和标准。对各项物业管理服务内容的服务质量作出细化、量化的要求。具体服务要求和标准的确定可参考 2003 年北京市国土资源和房屋管理局修订颁发的《北京市住宅物业管理服务标准》。

(5)物业管理服务相关费用的约定。对物业管理服务费的数额、收取依据、物业服务支出项目及资金来源、物业管理企业酬劳等问题作出具体明确的约定。

(6)物业管理服务的期限。包括对合同履行期限及合同解除或提前终止条件的约定等。

(7)违约责任。对违约责任的承担方式、违约金数额或计算方法等问题予以明确。

(8)其他权利义务的约定等事项。

总之,业主(业主委员会)与物业管理企业应尽可能详尽地在物业服务合同中约定双方的权利义务,明确各自责任,以更好防范物业管理服务纠纷的发生。

9.11 前期物业服务合同的效力何时终止?

1994 年,建设部《城市新建住宅小区管理办法》第五条第一款规定:"房地产开发企业在出售住宅小区房屋前,应当选聘物业管理公司承担住宅小区的管理,并与其签订物业管理合同。"《物业管理条例》第二十一条规定:"在业主、业主大会选聘物业管理企业之前,建设单位选聘物业管理企业的,应当签订书面的前期物业服务合同。"实践中,在商品住宅销售之前,为便于房屋接管及日后的物业管理,开发商往往会选聘物业管理企业进行前期物业管理服务,并与物业管理企业签订书面合同,这便是前

---

❶ 参见:高富平,黄武双.房地产法学.北京:高等教育出版社,2003,339~344

期物业服务合同。前期物业服务合同与一般的物业服务合同最大的不同在于合同的当事人不一样———一般的物业服务合同的双方当事人是业主(业主委员会)与物业管理企业,而前期物业服务合同的当事人为开发商与物业管理企业,有时在房屋销售时还会加上购房业主作为第三方当事人。由于对于购房者来说,其签署商品房买卖合同的同时所确认的前期物业服务合同已由开发商和物业管理企业签署生效,购房者已无法协商更改,因此,前期物业服务合同对购房者(业主)而言应被视为格式合同。随着购房者陆续入住,并依法成立业主委员会后,若业主委员会选聘了新的物业管理企业并与之签订物业服务合同,此时,则可能面临前期物业服务合同与新的物业服务合同效力冲突的问题。依据《物业管理条例》第三十四条的规定,一个物业管理区域只能由一个物业管理企业实施物业管理。于是,如何确认前后两个物业服务合同的效力以确定实施物业管理服务的物业管理企业便成为一个重要问题。

为了解决上述两个合同效力的冲突,更好地保护购房业主的利益,《物业管理条例》第二十六条明确规定:"前期物业服务合同可以约定期限;但是,期限未满、业主委员会与物业管理企业签订的物业服务合同生效的,前期物业服务合同终止。"据此,前期物业服务合同应自业主委员会与物业服务企业签署的物业服务合同生效之时自动终止,从此由业主委员会新选聘的物业管理企业接替开发商选任的进行前期物业管理服务的物业管理企业进行物业区域的物业管理服务,业主与物业管理企业双方依据新的物业服务合同行使权利、履行义务。

9.12 物业管理服务收费标准是如何确定的?

按时交纳物业服务费用是业主在物业管理活动中的法定义务。根据《物业管理条例》第四十一条的规定,物业服务收费应当遵循合理、公开以及费用与服务水平相适应的原则,区别不同物业的性质和特点,由业主和物业管理企业按照国务院价格主管部门会同国务院建设行政主管部门制定的物业服务收费办法，在物业服务合同中约定。

为规范物业管理服务收费行为，保障业主和物业管理企业的合法权益，国家发展和改革委员会、建设部共同制定了《物业服务收费管理办法》（以下简称《物业收费办法》），并于2004年1月1日起实施，对物业收费原则、定价标准、收费方式、成本计算标准等相关问题予以了明确。

根据《物业收费办法》的有关规定，物业服务收费，是指物业管理企业按照物业服务合同的约定，对房屋及配套的设施设备和相关场地进行维修、养护、管理，维护相关区域内的环境卫生和秩序，向业主所收取的费用。物业服务收费应当遵循合理、公开以及费用与服务水平相适应的原则。物业服务收费应区分不同物业的性质和特点分别实行政府指导价和市场调节价。实行政府指导价的，有定价权限的人民政府价格主管部门应会同房地产行政主管部门根据物业管理服务等级标准等因素，制定相应的基准价及其浮动幅度，并定期公布。具体收费标准由业主与物业管理企业根据规定的基准价和浮动幅度在物业服务合同中约定。实行市场调节价的物业服务收费，由业主与物业管理企业在物业服务合同中约定。业主与物业管理企业可以采取包干制或者酬金制等形式约定物业服务费用。其中，包干制是指由业主向物业管理企业支付固定的物业服务费用，盈余或者亏损均由物业管理企业享有或者承担的物业服务计费方式；酬金制是指在预收的物业服务资金中按约定比例或者约定数额提取酬金支付给物业管理企业，其余全部用于物业服务合同约定的支出，结余或者不足均由业主享有或者承担的物业服务计费方式。实行物业服务费用包干制的，物业服务费用的构成包括物业服务成本、法定税费和物业管理企业的利润。实行物业服务费用酬金制的，预收的物业服务资金包括物业服务支出和物业管理企业的酬金。根据《物业收费办法》第十一条，物业服务成本或者物业服务支出构成一般包括以下部分：(1)管理服务人员的工资、社会保险和按规定提取的福利费等；(2)物业共用部位、共用设施设备的日常运行、维护费用；(3)物业管理区域清洁卫生费用；(4)物业管理区域绿化养护费用；(5)物业管理区域秩序维护费用；(6)办公费用；(7)物业管理企业固定资产折旧；(8)物业共用部位、共用设施设备及公众责任保险费用；(9)经业主同意的其他费用。物业共用部位、共用设施设备的大修、中修和更新、改造费用，应当通过专项维修资金予以列支，不计入物业服务支出或者物业服务成本。而实行物业服务费用酬金制的，预收的物业服务支出属于代管性质，为所交纳的业主所有，物业管理企业不得将其用于物业服务合同约定以外的支出。物业服务收费采取酬金制方式的，物业管理企业或者业主大会可以按照物业服务合同约定聘请专业机构对物业服务资金年度预决算和物业服务资金的收支情况进行审计。另外，物业管理企业可以根据业主的委托提供物业服务合同约定以外的服务项目，其服务收费由双方约定。但物业管理企业接受供水、供电、供气、供热、通讯、有线电视等单位委托代收有关费用的，不得向业主收取手续费等额外费用。❶

同时，根据2004年国家发展和改革委员会、建设部《物业服务收费明码标价规定》，物业管理企业在物业管理服务中应实行明码标价，并做到价目齐全，内容真实，标示醒目，字迹清晰。物业服务收费明码标价的内容包括：物业管理企业名称、收费对象、服务内容、服务标准、计费方式、计费起始时间、收费项目、收费标准、价格管理形式、收费依据、价格举报电话12358等。实行政府指导价的物业服务收费还应当同时标明基准收费标准、浮动幅度，以及实际收费标准。物业管理企业应在其服务区域内的显著位置或收费地点，选择采取公示栏、公示牌、收费表、收费清单、收费手册、多媒体终端查询等方式实行明码标价。对于物业管理企业根据业主委托提供的物业服务合同约定以外的服务项目，其收费标准在双方约定后应当以适

---

❶ 参见《物业管理条例》第四十四条、第四十五条。

当的方式向业主进行明示。实行明码标价的物业服务收费的标准等发生变化时，物业管理企业应当在执行新标准前一个月，将所标示的相关内容进行调整，并应标示新标准开始实行的日期。

另外，需要注意，根据《物业管理条例》第四十二条、《物业收费办法》第十六条的规定，纳入物业管理范围的已竣工但尚未出售，或者因开发建设单位原因未按时交给物业买受人的物业，物业服务费用或者物业服务资金由开发建设单位全额交纳，购房业主自房屋交付以后开始交纳物业管理服务费用。

实践中，对于物业管理企业违反上述规定收取物业服务费及其他费用的情况，业主可依法向政府价格主管部门或房地产行政主管部门投诉，由政府主管部门责令物业管理企业纠正违法行为，并予以处罚。

9.13 业主可以"管理不善"为由拒绝缴纳物业管理服务费吗？

业主与物业管理企业之间是基于《物业服务合同》而建立起来的一种互负义务的合同关系。在这一合同关系中，物业管理企业有按合同约定的标准提供物业管理服务的义务，而对业主而言，按照物业合同的约定及时缴纳物业管理服务费是其主要的义务。根据 2004 年 1 月 1 日起实施的《物业服务收费管理办法》第十四条、第十五条规定，物业管理企业在物业服务中应当遵守国家的价格法律法规，严格履行物业服务合同，为业主提供质价相符的服务；而业主应当按照物业服务合同的约定按时足额交纳物业服务费用，业主违反物业服务合同约定逾期不交纳服务费用的，业主委员会应当督促其限期交纳，逾期仍不交纳的，物业管理企业可以依法追缴。

一般地，在物业管理实践中，往往业主缴纳物业服务费在先，而物业管理企业提供服务在后，典型的如酬金制；❶ 也有物业管理企业服务在先而业主交费在后的情况。根据我国《合同法》第六十七条、第六十八条的规定，当事人互负债务，有先后履行顺序，先履行一方未履行的，后履行一方有权拒绝其履行要求。先履行一方履行债务不符合约定的，后履行一方有权拒绝其相应的履行要求。应当先履行债务的当事人，有确切证据证明对方经营状况严重恶化、或转移财产、抽逃资金以逃避债务、或丧失商业信誉、或有丧失或者可能丧失履行债务能力的其他情形的，可以中止履行合同。由此，为互负债务的双务合同设定了先履行抗辩权和不安抗辩权。具体到物业管理服务而言，业主履行上述抗辩权而拒绝交纳物业服务费须具备怎样的条件呢？

从先履行抗辩权和不安抗辩权的成立要件上看，对于前者，业主须能够证明物业服务企业没有适当履行合同债务，如物业管理企业未按合同约定的标准和质量履行管理服务义务，即有证据证明物业管理企业确有管理不善的违约行为；而对于后者，业主须提出确切证据证明物业服务企业丧失商业信誉等等，如物业管理企业前段时间存在严重的管理不善的违约行为而普遍认为足以认定其失去商业信誉而无法继续适当履行接下来的合同债务等等。其中，对于管理不善的认定，应依据业主与物业管理企业的《物业服务合同》来确定，看物业管理企业是否达到了合同约定的管理服务要求和标准。合同中具体管理服务要求和标准的确定可参考2003年北京市国土资源和房屋管理局修订颁发的《北京市住宅物业管理服务标准》。

需要提出的是，虽然在物业管理企业确有管理不善的情况下业主可依法以拒交物业费的方式提出抗辩，❷ 但笔者认为，以拒

---

❶ 酬金制是指在预收的物业服务资金中按约定比例或者约定数额提取酬金支付给物业管理企业，其余全部用于物业服务合同约定的支出，结余或者不足均由业主享有或者承担的物业服务计费方式。

❷ 还需注意，这种抗辩必须与物业管理企业的不适当履行的程度相对应，即业主依法只有权对物业管理企业所有合同义务中没有适当履行的部分不给付相应对价。

交物业费的形式维权并非明智之举,于己、于物业管理企业都不利。业主拒交物业费容易激化与物业管理企业的矛盾,也影响小区物业管理服务的进一步开展。笔者建议,对物业管理企业管理不善的行为,比较好的处理方式是与物业管理企业协商、督促,或者向政府主管部门投诉,也可以直接通过司法途径加以解决。

9.14 物业管理企业可以停水、停电等方式催缴物业管理费吗?

实践中,常有物业管理企业强行停水、停电而导致业主与物业管理企业发生冲突之事见诸报端,究其原因,往往是物业管理企业以停水、停电的方式催促欠费业主交纳物业管理费。然而,物业管理企业有擅自停水、停电等权利吗?

目前,我国住宅小区的供水、供电通常是基于业主与供水企业、供电企业之间的供水、供电合同,这些合同的当事人是业主与供水、供电企业,而与物业管理企业没有任何关系。物业管理企业并非供水、供电合同的当事人,当然无权干涉其合同当事人权利义务的履行,无权损害供水、供电合同当事人的利益。物业管理企业擅自采取停水、停电的做法不仅损害了业主的利益,而且也损害了供水、供电企业的利益。同时,除合同当事人自行约定外,我国现行法律并没有赋予物业管理企业停水、停电的权利。物业管理企业针对业主违约所采取的措施应当与物业服务合同事项有关,而不能损害其他主体的利益。

物业管理实践中,有些小区在业主公约中赋予了物业管理企业在业主无故欠缴物业管理费的情况下采取停水、停电措施的权利。笔者认为,这种约定的合法性值得商榷。供水、供电合同涉及的直接当事人是业主和供水、供电企业,在未经供水、供电企业授权的情况下,任何人无权处分其权利。在业主公约中擅自设立物业管理企业停水、停电的权利,无异于业主和物业管理企业擅自阻挠供水、供电企业完整履行供水、供电合同的权利义务,这是违背民法原则的,应不具有法律效力。

另外，需要认识到的是，水、电供应是保障居住生活需要的最基本条件，强行停水、停电势必会严重影响居民的日常生活，这种做法也极易激化矛盾，影响社区生活的和谐。笔者建议，业主作为小区物业管理服务的享受者，首先应该自律，不宜无故拖欠物业管理服务费用。物业管理企业在面对业主违约拒缴物业管理费的情况，应采取合理合法的方式解决。物业管理企业可以借助小区业主委员会协助催缴，或采取公示的方法督促缴纳，必要时也可通过诉讼的途径追缴欠费，由法院依法采取相应的司法强制措施。

9.15 什么是业主临时公约？

所谓业主临时公约，是相对于业主大会成立后全体业主制定的业主公约而言的，是房地产开发商在出售房屋之前为所有购房业主预先制定的公共契约，旨在明确业主在物业使用、维护、管理过程中的行为规则。开发商在出售房地产时通常要求购房者签署接受业主临时公约，以便有效维护物业交付使用后的利用秩序和物业管理区域内全体业主的共同利益。《物业管理条例》第二十二条规定："建设单位应当在销售物业之前，制定业主临时公约，对有关物业的使用、维护、管理，业主的共同利益，业主应当履行的义务，违反公约应当承担的责任等事项依法作出约定。建设单位制定的业主临时公约，不得侵害物业买受人的合法权益。"第二十三条规定："建设单位应当在物业销售前将业主临时公约向物业买受人明示，并予以说明。物业买受人在与建设单位签订物业买卖合同时，应当对遵守业主临时公约予以书面承诺。"

需要注意，业主临时公约虽由开发商所制定，但购房业主承诺确认后，对购房业主产生约束力。业主临时公约自首位物业买受人签署买卖合同并书面承诺遵守公约之日起生效，在小区业主依法成立业主大会并通过合法程序制定了新的业主公约并生效之时自动失效。在业主临时公约的有效期内，每位业主及物业使用人都必须严格遵守公约的约定，否则应承担违约责任。具体内容可参考建设部发布的《业主临时公约（示范文本）》。

9.16 什么是业主公约?

业主公约是物业管理区域内全体业主就物业的管理、使用、维护及业主间相邻关系等各个方面所共同达成的书面形式的自治规则,旨在协调物业区内各区分所有权人的利益和行为,维护公共利益,营造和谐舒适的小区生活环境。业主公约是物业管理区域内全体业主的最高自治规范和根本性自治规则,全体业主、非业主使用人、业主之继承人、管理人等均应遵守业主公约,且业主大会及业主委员会所作的决定也不得与业主公约相抵触。根据《物业管理条例》的有关规定,物业管理区域的业主大会应履行制定、修改业主公约的职责,业主大会作出制定、修改业主公约的决定须经物业管理区域内全体业主所持投票权 2/3 以上通过,业主公约对物业管理区域的全体业主和物业使用人具有约束力。

《物业管理条例》第十七条第一款规定:"业主公约应当对有关物业的使用、维护、管理,业主的共同利益,业主应当履行的义务,违反公约应当承担的责任等事项依法作出约定。"笔者认为,业主公约作为私法领域业主自治规范,其内容由业主自行商定。同时,参照法律法规的指引性列举,业主公约一般应包含但不限于以下一些内容:

(1) 关于物业的基本情况。如物业名称、地址、面积、户数等。

(2) 关于共用部分的情况。包括对共用部分的持份比例、全体共用部分和局部共用部分的范围等。

(3) 关于业主共同事务的管理。包括业主大会、业主委员会的设置、人数、权限、运行方式,管理人的选任、任期、解任及职责,业主会议及管理人会议的运作,管理经费的承担和管理费用的缴纳等。

(4) 关于专有部分使用的限制。如限制饲养动物,不得改变物业使用目的,禁止堆放危险物品及影响环境卫生的物品等。

(5) 关于共用部分的使用情况,主要规定共用部分及其附属设施的使用方法等。

(6) 违反业主公约的责任。❶

(7) 业主享有和承担的其他权利和义务。

另外,需要注意,业主公约作为私法上一种自律性质的"公共契约",亦不得违反法律法规之强制性规定,不得违反社会公共利益,不得违背公序良俗原则,否则该约定不具有法律上的效力。

实践中,有业主公约约定,业主违反业主公约时,由业主委员会对违约业主实施罚款、扣押、没收等处罚措施,由此在业主公约中设立了处罚权。根据我国《行政处罚法》等有关法律法规的规定,民事性质的业主公约是无权设定处罚权的,业主公约作为一种自治规范,不得设立罚款、没收等等之类行政处罚权。同时,法律对具有处罚权的机关也有严格的限定,业主委员会作为一个自治性的组织也无权实施行政处罚措施。当然,根据民法及《物业管理条例》的有关规定,业主公约中可以约定一些民事责任,如恢复原状、采取补救措施、赔偿损失等民事责任承担方式。而在物业管理活动中涉及须进行行政处罚的事项时,应由业主委员会或物业管理企业及时向有关行政主管机关报告,由具有行政处罚权的行政机关依法处理,而不得由业主委员会依业主公约有关处罚权的约定(这种约定其实是不具有法律效力的)擅自实施行政处罚性质的处罚措施。

9.17 什么是住宅共用部位共用设施设备维修基金?

购房者在购买商品房时,除了支付购房款以外,往往还需缴纳住宅共用部位共用设施设备维修基金。住宅共用部位共用设施设备维修基金通常简称为"维修基金"或"专项维修资金"。《物业管理条例》第五十四条规定:"住宅物业、住宅小区内的非住宅物业或者与单幢住宅楼结构相连的非住宅物业的业主,应当按

---

❶ 参见:高富平,黄武双. 房地产法学. 北京:高等教育出版社,2003,330

照国家有关规定交纳专项维修资金。专项维修资金属业主所有,专项用于物业保修期满后物业共用部位、共用设施设备的维修和更新、改造,不得挪作他用。专项维修资金收取、使用、管理的办法由国务院建设行政主管部门会同国务院财政部门制定。"同时,《物业管理条例》还规定,业主具有按国家规定交纳专项维修资金的义务,并享有监督专项维修资金管理和使用的权利。业主大会应履行决定专项维修资金使用、续筹方案并监督实施的职责。在物业管理活动中,业主或物业管理企业合法利用物业共用部位、共用设施设备进行经营所得的收益应当主要用于补充专项维修资金,但业主大会另有决定的除外。1998年,建设部、财政部《住宅共用部位共用设施设备维修基金管理办法》第四条、第五条规定,凡商品住房和公有住房出售后都必须建立维修基金,购房者须按购房款2%~3%的比例缴纳维修基金,维修基金属全体业主共同所有;维修基金的使用执行《物业管理企业财务管理规定》(财政部财基字〔1998〕7号),专项用于住宅共用部位、共用设施设备保修期满后的大修、更新和改造。

根据1998年财政部《物业管理企业财务管理规定》第三条的规定,代管基金是指企业接受业主管理委员会或者物业产权人、使用人委托代管的房屋共用部位维修基金和共用设施设备维修基金。其中,房屋共用部位维修基金是指专项用于房屋共用部位大修理的资金。房屋的共用部位是指承重结构部位(包括楼盖、屋顶、梁、柱、内外墙体和基础等)、外墙面、楼梯间、走廊通道、门厅、楼内存车库等。共用设施设备维修基金是指专项用于共用设施和共用设备大修理的资金。共用设施设备是指共用的上下水管道、公用水箱、加压水泵、电梯、公用天线、供电干线、共用照明、暖气干线、消防设施、住宅区的道路、路灯、沟渠、池、井、室外停车场、游泳池、各类球场等。《物业管理企业财务管理规定》第四条又规定:"代管基金作为企业长期负债管理。代管基金应当专户存储,专款专用,并定期接受业主管理委员会或者物业产权人、使用人的检查与监督。代管基金利息净收入应当经业主管理委员会或者物业产权人、使用人认可后转作代管基金滚存使用和管理。"

另外，根据《住宅共用部位共用设施设备维修基金管理办法》的有关规定，维修基金一般先由开发商代收，在业主办理房屋权属证书时，开发商再将代收的维修基金移交给当地房地产行政主管部门代管。业主委员会成立后，经业主委员会同意，房地产行政主管部门将维修基金移交给物业管理企业代管。物业管理企业代管的维修基金，应当定期接受业主委员会的检查与监督。在维修基金的使用上，在业主委员会成立前，维修基金的使用由售房单位或售房单位委托的管理单位提出使用计划，经当地房地产行政主管部门审核后划拨；业主委员会成立后，维修基金的使用由物业管理企业提出年度使用计划，经业主委员会审定后实施。物业管理企业发生变换时，代管的维修基金账目经业主委员会审核无误后，应当办理账户转移手续。账户转移手续应当自双方签字盖章之日起十日内送当地房地产行政主管部门和业主委员会备案。业主转让房屋所有权时，结余维修基金不予退还，随房屋所有权同时过户。因房屋拆迁或其他原因造成住房灭失的，维修基金代管单位应当将维修基金账面余额按业主个人缴交比例退还给业主。❶

物业管理实践中，若业主或使用人、物业管理企业、开发建设单位之间就维修基金发生纠纷，当事人可以通过协商、协调解决，协商、协调不成的，可以依法向仲裁机构申请仲裁，或者向人民法院起诉。❷

9.18 物业管理企业可以随意动用物业维修基金吗？

《物业管理条例》第五十四条第二款规定："专项维修资金属

---

❶ 参见：《住宅共用部位共用设施设备维修基金管理办法》第五条、第九条、第十条、第十一条、第十二条、第十三条、第十四条。

❷ 参见：《住宅共用部位共用设施设备维修基金管理办法》第十六条。

业主所有，专项用于物业保修期满后物业共用部位、共用设施设备的维修和更新、改造，不得挪作他用。"建设部、财政部《住宅共用部位共用设施设备维修基金管理办法》第七条第一款规定："维修基金应当在银行专户存储专款专用。为了保证维修基金的安全，维修基金闲置时，除可用于购买国债或者用于法律、法规规定的其他范围外，严禁挪作他用。"第十条："业主委员会成立后，经业主委员会同意，房地产行政主管部门将维修基金移交给物业管理企业代管。物业管理企业代管的维修基金，应当定期接受业主委员会的检查与监督。"据此，物业维修基金虽然通常由物业管理企业保管，但其所有权并非属于物业管理企业，而归属全体业主，并专项用于物业保修期满后物业共用部位、共用设施设备的维修和更新、改造。物业管理企业不得擅自支配物业维修基金，物业维修基金的使用须由业主大会或授权业主委员会决定和批准，其支配使用受业主和业主大会的监督。在物业维修基金闲置时，可用于购买国债，且收益转作维修基金滚存，同样也只能专项用于物业的维修改造。当然，鉴于维修基金的性质，这种使用亦须经过业主大会或授权业主委员会的批准。

对于物业管理企业违规违约动用维修基金的情况，《物业管理条例》第六十三条规定："违反本条例的规定，挪用专项维修资金的，由县级以上地方人民政府房地产行政主管部门追回挪用的专项维修资金，给予警告，没收违法所得，可以并处挪用数额2倍以下的罚款；物业管理企业挪用专项维修资金，情节严重的，并由颁发资质证书的部门吊销资质证书；构成犯罪的，依法追究直接负责的主管人员和其他直接责任人员的刑事责任。"《住宅共用部位共用设施设备维修基金管理办法》第十八条也规定，维修基金代管单位擅自挪用维修基金或者造成维修基金损失的，由当地财政部门和房地产行政主管部门按规定进行处理；情节严重的，应追究直接责任人员和领导人员的行政责任；构成犯罪的，依法追究刑事责任。

9.19 物业管理企业在哪些情况下应对业主的人身、财产损失承担责任？

近年来，因业主在物业管理区域内车辆被盗、家中失窃、或因小区公共设施损坏造成业主人身伤害等等引发的业主与物业管理企业的损害赔偿纠纷屡见不鲜。那么，物业管理企业在哪些情况下应当承担上述损失的赔偿责任呢？

2002年，《物业管理条例（草案）》第四十九条规定："物业管理企业应当加强对物业管理区域内的安全防范工作。发生安全事故时，物业管理企业应当及时向有关行政管理部门报告，协助做好救助工作。物业管理企业疏于管理，未能履行物业服务合同约定的安全防范义务，导致业主人身、财产安全受到损失的，应当依法承担相应的法律责任。"但在2003年正式出台的《物业管理条例》中，并没有采用草案中的表述，而是在《物业管理条例》第四十七条规定："物业管理企业应当协助做好物业管理区域内的安全防范工作。发生安全事故时，物业管理企业在采取应急措施的同时，应当及时向有关行政管理部门报告，协助做好救助工作。物业管理企业雇请保安人员的，应当遵守国家有关规定。保安人员在维护物业管理区域内的公共秩序时，应当履行职责，不得侵害公民的合法权益。"

在物业管理实践中，物业管理企业是否应当对业主的有关损失承担法律责任，其依据无非在于物业服务合同的约定和法律的规定。如果物业管理企业违反物业服务合同约定的安全防范义务，则物业管理企业应依据合同的约定承担违约责任；或者物业管理企业的行为满足了法律所规定的侵权责任的构成要件，[1] 则物业管理企业应承担相应的侵权赔偿责任；在违约责任与侵

---

[1] 根据侵权行为法理论和有关法律规定，一般侵权行为须具备四个要件，即：行为的违法性；损害事实的存在；违法行为与损害后果之间存在相当因果关系；行为人主观上有过错（包括故意和过失）。

权责任发生竞合时,受损害一方有权选择违约之诉或是侵权之诉。

具体到业主车辆在物业服务区域被盗的情况,关键在于看物业管理企业与业主之间是否存在车辆的保管合同关系,包括事实上存在车辆保管合同关系的情况。如果存在保管合同关系,通常的表现是业主向物业管理企业所交纳的停车费用不仅包含停车位的维护、修缮及秩序维持的费用,还包含车辆保管费用,这可在业主与物业管理企业的物业服务合同中予以明确;有时也可依据物业管理企业给付保管凭证、设立关卡制度等事实行为判定车辆保管合同事实上成立。在这种情况下,出现业主车辆被盗的事件,物业管理企业因其没能依照合同履行妥善保管义务而应承担违约赔偿责任。另外,根据我国《保险法》及有关规定,在业主为车辆投保了车辆损失险及全车盗抢险的情况下,车主可直接向保险公司索赔,至于保险公司对有过错的物业管理企业行使代位求偿权,业主(车主)只需履行向保险公司提供必要的文件和其所知道的有关情况的协助义务。

而对于业主家中失窃的情况,从违约责任的角度讲,须依据物业服务合同的相关约定来判定物业管理企业是否负有业主家中被盗的赔偿义务。从侵权责任的角度讲,就需要具体分析物业管理公司的保安在履行安全防范责任时是否存在疏漏或过错,这种疏漏与业主家中失窃是否存在必然的因果关系。如果这些侵权责任要件成立,则物业管理公司构成侵权,应当承担赔偿责任,反之则否。同时,这里需要注意的是,判断物业管理公司保安在安全防范方面是否有疏漏,应当按照行业的通常标准来衡量,而不宜按照公安机关的专业标准来衡量。

至于因小区公共设施损坏而造成业主人身伤害的情况,物业管理企业是否应承担赔偿责任的关键在于考察物业管理企业对造成业主人身伤害的公共设施设备及非公共场所工作设施、物件是否尽到了对他人安全的善良注意义务，❶ 是否存在疏于管理的责任。如果可以认定物业管理企业违反了善良注意义务或者存在疏于管理的情形，则物业管理企业应当承担相应的损害赔偿责任。

总的来说，在物业管理活动中，物业管理企业是否应对业主承担损失赔偿责任应依据合同法、侵权行为法的相关理论和法律规定，结合具体情况具体分析，难以一概而论。

9.20 阳台上的花盆被家猫碰落砸伤楼下行人，业主或物业使用人需承担赔偿责任吗？

小区的住户们为了追求优美的生活环境，往往在阳台或阳台的花架上养上几盆花，这不仅美化了小区景观，还有花香飘逸四方，使居住环境更加优美、舒适。

然而，搁置在阳台上的花盆，同时也可能成为人身伤害的加害者。我国《民法通则》第一百二十六条规定："建筑物或者其他设施以及建筑物上的搁置物、悬挂物发生倒塌、脱落、坠落造成他人损害的，它的所有人或者管理人应当承担民事责任，但能够证明自己没有过错的除外。"这使建筑物、搁置物等致人损害的民事责任在法律上得以确立。依据该条规定，行为人承担建筑物等致人损害的民事赔偿责任需具备以下几个要件：(1)须有建筑物等物件发生倒塌、脱落、坠落等，这是构成要件中的侵害行为部分。我国《民法通则》将直接致人损害的物规定为建筑物、其他设施以及建筑物上的搁置物、悬挂物。(2)须有损害结果，包括人身伤害(如砸伤受害人)，也包括财产损害(如砸伤他人饲养的家禽、宠物等)。(3)须建筑物或者其他设施以及建筑物上的

---

❶ 所谓"善良注意义务"，是指当事人在从事民事活动中，只要尽到应有的谨慎和勤勉，就可以避免损害结果的发生的一种义务。一般认为，违反善良注意义务就是一种过错行为，据此产生损害后果的，当事人应当承担侵权责任。目前，我国《民法通则》第一百二十五条对善良注意义务予以了确认："在公共场所、道旁或者通道上挖坑、修缮安装地下设施等，没有设置明显标志和采取安全措施造成他人损害的，施工人应当承担民事责任。"

搁置物、悬挂物的倒塌、脱落、坠落与受害人受损有直接因果关系。(4)须建筑物、搁置物等物件的所有人或者管理人不能证明自己没有过错。一般而言，此类民事纠纷的被告可通过证明损害是因不可抗力、受害人的过错或第三人的过错所造成的，从而证明自己无过错，达到免除责任的目的。而对于自家花盆被家猫碰落砸伤他人的情况，显然难以归如不可抗力之列，业主或物业使用人往往难免民事赔偿之责。

9.21 什么是相邻关系？

不动产相互毗邻的所有人或使用人在各自行使自己的合法权利时，都要尊重他方所有人或使用人的权利，相互间应当给予一定的方便或接受一定的限制，法律将这种相邻人间的关系用权利义务的形式确定下来，就是相邻关系。❶ 在商品住宅中，相邻关系具体指两个或两个以上的房屋所有人或使用人，在对房屋行使占有、使用、收益、处分权利时发生的权利义务关系。

不动产相邻关系，从本质上讲是一方所有人或使用人的财产权利的延伸，同时又是对他方所有人或使用人的财产权利的限制。不动产相邻关系具有以下特征：第一，相邻关系发生在两个或两个以上的不动产相互毗邻的所有人或使用人之间。相邻人可以是公民，也可以是法人；可以是财产所有人，也可以是非所有人。第二，相邻关系的客体并不是财产本身，而是由行使所有权或使用权时所引起的和邻人有关的经济利益或其他利益（如噪声影响邻人休息），对于财产本身并不发生争议。第三，相邻关系的发生常与不动产的自然条件有关，即两个或两个以上所有人或使用人的财产应当是相互毗邻的。❷

---

❶ 参见：魏振瀛主编. 民法. 北京：北京大学出版社，高等教育出版社，2000，236

❷ 参见：魏振瀛主编. 民法. 北京：北京大学出版社，高等教育出版社，2000，236～237

我国《民法通则》第八十三条规定:"不动产的相邻各方,应当按照有利生产、方便生活、团结互助、公平合理的精神,正确处理截水、排水、通行、通风、采光等方面的相邻关系。给相邻方造成妨碍或者损失的,应当停止侵害,排除妨碍,赔偿损失。"据此,法律要求业主在使用自己或他人的不动产的时候,应该给相邻方必要的便利,对邻里合理使用其不动产而适度影响到自己的行为保持容忍,以此达到邻里和睦,和谐生活。

日常生活中,业主面对邻里的相邻关系纠纷应如何解决呢?首先,最好是直接与邻居交涉和解,或者要求物业管理公司或业主委员会介入调解;如果邻居蛮横而不听劝告,业主可依据《中华人民共和国治安处罚法》的有关规定,❶ 请求公安机关处理;当然,业主也可以直接向人民法院提起诉讼,由人民法院裁判执行。

---

❶ 《中华人民共和国治安处罚法》第五十八条:"违反关于社会生活噪声污染防治的法律规定,制造噪声干扰他人正常生活的,处警告;警告后不改正的,处二百元以上五百元以下罚款。"

《中华人民共和国治安处罚法》第七十五条第一款:"饲养动物,干扰他人正常生活的,处警告;警告后不改正的,或者放任动物恐吓他人的,处二百元以上五百元以下罚款。"

第 10 章

房屋租赁法律问题

房屋租赁是我们日常生活中极为常见的现象。从宏观来看,房屋租赁市场是房地产市场的重要组成部分,对解决公民居住问题、减少房屋闲置浪费、激活房地产消费、促进住宅产业发展、开辟新的投资渠道等都有着重要的作用。2006 年,建设部又提出要大力发展房屋租赁市场,以加快建立引导和促进普通居民住房消费的长效机制。那么,什么是房屋租赁?房屋租赁合同应包含哪些内容?房屋出租人和承租人分别对房屋享有哪些权利、承担哪些义务?中介公司在房屋租赁活动中具有怎样的法律地位?——搞清楚这些问题,对房屋租赁关系中的各方当事人来说都具有重要的意义。本章将从房屋租赁的概念出发,重点阐述房屋租赁合同的有关问题以及房屋租赁关系中出租人和承租人的权利义务等法律问题,以求为业主出租房屋及承租人承租房屋提供有益的参考和帮助。

10.1 什么是房屋租赁?

所谓房屋租赁,根据《中华人民共和国城市房地产管理法》的界定,是指房屋所有权人作为出租人将其房屋出租给承租人使用,由承租人向出租人支付租金的行为。❶ 房屋租赁关系建立后,出租人应在租赁期限内将房屋的占有、使用、收益的权利让渡给承租人,而承租人应支付相应价金。

根据1995年建设部《城市房屋租赁管理办法》的有关规定,公民、法人或其他组织对享有所有权的房屋和国家授权管理和经营的房屋可以依法出租。房屋所有权人可将房屋出租给承租人居住或从事经营活动,或以房屋作为出资与他人合作从事经营活动。在房屋租赁活动中,房屋租赁当事人应当遵循自愿、平等、互利的原则。同时,该办法还规定,有下列情形之一的房屋不得出租:(1)未依法取得房屋所有权证的;(2)司法机关和行政机关依法裁定、决定查封或者以其他形式限制房地权利的;(3)共有房屋未取得共有人同意的;(4)权属有争议的;(5)属于违法建筑的;(6)不符合安全标准的;(7)已抵押,未经抵押权人同意的;(8)不符合公安、环保、卫生等主管部门有关规定的;(9)有关法律、法规规定禁止出租的其他情形。❷

另外,根据规定,房屋租赁由政府房地产行政主管部门归口管理。住宅用房的租赁,还须执行国家和房屋所在城市人民政府规定的租赁政策。❸

10.2 房屋租赁合同需包含哪些内容?

房屋租赁合同是出租人与承租人就房屋租赁的有关权利义务达成的合意。我国《城市房地产管理法》第五十三条规定:"房屋租赁,出租人和承租人应当签订书面租赁合同,约定租赁期限、租赁用途、租赁价格、修缮责任等条款,以及双方的其他权利和义务,并向房产管理部门登记备案。"一般而言,房屋租赁

---

❶ 参见:《中华人民共和国城市房地产管理法》第五十二条。
❷ 参见:《城市房屋租赁管理办法》第三条、第四条、第五条、第六条。
❸ 参见:《中华人民共和国城市房地产管理法》第五十四条,《城市房屋租赁管理办法》第七条、第八条。

合同应包含以下内容:
(1) 当事人姓名或者名称及住所;
(2) 房屋的坐落、面积、装修及设施状况;
(3) 租赁用途;
(4) 租赁期限;
(5) 租金及交付方式;
(6) 房屋修缮责任;
(7) 转租的约定;
(8) 变更和解除合同的条件;
(9) 违约责任;
(10) 当事人约定的其他条款。❶

至于租赁合同双方关心的其他内容,可由当事人自行协商补充,也可依据我国《合同法》第六十条、第六十一条、第六十二条的有关规定来处理。❷❸

---

❶ 参见:《城市房屋租赁管理办法》第九条。
❷ 《中华人民共和国合同法》第六十条:"当事人应当按照约定全面履行自己的义务。当事人应当遵循诚实信用原则,根据合同的性质、目的和交易习惯履行通知、协助、保密等义务。"
《中华人民共和国合同法》第六十一条:"合同生效后,当事人就质量、价款或者报酬、履行地点等内容没有约定或者约定不明确的,可以协议补充;不能达成补充协议的,按照合同有关条款或者交易习惯确定。"
《中华人民共和国合同法》第六十二条:"当事人就有关合同内容约定不明确,依照本法第六十一条的规定仍不能确定的,适用下列规定:(一)质量要求不明确的,按照国家标准、行业标准履行;没有国家标准、行业标准的,按照通常标准或者符合合同目的的特定标准履行。(二)价款或者报酬不明确的,按照订立合同时履行地的市场价格履行;依法应当执行政府定价或者政府指导价的,按照规定履行。(三)履行地点不明确,给付货币的,在接受货币一方所在地履行;交付不动产的,在不动产所在地履行;其他标的,在履行义务一方所在地履行。(四)履行期限不明确的,债务人可以随时履行,债权人也可以随时要求履行,但应当给对方必要的准备时间。(五)履行方式不明确的,按照有利于实现合同目的的方式履行。(六)履行费用的负担不明确的,由履行义务一方负担。"
❸ 居住房屋租赁合同可参考《上海市居住房屋租赁合同示范文本》。(见本书附录六)。

10.3 租赁房屋的修缮义务依法应由何方承担？

房屋的维修与保养，往往与房屋使用价值的保持有着重要的联系。那么，在房屋租赁法律关系中，房屋的修缮义务依法应由谁来承担呢？

我国《合同法》第二百二十条规定："出租人应当履行租赁物的维修义务，但当事人另有约定的除外。"第二百二十一条："承租人在租赁物需要维修时可以要求出租人在合理期限内维修。出租人未履行维修义务的，承租人可以自行维修，维修费用由出租人负担。因维修租赁物影响承租人使用的，应当相应减少租金或者延长租期。"建设部《城市房屋租赁管理办法》（以下简称《办法》）第二十一条也规定，出租住宅用房的自然损坏或合同约定由出租人修缮的，由出租人负责修复。不及时修复，致使房屋发生破坏性事故，造成承租人财产损失或者人身伤害的，应当承担赔偿责任；而租用房屋从事生产、经营活动的，修缮责任由双方当事人在租赁合同中约定。同时，《办法》第二十三条指出，承租人应当爱护并合理使用所承租的房屋及附属设施，不得擅自拆改、扩建或增添；因承租人过错造成房屋损坏的，由承租人负责修复或者赔偿。

另外，关于承租人是否可以出租人未及时履行修缮义务为由主张行使同时履行抗辩权而拒付租金的问题，❶ 笔者以为，承租人拒付租金的抗辩事由应为必要，即出租人未及时履行的修缮义务应为确有必要之修缮义务，出租人如果不为此修缮义务，则会导致承租人无法正常居住使用承租房屋，至于修缮义务产生的原因可在所不问。否则，承租人不宜以出租人未及时履行修缮义务为由提出拒付租金的抗辩。

---

❶ 所谓"同时履行抗辩权"，依据我国《合同法》第六十六条，指：当事人互负债务，没有先后履行顺序的，应当同时履行。一方在对方履行之前有权拒绝其履行要求。一方在对方履行债务不符合约定时，有权拒绝其相应的履行要求。

10.4 租赁合同当事人在哪些情况下可以终止合同?

根据《城市房屋租赁管理办法》、《城市私有房屋管理条例》的有关规定,在房屋租赁活动中,房屋租赁期限届满,租赁合同自行终止。在下列情况下,房屋租赁当事人可以变更或者解除租赁合同:(1)符合法律规定或者合同约定可以变更或解除合同条款的;(2)因不可抗力致使租赁合同不能继续履行的;(3)当事人协商一致的。而出现以下情形时,出租人可以单方面终止合同,收回房屋,因此而造成损失的,由承租人赔偿:(1)承租人将承租的房屋擅自转租的;(2)承租人将承租的房屋擅自转让、转借他人或擅自调换使用的;(3)承租人将承租的房屋擅自拆改结构或改变用途的;(4)承租人拖欠租金累计六个月以上的;(5)承租人将公用住宅用房无正当理由闲置六个月以上的;(6)承租人利用承租房屋进行违法活动的;(7)承租人利用承租的房屋进行非法活动,损害公共利益的;(8)承租人故意损坏承租房屋的;(9)法律、法规规定其他可以收回的。❶

另外,根据《城市房屋租赁管理办法》第三十一条的规定,在房屋合法转租的情形下,转租期间,原租赁合同变更、解除或者终止,转租合同也随之相应地变更、解除或者终止。

10.5 房屋租赁合同需向房地产管理部门登记备案吗?

《中华人民共和国城市房地产管理法》第五十三条规定:"房屋租赁,出租人和承租人应当签订书面租赁合同,约定租赁期限、租赁用途、租赁价格、修缮责任等条款,以及双方的其他权利和义务,并向房产管理部门登记备案。"《城市房屋租赁管理办法》第十三条也规定,房屋租赁实行登记备案制度,签订、变更、终止租赁合同的,当事人都应当向房屋所在地市、县人民政

---

❶ 参见:《城市房屋租赁管理办法》第十条、第十二条、第二十四条;《城市私有房屋管理条例》第二十一条。

府房地产管理部门登记备案。

根据《城市房屋租赁管理办法》的规定,房屋租赁当事人应当在租赁合同签订后30日内到市、县人民政府房地产管理部门办理登记备案手续。租赁当事人申请房屋租赁登记备案应当提交的文件有:(1)书面租赁合同;(2)房屋所有权证书;(3)当事人的合法证件;(4)城市人民政府规定的其他文件。另外,出租共有房屋的,还须提交其他共有人同意出租的证明;出租委托代管房屋,须提交委托代管人授权出租的证明。

房地产管理部门受理租赁当事人登记申请并审核合格后,应向申请人颁发《房屋租赁证》。《房屋租赁证》是租赁行为合法有效的凭证。租用房屋从事生产、经营活动的,房屋租赁证作为经营场所合法的凭证。租用房屋用于居住的,房屋租赁证可作为公安部门办理户口登记的凭证之一。

另外,关于租赁合同的登记备案,还需注意,这种登记仅仅是一种行业管理的备案制度,性质上属于对房屋租赁行为的行政认可,以助于政府主管机关对房屋租赁市场进行管理,利于城市社会治安综合治理,而对租赁合同的效力并没有直接影响。

10.6 房屋所有权人可以将已设定抵押的房屋出租吗?

2000年,《最高人民法院关于适用〈中华人民共和国担保法〉若干问题的解释》第六十六条规定:"抵押人将已抵押的财产出租的,抵押权实现后,租赁合同对受让人不具有约束力。抵押人将已抵押的财产出租时,如果抵押人未书面告知承租人该财产已抵押的,抵押人对出租抵押物造成承租人的损失承担赔偿责任;如果抵押人已书面告知承租人该财产已抵押的,抵押权实现造成承租人的损失,由承租人自己承担。"据此,房屋所有权人在为房屋设定了抵押权后,可以将房屋再行出租。但在该租赁关系影响到抵押权的实现时,该租赁关系对抵押权人不生效力,抵押权人可以申请除去租赁关系,实现抵押权。由此给承租人带来的损失,则依据抵押人在出租房屋时是否履行书面告知义务而归于承租人或出租人承担。

10.7 承租人可以对承租房屋进行装修或增设他物吗?

1988年,《最高人民法院关于贯彻执行〈中华人民共和国民法通则〉若干问题的意见(试行)》第86条规定:"非产权人在使用他人的财产上增添附属物,财产所有人同意增添,并就财产返还时附属物如何处理有约定的,按约定办理;没有约定又协商不成,能够拆除的,可以责令拆除;不能拆除的,也可以折价归财产所有人,造成财产所有人损失的,应当负赔偿责任。"《中华人民共和国合同法》第二百二十三条规定:"承租人经出租人同意,可以对租赁物进行改善或者增设他物。承租人未经出租人同意,对租赁物进行改善或者增设他物的,出租人可以要求承租人恢复原状或者赔偿损失。"《城市房屋租赁管理办法》第二十三条也规定,承租人应当爱护并合理使用所承租的房屋及附属设施,不得擅自拆改、扩建或增添;确需变动的,必须征得出租人的同意,并签订书面合同。由此,对于承租人对承租房屋进行装修改良或增设他物的情况,应分为如下两种情形:其一,承租人未征得出租人同意而擅自装修、添附,该行为当属非法,出租人可以要求承租人恢复原状或赔偿损失,也可以与承租人协商约定添附物的产权归属及处理方式。其二,承租人在装修、添附之前征得出租人同意的,当属合法添附。双方已就添附物归属作了明确约定的,从其约定;没有约定的,能够拆除又不影响其价值的,在租赁关系结束时拆除,不能拆除或拆除会影响其价值的,添附物可以归出租人所有,而由出租人给予承租人适当补偿。❶

10.8 房屋承租人对承租房屋享有哪些对抗第三人的权利?

在房屋租赁及相关法律关系中,依据民法原理和现行法律,租赁合同之承租人所享有的对抗第三人的权利主要包括以下几个

---

❶ 参见:高富平,黄武双. 房地产法学. 北京:高等教育出版社,2003,238

方面：

(1) 优先购买权。《最高人民法院关于贯彻执行〈中华人民共和国民法通则〉若干问题的意见(试行)》第 118 条规定："出租人出卖出租房屋，应提前三个月通知承租人，承租人在同等条件下，享有优先购买权；出租人未按此规定出卖房屋的，承租人可以请求人民法院宣告该房屋买卖无效。"《中华人民共和国合同法》第二百三十条规定："出租人出卖租赁房屋的，应当在出卖之前的合理期限内通知承租人，承租人享有以同等条件优先购买的权利。"据此，在房屋所有权人出售承租房屋时，承租人对承租房屋享有同等条件下的优先购买权。

(2) 对抗承租房屋受让人的权利。我国《合同法》第二百二十九条规定："租赁物在租赁期间发生所有权变动的，不影响租赁合同的效力。"由此确认了"买卖不破租赁"规则，即在租赁房屋被买卖的场合，承租人对该房屋的使用权不因买卖而受到影响，房屋的买受人应当继续履行原租赁合同。

(3) 对抗后成立的抵押权权利人的权利。我国《担保法》第四十八条规定："抵押人将已出租的财产抵押的，应当书面告知承租人，原租赁合同继续有效。"《最高人民法院关于适用〈中华人民共和国担保法〉若干问题的解释》第六十五条规定："抵押人将已出租的财产抵押的，抵押权实现后，租赁合同在有效期内对抵押物的受让人继续有效。"据此，也即是说，房屋租赁合同关系建立后，在该已出租房屋上又设定抵押权的，即使租赁关系影响了后设立的抵押权的实现，先成立的租赁合同之承租人的权利不受任何影响，承租人在租赁合同有效期限内仍享有对承租房屋的使用权。

(4) 实际占有房屋的承租人对抗未实际占有房屋之承租人的权利。根据债法原理，在同一标的上可以同时并存数个债权，且数个债权的效力一律平等，不因其成立先后而有效力上的优劣之分。也就是说，在同一房屋上合法设立的数个租赁合同关系均为有效，且其效力没有高低优劣之分。同时，在现代民法上，从理论及各国立法例来看，占有的事实通常能够赋予占有人对抗非占有人的效力。因此，已实际占有房屋的承租人应享有对抗其他承租人的权利。

10.9　承租人可以将承租房屋转租吗？

房屋转租，是指房屋承租人将承租的房屋再出租的行为。❶我国《合同法》第二百二十四条规定："承租人经出租人同意，可以将租赁物转租给第三人。承租人转租的，承租人与出租人之间的租赁合同继续有效，第三人对租赁物造成损失的，承租人应当赔偿损失。承租人未经出租人同意转租的，出租人可以解除合同。"由此，房屋承租人可以在征得出租人同意的前提下将承租房屋转租给第三人。

根据建设部《城市房屋租赁管理办法》的规定，承租人转租房租，应当与次承租人订立转租合同，转租合同必须经原出租人书面同意，并按规定办理登记备案手续。并且，转租合同的终止日期不得超过原租赁合同规定的终止日期，但出租人与转租双方另有约定的除外。转租合同生效后，转租人享有并承担转租合同规定的出租人的权利和义务，并且应当履行原租赁合同规定的承租人的义务，同样，出租人与转租双方另有约定的不受此约束。另外，转租期间，原租赁合同变更、解除或者终止，转租合同也随之相应的变更、解除或者终止。

另一方面，在承租人未经出租人同意而擅自转租房屋的情况下，转租行为又具有怎样的效力呢？笔者认为，承租人擅自转租承租房屋当属无权处分行为，根据我国《合同法》第五十一条的规定："无处分权的人处分他人财产，经权利人追认或者无处分权的人订立合同后取得处分权的，该合同有效。"也就是说，承租人擅自转租而与次承租人签订的转租合同，只有在得到原出租人追认后才具有法律效力；如果原出租人拒绝追认，则转租合同

---

❶　参见：《城市房屋租赁管理办法》第二十六条。

无效。即：承租人擅自转租所签署的转租合同是一种效力待定的合同。

另外，关于房屋转租的收益分配问题，建设部《城市房屋租赁管理办法》第二十七条规定："承租人在租赁期限内，征得出租人同意，可以将承租房屋的部分或全部转租给他人。出租人可以从转租中获得收益。"据此，在出租人同意转租的情况下，出租人可以依据与承租人的约定，从承租人的转租收益中获取全部或者部分收益。而对于承租人未征得出租人同意而擅自转租的情形，转租收益的分配应分为两种情况：其一，原出租人对承租的转租合同不予追认，则转租合同无效，承租人基于无效的转租合同而取得的高于原租赁合同的租金收益（即转租租金减去原租赁租金产生的差额）应属不当得利，造成原出租人租金利益的间接损失，承租人应依据我国《民法通则》第九十二条之规定，❶ 将此不当得利返还原出租人，由原出租人取得承租人因转租而获得的高于原租赁租金的收益。❷ 其二，对于出租人给予追认的情况，转租合同因出租人的追认产生效力，对于承租人因转租所获得的差价，原出租人可与承租人协商约定其分配方法；协商不成的，该转租所产生的租金差价收益应归属于承租人所有。

10.10 房屋转租的情形下，次承租人享有优先购买权吗？

在房屋转租法律关系中，合法成立的转租合同关系是在原租赁合同关系基础上衍生出来的又一合同关系，转租合同有效成立后，原租赁合同继续有效存在。因此，在建立了转租合同关系

---

❶ 《中华人民共和国民法通则》第九十二条规定："没有合法根据，取得不当利益，造成他人损失的，应当将取得的不当利益返还受损失的人。"

❷ 需要注意，根据建设部《城市房屋租赁管理办法》第三十二条第三项的规定，未征得出租人同意和未办理登记备案手续，擅自转租房屋的，其租赁行为无效，由直辖市、市、县人民政府房地产管理部门对责任者给予行政处罚，没收其非法所得，并可处以罚款。笔者认为，该条款对于"没收其非法所得"的规定强行夺取了房屋所有权人的利益，有违上位法之嫌，其效力值得商榷。

后,次承租人与承租人一样都属于该房屋的合法承租人,也就当然享有该房屋的优先购买权。

然而,在次承租人与承租人的优先购买权之间又存在怎样的顺位呢?依据民法原理,实际占有的事实通常能够赋予占有人对抗第三人的效力,也就是说,在转租法律关系中,次承租人往往因为实际占有房屋而在优先购买权上具有了对抗承租人的效力,即:次承租人的优先购买权应优先于承租人的优先购买权。

10.11 房屋租赁中介具有怎样的地位和作用?

房地产中介服务是指在房地产投资、开发、交易、消费和经营管理等各个环节中为当事人提供居间服务的经营活动,是房地产市场体系的一个重要组成部分。❶ 具体到房屋租赁活动中,房屋租赁中介是从事房屋租赁居间活动和代理业务并从中收取一定佣金的独立中介机构,对促成租赁关系的成立有着重要的作用。

居间是一种古老的商业行为,是将同一交易的双方联系到一起的中介,居间人是专为促成交易双方的交易而从中收取报酬的中间人。❷ 居间人受委托人的委托促成委托人订立合同,但又不是委托人的代理人,其并不具体参与委托人与他人的交易活动。在居间法律关系中,依委托的内容,居间可区分为指示居间和媒介居间,前者又称报告居间,是指居间人仅为委托人报告订约机会的居间;后者是指居间人为委托人提供订约媒介服务的居间,该居间人应将有关订约的事项如实向各方当事人报告。

在房屋租赁活动中,房屋租赁中介往往作为居间人,通常只向租赁双方有偿提供相关订约信息,而并不参与租赁当事人的订约活动。一般地,房屋租赁遵循以下流程:(1)客户(承租人)和

---

❶ 参见:董藩,张奇,王世涛. 房地产经济概说. 大连:东北财经大学出版社, 2001, 378

❷ 参见:魏振瀛主编. 民法. 北京:北京大学出版社,高等教育出版社, 2000, 554

业主(出租人)与房屋租赁中介机构订立居间合同,进行委托登记;(2)房屋租赁中介机构依照法律和合同的约定进行居间活动;(3)承租人与出租人签约并交验房屋,房屋租赁交易成功,委托人向居间人支付相应报酬。

另外,关于居间人的报酬问题,我国《合同法》第四百二十六条规定:"居间人促成合同成立的,委托人应当按照约定支付报酬。对居间人的报酬没有约定或者约定不明确,依照本法第六十一条的规定仍不能确定的,根据居间人的劳务合理确定。因居间人提供订立合同的媒介服务而促成合同成立的,由该合同的当事人平均负担居间人的报酬。居间人促成合同成立的,居间活动的费用,由居间人负担。"第四百二十七条规定:"居间人未促成合同成立的,不得要求支付报酬,但可以要求委托人支付从事居间活动支出的必要费用。"据此,居间合同中的委托人虽负有给付报酬的义务,但是,居间人只有在促成合同成立后才可以要求委托人支付报酬;居间人的居间若无效果,即没有促成委托人与第三人订立合同,则无权收取报酬。也就是说,居间合同中委托人给付报酬义务的履行因居间成功与否的不确定性而不确定,房屋租赁居间合同的委托人在租赁中介未成功促成租赁交易的情况下可拒绝向居间人支付报酬。

第 11 章

房屋拆迁法律问题

城市房屋拆迁是旧城改造及城市发展和居民居住条件、居住环境改善的必由之路。近年来，大规模的城市房屋拆迁改造已使我国城市面貌发生了翻天覆地的变化，使城镇居民的住房水平得到很大改善。但与此同时，城市房屋拆迁也是各大中城市房地产开发建设过程中的老大难问题，是被拆迁的老百姓最关心的问题。房屋拆迁是关系到老百姓生活的头等大事，为此，国家也专门出台多项法律法规和管理办法，对房屋拆迁行为予以规范。那么，依据我国现行法律法规，什么是城市房屋拆迁？房屋拆迁的基本程序是怎样的？房屋拆迁应遵循哪些基本原则？法律对房屋拆迁补偿安置有哪些具体的规定？——这些问题都与被拆迁人的利益息息相关。鉴于房屋拆迁受地方政策影响较大，实务中也更多地适用地方法规，因此，本章只着重阐述房屋拆迁法律制度、法律关系，房屋拆迁基本程序、基本原则以及房屋拆迁协议及补偿安置等基础问题，以给读者提供一个基础性的、指导性的意见和参考。

11.1 什么是城市房屋拆迁？

城市房屋拆迁，是指拆迁人根据建设规划要求和政府所批准的用地文件,在取得拆迁许可证的情况下,依法拆除建设用地范围内的房屋和附属物,将该范围内的单位和居民(被拆迁人)重新安置,并对其所受损失予以补偿的一系列活动。❶

根据 2001 年《城市房屋拆迁管理条例》的有关规定,县级以上地方人民政府负责管理房屋拆迁工作的部门(以下简称房屋拆迁管理部门)对本行政区域内的城市房屋拆迁工作实施监督管理;县级以上人民政府土地行政主管部门依照有关法律、行政法规的规定负责与城市房屋拆迁有关的土地管理工作。县级以上地方人民政府有关部门应当依照条例的规定,互相配合,保证房屋拆迁管理工作的顺利进行。

在房屋拆迁活动中,拆迁人与被拆迁人之间形成一种民事法律关系。其中,拆迁人是指取得房屋拆迁许可证的单位,被拆迁人是指被拆迁房屋的所有人。拆迁人与被拆迁人的这一民事法律关系因房屋拆迁而发生,双方当事人之间基本上是平等主体之间的民事权利义务关系,双方应就拆迁补偿安置等问题进行平等地协商。同时,拆迁人与被拆迁人作为政府拆迁事务的被管理人,与房屋拆迁管理部门形成一种行政法律关系,因而其拆迁活动也具有行政管理意义上的强制性。

根据《城市房屋拆迁管理条例》第三条规定:"城市房屋拆迁必须符合城市规划,有利于城市旧区改造和生态环境改善,保护文物古迹。"第四条规定,拆迁人应当依照本条例的规定,对被拆迁人给予补偿、安置;被拆迁人应当在搬迁期限内完成搬迁。同时,第十三条规定:"拆迁人与被拆迁人应当依照本条例的规定,就补偿方式和补偿金额、安置用房面积和安置地点、搬迁期限、搬迁过渡方式和过渡期限等事项,订立拆迁补偿安置协议。拆迁租赁房屋的,拆迁人应当与被拆迁人、房屋承租人订立拆迁补偿安置协议。"第十六条又规定,拆迁人与被拆迁人或者拆迁人、被拆迁人与房屋承租人达不成拆迁补偿安置协议的,经当

---

❶ 参见:高富平,黄武双. 房地产法学. 北京:高等教育出版社,2003,155

事人申请，由房屋拆迁管理部门裁决。由此，我国对于房屋拆迁工作实行强制与协议相结合的原则。也即是说，一旦政府批准拆迁，被拆迁人必须服从城市建设需要，在规定的搬迁期限内完成搬迁，但同时，要求拆迁人和被拆迁人就房屋拆迁安置达成协议。❶

关于拆迁的合法程序，根据《城市房屋拆迁管理条例》、《城市房屋拆迁估价指导意见》、《城市房屋拆迁行政裁决工作规程》等相关法律法规的规定，应严格执行申请房屋拆迁许可、公示、评估、订立协议等程序以及对达不成协议的进行听证、行政裁决、证据保全等程序。具体地说，合法拆迁应遵循如下程序：(1)确定拆迁计划和方案。(2)获得拆迁许可证。根据《城市房屋拆迁管理条例》第六条、第七条的规定，拆迁人应当向房屋所在地的市、县人民政府房屋拆迁管理部门申请领取房屋拆迁许可证。市、县人民政府房屋拆迁管理部门应当自收到申请之日起30日内，对申请事项进行审查；经审查符合条件的，应颁发房屋拆迁许可证。(3)拆迁公告。房屋拆迁管理部门在发放房屋拆迁许可证的同时，应当将房屋拆迁许可证中载明的拆迁人、拆迁范围、拆迁期限等事项，以房屋拆迁公告的形式予以公布。房屋拆迁管理部门和拆迁人应当及时向被拆迁人做好宣传、解释工作。(4)确定拆迁方式。拆迁人可以自行拆迁，也可委托具有拆迁资格的单位实施拆迁。但房屋拆迁管理部门不得作为拆迁人，不得接受拆迁委托。(5)签订拆迁协议。拆迁人通常委托拆迁估价机构对拆迁房屋的市场价格进行评估，拆迁当事人双方参考评估价格商定拆迁补偿价格和补偿安置办法，并就补偿方式和补偿金额、安置用房面积和安置地点、搬迁期限、搬迁过渡方式和过渡期限等事项订立拆迁补偿安置协议。而对于达不成协议的，则应依据《城市房屋拆迁行政裁决工作规程》，申请房屋拆迁管理部门进行行政裁决，并按照规程规定在必要时履行听证、证据保

---

❶ 参见：高富平，黄武双，房地产法学．北京：高等教育出版社，2003，158

全等程序。(6)实施拆迁。被拆迁人应依照拆迁协议或房屋拆迁管理部门的裁决书,在规定的期限内完成搬迁。搬迁结束后,拆迁人即可组织房屋拆除工作。

11.2 什么是房屋拆迁补偿安置协议?

《城市房屋拆迁管理条例》第十三条规定:"拆迁人与被拆迁人应当依照本条例的规定,就补偿方式和补偿金额、安置用房面积和安置地点、搬迁期限、搬迁过渡方式和过渡期限等事项,订立拆迁补偿安置协议。拆迁租赁房屋的,拆迁人应当与被拆迁人、房屋承租人订立拆迁补偿安置协议。"那么。什么是拆迁补偿安置协议,拆迁补偿安置协议应具体包含哪些内容呢?

房屋拆迁补偿安置协议是拆迁人与被拆迁人之间就房屋拆迁的相关事项所达成的一致意思表示,是平等主体之间协商一致的结果,性质上属于民事合同范畴。拆迁协议的内容通常由当事人协商确定,一般需包括以下主要条款:

(1)当事人的名称、姓名;

(2)房屋特征,如房屋及土地面积、房屋四至、房屋结构类型、楼层位置、房屋朝向、房间数目、建筑标准、装修标准等;

(3)房屋评估或商定的价格;

(4)拆迁补偿方式,如实行货币补偿,或实行房屋产权调换;

(5)拆迁补偿的具体金额;

(6)安置用房的面积及安置地点;

(7)过渡期限和过渡方式,如被拆迁人或者房屋承租人在过渡期限内自行安排住处,或使用拆迁人提供的周转房过渡;

(8)被拆迁人或房屋承租人的搬迁期限;

(9)违约责任;

(10)当事人约定的其他事项。

同时,需要注意,房屋拆迁补偿安置协议作为一种民事合同,对当事人具有法律约束力。实践中,被拆迁人只要接受了拆迁人的拆迁补偿标准，并签署拆迁补偿安置协议，就不得因为自己的补偿标准低于他人而毁约，不得以不知道其他补偿标准为由拒绝履行已经合法签署生效的拆迁补偿安置协议，否则，应承担相应的违约责任。

11.3 房屋拆迁补偿安置协议具有怎样的优先权？

在房屋拆迁实践中，产权调换补偿方式产生的纠纷最多。如拆迁人擅自改变拆迁协议约定的产权调换房屋的面积、户型、朝向、楼层等等，更为严重的则是拆迁人擅自将拆迁补偿安置房屋另行出售给第三人，造成拆迁补偿安置协议无法履行，使得被拆迁人居无定所，无法按期完成过渡而入住新房。拆迁人的这种违约行为严重侵害了被拆迁人的利益，容易造成社会不稳定、不和谐，也引发了大量纠纷。为此，最高人民法院2003年出台了《最高人民法院关于审理商品房买卖合同纠纷案件适用法律若干问题的解释》，该司法解释第七条规定："拆迁人与被拆迁人按照所有权调换形式订立拆迁补偿安置协议，明确约定拆迁人以位置、用途特定的房屋对被拆迁人予以补偿安置，如果拆迁人将该补偿安置房屋另行出卖给第三人，被拆迁人请求优先取得补偿安置房屋的，应予支持。被拆迁人请求解除拆迁补偿安置协议的，按照本解释第八条的规定处理。"第八条规定，商品房买卖合同订立后，出卖人又将该房屋出卖给第三人，导致商品房买卖合同目的不能实现的，无法取得房屋的买受人可以请求解除合同、返还已付购房款及利息、赔偿损失，并可以请求出卖人承担不超过已付购房款一倍的赔偿责任。由此，为产权调换的被拆迁人设立了优先于第三人取得补偿安置房屋的权利，有力地保护了被拆迁人的利益。

11.4 拆迁人与被拆迁人无法达成拆迁补偿安置协议应如何处理？

房屋拆迁补偿安置协议是基于拆迁当事人意思表示一致的民事合同，是当事人就拆迁补偿安置等相关问题协商一致的结果。

实践中，不乏有因被拆迁人不接受拆迁人提出的补偿安置标准而无法达成拆迁补偿安置协议的情况。而根据《城市房屋拆迁管理条例》的有关规定，拆迁当事人应在拆迁期限内达成拆迁补偿安置协议，并在搬迁期限内完成被拆迁人的搬迁。由此，便出现了拆迁期限与自由协商期限的矛盾。那么，在拆迁期限临近，而拆迁当事人尚无法达成拆迁补偿安置协议时，拆迁人或被拆迁人应如何处理呢？

《城市房屋拆迁管理条例》第十六条规定："拆迁人与被拆迁人或者拆迁人、被拆迁人与房屋承租人达不成拆迁补偿安置协议的，经当事人申请，由房屋拆迁管理部门裁决。房屋拆迁管理部门是被拆迁人的，由同级人民政府裁决。裁决应当自收到申请之日起 30 日内作出。当事人对裁决不服的，可以自裁决书送达之日起 3 个月内向人民法院起诉。拆迁人依照本条例规定已对被拆迁人给予货币补偿或者提供拆迁安置用房、周转用房的，诉讼期间不停止拆迁的执行。"也就是说，拆迁当事人因拆迁人与被拆迁人就搬迁期限、补偿方式、补偿标准以及搬迁过渡方式、过渡期限等原因达不成协议的，当事人可申请房屋拆迁管理部门裁决。❶ 根据建设部 2004 年 3 月 1 日施行的《城市房屋拆迁行政裁决工作规程》（以下简称《规程》）的有关规定，拆迁人申请行政裁决，应当提交下列资料：(1)裁决申请书；(2)法定代表人的身份证明；(3)被拆迁房屋权属证明材料；(4)被拆迁房屋的估价报告；(5)对被申请人的补偿安置方案；(6)申请人与被申请人的协

---

❶ 关于拆迁当事人是否可以就补偿安置争议直接向人民法院提起民事诉讼的问题，2005 年 8 月 11 日起施行的《最高人民法院关于当事人达不成拆迁补偿安置协议就补偿安置争议提起民事诉讼人民法院应否受理问题的批复》规定："拆迁人与被拆迁人或者拆迁人、被拆迁人与房屋承租人达不成拆迁补偿安置协议，就补偿安置争议向人民法院提起民事诉讼的，人民法院不予受理，并告知当事人可以按照《城市房屋拆迁管理条例》第十六条的规定向有关部门申请裁决。"据此，出现拆迁补偿安置争议时，拆迁当事人只能先向房屋拆迁管理部门申请裁决；对裁决不服的，才可以向人民法院提起诉讼。

商记录；(7)未达成协议的被拆迁人比例及原因；(8)其他与裁决有关的资料。而被拆迁人申请行政裁决的，应当提交下列资料：(1)裁决申请书；(2)申请人的身份证明；(3)被拆迁房屋的权属证明；(4)申请裁决的理由及相关证明材料；(5)房屋拆迁管理部门认为应当提供的与行政裁决有关的其他材料。《规程》第八条又规定，有下列情形之一的，房屋拆迁管理部门不予受理行政裁决申请：(1)对拆迁许可证合法性提出行政裁决的；(2)申请人或者被申请人不是拆迁当事人的；(3)拆迁当事人达成补偿安置协议后发生合同纠纷，或者行政裁决做出后，当事人就同一事由再次申请裁决的；(4)房屋已经灭失的；(5)房屋拆迁管理部门认为依法不予受理的其他情形。对裁决申请不予受理的，房屋拆迁管理部门应当自收到申请之日起5个工作日内书面通知申请人。

另外，根据《规程》规定，房屋拆迁管理部门受理房屋拆迁裁决申请后，经审核，资料齐全、符合受理条件的，应当在收到申请之日起5个工作日内向申请人发出裁决受理通知书；申请裁决资料不齐全、需要补充资料的，应当在5个工作日内一次性书面告知申请人，可以当场补正的，应当当场补正。受理时间从申请人补齐资料的次日起计算。房屋拆迁管理部门受理房屋拆迁裁决申请后，应当按照下列程序进行：(1)向被申请人送达房屋拆迁裁决申请书副本及答辩通知书，并告知被申请人的权利；(2)审核相关资料、程序的合法性；(3)组织当事人调解。房屋拆迁管理部门必须充分听取当事人的意见，对当事人提出的事实、理由和证据进行复核；对当事人提出的合理要求应当采纳。房屋拆迁管理部门不得因当事人申辩而做出损害申辩人合法权益的裁决。拆迁当事人拒绝调解的，房屋拆迁管理部门应依法作出裁决。(4)核实补偿安置标准。当事人对评估结果有异议，且未经房屋所在地房地产专家评估委员会鉴定的，房屋拆迁管理部门应当委托专家评估委员会进行鉴定，并以鉴定后的估价结果作为裁决依据。鉴定时间不计入裁决时限。(5)经调解，达成一致意见的，出具裁决终结书；达不成一致意见的，房屋拆迁管理部门应当作出书面裁决。部分事项达成一致意见的,裁决时应当予以确认。书面裁决必须经房屋拆迁管理部门领导班子集体讨论决定。而在出现如下情形时,房屋拆迁管理部门应当终结裁决并书面告知当事人:(1)受理裁决申请后,当事人自行达成协议的;(2)发现申请人或者被申请人不是裁决当事人的;(3)作为自然人的申请人死亡,15天之内没有近亲属或者近亲属未表示参加裁决或放弃参加裁决的;(4)申请人撤回裁决申请的。

行政裁决应当自收到申请之日起30日内做出。房屋拆迁管理部门做出裁决,应当出具裁决书。裁决书应当包括以下内容:(1)申请人与被申请人的基本情况;(2)争议的主要事实和理由;(3)裁决的依据、理由;(4)根据行政裁决申请需要裁决的补偿方式、补偿金额、安置用房面积和安置地点、搬迁期限、搬迁过渡方式和过渡期限等;(5)告知当事人行政复议、行政诉讼的权利及申请复议期限、起诉期限;(6)房屋拆迁管理部门的名称、裁决日期并加盖公章。其中,行政裁决规定的搬迁期限不得少于15天。当事人对行政裁决不服的,可以依法申请行政复议或者向人民法院起诉。同时,根据《城市房屋拆迁管理条例》第十七条规定,被拆迁人或者房屋承租人在裁决规定的搬迁期限内未搬迁的,由房屋所在地的市、县人民政府责成有关部门强制拆迁,或者由房屋拆迁管理部门依法申请人民法院强制拆迁。

这里还需指出,拆迁人与被拆迁人在协商补偿方式、补偿标准时,应遵循公平合理的原则。拆迁人不得过分压低补偿标准,被拆迁人也不宜提出过高补偿要求。2004年《国务院办公厅关于控制城镇房屋拆迁规模严格拆迁管理的通知》(国办发[2004]46号)第七项也明确指出,"对被拆迁人的一些不合理要求,不要作不符合规定的许愿和乱开'口子',防止造成'以闹取胜'的不良影响。要做好集体上访的疏导工作,防止群体性事件发生并做好处理预案。对少数要价过高,无理取闹的,要坚持原则,不能迁就;对少数公开聚众闹事或上街堵塞交通、冲击政府机关的被拆迁人,要依法及时进行严肃处理。"

11.5　房屋拆迁补偿的对象和范围包括哪些?

根据《城市房屋拆迁管理条例》第四条的规定，房屋拆迁补偿的对象应为被拆迁人，即房屋的所有权人。至于拆迁补偿的范围，根据有关规定，应包括拆除的主体房屋及其附属物。而对于违章建筑和临时建筑，《城市房屋拆迁管理条例》第二十二条规定："拆除违章建筑和超过批准期限的临时建筑，不予补偿；拆除未超过批准期限的临时建筑，应当给予适当补偿。"据此，对违章建筑不予拆迁补偿，而对临时建筑则须分情况处理拆迁补偿问题。

11.6　法定的房屋拆迁补偿方式有哪些?

根据2001年《城市房屋拆迁管理条例》第二十三条的规定，房屋拆迁补偿有货币补偿和房屋产权调换两种方式。并且，除了(1)拆迁非公益事业房屋的附属物不作产权调换而只由拆迁人给予货币补偿和(2)被拆迁人与房屋承租人对解除租赁关系达不成协议时拆迁人只应对被拆迁人实行房屋产权调换这两种情况外，被拆迁人可以选择拆迁补偿方式。其中，所谓"货币补偿"，是指被拆迁人根据房地产评估确定或商定的价格，要求拆迁人支付货币，自行解决居住房屋。在货币补偿方式中，拆迁人与被拆迁人是一种现金补偿的关系，拆迁人不提供实物住房，只向被拆迁人支付相应补偿金。《城市房屋拆迁管理条例》第二十四条规定："货币补偿的金额，根据被拆迁房屋的区位、用途、建筑面积等因素，以房地产市场评估价格确定。具体办法由省、自治区、直辖市人民政府制定。"而所谓"房屋产权调换"，是指由拆迁人向被拆迁人提供住房，被拆迁人根据自己的实际需要和现有住房情况进行选择，最后结算新旧房屋差价。它实际上是拆迁人用异地或者原地重建的房屋与被拆迁人的房屋按照一定标准进行交换的补偿形式。根据《城市房屋拆迁管理条例》第二十五条的规定，实行房屋产权调换的，拆迁人与被拆迁人应当依照条例第二十四条的规定，❶ 计算被拆迁房屋的补偿金额和所调换房屋的价格，结清产权调换的差价。

11.7 房屋拆迁补偿标准是如何确定的？

实践中，拆迁当事人确定补偿标准的方法通常为房地产价格评估的方法。根据2001年《城市房屋拆迁管理条例》的规定，选取货币补偿方式的，货币补偿的金额，根据被拆迁房屋的区位、用途、建筑面积等因素，以房地产市场评估价格确定，具体办法由省、自治区、直辖市人民政府制定；而实行房屋产权调换的，也需要依据被拆迁房屋的补偿金额结算产权调换差价。根据《城市房屋拆迁估价指导意见》第十一条的规定，拆迁估价的价值标准为公开市场价值，不考虑房屋租赁、抵押、查封等因素的影响。第十四条规定："拆迁估价应当参照类似房地产的市场交易价格和市、县人民政府或者其授权部门定期公布的房地产市场价格，结合被拆迁房屋的房地产状况进行。"参照《北京市城市房屋拆迁管理办法》第二十二条的规定，被拆迁房屋的房地产市场评估价包括房屋的重置成新价和区位补偿价。其中，所谓重置价格，是指按照当前的房屋生产条件和价格水平重新建造该类房屋所需要的全部费用的总和；而区位补偿价，则还须考虑被拆迁房屋的区位等因素。总的来说，依据2001年《城市房屋拆迁管理条例》，货币补偿和产权调换都要考虑到房屋的区位、用途、建筑面积等因素，其实际上是等价的，拆迁补偿的标准应根据被拆迁房屋的区位、用途、建筑面积等因素，遵循客观、公正、合理的原则，以被拆迁房屋的公开市场价值确定房屋拆迁补偿标准。

---

❶ 《城市房屋拆迁管理条例》第二十四条："货币补偿的金额，根据被拆迁房屋的区位、用途、建筑面积等因素，以房地产市场评估价格确定。具体办法由省、自治区、直辖市人民政府制定。"

11.8 什么是房屋拆迁安置？

房屋拆迁安置与房屋拆迁补偿并非同一个概念。所谓拆迁补偿，根据《城市房屋拆迁管理条例》第二十二条、第二十三条，是指拆迁人依据条例规定对被拆迁人给予补偿，其方式包括货币补偿和房屋产权调换两种。而房屋拆迁安置，是指拆迁人将被拆迁房屋的使用人安排到由拆迁人新建、购置或拆迁人提供的其他房屋（即所谓的"周转房"）中居住或使用，或者向被拆迁房屋的使用人提供临时安置补助费，以解决被拆迁房屋使用人在过渡期限内的居住问题。由此，房屋拆迁补偿与房屋拆迁安置最大的不同就在于补偿解决的是所有权问题，而安置解决的是使用权的问题。

根据《城市房屋拆迁管理条例》第十三条，"拆迁人与被拆迁人应当依照本条例的规定，就补偿方式和补偿金额、安置用房面积和安置地点、搬迁期限、搬迁过渡方式和过渡期限等事项，订立拆迁补偿安置协议。拆迁租赁房屋的，拆迁人应当与被拆迁人、房屋承租人订立拆迁补偿安置协议。"又据第十六条，"拆迁人与被拆迁人或者拆迁人、被拆迁人与房屋承租人达不成拆迁补偿安置协议的，经当事人申请，由房屋拆迁管理部门裁决。"也就是说，房屋拆迁安置一般通过拆迁人与被拆迁人以协议的方式进行，就安置的方式、地点、标准等达成一致，规定于拆迁补偿安置协议中；若当事人无法就安置事宜达成协议，则可向房屋拆迁主管部门申请裁决。

另外，拆迁安置房屋的质量好坏与安全性能、区位环境等因素往往直接关系到被拆迁房屋使用人的切身利益，实践中也不乏有拆迁人提供质量、功能、环境等方面都很差的房屋用于周转安置，为此，《城市房屋拆迁管理条例》第二十八条明确规定："拆迁人应当提供符合国家质量安全标准的房屋，用于拆迁安置。"同时，根据条例规定，拆迁人应当对被拆迁人或者房屋承租人支付搬迁补助费。在过渡期限内，被拆迁人或者房屋承租人自行安排住处的,拆迁人应当支付临时安置补助费;被拆迁人或者房屋承租人使用拆迁人提供的周转房的,拆迁人不支付临时安置补助费。搬迁补助费和临时安置补助费的标准,由省、自治区、直辖市人民政府规定。拆迁人不得擅自延长过渡期限,周转房的使用人应当按时腾退周转房。因拆迁人的责任延长过渡期限的,对自行安排住处的被拆迁人或者房屋承租人,应当自逾期之月起增加临时安置补助费;对周转房的使用人,应当自逾期之月起付给临时安置补助费。❶

11.9 法律对强制拆迁有哪些具体规定?

强制拆迁,是指被拆迁人无正当理由违反拆迁协议或房屋拆迁管理部门裁决规定,在搬迁期限内拒不搬迁,而经拆迁人或房屋拆迁管理部门依法申请,由市、县人民政府责成有关部门行政强制拆迁或由人民法院执行强制拆迁。《城市房屋拆迁管理条例》第十五条规定:"拆迁补偿安置协议订立后,被拆迁人或者房屋承租人在搬迁期限内拒绝搬迁的,拆迁人可以依法向仲裁委员会申请仲裁,也可以依法向人民法院起诉。诉讼期间,拆迁人可以依法申请人民法院先予执行。"第十七条规定:"被拆迁人或者房屋承租人在裁决规定的搬迁期限内未搬迁的,由房屋所在地的市、县人民政府责成有关部门强制拆迁,或者由房屋拆迁管理部门依法申请人民法院强制拆迁。实施强制拆迁前,拆迁人应当就被拆除房屋的有关事项,向公证机关办理证据保全。"据此,在被拆迁人或者房屋承租人违反拆迁协议约定拒不搬迁时,拆迁人可在诉讼期间申请法院先予执行;而拆迁人或者房屋承租人在房屋拆迁管理部门裁决规定的搬迁期限内拒不搬迁的,可由市、县人民政府责成有关部门行政强制拆迁,或者由房屋拆迁管理部门依法申请人民法院强制拆迁。

根据建设部《城市房屋拆迁行政裁决工作规程》的相关规

---

❶ 参见:《城市房屋拆迁管理条例》第三十一条、第三十二条。

定,房屋拆迁管理部门申请行政强制拆迁前,应当邀请有关管理部门、拆迁当事人代表以及具有社会公信力的代表等,对行政强制拆迁的依据、程序、补偿安置标准的测算依据等内容,进行听证。房屋拆迁管理部门申请行政强制拆迁,必须经领导班子集体讨论决定后,方可向政府提出行政强制拆迁申请。未经行政裁决,不得实施行政强制拆迁。房屋拆迁管理部门申请行政强制拆迁的,应当提交下列资料:(1)行政强制拆迁申请书;(2)裁决调解记录和裁决书;(3)被拆迁人不同意拆迁的理由;(4)被拆迁房屋的证据保全公证书;(5)被拆迁人提供的安置用房、周转用房权属证明或者补偿资金证明;(6)被拆迁人拒绝接收补偿资金的,应当提交补偿资金的提存证明;(7)市、县人民政府房屋拆迁管理部门规定的其他材料。另外,根据规定,依据强制拆迁决定实施行政强制拆迁,房屋拆迁管理部门应当提前15日通知被拆迁人,并认真做好宣传解释工作,动员被拆迁人自行搬迁。行政强制拆迁应当严格依法进行。强制拆迁时,应当组织街道办事处(居委会)、被拆迁人单位代表到现场作为强制拆迁证明人,并由公证部门对被拆迁房屋及其房屋内物品进行证据保全。

  2004年,针对一些地方滥用行政权力,违法违规强制拆迁而严重侵害城镇居民的合法权益,引发群众大量上访,影响社会稳定的现象,国务院办公厅下发《国务院办公厅关于控制城镇房屋拆迁规模严格拆迁管理的通知》(国办发〔2004〕46号),明确规定拆迁人及相关单位要严格执行有关法律法规和规定,严禁野蛮拆迁、违规拆迁,严禁采取停水、停电、停气、停暖、阻断交通等手段,强迫被拆迁居民搬迁。建设部《城市房屋拆迁行政裁决工作规程》第二十四条也有规定:"拆迁人、接受委托的拆迁单位在实施拆迁中采用恐吓、胁迫以及停水、停电、停止供气、供热等手段,强迫被拆迁人搬迁或者擅自组织强制拆迁的,由所在市、县房屋拆迁管理部门责令停止拆迁,并依法予以处罚;触犯刑律的,依法追究刑事责任。"由此对强制拆迁行为予以了严格规范,以保护被拆迁人的利益。

第 12 章

经济适用房法律问题

经济适用房是国家为解决中低收入家庭住房问题而修建的普通住房，是我国住房社会保障的重要形式之一。2005年以来的房产新政，建设部等发文指出，要进一步规范发展经济适用住房。然而，从过去的实践来看，国内的经济适用房在建设和管理上都存在大量的问题。不少知名学者也撰文建议取消经济适用房，董藩教授同时还提出"以阶梯式货币补贴代替实物保障"的崭新居住社保模式。如今，经济适用房的存废与住房社会保障模式的改革仍是学界争论的热点和政府有关部门研究决策的重要问题。本章从法律的角度，立足当前经济适用房现状，阐述经济适用房的法律界定以及经济适用房上市交易等有关法律问题，以求为购置经济适用房的购房者或业主提供有益的参考和帮助。

12.1 经济适用房在法律上是如何界定的？

什么是经济适用房？根据2004年《经济适用住房管理办法》第二条的规定，经济适用住房是指政府提供政策优惠，限定建设标准、供应对象和销售价格，具有保障性质的政策性商品住房。2002年，《经济适用住房价格管理办法》第三条规定："本办法所称经济适用住房，是指纳入政府经济适用住房建设计划，建设用地实行行政划拨,享受政府提供的优惠政策,向城镇中低收入家庭供应的普通居民住房。"1999年颁布的《经济适用住房开发贷款管理暂行规定》第二条也规定:"本规定所指的经济适用住房是指已列入国家计划,由城市政府组织房地产开发企业或集资建房单位建造,以微利价向城镇中低收入家庭出售的住房。"归纳起来,所谓经济适用房,是指国家为解决中低收入家庭住房问题而修建的享有国家政策优惠、具有经济性和适用性的普通住房。经济适用房具有一定的社会保障性质,因而,其市场交易在价格、转让条件等方面受到国家政策和法律的一些限制。

12.2　什么是集资建房和合作建房?

《经济适用住房管理办法》(以下简称《办法》)第三十条规定:"住房困难户较多的工矿区和困难企业,经市、县人民政府批准,可以在符合土地利用总体规划、城市规划和单位发展计划的前提下,利用单位自用土地进行集资、合作建房。参加集资、合作建房的对象,必须限定在本单位无房户和符合市、县人民政府规定的住房困难家庭。"根据《办法》第二十九条的规定,集资、合作建房是经济适用住房的组成部分,纳入当地经济适用住房建设计划和用地计划管理。集资、合作建房的建设标准、优惠政策、上市条件、供应对象的审核等都应按照经济适用住房的有关规定严格执行。

另外,《办法》规定,单位向职工或社员收取的集资、合作建房款项应实行专款管理、专项使用,并接受当地财政和经济适用住房主管部门的监督。同时,集资、合作建房单位只允许收取规定的管理费用,而不得有任何利润。对于参与集资、合作建房的对象,《办法》规定,凡已经享受房改政策购房、购买了经济适用住房或参加了集资、合作建房的人员,不得再次参加集资、合作建房。❶

---

❶ 参见:《经济适用住房管理办法》第三十一条、第三十二条、第三十三条。

12.3 购房者购买经济适用房须具备怎样的条件？

《经济适用住房管理办法》第五条规定:"购买经济适用住房实行申请、审批和公示制度。"那么，购房者具有怎样的条件才有权申请购买经济适用房呢？

根据 1998 年《国务院关于进一步深化城镇住房制度改革加快住房建设的通知》(国发 [1998] 23 号)第七项对住房供应政策的区分，"中低收入家庭购买经济适用住房"。2004 年《经济适用住房管理办法》第二十条又规定，符合下列条件的家庭可以申请购买或承租一套经济适用住房：(1)有当地城镇户口(含符合当地安置条件的军队人员)或市、县人民政府确定的供应对象；(2)无房或现住房面积低于市、县人民政府规定标准的住房困难家庭；(3)家庭收入符合市、县人民政府划定的收入线标准；(4)市、县人民政府规定的其他条件。实践中，根据各地方经济发展水平的不同，各地方政府对"中低收入家庭"及"住房困难家庭"等指标的界定标准各异。以北京为例，根据 2000 年《北京市城镇居民购买经济适用住房有关问题的暂行规定》第三条，在 2001 年底以前，本市城近郊区城镇居民家庭年收入在 6 万元(含)以下的，可购房。2002 年(含)以后年份，本市城镇居民购房的家庭收入标准由市政府有关部门公布。远郊区县政府可结合实际情况，自行规定本区县居民购房的收入标准，并报市政府备案。同时，第六条规定，下列家庭不需核定家庭收入，可凭有关证明购房：(1)夫妇双方为机关工作人员或教师的家庭。其中，机关工作人员是指：各级国家机关、党的机关、人大、政协、法院、检察院、民主党派机关的工作人员；行使国家行政职能、从事行政管理活动并实行国家公务员制度或参照国家公务员制度管理，使用事业编制的单位，如工商所、物价所等；参照国家公务员制度管理的群众团体组织，如工会、共青团、妇联等；受行政机关委托、承担行政职能并使用行政编制的社会团体组织的工作人员。教师是指下列单位在编并在职的专门从事教育教学工作的教师和教育教学辅助人员；各级政府教育部门主办的各类学校、幼儿园及其他教育机构；经教育主管部门批准，各级政府其他部门及企事业单位主办的各类学校；其他类型的学校。以及上述单位离、退休的教师和教辅人员。其中"教辅人员"包括从事教学、科研和图书资料管理以及实验室和学校行政工作的在编人员。(2)市政府批准的重点工程建设中的被拆迁居民家庭和政府组织实施的危旧房改造项目区异地安置的居民家庭。

另外，根据《经济适用住房管理办法》规定，经济适用房的购房申请人应当持家庭户口本、所在单位或街道办事处出具的收入证明和住房证明以及市、县人民政府规定的其他证明材料，向市、县人民政府经济适用住房主管部门提出申请。市、县人民政府经济适用住房主管部门应当在规定时间内完成核查。符合条件的，应当公示。公示后有投诉的，由经济适用住房主管部门会同有关部门调查、核实；对无投诉或经调查、核实投诉不实的，在经济适用住房申请表上签署核查意见，并注明可以购买的优惠面积或房价总额标准。符合条件的家庭，可以持核准文件选购一套与核准面积相对应的经济适用住房。购买面积原则上不得超过核准面积。购买面积在核准面积以内的，按核准的价格购买；购买面积超过核准面积的部分，不得享受政府优惠，由购房人补交差价。超面积部分差价款的处理办法，由市、县人民政府制定并公布。❶ 同时，与商品房交易相似，经济适用房的建设单位应对其开发建设的经济适用住房工程质量负最终责任；居民个人购买经济适用住房后，经济适用房建设单位应当向买受人出具《住宅质量保证书》和《使用说明书》，并承担保修责任。并且，经济适用房购房者同样应当按照规定办理权属登记。房屋、土地登记部

---

❶ 如：《北京市城镇居民购买经济适用住房有关问题的补充规定》第十条规定："购房家庭购买超过规定面积标准的经济适用住房，须在办理立契过户手续前，到房屋管理部门暂按经济适用住房价格的10%补交综合地价款。超过规定面积购买的住房部分按经济适用住房产权管理，并应在产权证中注明，今后上市不再补交土地出让金。"

门在办理权属登记时,应当分别注明经济适用住房、划拨土地。❶

12.4 经济适用房的销售价格是如何确定的?

经济适用房是面向中低收入家庭的普通住房,其价格受到国家政策和法律的限制。《经济适用住房管理办法》第十七条规定:"确定经济适用住房的价格应当以保本微利为原则,其销售基准价格和浮动幅度应当按照《经济适用房价格管理办法》(计价格〔2002〕2503号)的规定确定;其租金标准由有定价权的价格主管部门会同经济适用住房主管部门在综合考虑建设、管理成本和不高于3%利润的基础上确定。经济适用住房价格确定后应当向社会公示。"2003年施行的《经济适用房价格管理办法》规定,县级以上政府价格主管部门是经济适用住房价格的主管部门,依法对本地区经济适用住房价格实施管理;县级以上政府建设主管部门应协助政府价格主管部门做好经济适用住房价格的监督和管理工作。同时还规定,经济适用住房价格实行政府指导价。政府主管部门制定经济适用住房价格,应当与城镇中低收入家庭经济承受能力相适应,以保本微利为原则,与同一区域内的普通商品住房价格保持合理差价,切实体现政府给予的各项优惠政策。另外,经济适用住房价格由有定价权的政府价格主管部门会同建设(房地产)主管部门依法在项目开工之前确定,并向社会公布;对于不具备在开工前确定公布新建经济适用住房价格的,以及已开发建设的商品房项目经批准转为经济适用住房项目的,房地产开发经营企业应当在经济适用住房销售前,核算住房成本并提出书面定价申请,按照价格管理权限报送有定价权的政府价格主管部门确定。经济适用住房价格经政府价格主管部门确定公布或审批后,任何单位和个人不得擅自提高,或在批准的房价外加收任何

---

❶ 参见:《经济适用住房管理办法》第十六条、第二十二条、第二十三条、第二十四条、第二十五条。

费用或强行推销及搭售商品。❶

根据《经济适用房价格管理办法》第六条的规定，经济适用住房基准价格由开发成本、税金和利润三部分构成。其中，开发成本包括：(1)按照法律、法规规定用于征用土地和拆迁补偿等所支付的征地和拆迁安置补偿费。(2)开发项目前期工作所发生的工程勘察、规划及建筑设计、施工通水、通电、通气、通路及平整场地等勘察设计和前期工程费。(3)列入施工图预(决)算项目的主体房屋建筑安装工程费，包括房屋主体部分的土建(含桩基)工程费、水暖电气安装工程费及附属工程费。(4)在小区用地规划红线以内，与住房同步配套建设的住宅小区基础设施建设费，以及按政府批准的小区规划要求建设的不能有偿转让的非营业性公共配套设施建设费。(5)管理费，其按照不超过上述四项费用之和的2%计算。(6)贷款利息，其按照房地产开发经营企业为住房建设筹措资金所发生的银行贷款利息计算。(7)行政事业性收费，其按照国家有关规定计收。对于税金，依照国家规定的税目和税率计算。而利润则应按照不超过开发成本中前四项费用之和的3%计算。《经济适用房价格管理办法》第十一条、第十二条还规定，按照本办法确定或审批的经济适用住房价格，为同一期工程开发住房的基准价格。分割零售单套住房，应当以基准价格为基础，计算楼层、朝向差价。楼层、朝向差价按整幢(单元)增减的代数和为零的原则确定。经济适用住房价格的上浮幅度，由有定价权的政府价格主管部门在核定价格时确定，下浮幅度不限。

另外，根据规定，经济适用住房销售应当实行明码标价，销售价格不得超过公示的基准价格和浮动幅度，不得在标价之外收取任何未予标明的费用。并且，房地产开发经营企业应在销售场所显著位置公布价格主管部门批准的价格及批准文号，接受社会

---

❶ 参见：《经济适用房价格管理办法》第四条、第五条、第八条、第十三条、第十四条。

监督。❶

12.5　经济适用房可以上市出售吗？

开放已购经济适用住房的交易市场，既是深化城镇住房制度改革的需要，也是完善我国社会主义市场经济体系，培育新的经济增长点的需要，对搞活市场、推动住房消费、保持房改政策的连续性、推动住房制度改革的深入发展，促进存量住房资源的合理利用、满足不同层次居民的住房需求等方面有着十分积极和重要的意义。《经济适用住房管理办法》第二十六条规定，经济适用住房在取得房屋所有权证和土地使用证一定年限后，方可按市场价上市出售；出售时，应当按照届时同地段普通商品住房与经济适用住房差价的一定比例向政府交纳收益。具体年限和比例由市、县人民政府确定。1999年，建设部《已购公有住房和经济适用住房上市出售管理暂行办法》（以下简称《办法》）第六条规定，❷已购公有住房和经济适用住房所有权人要求将已购公有住房和经济适用住房上市出售的，应当向房屋所在地的县级以上人民政府房地产行政主管部门提出申请，并提交下列材料：（1）职工已购公有住房和经济适用住房上市出售申请表；（2）房屋所有权证书、土地使用权证书或者房地产权证书；（3）身份证及户籍证明或者其他有效身份证件；（4）同住成年人同意上市出售的书面意见；（5）个人拥有部分产权的住房，还应当提供原产权单位在同等条件下保留或者放弃优先购买权的书面意见。房地产行政主管部门对已购公有住房和经济适用住房所有权人提出的上市出售申请进行审核，并自收到申请之日起十五日内作出是否准予其上市出售的书面意见。经房地产行政主管部门审核，准予出售的

---

❶ 参见：《经济适用住房管理办法》第十八条，《经济适用房价格管理办法》第十五条。

❷ 根据《已购公有住房和经济适用住房上市出售管理暂行办法》第三条第二款，这里所称"经济适用住房"包括安居工程住房和集资合作建设的住房。

房屋,由买卖当事人向房屋所在地房地产交易管理部门申请办理交易过户手续,如实申报成交价格,并按照规定到有关部门缴纳有关税费和土地收益。成交价格按照政府宏观指导下的市场原则,由买卖双方协商议定。房地产交易管理部门对所申报的成交价格进行核实,对需要评估的房屋进行现场查勘和评估。买卖当事人在办理完毕交易过户手续之日起三十日内,应当向房地产行政主管部门申请办理房屋所有权转移登记手续,并凭变更后的房屋所有权证书向同级人民政府土地行政主管部门申请土地使用权变更登记手续。❶ 同时,《办法》第十三条规定,已购公有住房和经济适用住房上市出售后,该户家庭不得再按照成本价或者标准价购买公有住房,也不得再购买经济适用住房等政府提供优惠政策建设的住房。另外,《办法》第五条对不得上市出售的经济适用房也予以了明确,规定:已取得合法产权证书的已购公有住房和经济适用住房可以上市出售,但有下列情形之一的已购公有住房和经济适用住房不得上市出售:(1)以低于房改政策规定的价格购买且没有按照规定补足房价款的;(2)住房面积超过省、自治区、直辖市人民政府规定的控制标准,或者违反规定利用公款超标准装修,且超标部分未按照规定退回或者补足房价款及装修费用的;(3)处于户籍冻结地区并已列入拆迁公告范围内的;(4)产权共有的房屋,其他共有人不同意出售的;(5)已抵押且未经抵押权人书面同意转让的;(6)上市出售后形成新的住房困难的;(7)擅自改变房屋使用性质的;(8)法律、法规以及县级以上人民政府规定其他不宜出售的。

实践中,各地方房地产管理部门对已购经济适用房上市出售的条件和要求往往作了更为细化的规定。以北京为例,2004年,北京市国土资源和房屋管理局、北京市建设委员会、北京市发展和改革委员会、北京市财政局联合下发《关于已购经济适用住房

---

❶ 参见:《已购公有住房和经济适用住房上市出售管理暂行办法》第七条、第八条、第九条。

上市出售有关问题的通知》(京国土房管住〔2004〕486号),明确规定,已购买经济适用住房的家庭未住满5年的不得按市场价格出售住房。确需出售的,可出售给符合经济适用住房购买条件的家庭或由政府相关部门收购,出售单价不得高于购买时的单价。已购买经济适用住房的家庭住满5年的,可以按市场价格出售。由出售人到房屋所在地区、县国土房管局按成交额的10%缴纳综合地价款。以不高于经济适用住房原购买单价出售给符合购买经济适用住房条件的家庭或由政府相关部门收购的家庭(包括已住满5年的),出售后仍符合经济适用住房购买条件的,可再次申请购买经济适用住房。以市场价格出售已购经济适用住房的家庭,不得再购买经济适用住房或其他政策性保障住房。

第 13 章

二手房交易法律问题

二手房，是住房梯级消费结构中重要的一环。发展和完善二手房交易市场，对于稳定住房价格，引导梯次消费，满足社会各阶层住房需求，实现房地产市场的健康有序发展具有重要意义。那么，在二手房市场交易中，购房者需要关注哪些问题？购房者购置二手房需要经历哪些程序、交纳哪些税费？二手房买卖的风险又应自何时发生转移？——本章从二手房购房者的角度，以法律的眼光，分析阐释二手房交易的程序、交易税费、房屋风险转移以及交易中需要注意的其他问题，以求给购房者置业提供有益的建议和参考。

13.1 哪些房屋依法不得进行二手交易？

1995 年 1 月 1 日起施行的《中华人民共和国城市房地产管理法》第三十六条规定："房地产转让，是指房地产权利人通过买卖、赠与或者其他合法方式将其房地产转移给他人的行为。"二手房的交易也当然属于其所谓"房地产转让"的范围之内。根据《中华人民共和国城市房地产管理法》第三十七条、2001 年建设部修正的《城市房地产转让管理规定》第六条的有关规定，以下房地产不得进行二手交易：（1）司法机关和行政机关依法裁定、决定查封或者以其他形式限制房地产权利的；(2)依法收回土地使用权的；(3)共有房地产，未经其他共有人书面同意的；(4)权属有争议的；(5)未依法登记领取权属证书的；(6)法律、行政法规规定禁止转让的其他情形。

具体到预售商品房的预购人将预购房屋再行转让的问题，根据《中华人民共和国城市房地产管理法》第三十七条，未依法登记领取权属证书的房地产不得转让。同时，2005年房产新政，国务院转发建设部、国家发改委、财政部、国土资源部、人民银行、税务总局、中国银监会等七部委《关于做好稳定住房价格工作的意见》第七条"切实整顿和规范市场秩序，严肃查处违法违规销售行为"规定，禁止商品房预购人将购买的未竣工的预售商品房再行转让，在预售商品房竣工交付、预购人取得房屋所有权证之前，房地产主管部门不得为其办理转让等手续。据此，国家严令禁止了预售商品房的预购人将尚未取得房屋所有权证的预售商品房再行转让的行为，预售商品房在预购人取得房屋产权证书以前不得进行二手交易。

13.2　设有按揭的房屋可以转让吗？

根据我国现行法律的规定，商品房在取得产权证明以前，不得进行二手交易。在按揭法律关系中，❶开发商往往承担阶段性担保责任，也就是说，在原购房者取得房屋产权证书，并办理房屋抵押登记以后，按揭银行真正取得我国《担保法》意义上的房屋抵押权，开发商连带还款的保证责任得以解除。此时，按揭房屋的转让问题实际上就是一个抵押物转让的问题。

我国《担保法》第四十九条规定："抵押期间，抵押人转让已办理登记的抵押物的，应当通知抵押权人并告知受让人转让物已经抵押的情况；抵押人未通知抵押权人或者未告知受让人的，

---

❶　关于按揭法律关系的有关问题，请参见本书第五章问题1"什么是按揭贷款"的解答。

转让行为无效。转让抵押物的价款明显低于其价值的，抵押权人可以要求抵押人提供相应的担保；抵押人不提供的，不得转让抵押物。抵押人转让抵押物所得的价款，应当向抵押权人提前清偿所担保的债权或者向与抵押权人约定的第三人提存。超过债权数额的部分，归抵押人所有，不足部分由债务人清偿。"2001年建设部修正的《城市房地产抵押管理办法》第三十七条也规定，经抵押权人同意，抵押房地产可以转让或者出租。抵押房地产转让或者出租所得价款，应当向抵押权人提前清偿所担保的债权。超过债权数额的部分，归抵押人所有，不足部分由债务人清偿。据此，按揭房屋的产权人再行转让房屋所有权时，应征得按揭银行的同意，❶并将房屋已设立抵押的情况告知买受人。如果买受人一次性付款，二手房的产权人应以收取的房价款提前清偿银行贷款，终止原借款合同，解除房屋抵押，再向二手房的买受人办理产权过户手续；如果二手房买受人以银行按揭的方式购买，则二手房的产权人可以推荐买受人向原按揭银行申请贷款，将原贷款人换成新的买受人，并与按揭银行办理新的贷款手续，终止原贷款协议。

另外，根据《最高人民法院关于适用〈中华人民共和国担保法〉若干问题的解释》第六十七条的规定，抵押权存续期间，抵押人转让抵押物未通知抵押权人或者未告知受让人的，如果抵押物已经登记的，抵押权人仍可以行使抵押权；取得抵押物所有权的受让人，可以代替债务人清偿其全部债务，使抵押权消灭。受让人清偿债务后可以向抵押人追偿。如果抵押物未经登记的，抵押权不得对抗受让人，因此给抵押权人造成损失的，由抵押人承担赔偿责任。也就是说，在按揭房屋办理了抵押登记的情况下，如果抵押人（即二手房原产权人）不按照约定偿还按揭贷款，则按揭银行有权通过拍卖、折价、变卖等方式实现房屋抵

---

❶ 需要注意，我国现行法律并未说明是否需要书面同意。实践中，建议二手房买受人最好要求出卖方出示按揭银行书面同意转让按揭房产的法律文件。

押权,房屋买受人可能面临房、钱两空的危险。因此,购房者在购买二手房时,一定要搞清楚二手房产权人是否对房屋具有完整的所有权,是否为房屋设立了抵押权等问题,权衡利弊后再作决定。

13.3 土地使用权期限对二手房交易有何影响?

房地产作为一种重要的不动产,具有房、地一体的特点。只要还未出现空中楼阁的建筑技术,那么房屋一定得建立在特定的地块之上,房屋与其所在的土地具有不可分性。鉴于此,我国现行法律确定了"地随房走、房随地走"的原则,即土地使用权随房屋所有权的转让而转让,❶ 房屋所有权随土地使用权的转让而转让。❷ 根据国务院《城镇国有土地使用权出让和转让暂行条例》第十二条的规定,土地使用权出让最高年限按下列用途确定:(1)居住用地七十年;(2)工业用地五十年;(3)教育、科技、文化、卫生、体育用地五十年;(4)商业、旅游、娱乐用地四十年;(5)综合或者其他用地五十年。又根据《中华人民共和国城市房地产管理法》第二十一条、❸《城镇国有土地使用权出让和

---

❶ 《中华人民共和国城市房地产管理法》第三十一条:"房地产转让、抵押时,房屋的所有权和该房屋占用范围内的土地使用权同时转让、抵押。"《城镇国有土地使用权出让和转让暂行条例》第二十四条:"地上建筑物、其他附着物的所有人或者共有人,享有该建筑物、附着物使用范围内的土地使用权。土地使用者转让地上建筑物、其他附着物所有权时,其使用范围内的土地使用权随之转让,但地上建筑物、其他附着物作为动产转让的除外。"

❷ 《城镇国有土地使用权出让和转让暂行条例》第二十三条:"土地使用权转让时,其地上建筑物、其他附着物所有权随之转让。"

❸ 《中华人民共和国城市房地产管理法》第二十一条:"土地使用权出让合同约定的使用年限届满,土地使用者需要继续使用土地的,应当至迟于届满前一年申请续期,除根据社会公共利益需要收回该幅土地的,应当予以批准。经批准准予续期的,应当重新签订土地使用权出让合同,依照规定支付土地使用权出让金。土地使用权出让合同约定的使用年限届满,土地使用者未申请续期或者虽申请续期但依照前款规定未获批准的,土地使用权由国家无偿收回。"

转让暂行条例》第四十条的规定，❶住宅土地 70 年使用期限届满后，其地上建筑物及其附属物将处于权利不明状态，可由国家无偿取得其所有权。由此，在我国，对住宅而言，房屋所有权并非无限期的所有权，其期限受到土地使用权最长 70 年的期限限制。

《中华人民共和国城市房地产管理法》第四十二条规定："以出让方式取得土地使用权的，转让房地产后，其土地使用权的使用年限为原土地使用权出让合同约定的使用年限减去原土地使用者已经使用年限后的剩余年限。"《城镇国有土地使用权出让和转让暂行条例》第二十二条规定："土地使用者通过转让方式取得的土地使用权，其使用年限为土地使用权出让合同规定的使用年限减去原土地使用者已使用年限后的剩余年限。"也就是说，在二手房交易中，房屋买受人享有房屋所有权的年限仅为其所在土地使用年限的剩余年限，也即土地出让年限减去土地出让至今已经过的年限的剩余年限。举个简单的例子，如二手房所在土地的使用权于 2000 年出让，使用年限为 70 年，而二手房于 2007 年再行转让，则此时受让人于 2007 年取得该房屋所有权后，其享有的房屋所有权及房屋所在土地使用权的年限仅为 63 年，至 2070 年由国家收回土地使用权并有权无偿取得该房屋所有权。❷因此，购房者在选择购买二手房时，应考虑房屋土地使用权及房屋所有权剩余年限的多少，而不宜就房屋而买房屋，而全然不顾土地使用权年限问题。

---

❶ 《城镇国有土地使用权出让和转让暂行条例》第四十条："土地使用权期满，土地使用权及其地上建筑物、其他附着物所有权由国家无偿取得。土地使用者应当交还土地使用证，并依照规定办理注销登记。"

❷ 房屋所有权人依据《中华人民共和国城市房地产管理法》第二十一条及《城镇国有土地使用权出让和转让暂行条例》第四十一条的规定重新签定土地使用权出让合同并交纳土地使用权出让金的除外。

13.4 二手房交易须遵循怎样的程序？

2001年建设部修正的《城市房地产转让管理规定》第七条规定，房地产转让，应当按照下列程序办理：

（1）房地产转让当事人签订书面转让合同；

（2）房地产转让当事人在房地产转让合同签订后90日内持房地产权属证书、当事人的合法证明、转让合同等有关文件向房地产所在地的房地产管理部门提出申请，并申报成交价格；

（3）房地产管理部门对提供的有关文件进行审查，并在7日内作出是否受理申请的书面答复，7日内未作书面答复的，视为同意受理；

（4）房地产管理部门核实申报的成交价格，并根据需要对转让的房地产进行现场查勘和评估；

（5）房地产转让当事人按照规定缴纳有关税费；

（6）房地产管理部门办理房屋权属登记手续，核发房地产权属证书。

13.5 房地产转让合同应包含哪些内容？

《中华人民共和国城市房地产管理法》第四十条规定："房地产转让，应当签订书面转让合同，合同中应当载明土地使用权取得的方式。"2001年建设部修正的《城市房地产转让管理规定》第八条规定，房地产转让合同应当载明下列主要内容：

（1）双方当事人的姓名或者名称、住所；

（2）房地产权属证书名称和编号；

（3）房地产坐落位置、面积、四至界限；

（4）土地宗地号、土地使用权取得的方式及年限；

（5）房地产的用途或使用性质；

（6）成交价格及支付方式；

(7) 房地产交付使用的时间；

(8) 违约责任；

(9) 双方约定的其他事项。❶

13.6 二手房交易当事人须缴纳哪些税费？

就目前来看，二手房交易环节所涉及的税种主要有如下七种：

(1) 契税。根据《中华人民共和国契税暂行条例》的有关规定，房屋买卖的受让人须缴纳契税，契税的适用税率，由省、自治区、直辖市人民政府在3‰～5‰的幅度范围内按照本地区的实际情况确定，并报财政部和国家税务总局备案。同时，1999年《财政部 国家税务总局关于调整房地产市场若干税收政策的通知》（财税字［1999］210号）第一条又规定，个人购买自用普通住宅，❷ 暂减半征收契税。以北京为例，根据2002年《北京市财政局北京市地方税务局转发北京市人民政府关于修改北京市契税管理规定的决定的通知》（京财税(2002)1926号）规定，在2002年7月1日之后缴纳契税的，一律适用3‰的税率；个人购买普通住宅，在3‰税率基础上减半征收契税。具体来讲，对北京市符合住宅小区建筑容积率在1.0(含)以上、单套建筑面积在140(含)平方米以下、实际成交价低于同级别土地上住房平均交易价格1.2倍以下等三个条件的，视为普通住宅，征收房屋成交

---

❶ 二手房买卖合同参考文本可参见本书附录四。

❷ 关于"普通住宅"的界定标准，根据2005年建设部、发展改革委、财政部、国土资源部、人民银行、税务总局、银监会等七部门《关于做好稳定住房价格工作的意见》第五条的规定，原则上应同时满足以下条件：住宅小区建筑容积率在1.0以上、单套建筑面积在120平方米以下、实际成交价格低于同级别土地上住房平均交易价格1.2倍以下。各省、自治区、直辖市可根据实际情况，制定本地区普通住房的具体标准。允许单套建筑面积和价格标准适当浮动，但向上浮动的比例不得超过上述标准的20‰。

价的1.5%的契税。反之则按成交价格的3%计算契税。❶

（2）印花税。根据《中华人民共和国印花税暂行条例》的规定，买卖合同双方当事人应各按房款的0.5‰缴纳。

（3）营业税。根据2006年建设部等九部委《关于调整住房供应结构稳定住房价格的意见》，自2006年6月1日起，对个人购买住房不足5年转手交易的，销售时按其取得的售房收入全额征收营业税；个人购买普通住房超过5年（含5年）转手交易的，销售时免征营业税；对个人购买非普通住房超过5年（含5年）转手交易的，销售时按其售房收入减去购买房屋的价款后的差额征收营业税。其中，对购房时间的认定，根据2005年《国家税务总局、财政部、建设部关于加强房地产税收管理的通知》（国税发［2005］89号），以取得的房屋产权证或契税完税证明上注明的时间为准。同时，根据《中华人民共和国营业税暂行条例》的有关规定，销售不动产的单位和个人缴纳营业税的税率为5%。也就是说，出售时间在5年内的房屋需缴纳的营业税为：成交价×5%；5年后普通住宅不征收营业税，高档住宅征收买卖差价5%的营业税。

（4）城市维护建设税。根据《中华人民共和国城市维护建设

---

❶ 根据北京市建委2005年5月30日下发的《北京市建设委员会关于公布北京市享受优惠政策普通住房标准的通知》（京建住［2005］528号）的规定，北京市享受优惠政策普通住房标准应同时满足以下三个条件：住宅小区建筑容积率在1.0（含）以上；单套建筑面积在140（含）平方米以下；实际成交价低于同级别土地上住房平均交易价格1.2倍以下。住房平均交易价格依据上年住房平均交易价格确定，每年公布一次。（另根据国家税务总局、财政部、建设部2005年5月27日下发的《关于加强房地产税收管理的通知》（国税发［2005］89号）第二条规定，住房平均交易价格，是指报告期内同级别土地上住房交易的平均价格，经加权平均后形成的住房综合平均价格。由市、县房地产管理部门会同有关部门测算，报当地人民政府确定，每半年公布一次。）如北京2005年不同级别土地上普通住房平均交易价格分别为：土地级别一级，平均交易价格11068元/平方米；土地级别二级，平均交易价格9555元/平方米；土地级别三级，平均交易价格8040元/平方米；土地级别四级，平均交易价格6886元/平方米；土地级别五级，平均交易价格5462元/平方米；土地级别六、七、八、九、十级，平均交易价格4526元/平方米。

税暂行条例》的规定，凡缴纳产品税、增值税、营业税的单位和个人，都是城市维护建设税的纳税义务人，都应当缴纳城市维护建设税。城市维护建设税具体税率为：(1)纳税人所在地在市区的，税率为7％；(2)纳税人所在地在县城、镇的，税率为5％；(3)纳税人所在地不在市区、县城或镇的，税率为1％。就北京而言，根据《北京市实施〈中华人民共和国城市维护建设税暂行条例〉的细则》，纳税义务人所在地在东城区、西城区、崇文区、宣武区范围内的；在朝阳、海淀、丰台、石景山、门头沟、燕山六个区所属的街道办事处管辖范围内的，税率均为百分之七。也就是说，出售房屋的业主应按照营业税的7％缴纳城市维护建设税。

(5) 教育费附加。❶ 根据2005年国务院修改实施的《征收教育费附加的暂行规定》第三条，"教育费附加，以各单位和个人实际缴纳的增值税、营业税、消费税的税额为计征依据，教育费附加率为3％，分别与增值税、营业税、消费税同时缴纳。"据此，出售房屋的业主应按照营业税的3％缴纳教育费附加。

(6) 个人所得税。根据2005年最新修订的《中华人民共和国个人所得税法》和《中华人民共和国个人所得税法实施条例》，以及2006年8月1日开始执行的《国家税务总局关于个人住房转让所得征收个人所得税有关问题的通知》(国税发[2006]108号)的相关规定，房屋出售方应按照其转让房屋所有权所得，以一次转让财产的收入额减除财产原值和合理费用后的余额为应纳税所得额，适用20％的比例税率缴纳个人所得税。2005年5月和10月，国家税务总局先后下发《国家税务总局关于进一步加强房地产税收管理的通知》(国税发[2005]82号)和《国家税务总局关于实施房地产税收一体化管理若干具体问题的通知》(国税发[2005]156号)，要求各地在契税征收场所或房地产权属登记场所，代开销售不动产发票，并且应在代开销售不动产发

---

❶ 根据《中华人民共和国土地增值税暂行条例实施细则》第七条第五项，转让房地产交纳的教育费附加可视同税金。

票时及时征收营业税及城市维护建设税和教育费附加、个人所得税、土地增值税、印花税等税收,在契税纳税申报环节,应要求纳税人报送销售不动产发票,否则不予受理;同时,要以契税管理先缴纳税款,后办理产权证书(简称"先税后证")为把手,充分利用契税征管信息,加强房地产各环节的税收管理,对存量房交易环节所涉及的契税、营业税及城市维护建设税和教育费附加、个人所得税、土地增值税、印花税等相关税种要实行"一窗式"征收。由此,一改过去房屋转让个人所得税自行申报的征管方式,❶ 从源头上把控二手房交易过程中所涉及税种,即不纳税将无法办理过户,这对房屋出售方来说,无异于"强制征收"个人所得税。

具体来讲,个人所得税的计算方法大致为:{售房收入-房屋原值❷-(营业税+城市维护建设税+教育费附加+土地增值税+印花税)-合理费用❸}×20%。与此同时,《国家税务总局关于个人住房转让所得征收个人所得税有关问题的通知》(国税发[2006]108号)也进一步明确了住房转让个人所得税优惠政策,其第五条明确指出:"各级税务机关要认真落实有关住房转让个人所得税优惠政策。按照《财政部、国家税务总局、建设部

---

❶ 根据《中华人民共和国个人所得税法实施条例》第三十六条,纳税义务人取得应纳税所得但没有扣缴义务人的,应当按照规定到主管税务机关办理纳税申报。实践中,由于这种"自觉缴纳"的申报方式难于监管,造成该规定往往"形同虚设"。

❷ 房屋原值的具体计算标准,根据2006年8月1日起执行的《国家税务总局关于个人住房转让所得征收个人所得税有关问题的通知》(国税发[2006]108号)第二条,商品房为购置该房屋时实际支付的房价款及交纳的相关税费;经济适用房(含集资合作建房、安居工程住房)为原购房人实际支付的房价款及相关税费以及按规定交纳的土地出让金;已购公有住房为原购公有住房标准面积按当地经济适用房价格计算的房价款,加上原购公有住房超标准面积实际支付的房价款以及按规定向财政部门(或原产权单位)交纳的所得收益及相关税费。

❸ 合理费用,根据2006年8月1日起执行的《国家税务总局关于个人住房转让所得征收个人所得税有关问题的通知》(国税发[2006]108号)第二条,指纳税人按照规定实际支付的住房装修费用、住房贷款利息、手续费、公证费等费用。

关于个人出售住房所得征收个人所得税有关问题的通知》(财税字〔1999〕278号)的规定,对出售自有住房并拟在现住房出售1年内按市场价重新购房的纳税人,其出售现住房所缴纳的个人所得税,先以纳税保证金形式缴纳,再视其重新购房的金额与原住房销售额的关系,全部或部分退还纳税保证金;对个人转让自用5年以上,并且是家庭唯一生活用房取得的所得,免征个人所得税。要不折不扣地执行上述优惠政策,确保维护纳税人的合法权益。"

(7)土地增值税。《中华人民共和国土地增值税暂行条例》第二条规定:"转让国有土地使用权、地上的建筑物及其附着物(以下简称转让房地产)并取得收入的单位和个人,为土地增值税的纳税义务人(以下简称纳税人),应当依照本条例缴纳土地增值税。"又据第七条,土地增值税实行四级超率累进税率:(1)增值额未超过扣除项目金额50%的部分,税率为30%。(2)增值额超过扣除项目金额50%、未超过扣除项目金额100%的部分,税率为40%。(3)增值额超过扣除项目金额100%、未超过扣除项目金额200%的部分,税率为50%。(4)增值额超过扣除项目金额200%的部分,税率为60%。❶ 根据《国家税务总局、财政部、建设部关于加强房地产税收管理的通知》(国税发〔2005〕89号)第六条:"市、县房地产管理部门在办理房地产权属登记时,

---

❶ 其中的"扣除项目",根据《中华人民共和国土地增值税暂行条例》的规定,包括:(1)取得土地使用权所支付的金额;(2)开发土地的成本、费用;(3)新建房及配套设施的成本、费用,或者旧房及建筑物的评估价格;(4)与转让房地产有关的税金;(5)财政部规定的其他扣除项目。纳税人转让房地产所取得的收入(包括货币收入、实物收入和其他收入)减除这些扣除项目金额后的余额,为增值额。

另外,《中华人民共和国土地增值税暂行条例实施细则》第十条给出了计算土地增值税税额的简便方法,具体公式如下:(一)增值额未超过扣除项目金额50%的,土地增值税税额=增值额×30%;(二)增值额超过扣除项目金额50%,未超过100%的,土地增值税税额=增值额×40%-扣除项目金额×5%;(三)增值额超过扣除项目金额100%,未超过200%的,土地增值税税额=增值额×50%-扣除项目金额×15%;(四)增值额超过扣除项目金额200%的,土地增值税税额=增值额×60%-扣除项目金额×35%。

应严格按照《中华人民共和国契税暂行条例》、《中华人民共和国土地增值税暂行条例》的规定，要求出具完税（或减免）凭证；对于未出具完税（或减免）凭证的，房地产管理部门不得办理权属登记。"与此同时，《中华人民共和国土地增值税暂行条例》第十二条规定："个人因工作调动或改善居住条件而转让原自用住房，经向税务机关申报核准，凡居住满五年或五年以上的，免予征收土地增值税；居住满三年未满五年的，减半征收土地增值税。居住未满三年的，按规定计征土地增值税。"又根据1999年《财政部、国家税务总局关于调整房地产市场若干税收政策的通知》（财税字[1999]210号）第三条，对居民个人拥有的普通住宅，在其转让时暂免征收土地增值税。其中，对"普通住宅"的认定，根据2006年3月2日起执行的《财政部、国家税务总局关于土地增值税若干问题的通知》（财税[2006]21号）第一条的规定，一律按各省、自治区、直辖市人民政府根据《国务院办公厅转发建设部等部门关于做好稳定住房价格工作意见的通知》（国办发[2005]26号）制定并对社会公布的"中小套型、中低价位普通住房"的标准执行❶。

另外，根据2001年建设部修正的《城市房地产转让管理规定》第十四条，国家实行房地产成交价格申报制度。房地产转让应当以申报的房地产成交价格作为缴纳税费的依据。成交价格明显低于正常市场价格的，以评估价格作为缴纳税费的依据。

另一方面，关于二手房交易手续费的问题，根据2002年《国家计委、建设部关于规范住房交易手续费有关问题的通知》（计价格[2002]121号），住房转让手续费，应按住房建筑面积收取。存量住房的收费标准为每平方米不高于6元，转让手续费

---

❶ 即：享受优惠政策的住房原则上应同时满足以下条件：住宅小区建筑容积率在1.0以上、单套建筑面积在120平方米以下、实际成交价格低于同级别土地上住房平均交易价格1.2倍以下。各省、自治区、直辖市可根据实际情况，制定本地区普通住房的具体标准。允许单套建筑面积和价格标准适当浮动，但向上浮动的比例不得超过上述标准的20%。

由转让双方各承担50%。同时，房地产交易中心应当按规定提供交易场所、市场信息、核实产权、代办产权过户、租赁合同备案以及其他与住房交易有关的服务，并按照国家有关规定在交易场所实行明码标价，公布收费依据、收费项目、收费标准。在办理住房交易手续过程中，除住房转让手续费和住房租赁手续费外，不得以任何名义收取其他费用。

13.7 二手房买卖交易中，房屋风险责任何时发生转移？

所谓风险责任，是指因不可抗力或意外事故而非因合同当事人的过错导致标的物毁损灭失时损失的承担，❶ 也即风险负担。在房屋的买卖交易中，作为买卖标的物的房屋难免因为天灾人祸发生一些意外的损毁甚至灭失，这时，这种风险责任由谁来承担就成为一个重要问题。

对于开发商新建商品房的买卖交易而言，根据2003年《最高人民法院关于审理商品房买卖合同纠纷案件适用法律若干问题的解释》（以下简称《解释》）第十一条规定："对房屋的转移占有，视为房屋的交付使用，但当事人另有约定的除外。房屋毁损、灭失的风险，在交付使用前由出卖人承担，交付使用后由买受人承担；买受人接到出卖人的书面交房通知，无正当理由拒绝接收的，房屋毁损、灭失的风险自书面交房通知确定的交付使用之日起由买受人承担，但法律另有规定或者当事人另有约定的除外。"也即是说，对于开发商新建商品房买卖的风险转移采"交付主义"，在房屋实际交付以前，房屋发生意外毁损的风险由开发商承担，房屋交付以后，风险责任转由购房者自行承担。❷ 但是，需要注意的是，《解释》并不适用于二手房的买卖交易。那么，对于二手房买卖的风险转移应以何时为界呢？

---

❶ 参见：高富平，黄武双：房地产法学，北京：高等教育出版社，2003，202

❷ 关于新建商品房风险责任的转移问题，请详见本书第6章中问题6.11"商品房交付后，房屋意外毁损的风险由谁承担？"的解答。

《中华人民共和国合同法》第一百四十二条规定:"标的物毁损、灭失的风险,在标的物交付之前由出卖人承担,交付之后由买受人承担,但法律另有规定或者当事人另有约定的除外。"对于该条文的理解,依其文义,并采当然解释,其所谓"标的物"应包含动产与不动产。二手房买卖作为一种不动产交易,应当适用该条文的规定,即以房屋的实际交付作为风险转移的界线,二手房在交付买受人之后,房屋产权登记过户之前,其损毁灭失的风险由买受人承担。另一方面,我国《合同法》自1999年3月15日第九届全国人民代表大会第二次会议通过,并于1999年10月1日起施行,考虑其立法的时间和背景,那时我国的不动产交易已经步入市场化,房屋买卖也已经较为普遍,因此,立法者立法时应当已考虑到对不动产买卖合同的立法规范问题,而该《合同法》在买卖合同一章又未区分动产与不动产,由此,可以认为,该《合同法》买卖合同一章已将不动产买卖合同纳入,不动产的买卖同样应适用该法有关买卖合同的相关规定,在风险转移上,适用该法第一百四十二条对买卖合同标的物风险负担的规定。

与此同时,我们也注意到,纵观我国民法之系列规定,对物权变动采形式主义模式,❶ 将交付行为作为动产所有权移转的成立要件,将登记作为不动产所有权移转的成立要件。在我国《合同法》中,第一百四十二条:"标的物毁损、灭失的风险,在标的物交付之前由出卖人承担,交付之后由买受人承担,但法律另有规定或者当事人另有约定的除外"与第一百三十三条:"标的物的所有权自标的物交付时起转移,但法律另有规定或者当事人另有约定的除外"相一致。鉴于第一百四十二条风险转移与第一百三十三条所有权转移规则规定之一致性,依法意解释,我国民事立法就买卖标的物的风险负担的转移,在当事人没有特别

---

❶ 此处所谓"形式主义",是指债权合同仅发生以物权产生、变更、消灭为目的的债权和债务,而物权变动的效力的发生,直接以交付或登记为条件,即在债权合同之外还有以直接发生物权变动为目的的物权行为。

约定的情况下,既与标的物的交付又与标的物所有权的移转相一致。依学者观点,一般认为,由于不动产标的物的交付与所有权的转移往往不一致,不动产风险一般应在不动产交付时转移,但若不动产的所有权在不动产交付以前因办理完毕过户登记手续而发生移转,则不动产的风险负担应在买受人取得所有权时移转。[1]

综上所述,在二手房买卖交易中,风险责任何时转移,在当事人双方没有明确约定的情况下,应"以登记或交付孰先为之者,以其时为准",[2] 在房屋交付先于过户登记的情形,风险责任自交付时转移,而在登记先于交付的情况下,则以过户登记之时为房屋风险转移的界线。

13.8 购房中介合同需包含哪些内容?

二手房买卖是一个复杂的交易过程,从寻找合适的房源,到签署买卖合同,再到交验过户,要经历烦琐的程序。实践中,二手房交易常常有中介服务机构介入,为购房者提供居间或代理服务。

2001年建设部修订的《城市房地产中介服务管理规定》第十五条规定:"房地产中介服务人员承办业务,由其所在中介机构统一受理并与委托人签订书面中介服务合同。"第十七条又规定,房地产中介服务合同应当包括下列主要内容:

(1) 当事人姓名或者名称、住所;
(2) 中介服务项目的名称、内容、要求和标准;
(3) 合同履行期限;
(4) 收费金额和支付方式、时间;
(5) 违约责任和纠纷解决方式;
(6) 当事人约定的其他内容。

---

[1] 参见:王利明,房绍坤,王轶. 合同法. 北京:中国人民大学出版社,2002,332

[2] 参见:史尚宽. 债法各论. 北京:中国政法大学出版社,2000,64

具体到二手房买卖中介服务，中介机构往往作为居间人的身份出现，与购房者签订居间合同，提供居间服务。❶ 我国《合同法》第四百二十四条规定："居间合同是居间人向委托人报告订立合同的机会或者提供订立合同的媒介服务，委托人支付报酬的合同。"居间人应当就有关订立合同的事项向委托人如实报告，不得隐瞒或提供虚假情况，否则应对委托人因此而承受的利益损害承担赔偿责任。

另外，根据《城市房地产中介服务管理规定》第二十三条的规定，因房地产中介服务人员过失，给当事人造成经济损失的，由所在中介服务机构承担赔偿责任。所在中介服务机构可以对有关人员追偿。这便为房屋中介服务机构设立了"转承责任"，购房中介合同的委托人因中介服务人员过失而受损害时，可直接请求中介服务机构给予损害赔偿。

13.9 房款提存公证在二手房交易中有何作用？

在二手房交易中，买受人难免存在一种担心，即担心自己向出售人支付房款后却不能在买卖合同约定的期限内拿到房子及房屋产权证书。为排除这种顾虑，买受人可以与出售人在合同中约定，以提存方式给付房价款，并向公证机构申请办理房款提存公证。

2006年3月1日起施行的《中华人民共和国公证法》第十二条规定，根据自然人、法人或者其他组织的申请，公证机构可以办理提存事务。又根据1995年司法部《提存公证规则》的有关规定，债的双方在合同（协议）中约定以提存方式给付的，公证处可以根据当事人申请办理提存公证；当事人依据合同（协议）约定申请办理提存公证的，必须列明提存物给付条件。公证处应按提存人所附条件给付提存标的物。对这种以对

---

❶ 关于居间的有关问题，请参见本书第10章中问题10.11"房屋租赁中介具有怎样的地位和作用"的解答中对于居间的介绍，此处不再赘述。

待给付为条件的提存,在提存受领人未为对待给付之前,公证处不得给付提存标的物。❶ 据此,二手房交易双方可以在二手房买卖合同中约定,以提存方式支付房款,同时由买受人向债务履行地的公证处申请办理房款提存公证,列明以提存人取得房屋产权证为房款给付条件。这样,待房屋顺利实现过户之后再由公证处将房款交付给房屋出售人,否则,房屋出售人将无法取得房款。

依据《提存公证规则》规定,房款提存申请人应当填写公证申请表,并提交下列材料:(1)申请人的身份证明;(2)合同(协议)等据以履行义务的依据;(3)能证明有以提存为给付方式的约定的有关材料;(4)提存受领人(即房屋出售人)的姓名、地址、邮编、联系电话等;(5)提存房款的数量;(6)公证员认为应当提交的其他材料。公证处在收到提存申请之日起三日内即应作出受理或不予受理的决定。申请受理后,经公证处审查准予提存的,公证处应当从提存之日起三日内出具提存公证书。同时,房屋买受人提存房款后应将提存事实及时通知提存受领人(即房屋出售人)。提存受领人领取提存房款时,应提供身份证明、提存通知书或公告、有关债权的证明以及履行对待给付义务的证明。而关于提存费用,买卖双方当事人可以自行约定由谁承担,没有约定的,提存费用由提存受领人承担。另外,在出售人根本违约时,提存人(即房屋买受人)可以凭人民法院生效的判决、裁定等证明文件取回提存房款。

总之,在二手房交易中,当事人可申请办理房款提存公证。房款提存公证使公证处成为买卖双方足可信任的交易平台,对买卖当事人来说无疑是一种有力的保护。实践中,也建议交易双方约定采用提存的方式支付房款,并办理房款提存公证,以更好地保障交易各方当事人的合法权益。

---

❶ 参见:《提存公证规则》第六条、第二十三条,《中华人民共和国合同法》第一百零四条。

附录

附录一 商品房买卖合同示范文本

商品房买卖合同说明

1. 本合同文本为示范文本,也可作为签约使用文本。签约之前,买受人应当仔细阅读本合同内容,对合同条款及专业用词理解不一致的,可向当地房地产开发主管部门咨询。

2. 本合同所称商品房是指由房地产开发企业开发建设并出售的房屋。

3. 为体现合同双方的自愿原则,本合同文本中相关条款后都有空白行,供双方自行约定或补充约定。双方当事人可以对文本条款的内容进行修改、增补或删减。合同签订生效后,未被修改的文本印刷文字视为双方同意内容。

4. 本合同文本中涉及到的选择、填写内容以手写项为优先。

5. 对合同文本【   】中选择内容、空格部位填写及其他需要删除或添加的内容,双方应当协商确定。【   】中选择内容,以划√方式选定;对于实际情况未发生或买卖双方不作约定时,应在空格部位打×,以示删除。

6. 在签订合同前,出卖人应当向买受人出示应当由出卖人提供的有关证书、证明文件。

7. 本合同条款由中华人民共和国建设部和国家工商行政管理局负责解释。

商品房买卖合同
(合同编号:)

合同双方当事人:

出卖人:_____

注册地址:_____

营业执照注册号:_____

企业资质证书号:_____

法定代表人:_____联系电话:_____

邮政编码：_____
委托代理人：_____ 地址：_____
邮政编码：_____ 联系电话：_____
委托代理机构：_____
注册地址：_____
营业执照注册号：_____
法定代表人：_____ 联系电话：_____
邮政编码：_____
买受人：_____
【本人】【法定代表人】姓名：_____ 国籍：_____
【身份证】【护照】【营业执照注册号】【　　　】_____
地址：_____
邮政编码：_____ 联系电话：_____
【委托代理人】【　　　】姓名：_____ 国籍：_____
地址：_____
邮政编码：_____ 电话：_____

根据《中华人民共和国合同法》、《中华人民共和国城市房地产管理法》及其他有关法律、法规之规定，买受人和出卖人在平等、自愿、协商一致的基础上就买卖商品房达成如下协议：

第一条 项目建设依据。

出卖人以_____方式取得位于_____、编号为_____的地块的土地使用权。【土地使用权出让合同号】【土地使用权划拨批准文件号】【划拨土地使用权转让批准文件号】为_____。

该地块土地面积为_____，规划用途为_____，土地使用年限自_____年_____月_____日至_____年_____月_____日。

出卖人经批准，在上述地块上建设商品房，【现定名】【暂定名】_____。建设工程规划许可证号为_____，施工许可证号为_____。

第二条 商品房销售依据。

买受人购买的商品房为【现房】【预售商品房】。预售商品房批准机关为_____，商品房预售许可证号为_____。

第三条 买受人所购商品房的基本情况。

附　录

买受人购买的商品房(以下简称该商品房,其房屋平面图见本合同附件一,房号以附件一上表示为准)为本合同第一条规定的项目中的:

第_____【幢】【座】_____【单元】【层】_____号房。该商品房的用途为_____,属_____结构,层高为_____,建筑层数地上_____层,地下_____层。

该商品房阳台是【封闭式】【非封闭式】。

该商品房【合同约定】【产权登记】建筑面积共_____平方米,其中,套内建筑面积_____平方米,公共部位与公用房屋分摊建筑面积_____平方米(有关公共部位与公用房屋分摊建筑面积构成说明见附件二)。

_____。

_____。

第四条　计价方式与价款。

出卖人与买受人约定按下述第_____种方式计算该商品房价款:

1. 按建筑面积计算,该商品房单价为(_____币)每平方米_____元,总金额(_____币)_____千_____百_____拾_____万_____千_____百_____拾_____元整。

2. 按套内建筑面积计算,该商品房单价为(_____币)每平方米_____元,总金额(_____币)_____千_____百_____拾_____万_____千_____百_____拾_____元整。

3. 按套(单元)计算,该商品房总价款为(_____币)_____千_____百_____拾_____万_____千_____百_____拾_____元整。

4. _____。

第五条　面积确认及面积差异处理。

根据当事人选择的计价方式,本条规定以【建筑面积】【套内建筑面积】(本条款中均简称面积)为依据进行面积确认及面积差异处理。

当事人选择按套计价的,不适用本条约定。

合同约定面积与产权登记面积有差异的,以产权登记面积为准。

商品房交付后,产权登记面积与合同约定面积发生差异,双方同意按第_____种方式进行处理:

1. 双方自行约定:

(1) _____;

(2) _____;

(3) _____ ;
(4) _____ 。

2. 双方同意按以下原则处理：

(1) 面积误差比绝对值在 3% 以内(含 3%)的，据实结算房价款；

(2) 面积误差比绝对值超出 3% 时，买受人有权退房。

买受人退房的，出卖人在买受人提出退房之日起 30 天内将买受人已付款退还给买受人，并按_____利率付给利息。

买受人不退房的，产权登记面积大于合同约定面积时，面积误差比在 3% 以内(含 3%)部分的房价款由买受人补足；超出 3% 部分的房价款由出卖人承担，产权归买受人。产权登记面积小于合同约定面积时，面积误差比绝对值在 3% 以内(含 3%)部分的房价款由出卖人返还买受人；绝对值超出 3% 部分的房价款由出卖人双倍返还买受人。

$$面积误差比 = \frac{产权登记面积 - 合同约定面积}{合同约定面积} \times 100\%$$

因设计变更造成面积差异，双方不解除合同的，应当签署补充协议。

第六条 付款方式及期限。

买受人按下列第_____种方式按期付款：

1. 一次性付款_____。
2. 分期付款_____。
3. 其他方式_____。

第七条 买受人逾期付款的违约责任。

买受人如未按本合同规定的时间付款，按下列第_____种方式处理：

1. 按逾期时间，分别处理(不作累加)

(1) 逾期在_____日之内，自本合同规定的应付款期限之第二天起至实际全额支付应付款之日止，买受人按日向出卖人支付逾期应付款万分之_____的违约金，合同继续履行；

(2) 逾期超过_____日后，出卖人有权解除合同。出卖人解除合同的，买受人按累计应付款的_____%向出卖人支付违约金。买受人愿意继续履行合同的，经出卖人同意，合同继续履行，自本合同规定的应付款期限之第二天起至实际全额支付应付款之日止，买受人按日向出卖人支付逾期应付款万分之_____(该比率应不小于第(1)项中的比率)的违约金。

本条中的逾期应付款指依照本合同第六条规定的到期应付款与该期实际已付款的差额；采取分期付款的，按相应的分期应付款与该期的实际已付款的差额确定。

2. _____。

第八条 交付期限。

出卖人应当在_____年_____月_____日前,依照国家和地方人民政府的有关规定,将具备下列第_____种条件,并符合本合同约定的商品房交付买受人使用:

1. 该商品房经验收合格。
2. 该商品房经综合验收合格。
3. 该商品房经分期综合验收合格。
4. 该商品房取得商品住宅交付使用批准文件。
5. _____。

但如遇下列特殊原因,除双方协商同意解除合同或变更合同外,出卖人可据实予以延期:

1. 遭遇不可抗力,且出卖人在发生之日起_____日内告知买受人的;
2. _____;
3. _____。

第九条 出卖人逾期交房的违约责任。

除本合同第八条规定的特殊情况外,出卖人如未按本合同规定的期限将该商品房交付买受人使用,按下列第_____种方式处理:

1. 按逾期时间,分别处理(不作累加)

(1) 逾期不超过_____日,自本合同第八条规定的最后交付期限的第二天起至实际交付之日止,出卖人按日向买受人支付已交付房价款万分之_____的违约金,合同继续履行;

(2) 逾期超过_____日后,买受人有权解除合同。买受人解除合同的,出卖人应当自买受人解除合同通知到达之日起_____天内退还全部已付款,并按买受人累计已付款的_____%向买受人支付违约金。买受人要求继续履行合同的,合同继续履行,自本合同第八条规定的最后交付期限的第二天起至实际交付之日止,出卖人按日向买受人支付已交付房价款万分之_____(该比率应不小于第(1)项中的比率)的违约金。

2. _____。

第十条 规划、设计变更的约定。

经规划部门批准的规划变更、设计单位同意的设计变更导致下列影响到买受人所购商品房质量或使用功能的,出卖人应当在有关部门批准同意

之日起10日内,书面通知买受人:
(1) 该商品房结构形式、户型、空间尺寸、朝向;
(2) _____;
(3) _____;
(4) _____;
(5) _____;
(6) _____;
(7)

买受人有权在通知到达之日起15日内做出是否退房的书面答复。买受人在通知到达之日起15日内未作书面答复的,视同接受变更。出卖人未在规定时限内通知买受人的,买受人有权退房。

买受人退房的,出卖人须在买受人提出退房要求之日起_____天内将买受人已付款退还给买受人,并按_____利率付给利息。买受人不退房的,应当与出卖人另行签订补充协议。

_____。

第十一条 交接。
商品房达到交付使用条件后,出卖人应当书面通知买受人办理交付手续。双方进行验收交接时,出卖人应当出示本合同第八条规定的证明文件,并签署房屋交接单。所购商品房为住宅的,出卖人还需提供《住宅质量保证书》和《住宅使用说明书》。出卖人不出示证明文件或出示证明文件不齐全,买受人有权拒绝交接,由此产生的延期交房责任由出卖人承担。

由于买受人原因,未能按期交付的,双方同意按以下方式处理:
_____。

第十二条 出卖人保证销售的商品房没有产权纠纷和债权债务纠纷。
因出卖人原因,造成该商品房不能办理产权登记或发生债权债务纠纷的,由出卖人承担全部责任。

_____。

第十三条 出卖人关于装饰、设备标准承诺的违约责任。
出卖人交付使用的商品房的装饰、设备标准应符合双方约定(附件三)的标准。达不到约定标准的,买受人有权要求出卖人按照下述第_____种方式处理:

1. 出卖人赔偿双倍的装饰、设备差价。
2. _____。

3. _____。

第十四条 出卖人关于基础设施、公共配套建筑正常运行的承诺。

出卖人承诺与该商品房正常使用直接关联的下列基础设施、公共配套建筑按以下日期达到使用条件：

1. _____；
2. _____；
3. _____；
4. _____；
5. _____。

如果在规定日期内未达到使用条件，双方同意按以下方式处理：

1. _____；
2. _____；
3. _____。

第十五条 关于产权登记的约定。

出卖人应当在商品房交付使用后_____日内，将办理权属登记需由出卖人提供的资料报产权登记机关备案。如因出卖人的责任，买受人不能在规定期限内取得房地产权属证书的，双方同意按下列第_____项处理：

1. 买受人退房，出卖人在买受人提出退房要求之日起_____日内将买受人已付房价款退还给买受人，并按已付房价款的_____％赔偿买受人损失。

2. 买受人不退房，出卖人按已付房价款的_____％向买受人支付违约金。

3. _____。

第十六条 保修责任。

买受人购买的商品房为商品住宅的，《住宅质量保证书》作为本合同的附件。出卖人自商品住宅交付使用之日起，按照《住宅质量保证书》承诺的内容承担相应的保修责任。

买受人购买的商品房为非商品住宅的，双方应当以合同附件的形式详细约定保修范围、保修期限和保修责任等内容。

在商品房保修范围和保修期限内发生质量问题，出卖人应当履行保修义务。因不可抗力或者非出卖人原因造成的损坏，出卖人不承担责任，但可协助维修，维修费用由购买人承担。

_____。

第十七条 双方可以就下列事项约定:
1. 该商品房所在楼宇的屋面使用权＿＿＿＿＿＿＿＿＿＿＿＿＿＿＿;
2. 该商品房所在楼宇的外墙面使用权＿＿＿＿＿＿＿＿＿＿＿＿＿;
3. 该商品房所在楼宇的命名权＿＿＿＿＿＿＿＿＿＿＿＿＿＿＿＿;
4. 该商品房所在小区的命名权＿＿＿＿＿＿＿＿＿＿＿＿＿＿＿＿;
5. ＿＿＿＿＿＿＿＿＿＿＿＿＿＿＿＿＿＿＿＿＿＿＿＿＿＿＿＿＿＿;
6. ＿＿＿＿＿＿＿＿＿＿＿＿＿＿＿＿＿＿＿＿＿＿＿＿＿＿＿＿＿＿。

第十八条 买受人的房屋仅作＿＿＿＿＿使用,买受人使用期间不得擅自改变该商品房的建筑主体结构、承重结构和用途。除本合同及其附件另有规定者外,买受人在使用期间有权与其他权利人共同享用与该商品房有关联的公共部位和设施,并按占地和公共部位与公用房屋分摊面积承担义务。

出卖人不得擅自改变与该商品房有关联的公共部位和设施的使用性质。
＿＿＿＿＿＿＿＿＿＿＿＿＿＿＿＿＿＿＿＿＿＿＿＿＿＿＿＿＿＿＿＿。

第十九条 本合同在履行过程中发生的争议,由双方当事人协商解决;协商不成的,按下述第＿＿＿＿＿种方式解决:
1. 提交＿＿＿＿＿仲裁委员会仲裁。
2. 依法向人民法院起诉。

第二十条 本合同未尽事项,可由双方约定后签订补充协议(附件四)。

第二十一条 合同附件与本合同具有同等法律效力。本合同及其附件内,空格部分填写的文字与印刷文字具有同等效力。

第二十二条 本合同连同附件共＿＿＿＿＿页,一式＿＿＿＿＿份,具有同等法律效力,合同持有情况如下:

出卖人＿＿＿＿＿份,买受人＿＿＿＿＿份,＿＿＿＿＿份,＿＿＿＿＿份。

第二十三条 本合同自双方签订之日起生效。

第二十四条 商品房预售的,自本合同生效之日起 30 天内,由出卖人向＿＿＿＿＿申请登记备案。

出卖人(签章):	买受人(签章):
【法定代表人】:	【法定代表人】:
【委托代理人】:	【委托代理人】:
(签章)	【　　　　】:
	(签章)
＿＿年＿＿月＿＿日	＿＿年＿＿月＿＿日
签　于	签　于

附件一：房屋平面图

附件二：公共部位与公用房屋分摊建筑面积构成说明

附件三：装饰、设备标准

1. 外墙：
2. 内墙：
3. 顶棚：
4. 地面：
5. 门窗：
6. 厨房：
7. 卫生间：
8. 阳台：
9. 电梯：
10. 其他：

附件四：合同补充协议

附录二　北京市商品房预售合同示范文本

说　明

1. 本合同文本为示范文本，由北京市建设委员会和北京市工商行政管理局共同制订。

2. 签订前，出卖人应当向买受人出示商品房预售许可证及其他有关证书和证明文件。

3. 当事人应当按照自愿、公平及诚实信用的原则订立合同，任何一方不得将自己的意志强加给另一方。双方当事人可以对文本条款的内容进行修改、增补或删减。合同生效后，未被修改的文本打印文字视为双方当事人同意内容。

4. 签订商品房预售合同前，买受人应当仔细阅读合同条款，应当特别仔细审阅其中具有选择性、补充性、填充性、修改性的内容。

5. 为体现合同双方的自愿原则，本合同文本中相关条款后留有空白行，供双方自行约定或补充约定。出卖人与买受人可以针对合同中未约定或约定不详的内容，根据所售项目的具体情况签订公平合理的补充协议，也可以在相关条款后的空白行中进行补充约定。

6. 本合同文本【　　】中选择内容、空格部位填写及其他需要删除或添加的内容，双方当事人应当协商确定。【　　】中选择内容，以划√方式选定；对于实际情况未发生或双方当事人不作约定时，应当在空格部位打×，以示删除。

7. 双方当事人在履行合同中发生争议的，可以选择向不动产所在地人民法院起诉，也可以选择向仲裁委员会申请仲裁。如选择申请仲裁的，可以向北京仲裁委员会、中国国际经济贸易仲裁委员会、外地的仲裁委员会申请。

8. 双方当事人可以根据实际情况决定本合同原件的份数，并在签订合同时认真核对，以确保各份合同内容一致；在任何情况下，买受人都应当至少持有一份合同原件。

<h3 style="text-align:center">北京市商品房预售合同</h3>

出卖人：_____
通讯地址：_____
邮政编码：_____
营业执照注册号：_____
企业资质证书号：_____
法定代表人：_____**联系电话：**_____
委托代理人：_____**联系电话：**_____
委托销售代理机构：_____
通讯地址：_____
邮政编码：_____
营业执照注册号：_____
买受人：_____
【**法定代表人**】【**负责人**】：_____【**国籍**】：_____
【**身份证**】【**护照**】【**营业执照注册号**】【   】：_____
出生日期：____年____月____日，**性别：**_____
通讯地址：_____
邮政编码：_____**联系电话：**_____
【**法定代理人**】【**委托代理人**】：_____【**国籍**】：_____
【**身份证**】【**护照**】【   】：_____
出生日期：____年____月____日，**性别：**_____
通讯地址：_____
邮政编码：_____**联系电话：**_____

根据《中华人民共和国合同法》、《中华人民共和国城市房地产管理法》、《北京市城市房地产转让管理办法》及其他有关法律、法规的规定，出卖人和买受人在平等、自愿、公平、协商一致的基础上就商品房预售事宜达成如下协议：

第一条 项目建设依据

出卖人以【出让】【转让】【划拨】方式取得坐落于_____地块的国有土地使用权。该地块【国有土地使用证号】【城镇建设用地批准书号】为：_____，土地使用权面积为：_____，买受人购买的商品房（以下简称该商品房）所在土地用途为：_____，土地使用年限自_____年_____月_____日至_____年_____月_____日止。

出卖人经批准，在上述地块上建设的商品房【地名核准名称】【暂定名】为：_____，建设工程规划许可证号为：_____，建筑工程施工许可证号为：_____，建设工程施工合同约定的开工日期为：_____，建设工程施工合同约定的竣工日期为：_____。

第二条 预售依据

该商品房已由_____批准预售，预售许可证号为：_____。

第三条 基本情况

该商品房所在楼栋的主体建筑结构为：_____，建筑层数为：_____层，其中地上_____层，地下_____层。

该商品房为第一条规定项目中的第_____【幢】【座】_____【单元】【层】_____号，该房房号为【审定编号】【暂定编号】，最终以公安行政管理部门审核的房号为准，该商品房平面图及在整个楼栋中的位置图见附件一。

该商品房的用途为【普通住宅】【经济适用住房】【公寓】【别墅】【办公】【商业】【　　】：_____；【层高】【净高】为：_____米，【坡屋顶净高】最低为：_____米，最高为：_____米。该商品房朝向为：_____。有_____个阳台，其中_____个阳台为封闭式，_____个阳台为非封闭式。

出卖人委托预测该商品房面积的房产测绘机构是_____，其预测建筑面积共_____平方米，其中，套内建筑面积_____平方米，共用部位与共用房屋分摊建筑面积_____平方米。有关共用部位与共用房屋分摊建筑面积构成说明见附件二。

签订本合同时该商品房所在楼栋的建设工程进度状况为_____。（如：正负零、地下一层…地上五层、…结构封顶）

本条所称层高是指上下两层楼面或楼面与地面之间的垂直距离。净高是指楼面或地面至上部楼板底面或吊顶底面之间的垂直距离。

第四条 抵押情况

与该商品房有关的抵押情况为：_____。

1. 该商品房所分摊的土地使用权及在建工程均未设定抵押；

2. 该商品房所分摊的土地使用权已经设定抵押，抵押权人为：_____，抵押登记部门为：_____，抵押登记日期为：_____。

3. 该商品房在建工程已经设定抵押，抵押权人为：_____，抵押登记部门为：_____，抵押登记日期为：_____。（2和3可以同时选择）

_____。

抵押权人同意该商品房预售的证明及关于抵押的相关约定见附件三。

第五条　计价方式与价款

该商品房为住宅的，出卖人与买受人约定按照下列第1种方式计算该商品房价款。其中，该商品房为经济适用住房的，出卖人与买受人约定同时按照下列第1种方式和第2种方式分别计算该商品房价款。

该商品房为非住宅的，出卖人与买受人约定按照下列第_____种方式计算该商品房价款。

1. 按照套内建筑面积计算，该商品房单价每平方米_____元人民币，总金额_____仟_____佰_____拾_____万_____仟_____佰_____拾_____元人民币整（大写）。

2. 按照建筑面积计算，该商品房单价为每平方米_____元人民币，总金额_____仟_____佰_____拾_____万_____仟_____佰_____拾_____元人民币整（大写）。

3. 按照套（单元）计算，该商品房总价款为_____仟_____佰_____拾_____万_____仟_____佰_____拾_____元人民币整（大写）。

4. 其他约定。见附件四

本条所称建筑面积，是指房屋外墙（柱）勒脚以上各层的外围水平投影面积，包括阳台、挑廊、地下室、室外楼梯等，且具备有上盖，结构牢固，层高2.20米以上（含2.20米）的永久性建筑。

所称套内建筑面积，是指成套商品房（单元房）的套内使用面积、套内墙体面积和阳台建筑面积之和。

第六条　付款方式及期限

买受人采取下列第_____种方式付款。

1. 一次性付款。

2. 分期付款。

3. 贷款方式付款。买受人可以首期支付购房总价款的_____%，其余价款可以向_____银行或住房公积金管理机构借款支付。

4. 其他方式。

具体付款方式及期限的约定见附件五。

第七条 出卖人保证该商品房没有产权纠纷,因出卖人原因造成该商品房不能办理产权登记或发生债权债务纠纷的,由出卖人承担相应责任。

_____。

第八条 规划变更的约定

出卖人应当按照规划行政主管部门核发的建设工程规划许可证规定的条件建设商品房,不得擅自变更。

出卖人确需变更建设工程规划许可证规定条件的,应当书面征得受影响的买受人同意,并取得规划行政主管部门的批准。因规划变更给买受人的权益造成损失的,出卖人应当给予相应的补偿。

第九条 设计变更的约定

(一)经规划行政主管部门委托的设计审查单位批准,建筑工程施工图设计文件的下列设计变更影响到买受人所购商品房质量或使用功能的,出卖人应当在设计审查单位批准变更之日起 10 日内,书面通知买受人。

1. 该商品房结构形式、户型、空间尺寸、朝向;
2. 供热、采暖方式;
3. _____;
4. _____;
5. _____。

出卖人未在规定时限内通知买受人的,买受人有权退房。

(二)买受人应当在通知送达之日起 15 日内做出是否退房的书面答复。买受人逾期未予以书面答复的,视同接受变更。

(三)买受人退房的,出卖人应当自退房通知送达之日起_____日内退还买受人已付房款,并按照_____利率付给利息。买受人不退房的,应当与出卖人另行签订补充协议。

_____。

第十条 逾期付款责任

买受人未按照约定的时间付款的,按照下列第_____种方式处理:

1. 按照逾期时间,分别处理((1)和(2)不作累加)

(1)逾期在_____日之内,自约定的应付款期限届满之次日起至实际支付应付款之日止,买受人按日计算向出卖人支付逾期应付款万分之

_____的违约金,并于实际支付应付款之日起_____日内向出卖人支付违约金,合同继续履行。

(2) 逾期超过_____日(该日期应当与第(1)项中的日期相同)后,出卖人有权解除合同。出卖人解除合同的,买受人应当自解除合同通知送达之日起_____日内按照累计的逾期应付款的_____%向出卖人支付违约金,并由出卖人退还买受人全部已付款。买受人愿意继续履行合同的,经出卖人同意后,合同继续履行,自约定的应付款期限届满之次日起至实际支付应付款之日止,买受人按日计算向出卖人支付逾期应付款万分之_____(该比率应当不小于第(1)项中的比率)的违约金,并于实际支付应付款之日起_____日内向出卖人支付违约金。

本条所称逾期应付款是指依照第六条约定的到期应付款与该期实际已付款的差额;采取分期付款的,按照相应的分期应付款与该期的实际已付款的差额确定。

2._____。

第十一条 交付条件

(一) 出卖人应当在_____年_____月_____日前向买受人交付该商品房。

(二) 该商品房交付时应当符合下列第 1、2、_____、_____、_____、_____项所列条件;该商品房为住宅的,出卖人还应当提供《住宅质量保证书》和《住宅使用说明书》。

1. 该商品房已取得规划验收批准文件和建筑工程竣工验收备案表;
2. 有资质的房产测绘机构出具的该商品房面积实测技术报告书;
3. 出卖人已取得了该商品房所在楼栋的房屋权属证明;
4. 满足第十二条中出卖人承诺的市政基础设施达到的条件;
5. _____;
6. _____;
7. _____。

第十二条 市政基础设施和其他设施的承诺

出卖人承诺与该商品房正常使用直接相关的市政基础设施和其他设施按照约定的日期达到下列条件:

1. 市政基础设施:

(1) 上水、下水:_____年_____月_____日达到_____;

(2) 电:_____年_____月_____日达到_____;

(3) 供暖：_____年_____月_____日达到_____；
(4) 燃气：_____年_____月_____日达到_____；
(5) _____；
(6) _____。
如果在约定期限内未达到条件，双方同意按照下列方式处理：
(1) _____；
(2) _____。

2. **其他设施**
(1) 公共绿地：_____年_____月_____日达到_____；
(2) 公共道路：_____年_____月_____日达到_____；
(3) 公共停车场：_____年_____月_____日达到_____；
(4) 幼儿园：_____年_____月_____日达到_____；
(5) 学校：_____年_____月_____日达到_____；
(6) 会所：_____年_____月_____日达到_____；
(7) 购物中心：_____年_____月_____日达到_____；
(8) 体育设施：_____年_____月_____日达到_____；
(9) _____；
(10) _____。
如果在约定期限内未达到条件，双方同意按照下列方式处理：
(1) _____；
(2) _____。

第十三条　逾期交房责任

除不可抗力外，出卖人未按照第十一条约定的期限和条件将该商品房交付买受人的，按照下列第_____种方式处理：

1. 按照逾期时间，分别处理((1)和(2)不作累加)

(1) 逾期在_____日之内(该时限应当不小于第十条第(1)项中的时限)，自第十一条约定的交付期限届满之次日起至实际交付之日止，出卖人按日计算向买受人支付已交付房价款万分之_____的违约金(该违约金比率应当不小于第十条第(1)项中的比率)，并于该商品房实际交付之日起_____日内向买受人支付违约金，合同继续履行。

(2) 逾期超过_____日(该日期应当与第(1)项中的日期相同)后，买受人有权退房。买受人退房的，出卖人应当自退房通知送达之日起_____日内退还全部已付款，并按照买受人全部已付款的_____%向买受人支付违约金。买受人要求继续履行合同的,合同继续履行,自第十一条约定的交付期限届满之次日起至实际交付之日止,出卖人按日计算向买受人支付全部已付款万分之_____(该比率应当不小于第(1)项中的比率)的违约金,并于该商品房实际交付之日起_____日内向买受人支付违约金。

2._____。

第十四条　面积差异处理

该商品房交付时,出卖人应当向买受人公示其委托的有资质的房产测绘机构出具的商品房面积实测技术报告书,并向买受人提供该商品房的面积实测数据(以下简称实测面积)。实测面积与第三条载明的预测面积发生误差的,双方同意按照第_____种方式处理:

1. 根据第五条按照套内建筑面积计价的约定,双方同意按照下列原则处理:

(1) 套内建筑面积误差比绝对值在 3% 以内(含 3%)的,据实结算房价款;

(2) 套内建筑面积误差比绝对值超出 3% 时,买受人有权退房。

买受人退房的,出卖人应当自退房通知送达之日起 30 日内退还买受人已付房款,并按照_____利率付给利息。

买受人不退房的,实测套内建筑面积大于预测套内建筑面积时,套内建筑面积误差比在 3% 以内(含 3%)部分的房价款由买受人补足;超出 3% 部分的房价款由出卖人承担,产权归买受人所有。实测套内建筑面积小于预测套内建筑面积时,套内建筑面积误差比绝对值在 3% 以内(含 3%)部分的房价款由出卖人返还买受人;绝对值超出 3% 部分的房价款由出卖人双倍返还买受人。

$$套内建筑面积误差比 = \frac{实测套内建筑面积 - 预测套内建筑面积}{预测套内建筑面积} \times 100\%$$

2. 根据第五条按照建筑面积计价的约定,双方同意按照下列原则处理:

(1) 建筑面积、套内建筑面积误差比绝对值均在 3% 以内(含 3%)的,根据实测建筑面积结算房价款;

(2) 建筑面积、套内建筑面积误差比绝对值其中有一项超出 3% 时,买受人有权退房。

买受人退房的,出卖人应当自退房通知送达之日起 30 日内退还买受人已付房款,并按照_____利率付给利息。

买受人不退房的，实测建筑面积大于预测建筑面积时，建筑面积误差比在3%以内(含3%)部分的房价款由买受人补足；超出3%部分的房价款由出卖人承担，产权归买受人所有。实测建筑面积小于合同约定建筑面积时，建筑面积误差比绝对值在3%以内(含3%)部分的房价款由出卖人返还买受人；绝对值超出3%部分的房价款由出卖人双倍返还买受人。

$$建筑面积误差比 = \frac{实测建筑面积 - 预测建筑面积}{预测建筑面积} \times 100\%$$

3. 双方自行约定：

_____

_____。

第十五条　交接手续

(一) 该商品房达到第十一条约定的交付条件后，出卖人应当在交付日的7日前，书面通知买受人办理交接手续的时间、地点以及应当携带的证件。双方进行验收交接时，出卖人应当出示第十一条约定的证明文件，并满足第十一条约定的其他条件。出卖人不出示证明文件或者出示的证明文件不齐全，或未满足第十一条约定其他条件的，买受人有权拒绝接收，由此产生的逾期交房责任由出卖人承担，并按照第十三条处理。

(二) 验收交接后，双方应当签署商品房交接单。由于买受人原因未能按期办理交接手续的，双方同意按照下列约定方式处理：

_____；

_____。

(三) 双方同意按照下列第_____种方式缴纳税费：

1. 出卖人不得将买受人交纳税费作为交接该商品房的条件。

_____。

2. 买受人同意委托出卖人代交下列第_____、_____、_____、_____、_____、_____种税费，并在接收该商品房的同时将上述税费交给出卖人。

(1) 专项维修资金(公共维修基金)；

(2) 契税；

(3) 第二十二条约定的物业服务费用；

(4) 供暖费；

(5) _____；

(6) _____。

3. 买受人自行向相关单位缴纳下列第_____、_____、_____、_____、_____、_____种税费,并在接收该商品房的同时向出卖人出示缴纳税费的凭据。

(1) 专项维修资金(公共维修基金);

(2) 契税;

(3) 第二十二条约定的物业服务费用;

(4) 供暖费;

(5) _____;

(6) _____。

第十六条 商品房质量、装饰、设备标准的约定

(一) 出卖人承诺该商品房使用合格的建筑材料、构配件,该商品房质量符合国家和本市颁布的工程质量规范、标准和施工图设计文件的要求。

(二) 出卖人和买受人约定如下:

1. 该商品房地基基础和主体结构质量经检测不合格的,买受人有权退房。买受人退房的,出卖人应当自退房通知送达之日起_____日内退还全部已付款,并按照_____利率付给利息,给买受人造成损失的由出卖人承担赔偿责任。因此而发生的检测费用由出卖人承担。

买受人要求继续履行合同的,应当与出卖人另行签订补充协议。

_____。

2. 该商品房室内空气质量经检测不符合国家标准的,自该商品房交付之日起_____日内(该时限应当不低于60日),买受人有权退房。买受人退房的,出卖人应当自退房通知送达之日起_____日内退还买受人全部已付款,并按照_____利率付给利息,给买受人造成损失的由出卖人承担赔偿责任。因此而发生的检测费用由出卖人承担。

买受人不退房的或该商品房交付使用已超过_____日的,应当与出卖人另行签订补充协议。

_____。

3. 交付该商品房时,该商品房已经由建设、勘察、设计、施工、工程监理等单位验收合格,出卖人应当与买受人共同查验收房,发现有其他问题的,双方同意按照第_____种方式处理:

(1) 出卖人应当于_____日内将已修复的该商品房交付。由此产生的逾期交房责任由出卖人承担,并按照第十三条处理。

_____。

（2）由出卖人按照国家和本市有关工程质量的规范和标准在商品房交付之日起_____日内负责修复，并承担修复费用，给买受人造成的损失由出卖人承担赔偿责任。

（3）_____。

4. 出卖人交付的商品房的装饰、设备标准应当符合双方约定的标准。达不到约定标准的，买受人有权要求出卖人按照下列第_____种方式处理：

（1）出卖人赔偿双倍的装饰、设备差价。

（2）_____；

（3）_____。

具体装饰和设备标准的约定见附件六。

（三）出卖人和买受人对工程质量问题发生争议的，任何一方均可以委托有资质的建设工程质量检测机构检测，双方均有协助并配合对方检测的义务。

第十七条　住宅保修责任

（一）该商品房为住宅的，出卖人自该商品房交付之日起，按照《住宅质量保证书》承诺的内容承担相应的保修责任。

该商品房为非住宅的，双方应当签订补充协议，详细约定保修范围、保修期限和保修责任等内容。

（二）在该商品房保修范围和保修期限内发生质量问题，双方有退房约定的，按照约定处理；没有退房约定的，出卖人应当履行保修义务，买受人应当配合保修。非出卖人原因造成的损坏，出卖人不承担责任。

第十八条　住宅节能措施

该商品房为住宅的，应当符合国家有关建筑节能的规定和北京市规划委员会、北京市建设委员会发布的《居民建筑节能设计标准》（DBJ 01—602—2004）的要求。未达到标准的，出卖人应当按照《居民建筑节能设计标准》的要求补做节能措施，并承担全部费用；因此给买受人造成损失的，出卖人应当承担赔偿责任。

第十九条　使用承诺

买受人使用该商品房期间，不得擅自改变该商品房的建筑主体结构、承重结构和用途。除本合同、补充协议及其附件另有约定者外，买受人在使用该商品房期间有权与其他权利人共同使用与该商品房有关的共用部位和设施，并按照共用部位与共用房屋分摊面积承担义务。

出卖人不得擅自改变与该商品房有关的共用部位和设施的使用性质。

第二十条　产权登记

（一）初始登记

出卖人应当在_____年_____月_____日前，取得该商品房所在楼栋的权属证明。如因出卖人的责任未能在本款约定期限内取得该商品房所在楼栋的权属证明的，双方同意按照下列第_____种方式处理：

1. 买受人有权退房。买受人退房的，出卖人应当自退房通知送达之日起_____日内退还全部已付款，并按照买受人全部已付款的_____%向买受人支付违约金。买受人不退房的，合同继续履行，自出卖人应当取得该商品房所在楼栋的权属证明期限届满之次日起至实际取得权属证明之日止，出卖人应当按日计算向买受人支付全部已付款万分之_____的违约金，并于出卖人实际取得权属证明之日起_____日内向买受人支付。

2. _____。

（二）转移登记

1. 商品房交付使用后，双方同意按照下列第_____种方式处理：

（1）双方共同向权属登记机关申请办理房屋权属转移登记。

（2）买受人同意委托_____向权属登记机关申请办理房屋权属转移登记，委托费用_____元人民币（大写）。

2. 如因出卖人的责任，买受人未能在商品房交付之日起_____日内取得房屋所有权证书的，双方同意按照下列第_____种方式处理：

（1）买受人有权退房。买受人退房的，出卖人应当自退房通知送达之日起_____日内退还买受人全部已付款，并按照_____利率付给利息。买受人不退房的，自买受人应当取得房屋所有权证书的期限届满之次日起至实际取得房屋所有权证书之日止，出卖人按日计算向买受人支付全部已付款万分之_____的违约金，并于买受人实际取得房屋所有权证书之日起_____日内由出卖人支付。

（2）_____。

第二十一条　共有权益的约定

1. 该商品房所在楼栋的屋面使用权归全体产权人共有；

2. 该商品房所在楼栋的外墙面使用权归全体产权人共有；

3. _____；

4. _____。

第二十二条 前期物业服务

（一）出卖人依法选聘的物业管理企业为：_____，资质证号为：_____。

（二）前期物业管理期间，物业服务收费价格为_____/月．平方米（建筑面积），由物业管理企业按照【年】【半年】【季】收取。价格构成包括物业区域内保洁费、公共秩序维护费、共用部位共用设施设备日常维护费、绿化养护费、综合管理费、_____、_____、_____。

地上停车费_____、地下停车费_____。

（三）出卖人负责监督物业管理企业按照前期物业服务合同的约定提供物业服务。

（四）物业服务的内容和业主临时公约的内容见附件七。买受人已详细阅读附件七有关物业服务的全部内容和业主临时公约，同意由出卖人依法选聘的物业管理企业提供前期物业服务，遵守业主临时公约。

第二十三条 专项维修资金

买受人委托出卖人代交专项维修资金（公共维修基金）的，出卖人应当自受托之日起_____日内，向买受人提交专项维修资金（公共维修基金）缴纳凭证。

买受人自行缴纳专项维修资金（公共维修基金）的，应当在商品房交付【时】【之日起_____日内】，向物业管理企业提交专项维修资金（公共维修基金）缴纳凭证。

第二十四条 不可抗力

因不可抗力不能按照约定履行本合同的，根据不可抗力的影响，部分或全部免除责任，但因不可抗力不能按照约定履行合同的一方当事人应当及时告知另一方当事人。

第二十五条 争议解决方式

本合同在履行过程中发生的争议，由双方当事人协商解决或申请调解解决；协商或调解不成的，按照下列第_____种方式解决：

1. 提交_____仲裁委员会仲裁。
2. 依法向人民法院起诉。

第二十六条 本合同自双方签字（盖章）之日起生效，未尽事项，双方可以另行签订补充协议。对本合同的变更或解除，应当采用书面形式。本合同附件及补充协议与本合同具有同等法律效力。

第二十七条 本合同及附件共_____页，一式_____份，具有同等法律效力,其中出卖人_____份,买受人_____份,_____份,_____份。

第二十八条 自本合同生效之日起 30 日内,由出卖人向_____申请办理该商品房预售合同登记备案手续。出卖人自本合同生效之日起 30 日内未申请预售登记的,买受人可以申请预售登记。预售的商品房已抵押的,预售登记应当由出卖人和买受人双方共同申请。

出卖人(签章):　　　　　　　买受人(签章):
【法定代表人】:　　　　　　　【法定代表人】:
【委托代理人】(签章):　　　　【负责人】:
【委托销售代理机构】(签章):　【委托代理人】(签章):
签订时间:___年___月___日　　签订时间:___年___月___日
签订地点:　　　　　　　　　　签订地点:

附件一:房屋平面图及在整个楼栋中的位置图
附件二:共用部位与共用房屋分摊建筑面积构成说明
附件三:该商品房取得抵押权人同意销售的证明及抵押当事人的相关约定
附件四:计价方式与房款的其他约定
附件五:付款方式及期限的约定
附件六:装饰和设备标准的约定

1. 采暖系统:
(1) 集中采暖:【散热器】【地板采暖】【　　】_____;
(2) 分户采暖:【燃气炉】【电采暖】【　　】_____;
(3) 采暖设备品牌:_____。

2. 保温材料:
(1) 外墙保温:【挤压聚苯板】【发泡聚苯板】【发泡聚氨酯】【　　】_____。
(2) 内墙保温:【石膏聚苯板】【　　】_____。

3. 外墙:【瓷砖】【涂料】【玻璃幕墙】【　　】_____。
4. 内墙:【涂料】【壁纸】【　　】_____。
5. 顶棚:【石膏板吊顶】【涂料】【　　】_____。
6. 室内地面:【大理石】【花岗石】【水泥抹面】【实木地板】【　　】_____。

7. 门窗:
(1) 外窗结构尺寸为:_____;

(2) 开启方式为：_____；
(3) 门窗型材：【双玻中空断桥铝合金窗】【塑钢双玻璃】
【   】_____。
8. 厨房：
(1) 地面：【水泥抹面】【瓷砖】【   】_____；
(2) 墙面：【耐水腻子】【瓷砖】【   】_____；
(3) 顶棚：【水泥抹面】【石膏吊顶】【   】_____；
(4) 厨具_____。
9. 卫生间：
(1) 地面：【水泥抹面】【瓷砖】【   】_____；
(2) 墙面：【耐水腻子】【涂料】【瓷砖】【   】_____；
(3) 顶棚：【水泥抹面】【石膏吊顶】【   】_____。
10. 阳台：【塑钢封闭】【铝合金封闭】【断桥铝合金封闭】【不封闭】
【   】_____。
11. 电梯：
(1) 电梯品牌名称：_____；
(2) 电梯速度：_____米/秒；
(3) 电梯载重量：_____千克；
(4) _____。
12. 其他
_____；
_____。

附件七：物业服务
(本附件内容与出卖人和物业管理企业签订的前期物业服务合同一致)
一、物业服务内容
二、物业服务质量
三、物业收费项目及价格
四、业主临时公约
五、其他约定

附录三　北京市商品房现房买卖合同示范文本

说　明

1. 本合同文本为示范文本，由北京市建设委员会和北京市工商行政管理局共同制定,适用于商品房现房买卖。商品房现房是指由建设单位建设,已完成房屋所有权初始登记,取得国有土地使用证和房屋所有权证,尚未进行销售的商品房(含经济适用住房)。

2. 签订本合同前,出卖人应当向买受人出示国有土地使用证和房屋所有权证及其他有关证书和证明文件。

3. 当事人应当按照自愿、公平及诚实信用的原则订立合同,任何一方不得将自己的意志强加给另一方。为体现双方自愿的原则,本合同文本相关条款后留有空白行,供双方自行约定或补充约定。合同生效后,未被修改的文本打印文字视为双方当事人同意内容。

4. 签订本合同前,买受人应当仔细阅读合同条款,特别是其中具有选择性、补充性、填充性、修改性的内容。

5. 本合同文本【   】中选择内容、空格部位填写及其他需要删除或添加的内容,双方当事人应当协商确定。【   】中选择内容,以划√方式选定;对于实际情况未发生或双方当事人不作约定时,应当在空格部位打×,以示删除。

6. 双方当事人在履行合同中发生争议的,可以选择向不动产所在地人民法院起诉,也可以选择向仲裁委员会申请仲裁。如选择申请仲裁的,可以向北京仲裁委员会、中国国际经济贸易仲裁委员会、外地的仲裁委员会申请。

7. 双方当事人可以根据实际情况决定本合同原件的份数,并在签订合同时认真核对,以确保各份合同内容一致;在任何情况下,买受人都应当至少持有一份合同原件。

北京市商品房现房买卖合同

出卖人:_____
通讯地址:_____
邮政编码:_____
营业执照注册号:_____
企业资质证书号:_____
法定代表人:_____联系电话:_____
委托代理人:_____联系电话:_____
委托销售代理机构:_____
通讯地址:_____
邮政编码:_____

附　　录

营业执照注册号：_____
买受人：_____
【法定代表人】【负责人】：_____国籍：_____
【身份证】【护照】【营业执照注册号】【　　】：_____
出生日期：_____年_____月_____日，性别：_____
通讯地址：_____
邮政编码：_____联系电话：_____
【法定代理人】【委托代理人】：_____国籍：_____
【身份证】【护照】【　　】：_____
出生日期：_____年_____月_____日，性别：_____
通讯地址：_____
邮政编码：_____联系电话：_____

根据《中华人民共和国合同法》、《中华人民共和国城市房地产管理法》、《北京市城市房地产转让管理办法》及其他有关法律、法规的规定，出卖人和买受人在平等、自愿、公平、协商一致的基础上就商品房现房买卖事宜达成如下协议：

第一条　项目建设依据

出卖人以**【出让】【转让】【划拨】**方式取得坐落（国有土地使用证的坐落）于_____地块的国有土地使用权。该地块**【国有土地使用证号】**为：_____，土地使用权面积为：_____，买受人购买的商品房（以下简称该商品房）所在土地用途为：_____，土地使用年限自_____年_____月_____日至_____年_____月_____日止。

在上述地块上建设的商品房**【地名核准名称】【推广名】**为：_____，该商品房建设工程规划许可证号为：_____，现已通过规划验收并完成了竣工验收。

第二条　销售依据买受人购买的商品房现已取得房屋所有权证，证号为：_____，填发单位为：_____。

第三条　基本情况经公安行政管理部门核准，该商品房地址为：_____。该商品房为第一条规定项目中的_____**【幢】【座】**第_____层_____单元_____号。

该商品房所在楼栋的主体建筑结构为：_____，建筑层数为：_____层，其中地上_____层，地下_____层。

该商品房的用途为**【住宅】【经济适用住房】【公寓】【别墅】【办公**

【商业】【　　】：_____；【层高】【净高】为：_____米，【坡屋顶净高】最低为：_____米，最高为：_____米。该商品房朝向为：_____；有_____个阳台，其中_____个阳台为封闭式，_____个阳台为非封闭式。

出卖人委托实测该商品房面积的房产测绘机构是_____，其实测建筑面积共_____平方米，其中，套内建筑面积_____平方米，共用部位与共用房屋分摊建筑面积_____平方米。

该商品房平面图及在整个楼栋中的位置图见附件一，有关共用部位与共用房屋分摊建筑面积构成说明见附件二。

本条所称层高是指上下两层楼面或楼面与地面之间的垂直距离，净高是指楼面或地面至上部楼板底面或吊顶底面之间的垂直距离。

第四条　抵押情况

该商品房的抵押情况为：_____。

1. 该商品房未设定抵押。

2. 该商品房已设定抵押，抵押权人为：_____，抵押登记部门为：_____，抵押登记日期为：_____。

关于抵押的相关约定见附件三。

第五条　租赁情况

该商品房的租赁情况为：_____。

1. 出卖人未将该商品房出租。

2. 出卖人已将该商品房出租，【买受人为该商品房承租人】【承租人已放弃优先购买权】。

_____。

第六条　计价方式与价款

出卖人与买受人约定按照下列第_____种方式计算该商品房价款。

1. 按照套内建筑面积计算，该商品房单价每平方米_____（币）_____元，总价款_____（币）_____佰_____拾_____亿_____仟_____佰_____拾_____万_____仟_____佰_____拾_____元整（大写）。

2. 按照建筑面积计算，该商品房单价为每平方米_____（币）_____元，总价款_____（币）_____佰_____拾_____亿_____仟_____佰_____拾_____万_____仟_____佰_____拾_____元整（大写）。

3. 按照套（单元）计算，该商品房总价款为_____（币）_____佰_____拾_____亿_____仟_____佰_____拾_____万_____仟_____佰_____拾_____元整（大写）。

4. 按照_____计算，该商品房总价款为_____（币）_____佰_____拾_____亿_____仟_____佰_____拾_____万_____仟_____佰_____拾_____元整（大写）。

具体约定见附件四。

本条所称建筑面积，是指房屋外墙（柱）勒脚以上各层的外围水平投影面积，包括阳台、挑廊、地下室、室外楼梯等，且具备有上盖，结构牢固，层高2.20米以上（含2.20米）的永久性建筑。

所称套内建筑面积，是指成套商品房（单元房）的套内使用面积、套内墙体面积和阳台建筑面积之和。

第七条 付款方式及期限

买受人采取下列第_____种方式付款。

1. 一次性付款。

2. 分期付款。

3. 贷款方式付款。买受人可以首期支付购房总价款的_____%，其余价款可以向_____银行或住房公积金管理机构借款支付。

4. 其他方式。

具体付款方式及期限的约定见附件五。

第八条 逾期付款责任

买受人未按照约定的时间付款的，按照下列第_____种方式处理。

1. 按照逾期时间，分别处理。（（1）和（2）不作累加）

（1）逾期在_____日之内，自约定的应付款期限届满之次日起至实际支付应付款之日止，买受人按日计算向出卖人支付逾期应付款万分之_____的违约金，并于实际支付应付款之日起_____日内向出卖人支付违约金，合同继续履行；

（2）逾期超过_____日（该日期应当与第（1）项中的日期相同）后，出卖人有权解除合同。出卖人解除合同的，买受人应当自解除合同通知送达之日起_____日内按照累计的逾期应付款的_____%向出卖人支付违约金，并由出卖人退还买受人全部已付款。买受人愿意继续履行合同的，经出卖人同意后，合同继续履行，自约定的应付款期限届满之次日起至实际支付应付款之日止，买受人按日计算向出卖人支付逾期应付款万分之_____（该比率应当不小于第（1）项中的比率）的违约金，并于实际支付应付款之日起_____日内向出卖人支付违约金。

本条所称逾期应付款是指依照第七条约定的到期应付款与该期实际已

付款的差额；采取分期付款的，按照相应的分期应付款与该期的实际已付款的差额确定。

2._____。

第九条 交付条件

（一）出卖人应当在_____年_____月_____日前向买受人交付该商品房。

（二）该商品房交付时应当符合下列第1、2、_____、_____、_____项所列条件。

1. 提供有资质的房产测绘机构完成的该商品房面积实测技术报告书。

2. 该商品房为住宅的，出卖人提供《住宅质量保证书》和《住宅使用说明书》。

3. 满足第十二条中出卖人承诺的市政基础设施和其他设施达到的条件。

4. 该商品房为住宅的，出卖人提供《住宅工程质量分户验收表》。

5._____。

第十条 逾期交房责任

除不可抗力外，出卖人未按照第九条约定的期限和条件将该商品房交付买受人的，按照下列第_____种方式处理。

1. 按照逾期时间，分别处理。（(1)和(2)不作累加）

（1）逾期在_____日之内（该时限应当不小于第八条第1款第(1)项中的时限），自第九条约定的交付期限届满之次日起至实际交付之日止，出卖人按日计算向买受人支付已交付房价款万分之_____的违约金（该违约金比率应当不小于第八条第1款第(1)项中的比率），并于该商品房实际交付之日起_____日内向买受人支付违约金，合同继续履行；

（2）逾期超过_____日（该日期应当与第(1)项中的日期相同）后，买受人有权退房。买受人退房的，出卖人应当自退房通知送达之日起_____日内退还全部已付款，并按照买受人全部已付款的_____％向买受人支付违约金。买受人要求继续履行合同的，合同继续履行，自第九条约定的交付期限届满之次日起至实际交付之日止，出卖人按日计算向买受人支付全部已付款万分之_____（该比率应当不小于第(1)项中的比率）的违约金，并于该商品房实际交付之日起_____日内向买受人支付违约金。

2._____。

第十一条 交接手续

（一）该商品房达到第九条约定的交付条件后，出卖人应当在交付日的7日前，书面通知买受人办理交接手续的时间、地点以及应当携带的证件。双方进行验收交接时，出卖人应当出示第九条约定的证明文件，并满足第九条约定的其他条件。出卖人不出示证明文件或出示的证明文件不齐全，或未满足第九条约定其他条件的，买受人有权拒绝接收，由此产生的逾期交房责任由出卖人承担，并按照第十条处理。

（二）验收交接后，双方应当签署商品房交接单。由于买受人原因未能按期办理交接手续的，双方同意按照下列约定方式处理：

_____；

_____。

（三）双方同意按照下列第_____种方式缴纳税费。

1. 出卖人不得将买受人交纳税费作为交接该商品房的条件。

_____。

2. 买受人同意委托出卖人代交下列第_____、_____、_____、_____、_____、_____种税费，并在接收该商品房的同时将上述税费交给出卖人。

（1）专项维修资金；

（2）契税；

（3）第二十条约定的物业服务费用；

（4）供暖费；

（5）_____；

（6）_____。

3. 买受人自行向相关单位缴纳下列第_____、_____、_____、_____、_____、_____种税费，并在接收该商品房的同时向出卖人出示缴纳税费的凭据。

（1）专项维修资金；

（2）契税；

（3）第二十条约定的物业服务费用；

（4）供暖费；

（5）_____；

（6）_____。

第十二条　市政基础设施和其他设施的承诺

出卖人承诺与该商品房正常使用直接相关的市政基础设施和其他设施

按照约定的日期达到下列条件：

1. **市政基础设施**
(1) 上水、下水：_____年_____月_____日达到_____；
(2) 电：_____年_____月_____日达到_____；
(3) 供暖：_____年_____月_____日达到_____；
(4) 燃气：_____年_____月_____日达到_____；
(5) _____；
(6) _____。

如果在约定期限内未达到条件，双方同意按照下列方式处理：
(1) _____；
(2) _____。

2. **其他设施**
(1) 公共绿地：_____年_____月_____日达到_____；
(2) 公共道路：_____年_____月_____日达到_____；
(3) 公共停车场：_____年_____月_____日达到_____；
(4) 幼儿园：_____年_____月_____日达到_____；
(5) 学校：_____年_____月_____日达到_____；
(6) 会所：_____年_____月_____日达到_____；
(7) 购物中心：_____年_____月_____日达到_____；
(8) 体育设施：_____年_____月_____日达到_____；
(9) _____；
(10) _____。

如果在约定期限内未达到条件，双方同意按照下列方式处理：
(1) _____；
(2) _____。

第十三条 商品房质量、装饰、设备标准的约定

（一）出卖人承诺该商品房使用合格的建筑材料、构配件，该商品房质量符合国家和本市颁布的工程质量规范、标准和施工图设计文件的要求。

（二）出卖人和买受人约定如下：

1. 该商品房室内空气质量经检测不符合国家标准的，自该商品房交付之日起_____日内（该时限应当不低于 60 日），买受人有权退房。买受人退房的，出卖人应当自退房通知送达之日起_____日内退还买受人全部已付款，并按照_____利率付给利息，给买受人造成损失的由出卖人承担赔偿责任。因此而发生的检测费用由出卖人承担。

买受人不退房的或该商品房交付使用已超过_____日的,买受人应当与出卖人另行签订补充协议。
_____。

2. 交付该商品房时,该商品房已经由建设、勘察、设计、施工、工程监理等单位验收合格,出卖人应当与买受人共同查验收房,发现有其他问题的,双方同意按照第_____种方式处理。

(1) 出卖人应当于_____日内将已修复的该商品房交付。由此产生的逾期交房责任由出卖人承担,并按照第十条处理。

(2) 由出卖人按照国家和本市有关工程质量的规范和标准在商品房交付之日起_____日内负责修复,并承担修复费用,给买受人造成的损失由出卖人承担赔偿责任。

(3) _____。

3. 出卖人交付的商品房的装饰、设备标准应当符合双方约定的标准。达不到约定标准的,买受人有权要求出卖人按照下列第_____种方式处理。

(1) 出卖人赔偿双倍的装饰、设备差价。

(2) _____。

(3) _____。

具体装饰和设备标准的约定见附件六。

(三) 出卖人和买受人对工程质量问题发生争议的,任何一方均可以委托有资质的建设工程质量检测机构检测,双方均有协助并配合对方检测的义务。
_____。

第十四条 住宅节能措施

该商品房为住宅的,应当符合国家有关建筑节能的规定和北京市规划委员会、北京市建设委员会发布的《居民建筑节能设计标准》(DBJ 01—602—2004)的要求。未达到标准的,出卖人应当按照《居民建筑节能设计标准》的要求补做节能措施,并承担全部费用;因此给买受人造成损失的,出卖人应当承担赔偿责任。

第十五条 住宅保修责任

(一) 该商品房为住宅的,出卖人自该商品房交付之日起,按照《住宅质量保证书》承诺的内容承担相应的保修责任。

该商品房为非住宅的,双方应当签订补充协议,详细约定保修范围、保修期限和保修责任等内容。

(二)在该商品房保修范围和保修期限内发生质量问题,双方有退房约定的,按照约定处理;没有退房约定的,出卖人应当履行保修义务,买受人应当配合保修。非出卖人原因造成的损坏,出卖人不承担责任。

第十六条 使用承诺

买受人使用该商品房期间,不得擅自改变该商品房的建筑主体结构、承重结构和用途。除本合同、补充协议及其附件另有约定外,买受人在使用该商品房期间有权与其他权利人共同使用与该商品房有关的共用部位和设施,并按照共用部位与共用房屋分摊面积承担义务。

出卖人不得擅自改变与该商品房有关的共用部位和共用设施设备的用途。

_____。

第十七条 权属转移登记

(一)出卖人保证该商品房没有产权纠纷,因出卖人原因造成该商品房不能办理产权登记或发生债权债务纠纷的,由出卖人承担相应责任。

_____。

(二)商品房交付使用后,双方同意按照下列第_____种方式处理。

1. 双方共同向权属登记机关申请办理房屋权属转移登记。

2. 买受人自行委托他人向权属登记机关申请办理房屋权属转移登记。

3. 买受人同意委托_____向权属登记机关申请办理房屋权属转移登记,委托费用_____元人民币(大写)。

(三)买受人未能在商品房交付之日起_____日内取得房屋所有权证书的,双方同意按照下列方式处理。

1. 如因出卖人的责任,买受人有权退房。买受人退房的,出卖人应当自退房通知送达之日起_____日内退还买受人全部已付款,并按照_____利率付给利息。买受人不退房的,自买受人应当取得房屋所有权证书的期限届满之次日起至实际取得房屋所有权证书之日止,出卖人按日计算向买受人支付全部已付款万分之_____的违约金,并于买受人实际取得房屋所有权证书之日起_____日内向买受人支付。

2. 如因买受人的责任,_____。

3. _____。

第十八条 共有权益的约定

1. 该商品房所在楼栋的屋面使用权归全体产权人共有。
2. 该商品房所在楼栋的外墙面使用权归全体产权人共有。
3. _____。
4. _____。

第十九条　附属建筑物、构筑物的约定

双方同意该商品房的地下停车库等附属建筑物、构筑物按照以下第_____种方式处理。

1. 出卖人出卖该商品房时，该商品房附属的_____、_____、_____、_____随同该商品房一并转让。

2. 出卖人声明该商品房附属的_____、_____、_____不随同该商品房一并转让。

第二十条　前期物业服务（未成立业主委员会）

（一）出卖人依法选聘的物业管理企业为：_____，资质证号为：_____。

（二）前期物业管理期间，物业服务收费价格为_____/月·平方米（建筑面积）。价格构成包括物业区域内保洁费、公共秩序维护费、共用部位共用设施设备日常维护费、绿化养护费、综合管理费、_____、_____、_____。

地上停车管理费_____，地下停车管理费_____。

（三）物业管理企业按照第_____种方式收取物业服务费。

1. 按照年收取，买受人应当在每年的_____月_____日前缴费。

2. 按照半年收取，买受人应当分别在每年的_____月_____日前和_____月_____日前缴费。

3. 按照季收取，买受人应当分别在每年的_____月_____日前、_____月_____日前、_____月_____日前和_____月_____日前缴费。

（四）物业服务的内容和业主临时公约的内容见附件七。买受人已详细阅读附件七有关物业服务的全部内容和业主临时公约，同意由出卖人依法选聘的物业管理企业提供前期物业服务，遵守业主临时公约。

第二十一条　专项维修资金

买受人委托出卖人代交专项维修资金的，出卖人应当自买受人接收该商品房之日起_____日内，向买受人提交专项维修资金缴纳凭证。

买受人自行缴纳专项维修资金的，应当在商品房交付【时】【之日起_____日内】，向物业管理企业出示专项维修资金缴纳凭证。

第二十二条 不可抗力

因不可抗力不能按照约定履行本合同的,根据不可抗力的影响,部分或全部免除责任,但因不可抗力不能按照约定履行合同的一方当事人应当及时告知另一方当事人,并自不可抗力事件结束之日起_____日内向另一方当事人提供证明。

第二十三条 争议解决方式

本合同在履行过程中发生的争议,由双方当事人协商解决;协商不成的,按照下列第_____种方式解决。

1. 提交_____仲裁委员会仲裁。
2. 依法向人民法院起诉。

第二十四条 本合同自双方签字(盖章)之日起生效。双方可以根据具体情况对本合同中未约定、约定不明或不适用的内容签订书面补充协议进行变更或补充,但补充协议中含有不合理地减轻或免除本合同中约定应当由出卖人承担的责任或不合理地加重买受人责任、排除买受人主要权利内容的,仍以本合同为准。对本合同的解除,应当采用书面形式。本合同附件及补充协议与本合同具有同等法律效力。

第二十五条 本合同及附件共_____页,一式_____份,具有同等法律效力,其中出卖人_____份,买受人_____份,_____份,_____份。

出卖人(签章): 买受人(签章):

【法定代表人】: 【法定代表人】:

【委托代理人】(签章): 【负责人】:

【委托销售代理机构】(签章): 【委托代理人】(签章):

签订时间:___年___月___日 签订时间:___年___月___日

签订地点: 签订地点:

附件一:房屋平面图及在整个楼栋中的位置图(应标明方位)

附件二:共用部位与共用房屋分摊建筑面积构成说明

1. 被分摊的共用部位的名称、用途、所在位置、面积。
2. 参与分摊公用建筑面积的商品房名称、用途、所在位置、面积、分摊系数。
3. 分摊的共用部位。

附件三:关于抵押的相关约定

附件四:计价方式与价款的其他约定

附件五:付款方式及期限的约定

附件六:装饰和设备标准的约定

1. 采暖系统:
(1) 集中采暖:【散热器】【地板采暖】【　　】_____;
(2) 分户采暖:【燃气炉】【电采暖】【　　】_____;
(3) 采暖设备品牌:_____。

2. 保温材料:
(1) 外墙保温:【挤压聚苯板】 【发泡聚苯板】 【发泡聚氨酯】【　　】_____;
(2) 内墙保温:【石膏聚苯板】【　　】_____。

3. 外墙:【瓷砖】【涂料】【玻璃幕墙】【　　】_____。

4. 内墙:【涂料】【壁纸】【　　】_____;

5. 顶棚:【石膏板吊顶】【涂料】【　　】_____。

6. 室内地面:【大理石】 【花岗石】 【水泥抹面】 【实木地板】【　　】_____

7. 门窗:
(1) 外窗结构尺寸为:_____;
(2) 开启方式为:_____;
(3) 门窗型材:【双玻中空断桥铝合金窗】【塑钢双玻璃】【　　】_____。

8. 厨房:
(1) 地面:【水泥抹面】【瓷砖】【　　】_____;
(2) 墙面:【耐水腻子】【瓷砖】【　　】_____;
(3) 顶棚:【水泥抹面】【石膏吊顶】【　　】_____;
(4) 厨具:_____。

9. 卫生间:
(1) 地面:【水泥抹面】【瓷砖】【　　】_____;
(2) 墙面:【耐水腻子】【涂料】【瓷砖】【　　】_____;
(3) 顶棚:【水泥抹面】【石膏吊顶】【　　】_____

10. 阳台:【塑钢封闭】【铝合金封闭】【断桥铝合金封闭】【不封闭】【　　】_____。

11. 电梯:
(1) 电梯品牌名称:_____;
(2) 电梯速度:_____米/秒;
(3) 电梯载重量:_____千克;

(4) _____。

12. 其他

_____；

_____。

附件七：物业服务

（本附件内容与出卖人和物业管理企业签订的前期物业服务合同一致）

一、物业服务内容

二、物业服务质量

三、物业收费项目及价格

四、业主临时公约

五、其他约定

附录四　二手房买卖合同参考文本❶

卖方（以下简称甲方）：

买方（以下简称乙方）：

第一条

甲方自愿将其房屋出售给乙方，乙方也已充分了解该房屋具体状况，并自愿买受该房屋。该房屋具体状况如下：

（一）坐落于_____市_____区，建筑面积_____平方米；

（二）出售房屋的所有权证证号为_____，丘号为_____；

（三）房屋平面图及其四至范围见附件一；

该房屋占用范围内的土地使用权随该房屋一并转让。

该房屋的相关权益随该房屋一并转让。

第二条

甲方保证已如实陈述上述房屋权属状况和其他具体状况，保证该房屋不受他人合法追索。

第三条

乙方在_____前付给甲方定金（币种）（大写）_____元，（小写）_____元。

---

❶ 据2006年4月21日《北京日报》报道，北京市建委计划年内和市工商局联合出台二手房买卖合同示范文本。此文本仅为参考文本。参考：http://www.cmen.net/Soft/ShowSoft.asp?SoftID=4

上述定金：【　　】在乙方最后一次付款时充抵房款；【　　】在_____时由甲方退还乙方。

第四条

该房屋房价款为(币种)(大写)_____元,(小写)_____元。

房价款的支付方式和支付时间为：_____。

乙方未按规定支付房价款的,则按下列约定承担违约责任：

【　　】乙方逾期支付房价款的,每逾期一天,按应付到期房价款的万分之_____支付违约金。

【　　】乙方逾期支付房价款超过_____天,且所欠应付到期房价款超过_____元的,甲方有权解除本契约。甲方在解除契约后_____天内将已收房价款退还乙方,所收定金不予退还；并有权要求乙方支付占总房价款百分之_____的违约金。

【　　】_____。

第五条

甲、乙双方定于_____时正式交付该房屋；甲方应在正式交付房屋前腾空该房屋。

双方定于_____前向有关部门申请办理相关附属设施和相关权益的更名手续。

甲方应在_____前将其落户于该房屋的户籍关系迁出。

甲方未按规定履行以上义务的,则按下列约定承担违约责任：

【　　】甲方逾期交付房屋的,每逾期一天,按总房价款的万分之_____支付违约金。

【　　】甲方交付房屋的附属设施或装饰装修不符合约定的,按不符部分的【　　】约定价值【　　】评估价值【　　】市场价格承担赔偿责任。

【　　】甲方逾期交付房屋超过_____天的,乙方有权解除本契约。甲方应在乙方解除契约后_____天内将已收房价款和双倍定金返还乙方,并按总房价款的百分之_____付违约金。

【　　】_____。

第六条

甲、乙双方确认,虽然房屋所有权证未作记载,但依法对该房屋享有共有权的权利人均已书面同意将该房屋出售给乙方。

第七条

甲、乙双方同意,在本契约生效后_____日内,共同向房屋权属登记机关申请办理房屋所有权转移登记;并在乙方领取《房屋所有权证》后,按有关规定向土地管理部门申请办理该房屋土地使用权变更手续。

该房屋土地使用权的变更手续按下列约定办理:

【 】该房屋土地使用权为出让取得,其土地使用权证证载权利和相关出让合同的权利、义务一并转让给乙方。

【 】该房屋土地使用权为划拨取得,根据有关规定,其转让需交纳土地出让金或土地收益金;双方约定,该费用由【 】甲方承担【 】乙方承担。

【 】＿＿＿＿＿＿＿＿＿＿＿＿＿＿＿＿＿＿＿＿＿＿＿＿＿＿。

除本条第二款已有约定外,办理以上手续应当缴纳的税费,由【 】甲、乙双方按国家规定各自承担【 】甲方承担【 】乙方承担。

第八条

房屋权利转移时间:＿＿＿＿＿＿＿＿＿＿＿＿＿＿＿＿＿＿＿＿。

第九条

该房屋毁损、灭失的风险自【 】房屋正式交付之日【 】权利转移之日起转移给乙方。

第十条

该房屋正式交付时,物业管理、水、电、燃气、有线电视、通讯等相关杂费,按下列约定处理:

＿＿＿＿＿＿＿＿＿＿＿＿＿＿＿＿＿＿＿＿＿＿＿＿＿＿＿＿＿＿＿。

第十一条

本契约未尽事宜,甲、乙双方可另行订立补充条款或补充协议。补充条款或补充协议以及本契约的附件均为本契约不可分割的部分。

第十二条

本契约【 】自甲乙双方签订之日【 】自＿＿＿＿起生效。

第十三条

甲、乙双方在履行本契约中若发生争议,应协商解决。

协商不成的,【 】提交＿＿＿＿＿仲裁委员会仲裁【 】依法向人民法院起诉。

第十四条

本契约一式＿＿＿＿份。其中甲方留执＿＿＿＿份,乙方留执＿＿＿＿份,为申请房屋所有权转移登记提交房屋权属登记机关一份。

甲方(签章): 乙方(签章):

法定代表人：　　　　　　　　法定代表人：
身份证号码：　　　　　　　　身份证号码：
地址：　　　　　　　　　　　地址：
联系电话：　　　　　　　　　联系电话：
邮政编码：　　　　　　　　　邮政编码：
代理人：　　　　　　　　　　代理人：
联系电话：　　　　　　　　　联系电话：
___年___月___日　　　　　　___年___月___日

附件一：房屋平面图和四至范围。
附件二：租赁、抵押、相邻等关系及其处理办法。
附件三：室内附属设施和装修情况：
（一）附属设施：
1. 水
2. 电
3. 燃气
4. 有线电视
5. 通讯
6. 其他
（二）装修情况：
附件四：补充条款。

附录五　上海市家庭居室装饰装修施工合同示范文本

使 用 说 明

一、本合同文本是根据《中华人民共和国合同法》、《中华人民共和国消费者权益保护法》等有关法律法规规定制定的示范文本，供双方当事人参照约定采用，签订合同前请仔细阅读。

二、家庭居室装饰装修是居民较大的一笔一次性消费，涉及的标的额较大，专业性较强，合同履约期长。为更好地维护双方当事人的合法权益，双方签订合同时应慎重，力求内容具体、全面、严密，正确选择示范文本所提供的选择项条款。

三、签订合同前发包人（甲方）要验看承包人（乙方）的《企业法人营业执照》和企业资质证书。与分公司（分部）签订合同，除验看其《营业执照》及企业资质证书外，合同应加盖该分公司（分部）的上级公司（具有法人资格单位)的合同专用章。

四、家庭居室装饰装修工程禁止损坏房屋承重结构及共用管线和设施。

五、第一条第8款开、竣工日期必须明确,这关系到违约责任的认定。

六、根据装饰装修企业提供的管理服务水准不同,管理费可上下浮动,但一般不超过装修总价款的10%。

七、第二条"材料供应",无论是甲方供料或乙方包工包料都应提供材料清单,内容包括材料名称、品牌、规格、型号、等级、数量、单价、合价;属甲方提供材料的,还需在附件中写明送达时间、送达地点。

八、第五条第1款工程款付款方式原则上按工程进度分阶段付款,甲、乙双方如另有协商约定,可在合同中写明。

九、家庭居室装饰装修每个隐蔽工程结束都需进行验收,并须在验收单上签字认可。竣工总验收,甲、乙双方均须在验收单上签字,方能交付使用。如某项工程不合格,乙方应予整改,直到合格为止。

十、工程竣工,通过验收交付使用时,乙方应向甲方提供《工程保修单》,保修期从竣工验收合格之日算起,保修期限不低于两年。包工包料的工程对整个工程实行保修,部分包工包料的工程对相关部分实行保修,清包工的工程仅对施工质量实行保修。

十一、甲、乙双方经济来往均需开具收据。竣工验收付清尾款时,乙方必须开具税务统一发票。

十二、家庭居室装饰装修工程监理单位、质量检测单位可向上海建设交通网(http://www.shucm.sh.cn/)查询。

十三、本合同示范文本,由上海市工商行政管理局、上海市建设和交通委员会共同制定,任何单位和个人不得出于商业目的擅自翻印和出售。

十四、本合同示范文本是《上海市家庭居室装饰装修施工示范合同》(2001版)的修改版本,自2006年3月15日起使用。今后在未制定新的版本前,本版本延续使用。

上海市家庭居室装饰装修施工合同

合同编号:_____

发包人(简称甲方):_____

承包人(简称乙方):_____

依照《中华人民共和国合同法》、《中华人民共和国消费者权益保护法》以及其他有关法律法规的规定,结合本工程的具体情况,甲、乙双方在遵循自愿、平等、公平、诚信的原则基础上,经双方协商一致,签订本合同。

第一条 工程概况和造价

1. 甲方装饰装修(以下简称装饰)的住房系合法拥有。

甲方承诺有权对该住房进行装饰,由此而产生的一切后果由甲方承担责任。

乙方为经工商行政管理部门核准登记的企业,企业资质情况_____。

2. 装饰施工地址_____区(县)_____路_____弄(村)_____号_____楼_____室。

3. 住房结构_____房型_____房_____厅_____厨_____卫_____阳台,套内施工面积_____平方米。

4. 装饰施工内容:见附件一《装饰施工内容表》。

5. 承包方式_____(包工包料、清包、部分承包)。

6. 总价款¥_____元,人民币(大写)_____元。

其中:材料费_____元,人工费_____元,
　　　拆除费_____元,清洁、搬运、运输费_____元,
　　　其他费用_____元,管理费_____元,
　　　税金(3.41%)_____元。

"管理费"为上述费用的总和(税金除外)的_____%。

"总价款"是甲、乙双方对设计方案、工程报价确认后的金额,在一般情况下,竣工结算的上下增减幅度在没有项目变更的情况下不超过预算价的5%。

合同签订生效后,如变更施工内容、材料,这部份的工程款应当按实计算。

7. 工期:

自_____年_____月_____日开工,至_____年_____月_____日竣工,工期_____天。

第二条 材料供应

1. 甲方提供的材料、设备:见附件二《甲方提供材料、设备表》。

甲方负责采购供应的材料、设备,应是符合设计要求的合格产品。甲方提供的材料、设备按时送达现场后,甲、乙双方应办理验收交接手续,

由乙方负责保管，保管费由双方约定。由于保管不当造成损失的，由乙方负责赔偿。

2. 甲方采购供应的装饰材料、设备，均应用于本合同规定的住宅装饰，非经甲方同意，乙方不得挪作他用。如乙方违反此规定，按挪用材料、设备价款的双倍补偿给甲方。

3. 乙方提供的材料、设备：见附件三《工程主材料报价单》。

乙方提供的材料、设备，应提前_____天通知甲方验收。未经甲方验收及不符合工程主材料报价单要求的，应禁止使用。如已使用，对工程造成的损失由乙方负责。甲方不按时验收，应视作验收，但不免除乙方不按工程主材料报价单选购及使用材料所引起的责任。

4. 施工中如乙方发现甲方提供的材料、设备有质量问题或规格差异，应及时向甲方提出。甲方仍表示使用的，由此造成工程质量问题，责任由甲方承担。

5. 甲方或者乙方提供的材料应当符合《室内装饰装修材料有害物质限量10项强制性国家标准》。

第三条 工程质量及验收

1. 本工程执行国家现行的《住宅装饰装修工程施工规范》和本市现行的《住宅装饰装修验收标准》。

2. 本工程由_____方设计，提供施工图纸一式_____份。

3. 甲方提供的材料、设备质量不合格而影响工程质量，其返工费用由甲方承担，工期顺延。

4. 由于乙方原因造成质量事故，其返工费用由乙方承担，工期不变。

5. 在施工过程中，甲方提出变更修改设计、增减工程项目或者变更材料设备，须提前与乙方联系，在签订《工程项目变更单》（见附件四《工程项目变更单》）后，方能进行施工，因此影响竣工日期的，由甲、乙双方商定。凡甲方私自与施工人员或其他管理人员商定更改施工内容、增加施工项目所引起的一切后果，由甲方自负；给乙方造成损失的，甲方应予赔偿。

6. 甲、乙双方应及时办理隐蔽工程和中间工程的检查与验收手续，甲方不能按预约日期参加验收，由乙方组织人员进行验收，甲方应予承认。事后，若甲方要求复验，乙方应按要求办理复验。若复验通过，其复验及返工费用由甲方承担，工期也予顺延；复验不通过，其返工费用由乙方承担，工期不变。

7. 工程竣工后，乙方应通知甲方在七日内组织验收。验收通过的，办理验收移交手续(见附件五《工程质量验收单》),并由甲方按照约定付清全部价款。如果甲方在规定时间内不能组织验收,须及时通知乙方,另定验收日期。如竣工验收通过,甲方应承认原竣工日期,并承担乙方的看管费用和其他相关费用。装饰工程未经验收或验收不通过的,甲方有权拒收,乙方承担返工及延期交付的责任。

8. 工程竣工验收通过,甲方付清工程尾款后,乙方向甲方提供《工程保修单》(见附件七《工程保修单》)。保修期按示范文本《使用说明》第十条的内容协商约定为_____年,乙方同时提供管线竣工图等资料。凭保修单实行保修,保修期从竣工验收通过签字或盖章之日算起。

9. 室内空气质量检测费用的支付由甲乙双方在本合同第十条中约定。

第四条 安全生产和防火

1. 甲方提供的施工图纸或施工说明及施工场地应符合防火、防事故的要求,主要保证电气线路、燃气管道、给排水和其他管道畅通、合格。乙方在施工中应采取必要的安全防护和消防措施,保障作业人员及相邻居民的安全,防止相邻居民住房的管道堵塞、渗漏水、停水停电、物品毁坏等事故发生。如遇上述情况发生,属甲方责任的,甲方负责修复或赔偿;属于乙方责任的,乙方负责修复或赔偿。

2. 甲、乙双方共同遵守装饰装修和物业管理的有关规定,施工中不得擅自改变房屋承重结构,拆、改共用管线和设施。

第五条 工程价款及结算

1. 双方约定按下列第_____种方式支付工程款:

(1)工程款付款按下表支付:

工程款付款时间表

工程进度	付款时间	付款比例	金额(元)
对预算、设计方案认可	合同签订当日	%	
施工过程中	水、电、管线隐蔽工程通过验收	%	
工期过半	油漆工进场前	%	
竣工验收	验收合格当天	%	
增加工程项目	签订工程项目变更单时	%	

(2)工程款付款双方协商约定:_____

2. 甲方付款乙方应开具收据,甲方应予以保存,竣工结算后乙方收回收据并应开具税务统一发票交甲方。

3. 工程结算:见附件六《工程结算单》。

第六条 施工配合

1. 甲方工作:

(1) 在装饰施工前,向施工所在地的物业管理企业申报登记。

(2) 甲方应在开工前三日全部或者部分腾空房屋,清除影响施工的障碍物。对只能部分腾空的房屋中所滞留的家具、陈设等应当采取保护措施。向乙方提供施工所需的水、电等必备条件,并说明使用注意事项。

(3) 做好施工中因临时占用公用部位操作而影响邻里关系等协调工作。

(4) 工程开工前,甲方应将房屋分户钥匙交乙方保管。工程交付时,甲方提供新锁,由乙方当场负责安装后交付使用。

(5) 施工所在地的物业管理企业如有收取押金的项目,甲方应予以先行支付。如在整个施工过程中,由于乙方原因造成甲方所支付的押金被物业没收,乙方应对被没收部分进行全额赔偿。

(6) 甲方应告知施工所在地的物业管理企业有关物业管理的规定,以便乙方遵守执行。

2. 乙方工作:

(1) 在开工前检查水、电、燃气、管道、楼(地)面、墙面,发现问题应及时通知甲方,由甲方负责解决和协调。

(2) 早上7时前及晚上7时后不得进行有噪声的施工作业。

(3) 组织有甲方参加的施工图纸或施工说明的现场交底。

(4) 乙方负责清运施工中产生的垃圾,并按照物业管理企业指定的地点堆放。

(5) 指派_____为乙方驻工地代表,全权负责合同履行,按要求组织施工,保质、保量、按期完成施工任务。如更换人员,乙方应及时通知甲方。

3. 由于甲方原因造成在施工中大量增加施工项目、变更施工内容、装饰材料及设备的,甲方应及时和乙方协商相应顺延工期。

第七条 违约责任

1. 因乙方原因致使工程质量不符合约定的,甲方有权要求乙方在合理期限内无偿修理或者返工。经过修理或者返工后,造成逾期交付的,乙方应当承担违约责任。

2. 因乙方原因造成工程逾期交付的,每逾期一天,乙方应赔偿给甲方

_____元。

3. 乙方擅自拆改房屋承重结构或共用管线和设施,由此发生的损失或事故(包括罚款),由乙方负责并承担责任。

4. 乙方提供的材料、设备是假冒伪劣产品的,应按材料、设备价款的双倍赔偿甲方。

5. 甲方未办理有关手续,强行要求乙方拆改原有房屋承重结构或共用管线和设施,乙方应拒绝施工。乙方未拒绝施工而发生损失或事故(包括罚款)的,乙方应承担连带责任。

6. 由于甲方原因造成延期开工或中途停工,乙方可以顺延工程竣工日期,并有权要求赔偿停工、窝工等损失。每停工、窝工一天,甲方应赔偿给乙方_____元。

7. 甲方如未按约定对隐蔽工程、竣工工程进行验收,乙方可以顺延工程竣工和交付日期,并有权要求赔偿停工、窝工等损失。每逾期一天,甲方应赔偿给乙方_____元。

8. 甲方未按合同约定时间付款的,每逾期一天,甲方应赔偿给乙方_____元,工期顺延。

9. 工程未办理验收、结算手续,甲方提前使用或擅自入住,由此造成无法验收和损失的,由甲方负责。

第八条 纠纷处理方式

1. 本合同在履行中或者在保修期内发生争议,由当事人双方协商解决;也可以向上海市消费者权益保护委员会或上海市装饰装修行业协会申请调解。

2. 当事人不愿通过协商、调解解决,或协商、调解不成的,按下列第_____种方式解决:

(1)向上海仲裁委员会申请仲裁。

(2)向人民法院提起诉讼。

第九条 合同的变更和解除

1. 合同经双方签字生效后,双方必须严格遵守。任何一方需变更合同内容,应经协商一致后,重新签订补充协议。合同签订后施工前,一方如要终止合同,应以书面形式提出,并按合同总价款_____%支付违约金,办理终止合同手续。

2. 施工过程中任何一方提出终止合同,须向另一方以书面形式提出,经双方同意办理清算手续,订立终止合同协议,并由责任方按合同总价款

_____%赔偿,解除本合同。

第十条 其他约定

1. _____
2. _____
3. _____
4. _____
5. _____

第十一条 附则

1. 本合同由甲乙双方签字、盖章后生效。
2. 本合同签订后,工程不得转包。
3. 本合同一式_____份,甲、乙双方各执一份,合同附件为本合同的组成部分,具有同等的法律效力。

第十二条 合同附件

附件一:装饰施工内容表(地面部位、墙面部位、天棚部位、门窗部位、家具、卫生间、厨房、强电弱电、水管、其他要求);

附件二:甲方提供材料、设备表(材料或设备名称品牌、规格型号、质量等级、单位、数量、送达时间、送达地点、备注);

附件三:工程主材料报价单(装饰内容及装饰材料规格、型号、品牌、等级、数量、单位、单价、合价);

附件四:工程项目变更单(变更内容、原价格、新价格、增减金额);

附件五:工程质量验收单(日期、检验项目名称、检验结果、甲方签名、乙方签名);

附件六:工程结算单(工程合同造价、变更增加项目、变更减少项目、工程结算总额、甲方已付金额、甲方应付乙方金额、乙方应付甲方金额);

附件七:工程保修单(公司名称、联系电话、用户姓名、联系电话、合同编号、装饰工程地址、施工单位负责人、工地负责人、开竣工日期、竣工验收日期、工程交付日期、保修期限)。

合同附件上均应有甲乙双方的签名及具体签署日期。如企业另有合同附件的,其内容应当包括上列示范合同附件内容。

甲方(签章): 乙方(签章):

              法定代表人:

委托代理人: 委托代理人:

住   址: 地   址:

电　　话：　　　　　　　　　　电　　话：
邮　　编：　　　　　　　　　　邮　　编：
签订日期：　　年　　月　　日
签订地点：

附录六　上海市居住房屋租赁合同示范文本

使　用　说　明

一、本合同是上海市房屋土地资源管理局、上海市工商行政管理局根据《中华人民共和国合同法》、《上海市房屋租赁条例》以及《上海市居住房屋租赁管理实施办法》等有关规定制定的示范文本，适用于本市行政区域范围内市场化居住房屋租赁行为。

本合同条款均为提示性条款，供租赁双方当事人约定采用。合同中的未尽事宜，可由双方当事人协商一致后，订立补充条款予以明确。

二、本合同条款中的【　　】内容为并列的选择项，双方当事人可根据实际要求选择，不予选择的划除。

三、本合同签订前，双方当事人应相互校验有关身份证明，同时，出租人还应向承租人出具该租赁居住房屋的房地产权证或其他权属证明。

四、居住房屋租赁，应符合规定的条件和标准。凡承租的居住房屋人均建筑面积低于10平方米，或者人均使用面积低于7平方米的；其中，承租集体宿舍的，承租的人均建筑面积低于6平方米，或者人均使用面积低于4平方米的，将不予办理登记备案。在租赁期内，乙方增加同住人的，应当符合上述规定的人均承租面积标准，并书面告知出租人。

五、居住房屋租赁中，凡境内不具有本市户籍的承租人(包括承租的同住人)，在按规定向租赁居住房屋所在地的街道、镇(乡)社区事务受理中心，办理房屋租赁合同登记备案或租赁信息记载后，应当按照国家和本市的有关规定，办理居住登记，领取《上海市居住证》或《上海市临时居住证》。

六、房屋租赁保证金是一种履约保证的措施。房屋出租时，出租人可以与承租人在合同中约定收取房屋租赁保证金。租赁保证金的数额由租赁双方当事人约定。租赁关系终止时，房屋租赁保证金除用以抵充合同约定由承租人承担的费用外，剩余部分应当归还承租人。

七、根据市物价局的规定，办理房屋租赁合同登记备案时，应按人民币50元/件的标准向登记备案机构缴纳登记备案费。但境内不具有本市户籍的承租人租赁居住房屋的,在向社区事务受理中心办理房屋租赁合同登记备案时,仅需缴纳人民币20元/件;而办理租赁信息记载的,则不收费。

八、本合同文本可向市或房屋所在地房地产交易中心、农场系统受理处或社区事务受理中心购取。双方当事人使用本合同前应仔细阅读,认真了解各条款内容。

九、本合同的租赁关系由经纪机构代理或居间的,则租赁当事人应当要求经纪机构和经纪人在本合同的最后一页签字、盖章。

十、本合同签订生效后,出租人应将房屋出租的情况及时通知该房屋所在的物业管理企业,以利于物业管理企业掌握房屋使用情况,更好地提供服务。

上海市居住房屋租赁合同
(合同编号:　　　　)

甲方(出租方):＿＿＿＿＿＿＿＿＿＿＿＿＿＿＿＿＿＿
住所:＿＿＿＿＿＿＿＿＿＿＿＿＿＿＿＿邮编:＿＿＿＿＿
【本人】【法定代表人】:＿＿＿＿＿联系电话:＿＿＿＿＿
【委托】【法定】代理人:＿＿＿＿＿联系电话:＿＿＿＿＿
乙方(承租方):＿＿＿＿＿＿＿＿＿＿＿＿＿＿＿＿＿＿
省(市)/地区:＿＿＿＿性别:＿＿＿出生年月日:＿＿＿＿
住所(址):＿＿＿＿＿＿＿＿＿＿＿＿＿＿邮编:＿＿＿＿＿
【身份证】【护照】【营业执照】号码:＿＿＿联系电话:＿＿＿
【委托】【法定】代理人:＿＿＿＿＿联系电话:＿＿＿＿＿
住所(址):＿＿＿＿＿＿＿＿＿＿＿＿＿＿邮编:＿＿＿＿＿

乙方的其他承租同住人共＿＿＿＿人,姓名和公民身份号码情况如下:

序号	姓名	公民身份号码

根据《中华人民共和国合同法》、《上海市房屋租赁条例》等法律、法规和规定,甲、乙双方在平等、自愿、公平和诚实信用的基础上,经协商

一致,就乙方承租甲方可依法出租的房屋事宜,订立本合同。

第一条　出租房屋情况和租赁用途

1-1　甲方将坐落在本市_____【区】【县】_____路_____【弄】【新村】_____【号】【幢】_____室(部位)_____的房屋(简称该房屋)出租给乙方。该房屋【建筑面积】【使用面积】为_____平方米,房屋类型为_____,结构为_____,房屋用途为居住。签订本合同前,甲方已向乙方出示【房地产权证,编号：_____】【_____,编号：_____】,并已告知乙方该房屋【已】【未】设定抵押。

1-2　乙方向甲方承诺,租赁该房屋作为居住使用,并保证在租赁期间严格遵守国家和本市有关房屋使用和物业管理的规定。

1-3　该房屋的公用或合用部位的使用范围、条件和要求,现有装修、附属设施、设备状况以及需约定的有关事宜,由甲、乙双方在本合同补充条款中加以列明。甲、乙双方同意该附件作为甲方向乙方交付该房屋和本合同终止时乙方向甲方返还该房屋的验收依据。

第二条　交付日期和租赁期限

2-1　甲、乙双方约定,甲方于_____年_____月_____日前向乙方交付该房屋,租赁日期自_____年_____月_____日起至_____年_____月_____日止。

2-2　租赁期满,乙方应如期返还该房屋。乙方需继续承租该房屋的,则应于租赁期届满前_____个月,向甲方提出续租书面要求,经甲方同意后,双方应重新签订租赁合同。

第三条　租金、支付方式和限期

3-1　甲、乙双方约定,该房屋每日每平方米【建筑面积】【使用面积】租金为(_____币)_____元。月租金总计为(_____币)_____元。(大写：_____万_____仟_____佰_____拾_____元_____角整)。上述租金在租赁期限内不变,如需变动,则应由甲、乙双方重新协商,并达成书面协议。

3-2　乙方应于【每月_____日前】【_____】向甲方支付租金。逾期支付的,逾期一日,则乙方需按日租金的_____%支付违约金。

3-3　乙方支付租金的方式：_____。

第四条　保证金和其他费用

4-1　甲、乙双方约定,甲方交付该房屋时,乙方应向甲方支付房屋租赁保证金,保证金为_____个月的租金,即(_____币)_____元。保证金收取后,甲方应向乙方开具收款凭证。

租赁关系终止时，甲方收取的房屋租赁保证金除用以抵充合同约定由乙方承担的费用外，剩余部分无息归还乙方。

4-2　租赁期间，使用该房屋所发生的水、电、煤、通信、空调、有线电视、_____、_____费用由【甲方】【乙方】承担。

除上述费用外，其他费用均由另一方承担。

第五条　房屋使用要求和维修责任

5-1　租赁期间，乙方应合理使用并爱护该房屋及其附属设施，发现该房屋及其附属设施有损坏或故障时，应及时通知甲方修复；甲方应在接到乙方通知后的_____日内进行维修。其中，因乙方使用不当或不合理使用，致使该房屋及其附属设施损坏或发生故障的，乙方应负责维修。

5-2　根据前款约定，应由甲方维修而逾期不维修的，乙方可代为维修，费用由甲方承担；应由乙方负责维修而拒不维修的，甲方可代为维修，费用由乙方承担。

5-3　租赁期间，甲方保证该房屋及其附属设施处于正常的可使用和安全的状态。甲方对该房屋进行检查、养护，应提前_____日通知乙方。检查养护时，乙方应予以配合。

5-4　乙方另需装修或者增设附属设施和设备的，应事先征得甲方的书面同意，按规定向有关部门审批的，则还应由【甲方】【甲方委托乙方】报有关部门批准后，方可进行。乙方增设的附属设施和设备归属及其维修责任由甲、乙双方另行书面约定。

第六条　房屋返还时的状态

6-1　除甲方同意乙方续租外，乙方应在本合同的租期【届满之日】【届满后_____日内】返还该房屋，未经甲方同意逾期返还房屋的，每逾期一日，乙方应按(_____币)_____元/平方米【建筑面积】【使用面积】向甲方支付该房屋占用期间的使用费。

6-2　乙方返还该房屋应当符合正常使用后的状态。返还时，应经甲方验收认可，并相互结清各自应当承担的费用。

第七条　转租、转让和交换

7-1　租赁期内，乙方将该房屋部分或全部转租给他人，必须事先征得甲方的书面同意。但同一间居住房屋，不得分割转租。乙方转租该房屋应与接受转租方订立书面的转租合同。

7-2　租赁期内，乙方将该房屋转让给他人承租或与他人承租的房屋进行交换，必须事先征得甲方书面同意。转让或交换后，该房屋承租权的受让人或交换人应与甲方签订租赁主体变更合同并继续履行本合同。

第八条 解除本合同的条件

8-1 甲、乙双方同意在租赁期内,有下列情形之一的,本合同终止,双方互不承担责任:

(一)该房屋占用范围内的土地使用权依法提前收回的;

(二)该房屋因社会公共利益被依法征用的;

(三)该房屋因城市建设需要被依法列入房屋拆迁许可范围的;

(四)该房屋在租赁期间因不可抗力导致毁损、灭失的;

(五)甲方已告知乙方该房屋出租前已设定抵押并可能于租赁期限内被处分,现被处分的。

(六)＿＿＿＿＿＿＿＿＿＿＿＿＿＿＿＿＿＿＿＿＿＿＿＿＿＿＿＿。

8-2 甲、乙双方同意,有下列情形之一的,一方可书面通知另一方解除本合同。违反合同的一方,应向另一方按月租金的＿＿＿＿＿倍支付违约金;给另一方造成损失,支付的违约金不足抵付损失的,还应赔偿造成的损失与违约金的差额部分:

(一)甲方未按时交付该房屋,经乙方催告后＿＿＿＿＿日内仍未交付的;

(二)甲方交付的该房屋不符合本合同的约定,致使不能实现租赁目的的;或甲方交付的房屋存在缺陷、危及乙方安全的;

(三)乙方未征得甲方同意改变房屋居住用途,致使房屋损坏的;

(四)因乙方原因造成房屋主体结构损坏的;

(五)乙方擅自转租该房屋、转让该房屋承租权或与他人交换各自承租的房屋的;

(六)乙方擅自增加承租同住人,且人均承租建筑面积或使用面积低于规定标准的;

(七)乙方逾期不支付租金累计超过＿＿＿＿＿月的;

(八)＿＿＿＿＿＿＿＿＿＿＿＿＿＿＿＿＿＿＿＿＿＿＿＿＿＿＿＿。

第九条 违约责任

9-1 该房屋交付时存在缺陷,影响乙方正常使用的,甲方应自交付之日起的＿＿＿＿＿日内进行修复、逾期不修复的,甲方同意减少租金并变更有关租金条款。

9-2 因甲方未在该合同中告知乙方,该房屋出租前已抵押或产权转移已受到限制,造成乙方损失的,甲方应负责赔偿。

9-3 租赁期间,甲方不及时履行本合同约定的维修、养护责任,致使房屋损坏,造成乙方财产损失或人身伤害的,甲方应承担赔偿责任。

9-4 租赁期间,非本合同规定的情况甲方擅自解除本合同,提前收回该房屋的,甲方应按提前收回天数的租金的_____倍向乙方支付违约金。若支付的违约金不足抵付乙方损失的,甲方还应负责赔偿。

9-5 乙方未征得甲方书面同意或者超出甲方书面同意的范围和要求装修房屋或者增设附属设施的,甲方可以要求乙方【恢复房屋原状】【赔偿损失】。

9-6 租赁期间,非本合同规定的情况,乙方中途擅自退租的,乙方应按提前退租天数的租金的_____倍向甲方支付违约金。若违约金不足抵付甲方损失的,乙方还应负责赔偿。甲方可从租赁保证金中抵扣。保证金不足抵扣的,不足部分则由乙方另行支付。

第十条 解决争议的方式

10-1 本合同属中华人民共和国法律、法规管辖。

10-2 甲、乙双方在履行本合同过程中若发生争议,应协商解决;协商解决不成的,双方同意选择下列第_____种方式解决:

(一)提交上海仲裁委员会仲裁;

(二)依法向人民法院起诉。

第十一条 其他条款

11-1 租赁期间,甲方需抵押该房屋,应当书面告知乙方,并向乙方承诺该房屋抵押后当事人协议以折价、变卖方式处分该房屋前_____日书面征询乙方购买该房屋的意见。

11-2 本合同自双方【签字之日】【签字后第_____日】生效。双方约定,自合同生效之日起_____日内,按规定共同向房屋所在地街道、镇(乡)社区事务受理中心办理登记备案,领取房屋租赁合同登记备案证明。因甲方逾期未会同乙方办理登记备案影响乙方办理居住登记的,乙方可按规定单独办理租赁信息记载。

11-3 本合同经登记备案后,凡变更、终止本合同的,双方应按规定及时向原受理机构办理变更、终止登记备案手续。因甲方未会同乙方办理登记备案或变更、终止登记备案的,所引起的法律纠纷,由甲方承担一切责任。

11-4 本合同未尽事宜,经甲、乙双方协商一致,可订立补充条款。本合同补充条款为本合同不可分割的一部分,本合同及其补充条款内空格部分填写的文字与铅印文字具有同等效力。

11-5 甲、乙双方在签署本合同时,对各自的权利、义务、责任清楚明白,并愿按合同规定严格执行。如一方违反本合同,另一方有权按本合同规定追究违约责任。

11-6 甲方联系地址:_____,邮编:_____;乙方联系地址:_____,邮编:_____。甲、乙双方向前述对方联系地址以挂号信方式邮寄法律文书的,即视为法律文书已经通知并送达对方。

11-7 本合同连同附件一式_____份。其中:甲、乙双方各持一份,_____【区】【县】房地产交易中心或农场局受理处一份(办理登记备案或信息记载后,由社区事务受理中心转交),以及_____各一份,均具有同等效力。

补充条款

(粘贴处) (骑缝章加盖处)

甲方(名称):	乙方(名称或名字):
甲方【本人】【法定代表人】签署:	乙方【本人】【法定代表人】签署:
【委托】【法定】代理人签署:	【委托】【法定】代理人签署:
甲方盖章:	乙方盖章:
日期 年 月 日	日期 年 月 日
签于:	签于:

经纪机构名称:

经纪人姓名:

经纪人执业证书号:

参考文献

1. 史尚宽. 债法总论. 北京：中国政法大学出版社，2000
2. 史尚宽. 债法各论. 北京：中国政法大学出版社，2000
3. 史尚宽. 物权法论. 北京：中国政法大学出版社，2000
4. 孙宪忠. 德国当代物权法. 北京：法律出版社，1997
5. 梁慧星. 民法解释学. 北京：中国政法大学出版社，1995
6. 陈聪富. 因果关系与损害赔偿. 北京：北京大学出版社，2006
7. 崔建远. 我国物权立法难点问题研究. 北京：清华大学出版社，2005
8. 董藩，张奇，王世涛. 房地产经济概说. 大连：东北财经大学出版社，2001
9. 王利明. 民法. 北京：中国人民大学出版社，2000
10. 王利明. 物权法研究. 北京：中国人民大学出版社，2002
11. 王利明，房绍坤，王轶. 合同法. 北京：中国人民大学出版社，2000
12. 魏振瀛. 民法. 北京：北京大学出版社，高等教育出版社，2000
13. 张俊浩. 民法学原理（上、下）. 北京：中国政法大学出版社，2000
14. 高富平，黄武双. 房地产法学. 北京：高等教育出版社，2003
15. 张文显. 法理学. 北京：高等教育出版社，2003
16. 沈宗灵. 法理学. 北京：北京大学出版社，2003
17. 江伟. 民事诉讼法. 北京：高等教育出版社，北京大学出版社，2000
18. 陈光中，徐静村. 刑事诉讼法学. 北京：中国政法大学出版社，2002
19. 胡建淼. 行政诉讼法学. 北京：高等教育出版社，2003
20. 陈文. 如何防范房地产买卖中的风险. 北京：法律出版社，2004
21. 张迎涛. 房地产纠纷索赔指南. 北京：中国法制出版社，2006
22. 秦兵. 204 购房合同秦兵指南. 北京：法律出版社，2004
23. 编委会. 商品房买卖合同纠纷法律解释与案例. 北京：中国物价

出版社，2003

24. 林嘉. 以案说法·侵权民事责任篇. 北京：中国人民大学出版社，2000

25. 吕国强. 商品房买卖纠纷案例精选. 上海：上海人民出版社，2005

26. 北京市第一中级人民法院民一庭. 房地产审判实务与典型案例评析. 北京：中国检察出版社，2005

27. 殷勇. 商品房买卖中的法律问题与案例评析. 北京：人民法院出版社，2004

28. 刘长森. 物业管理纠纷典型案例评析. 北京：中国建筑工业出版社，2002

29. 黄松有. 房地产司法解释实例释解. 北京：人民法院出版社，2006